20世纪中国图书馆学文库·53

图书馆学导论

黄宗忠 编著

圕 國家圖書館出版社

本书据武汉大学出版社 1988 年 3 月第 1 版排印

前　　言

　　《图书馆学导论》系统地概述了图书馆学基本理论和基础知识，对于图书馆学的技术方法未作详细论述，因此，本书是一本导论性的教材。

　　自 1959 年以来，作者一直担任本科生的图书馆学基础理论的教学工作，1979 年开始招"图书馆学基础理论"方向研究生，在此过程中，作者对国内外的图书馆作了一些考察，曾编写了讲稿，撰写了数十篇论文。本书就是在这个基础上产生的。本书的基本观点、体系结构是在长时间的教学实践中形成的，材料亦是长期积累的。书中的部分观点，已在有关论文中阐述过，广为读者所知。本书较系统地对作者的观点进行了全面总结，力图向即将从事图书馆事业的读者提供全面的图书馆学入门基础知识。

　　作者在编写本书过程中，参阅了大量资料，吸收了国内外研究的新成果，并引用了某些论文中的材料，在此向原作者表示谢意。

　　本书编写初稿时，邀请了作者指导的研究生周旭洲、李林、吕斌、丁亚平、张振礼参加了部分章节的整理与执笔工作。

　　1985 年 12 月，本书初稿由湖北省高等学校图书馆工作委员会、武汉大学图书情报学院作为《图书馆学自学丛书》之一，内部印行。

　　本书印行后，北京、上海、武汉、兰州、安徽、山西、湖南、广西等地的一些图书馆刊物先后发表了十多篇关于此书的评价，并有部分院校的图书馆学专业用本书内部印行稿作为本科生教材。

为了满足教学和实际工作的需要,作者对本书初稿作了修改,体系结构作了局部调整,增补了新的内容,删减了部分章节。

本书在修改过程中,吸收了许多同行的宝贵意见。武汉大学图书情报学院的部分教师、进修教师、研究生提出了修改意见,在此特表谢意。

本书初稿由黄宗忠提出大纲,并进行补充、修改、定稿。由其他同志参加初稿整理与执笔、并在本书中仍保留的章节有:第五章第二节、第七章(吕斌执笔);第八章(黄宗忠讲述,丁亚平整理);第十章(周旭洲执笔);第十二章(李林执笔);第十三章(黄宗忠执笔,周旭洲修改);第十四章、第十六章(张振礼、黄宗忠执笔)。其他章节均由黄宗忠执笔。

本书的修订工作全部由黄宗忠完成。

由于作者水平有限,书中的错误难免,敬请读者批评指正。

黄宗忠
1986 年 12 月 30 日

第五次重印说明

　　《图书馆学导论》1985年曾由湖北省高等学校图书馆工作委员会内部印行一次,内部发行15000册。1988年3月由武汉大学出版社正式出版,并被国家教委批准为高等学校文科教材。本书出版后,《新华文摘》等中央和省市报刊发表书评40多篇。本书1989年获中南地区大学出版社1986—1988年优秀教材一等奖,同年获中国图书馆学会优秀著作奖,1990年获湖北省第四届社会科学优秀著作二等奖,1992年获国家教委第二届普通高等学校优秀教材"全国优秀奖"。从1988年3月—1995年3月已印刷4次,发行15200册。在4次印刷时,由于版面字迹有些不清,又重新排版。现是第5次印刷,基本内容未变,只是个别用词做了改动,如"苏联"改为"前苏联","德意志民主共和国"改为"前德意志民主共和国"等。本书准备在适当时间作全面修订,欢迎读者提出宝贵意见,谢谢。

黄宗忠
1995年12月18日

目　录

第一章 绪 论

图书馆学是包含多个分支学科的体系,图书馆学基础理论是它的组成部分之一。图书馆学基础理论主要从宏观方面阐述图书馆学、图书馆、图书馆事业的基本知识、基本原理,揭示其本质和规律,是图书馆学的入门和先导。因此,我们学习和研究图书馆学,首先要从图书馆学基础理论——《图书馆学导论》入手。本章主要阐述图书馆学基础理论的研究对象、体系结构、研究任务,以及图书馆学基础研究的发展过程。

第一节 图书馆学基础理论的研究对象、内容与任务

图书馆学和其他学科一样,有其自身的历史、理论、方法和应用,有其基础理论部分,也有其技术方法的应用部分。基础理论属于宏观部分,技术方法属于微观部分。因此,图书馆学基础理论首先是图书馆学的一部分,也是图书馆学的分支学科。一方面,它在图书馆学体系中是属于第一层次的,是图书馆学各分支学科或专门学科的共同基础,是指导图书馆学各分支学科或专门学科的理论;另一方面,它既是图书馆学的一个分支学科,有其相对的独立性,同时又横贯和联系各个分支学科,并渗透在各个分支学科中。在图书馆学体系中,它的知识和理论具有横断学科的性质和作用。

因此,图书馆学基础理论在图书馆学体系中居于首要地位,起支配作用,它与图书馆学的其他部分有着不可分割的联系。但是,作为图书馆学的一个层次、一个分支、一个部分,它有自身的研究对象、内容和体系。

图书馆学基础理论的研究对象是什么呢? 既然图书馆学基础理论是图书馆学的组成部分,那么,图书馆学基础理论的研究对象也包含在图书馆学的研究对象之中。图书馆学的研究对象是图书馆(参见第三章《图书馆学的研究对象和定义》)。图书馆学基础理论就从“图书馆”这个对象出发,研究“图书馆”的某一部分或某些层次,当然不是把“图书馆”分割成一些没有联系的部分。具体表述为,图书馆学基础理论的研究对象就是图书馆这一特有现象的本质、结构及其内在联系和运动规律。图书馆学基础理论探索的规律是图书馆领域的基本规律、普遍规律,是图书馆学各分支学科、专门学科所共同具有的规律。

图书馆学基础理论的研究属于什么性质呢? 第一,不断创造和更新图书馆学学科知识,扩大图书馆学的研究领域,进一步完善和发展图书馆学学科体系;第二,探索图书馆领域内的新现象、新规律,预言新发现的意义和作用,研究图书馆如何与不断发展的人类社会政治、经济、科学技术、文化教育相适应,使图书馆能与社会同步发展,相互促进;第三,顾名思义,图书馆学基础理论是着重研究图书馆的基本原理,对图书馆的本质、相互联系进行阐述,揭示其运动规律,图书馆技术方法的研究不是它的目的。总之,图书馆学基础理论的研究是属于探索性、创造性、理论抽象性的研究。

图书馆学基础理论的研究内容是由研究对象决定的。由于时代不同,社会制度不同,从而使图书馆学基础理论的研究内容具有两种性质——共性与个性。共性是指一般图书馆学基础理论研究的内容,是不同时代不同社会制度的人们共同研究的内容,如图书馆的本质、基本属性、运动规律;个性是指特殊的研究内容,它是在一般研究内容的基础上,由不同时代、不同社会制度赋予的特殊内容,它具有时代的特点,社会的烙印。

图书馆学基础理论的一般研究内容主要有下面几个方面:

(1)图书馆学的理论基础。尽管对于这个问题,因不同时代、不同社会制度而有不同的理解,然而,我们认为,指导图书馆学发展的客观理论基础仍是存在的;

(2)图书馆学的研究对象、内容、相关学科、学科性质、研究方法、图书馆学思想发展史、学科发展趋势;

(3)图书馆系统的结构及其内在联系;

(4)图书馆的属性与特征;

(5)图书馆的整体功能与作用及与外部世界的相互关系;

(6)图书馆产生与发展的基本规律;

(7)图书馆建设的原理;

(8)图书馆领域内的新现象、新事实、新理论的预测;

(9)对区域图书馆、国际图书馆进行比较,揭示其规律;

(10)预测未来图书馆的发展。

就我国来说,图书馆学基础理论的一般研究内容应是我们研究的基本内容,但我们是社会主义国家,有自己的国情,因此要体现我们自己的特点,也就是说要把一般的研究内容与社会主义制度、中国国情结合起来,建立具有中国特色的图书馆学基础理论体系。大致包括下述内容:

(1)马克思、恩格斯、列宁、斯大林和毛泽东关于图书馆以及相关领域的论述及其指导意义,党和国家关于图书馆、图书馆学及其相关领域的重要指示、决议及其指导意义;

(2)图书馆学的理论基础,哲学、数学、信息论、控制论、系统论、社会学、教育学等对图书馆学的作用;

(3)信息、知识、科学、图书文献与图书馆的内在联系和各自的特征;

（4）图书馆的产生与发展及其规律；

（5）图书馆系统的结构及其内在联系；

（6）图书馆的性质、职能；

（7）图书馆与外部世界的相互联系；

（8）图书馆建设的基本原理；

（9）图书馆类型的研究；

（10）图书馆资源利用与网络研究；

（11）图书馆管理；

（12）图书馆现代化；

（13）图书馆与新技术革命；

（14）图书馆与图书馆学教育；

（15）区域图书馆、国际图书馆的比较研究；

（16）图书馆学的研究对象、内容、性质、相关学科、研究方法、图书馆学发展史。

现将上述内容勾勒于下（见图1—1）：

图书馆学基础理论的研究任务是什么？从当前与长远来看：

（1）揭示图书馆发展的客观规律，创新学科知识，实现学科体系化；

（2）提高学科的学术水平，加强学科整体的、综合的全面研究，深入揭示事物的本质，加强理论抽象；

（3）加强对现实问题的研究，指导我国图书馆现代化的建设；

（4）加强对历史问题的研究；

（5）加强对相关学科的研究，提高图书馆学基础理论研究的层次；

（6）加强图书馆学基础理论科学方法的研究。

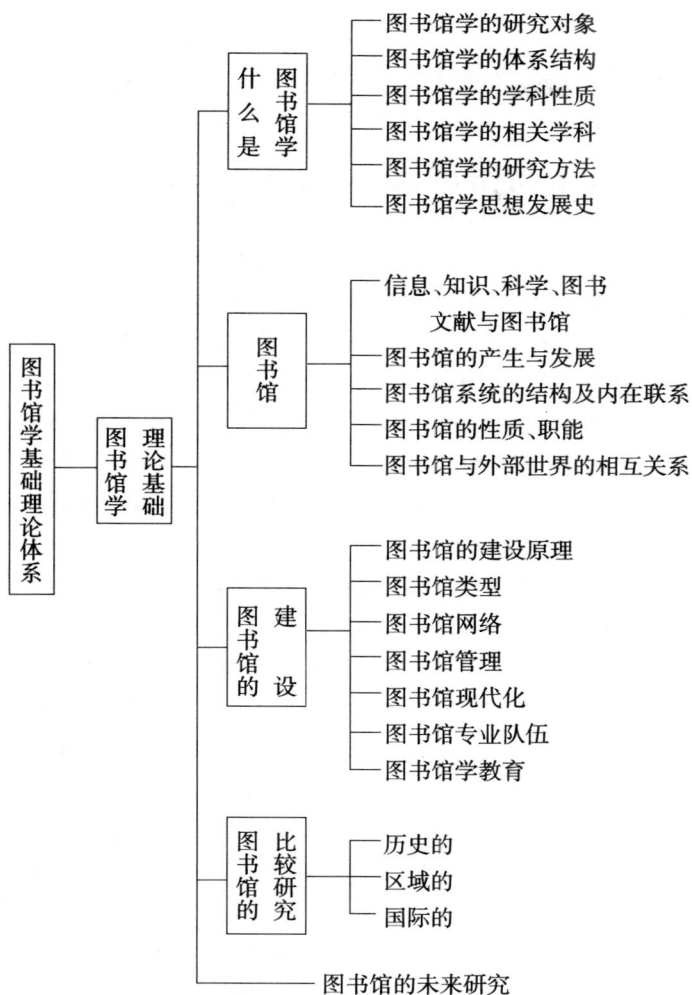

```
                                                    ┌─ 图书馆学的研究对象
                                                    ├─ 图书馆学的体系结构
                                         ┌─ 什  图  ├─ 图书馆学的学科性质
                                         │  么  书  ├─ 图书馆学的相关学科
                                         │  是  馆  ├─ 图书馆学的研究方法
                                         │      学  └─ 图书馆学思想发展史
                                         │
                                         │          ┌─ 信息、知识、科学、图书
                                         │          │     文献与图书馆
                                         │  图  ┌─  ├─ 图书馆的产生与发展
                                         ├─ 书     ├─ 图书馆系统的结构及内在联系
                    图      理           │  馆     ├─ 图书馆的性质、职能
                    书  图  论           │          └─ 图书馆与外部世界的相互关系
                    馆  书  基
                    学  馆  础           │          ┌─ 图书馆的建设原理
                    基  学              │          ├─ 图书馆类型
                    础                   │  图  建  ├─ 图书馆网络
   图书馆学基础 ─→  理 ──────           ├─ 书     ├─ 图书馆管理
   理论体系           论                 │  馆  设  ├─ 图书馆现代化
                    体                   │  的     ├─ 图书馆专业队伍
                    系                   │          └─ 图书馆学教育
                                         │
                                         │  图  比  ┌─ 历史的
                                         ├─ 书  较  ├─ 区域的
                                         │  馆  研  └─ 国际的
                                         │  的  究
                                         │
                                         └───────── 图书馆的未来研究
```

图 1—1

第二节　图书馆学基础理论研究的发展过程

　　本世纪以来,图书馆学基础理论的研究已有很大发展。首先是无产阶级的伟大导师列宁,从本世纪初到 20 年代,运用辩证唯物主义观察图书馆这一运动形态,深刻地阐述了图书馆的本质、作用、地位及图书馆事业的基本原理,有力地推动了前苏联初期的图书馆事业建设,丰富了图书馆学基础理论的思想库。印度著名图书馆学家阮冈纳赞(S. R. Ranganathan, 1892—1972 年)从 1924 年起,经过长时间的观察与思考,于 1931 年公开发表了《图书馆科学的五法则》,把图书馆的基本问题概括为五条基本法则:图书在于利用,每位读者有其书,每本书有它的读者,节约读者的时间,图书馆是个发展着的有机体。他把图书馆看作是一个运动着和发展着的整体,是一个相互联系、相互制约的有机体。1933 年美国图书馆学家巴特勒(P. Butler,1886—1953 年)在芝加哥大学出版了《图书馆学导论》一书,阐述了图书馆与社会的关系以及图书馆在人类社会历史中的作用。1951 年,日本藤林忠在《山口大学教育学部研究论丛》第一卷第一号上发表《图书馆学的基础问题》一文,试图剖析图书馆两个永恒的要素——"图书"与"读者"及其相互关系,确立图书馆学的基础。美国当代图书馆学理论家谢拉(J. H. Shera, 1903—1982 年)编著的《图书馆学引论》(1976 年版),回顾了图书馆的历史,论述了"图书馆与社会"、"了解读者与图书","机器的神通"、"图书馆学的新方法"、"结构、组织、资料"、"教育与研究"、"图书馆与情报服务"等理论问题。

　　随着图书馆的发展,图书馆学日渐成熟,图书馆学基础理论的研究也逐渐引起我国图书馆界的重视。早在"五四"运动和大革命时期,我党创始人之一、伟大的无产阶级革命家李大钊和共产党人应修人就对图书馆的性质、任务进行了阐述。他们把图书馆作为宣传马列主义和革命思想的阵地，提出"必须有适当的图书馆"供"劳工""阅览"，"通俗的尤其要紧"。李大钊同志认为"想教育发展"，"非依赖图书馆不可"。1926年出版的洪有丰著的《图书馆组织与管理》一书，认为图书馆是一种社会教育设施，并论述了图书馆的职能和作用。1925年以后，杜定友在《图书馆通论》等著作中，论述了图书馆与人类社会的关系，认为"图书馆的功用，就是社会上一切人的记忆，实际就是社会上一切人的公共脑子。一个人不能完全地记着一切，而图书馆可记忆并解答一切。"1932年，杜定友在《浙江图书馆月刊》发表的《图书馆管理法上之新观点》一文中提出了图书馆事业的理论基础问题，他说："整个图书馆事业，其理论研究可称为'三位一体'。三位者，一为'书'，包括图与书等一切文化记载；次为'人'，即阅览者；三为'法'，图书馆之一切设备及管理方法，管理人才是也。三者相合，乃成整个之图书馆。"1934年，刘国钧出版了以"四要素"为中心的《图书馆学要旨》。1936年俞爽迷出版了以"三要素"为中心的《图书馆学通论》。总之，从"五四"运动开始到30年代，图书馆学基础理论的研究已取得一定成效，对当时图书馆学的发展起了一定的作用。

中华人民共和国成立后，图书馆学基础理论的研究在马列主义立场、观点、方法的指导下，进入了一个崭新的阶段。这一过程的特点：一是指导思想明确，以马列主义、毛泽东思想作指导；二是从实际出发，总结我国实践经验，逐步形成了一个符合国情的，具有社会主义特色的图书馆学基础理论体系；三是遵循物质运动的发展规律，经历了一个由简单到复杂，由低级到高级，由现象到本质，由具体到抽象的运动过程，使图书馆学基础理论的体系结构逐渐完善，层次不断深入（当然，时到今天，我们并不满意现有的水平）；四是尽量吸收国外有关图书馆学基础理论研究的新成果，特别是一些具有共性的理论成果；五是注意吸收和移植其他学科的理论研究成果与方法,不断扩大其研究领域。

37年来,图书馆学基础理论的研究经历了5个阶段:

第1阶段是1949年至1953年,基本上因袭旧中国的图书馆学基本理论体系,尽管在内容上有所改造,注入了一些新的观点与概念,但基本上变化不大。

第2阶段是1954年至1957年,经过前几年的学习和准备,在马列主义、毛泽东思想指导下,在前苏联图书馆学理论的影响下,旧的理论体系受到冲击,一个新的理论体系的胚胎已出现。马列主义关于文化教育的理论、毛泽东的文化教育理论、列宁论图书馆、党和政府关于过渡时期的文化教育政策在新的理论体系中占有相当地位。新的体系对图书馆学的基础理论,图书馆产生与发展的历史,图书馆的性质、作用及其建设原理,图书馆的类型等问题进行了初步阐述。1957年开展了"什么是图书馆学"的讨论,这场讨论对图书馆学的研究对象、研究内容、学科性质、相关学科等问题进行了探讨。

第3阶段是1958年至1965年,在原有的基础上,通过几年的实践,结合我国的国情,初步形成了具有有社会主义特色的中国图书馆学基础理论体系。这几年产生的教材较多,较有影响的是1959年文化学院编的《社会主义图书馆学概论》和1961年由北京大学、武汉大学、文化学院合编的《图书馆学引论》等,特别是《图书馆学引论》是60年代比较完善的体系。

第4阶段是1966年到1976年,图书馆学基础理论的研究在十年动乱期间,完全处于停滞状态,在极左思想的毒害下,某些正确的理论一度被否定,某些错误的理论一度流行于图书馆界。

第5阶段是1976年以后,特别是党的十一届三中全会以后,图书馆学基础理论的研究很快恢复到"文革"前的水平,并且有了新的发展。北京大学、武汉大学合编的《图书馆学基础》于1981年正式公开出版。1983年10月,中国图书馆学会第2次会员代表大会以图书馆学基础理论为主题进行了讨论；1984年11月在杭州召开了全国性的图书馆学基础理论专题学术讨论会。近几年来，许多同志撰文探讨图书馆学基础理论问题，几部有关图书馆学基础理论的专著相继问世，进一步加强了它的研究。从现有的情况看，探讨面愈来愈广，问题愈来愈深，参加的人愈来愈多。

我们肯定图书馆学基础理论研究的成绩，并不等于说它不存在问题。从当前来看，图书馆学基础理论的研究仍然比较薄弱，发展缓慢，表现在：第一，理论性不够强，学术水平不够高，理论研究仍未达到成熟的程度。研究中现象描述多，本质探讨少；实际经验总结多，理论抽象比较少；局部研究较多，综合整体化研究少。第二，现有体系还不够科学，逻辑思维不够严密，缺乏一种循序渐进、完整系统的逻辑力量。第三，至今还没有形成一个比较成熟的体系，许多基本理论问题长期没有取得一致认识，如什么是图书馆学，什么是图书馆学的研究对象，图书馆学的基本属性、基本职能等，还有许多新的理论问题有待开拓。第四，长期以来对图书馆学基础理论重视不够，重技术，轻理论，因而研究力量薄弱，并且缺乏组织。总之，我国图书馆学基础理论的研究，有待进一步提高认识，进一步深入。

第二章 图书文献与信息、知识、科学及图书馆的关系

第一节 图书文献是信息、知识、科学的存贮载体和传递工具之一

一、图书的概念、构成要素与类型

在讨论图书与信息、知识、科学的内在联系之前,首先需要明确图书的内涵与外延。图书的概念,随着人类社会的进步,生产力的不断发展,科学技术水平的不断提高,也在不断发展和变化。它经历了泛指——专指——泛指的阶段。按其本意来说,图书是指的图画和书,人类的文字是从图画演变而来的,许多民族的文字都是这样。按照汉字"书"字的原义来说,一切文字的记录都可以叫"书"。我国商代就有了图书,西周初年的周公曾说:"唯殷先人,有册有典。"但是远古的时候,人们对于"图书"一词是泛指的,人们用图画、文字记载其信息、知识,首先是为了帮助记忆,避免遗忘,以作处理实际事务时的参考。所以最古的图画、文字记载,其内容都是记事性的,如甲骨卜辞、青铜器铭文以及最早的典册,都属于这一类。图画、文字必须依附在某种物体上,就其载体来说,包括龟甲、兽骨、陶器、青铜器、石头、木板、竹片、缣帛、纸。就其作用来说,它们主要是供工作时的检查参考,其实质相当于后世所说

的档案。因此在古代图书与档案是不分的。

随着社会的发展,后来人们认识到这些记录下来的材料,可以用来作为教育后一代的材料。这样,记载当时的记录就变成了传播信息、知识的工具。随后又出现了专门传授知识、供人阅读的著作。这就使"图书"一词取得了较新的意义,它的概念也较窄了。到了后来,凡不以传播经验、传授知识、供人阅读为目的的图画、文书记录就不算图书了。这样"图书"一词便进入了专指阶段。但是,文书档案以及册籍、簿记、信件、契约等等,如果经过整理、选择、编排而作为认识一定时期的历史状况的资料时,它们仍然被认为是图书。

随着社会的进步,科学技术的发展,当今世界对"图书"一词的概念又具有了泛指性,其含义、范围更广泛了。除了某些档案仍独立外,"文献"、"图书"、"资料"三者没有严格区别,其概念相同,所指的记录方法、内容、载体也相同。这种变化取决于下列条件:一是记录信息、知识的方法发生了变化,除手写、印刷外,还有光学记录、磁录等;二是记录信息与知识的载体发生了变化,除纸质外,还有感光材料、磁录材料;三是表述记录信息、知识的形式除文字外,还有图像、声音、语言、公式、代码;四是反映信息、知识的出版形式增多,除图书、期刊外,还有科技报告、学位论文、会议录、专利说明书、产品样本;五是传递信息、知识的工具和手段变化了,除了传统的印刷品外,现在声频型、视频型、代码型、电子计算机、通信卫星都被用来传递信息、知识;六是社会发展的需要,今天如果只限于过去专指范围内的图书,已远远不能适应了。社会在向整体化发展,科学在向整体化发展,各学科之间相互渗透,相互交叉,彼此结合,作为今天社会的读者学习、阅读、研究所需的图书也是多样化的,不仅要有传统的印刷品图书,还要有获得科学发展的最新信息,还要研究资料,而且获得资料的速度要快,形式要多样化。由于上述原因,当今世界的图书馆的图书收藏范围都在向新的概念发展,今天图书馆"图书"的范围已比较广泛了。

什么是今天的图书呢?图书就是:以文字、图像、公式、声频、视频、代码等手段,将信息、知识记录或描述在一定的物质载体上,并能起到存贮和传播信息、知识的作用。

构成图书,必须具有下列要素:

1. 以信息、知识作为内容;

2. 以文字、图像、公式、声频、视频、代码等作为表述方式;

3. 以一定的物质载体作为存在的依据;

4. 以一定的形态呈现出来;

5. 以一定的生产方式制作。

这几个构成要素,如果我们用一公式,则可表述如下:

图书(一定的呈现形态) = 信息、知识 + 记录、描述方式(文字、图像、公式、声频、视频、代码) + 物质载体 + 制作方法。

从图书概念的外延看,图书可以划分为不同类型:按记录信息、知识的方法分,有手写品、印刷品、光学缩微品、磁录品等;按记录信息、知识的形式分,有文字型、声频型、视频型、代码型等;按载体材料分,有纸质型、感光材料型、磁性材料型等;按文献的出版形式分,有图书、期刊、科技报告、学位论文、会议录、专利说明书、技术标准、产品样本等;按图书信息、知识的内容分,有自然科学、社会科学、综合性图书等。

二、图书、文献、资料的比较

根据广义"图书"一词的概念,不管从内涵到外延都适用于文献、资料。从这一概念出发,图书、文献、资料三者在本质上是完全相同的,没有可资区别的明显特点,只是同一事物的不同叫法,有的从广义来解释,有的从狭义来解释。这是因为:

第一,从已有概念来看,所含范围基本上是相同的。下面我们从我国现有工具书、论著中选择一部分有代表性的解释来说明文献、资料的含义。例如,文献是"专指具有历史价值的图书文物资料,如历史文献,亦指与某一学科有关的重要图书资料,如医学文献"(《辞海》);"指有历史价值的图书文物"(《辞源》);"有历史价值或参考价值的图书资料"(《现代汉语词典》)。资料是"为工作、生产、学习和科学研究等参考需要而收集或编写的一切公开或内部的材料。通常指书报、期刊、小册子、简讯、汇编、图表、图纸等"(《辞海》);是"用做依据的材料"(《现代汉语词典》);"资料是一种有参考价值的非书非刊出版物,在现阶段的我国,它基本上是非公开发行的"(四川图书馆学丛刊:《中文资料管理》)。由此可见,文献指的就是图书文物资料;资料指的是广义的图书,或除正式出版的书刊以外的一切出版物,而其中"非书非刊"和"非公开发行的"乃是图书的一种。

第二,从图书、文献、资料的构成因素来看是相同的,本质上没有区别。文献指的"是用文字、符号或图形等方式记录人类知识的一种信息载体,是人类脑力劳动成果的一种表现形式"(北京大学图书馆学系:《科技文献检索》);"大凡人类的知识用文字、图形、符号、声频、视频的手段记录下来的东西"(武汉大学图书馆学系:《科技文献检索》)。资料"广义说指记录知识而形成的文献和无文字记录的某些物品"(尚克聪:《"文献"概念的演变及其科学定义》,《情报学刊》,1983年第2期)。据此,我们认为构成图书、文献、资料的基本因素是相同的。信息、知识是图书、文献、资料的内容;文字、图像、声频、视频、代码是图书、文献、资料用来记录或表述信息、知识的方式;物质载体是存贮、传递信息、知识的工具;图书、期刊、缩微品、视听资料、磁带等是固化知识的一种呈现形式,三者都具有同一公式:

图书、文献、资料=信息、知识+记录、描述方式+物质载体+制作方法

第三,从图书、文献、资料的作用来看也是相同的。三者都是

为了存贮、传播信息和知识，保存人类文化遗产，为科学研究、生产提供依据，提供信息，为人民群众学习和阅读，为继续教育提供条件。

第四，从历史发展来看，图书、文献、资料是难以区分的。"文献"一词及其原意出于孔子。始见于《论语·八佾》："夏礼吾能言之，杞不足徵也；殷礼吾能言之，宋不足徵也；文献不足故也。足，则吾能徵之矣。"（徵，证明、验证——笔者注）这段话表现了孔子论事有据，注重文献的治学精神。孔子所说的"文献"究竟是什么意思呢？朱熹在《四书章句集注》中解释："文，典籍也；献，贤也。"这些引证说明了"文献"一词在古代的原意是指典籍和宿贤。

孔子处于春秋战国时代，当时用于记事的方式是以手书于缣帛、简策为主。由于简策笨重，缣帛昂贵，手书费时，故使记事受到限制。以前遗留下来的历史记载也就更有限了。所以当时的人要了解往事，研究历史，讨论问题，不能单靠记载下来的"文"，还必须请教那些阅历丰富、熟悉掌故的"贤人"。因此，"文献"一词自然也就包含"典籍"与"贤人"两方面的意思。后来，由于发明了造纸术、印刷术，使记载历史、保存知识的手段加强了，因而"文献"一词的含义就侧重于"典籍"。到了现代，由于科学技术的发展，出现了各种各样的载体材料，发明了各种各样记录知识的方式，文献大量涌现，原来含有的"贤人"一义就逐渐消失了，而且，也不限指"典籍"。"文献"一词现在则通常指人们所说的图书资料。图书馆、文献馆、文献中心、资料中心所包含的含义是相同的，只是叫法不同。从上述内容看来，图书、文献、资料的历史发展过程是相同的，都经历了同样的泛指——专指——泛指阶段。

三、图书文献与信息、知识、科学的关系

明确了图书文献的概念，那么图书文献与信息、知识、科学是什么关系呢？第一，图书文献是信息、知识、科学的存贮载体，信

息、知识、科学在任何时候都要依附于一定形式的物质才能保存、流传;第二,图书文献是信息、知识、科学的传递工具之一,在人类社会里,图书文献是人们获得信息、知识的重要渠道之一,它不分国界,资源共享,造福于人类;第三,图书文献是继承和发展科学知识的接力棒和阶梯;第四,图书文献是信息知识系统的一个层次,一个子系统。

图书文献是信息、知识、科学的存贮载体和传递工具之一,但是它所存贮和传递的信息与知识只是信息、知识大海中的一部分。它具有下列特征:(1)它是被人们接收了的信息和知识;(2)它是通过文字、图像、公式、声频、视频、代码等记录或描述下来的信息和知识;(3)它是用一定的物质载体存贮起来的信息和知识;(4)它是固化了的信息和知识;(5)它是静态的信息和知识,只有通过传递、交流、供人使用才能发挥作用。从横向来说是为了交流,从纵向来说是为了继承和保存。

信息和知识可分为两类:一类是原始信息,暂时还没有或正在被人们认识,或还没有经过人的大脑综合加工成知识,但是它是供研究的对象,研究时需要它,如为研究人体心肺器官病变的杂音所录制的唱片,为研究基本粒子所拍摄的照片,为研究罕见的自然现象所拍摄的影片;一类是知识,是由信息提炼而成,是信息的积聚,它是抽象化和一般化了的信息,是经过人类认识、挑选、深化了的信息。

知识有感性知识、理性知识;有不完全的知识、比较完全的知识;有零散的知识、比较系统全面的知识。而记录于图书的知识可以说主要的或基本的是一种知识体系,是人类信息的高级发展形式,是学问达到最高程度的部类,也就是科学。图书应该主要是记录或描述一种知识体系,也就是知识的总体。

第二节　图书馆是文献信息的存贮和传递中心

　　信息、知识、科学、图书文献四者之间存在着一种内在的必然联系,是同一系统的不同层次。信息是起源,是它们共同的本质特征和联系纽带。

　　信息是一个大系统,包含许多层次。知识、科学、图书文献是信息系统的子系统。信息是基础,贯穿知识、科学、图书文献。尽管知识、科学、图书文献自身有其内在和外在的特征,存在着一些差异,但其本质是信息。

　　知识来源于信息,是信息系统的第二层次。信息反映到人的大脑,经过加工组合,建立一个个信息系统,才形成知识。知识是由信息提炼、转化而成,是经过人类认识、选择、系统化了的信息,它不同于原始信息,是深化了的信息。

　　科学是由知识发展而来的,是一种知识体系,它是根据一定原理整理出来的知识的总和,只有实现了知识规范化的目标,才可称为科学。科学比知识更进一层,是信息系统的第三层次,其原本仍属于信息。

　　图书文献是信息、知识、科学的存贮载体和传递工具之一。信息、知识、科学除了靠人脑记忆存贮和口传之外,大量的主要的是依附于物质载体的存贮和传递。人脑的记忆和口传是有限的,物质载体的存贮和传递是无限的,形式是多样的,特别随着现代科学技术的发展,物质载体的形式更加多样,存贮密度更大,传递速度更快。因此,图书文献已成为信息系统的重要组成部分,它是信息系统的第四个层次。由于图书文献的本质是信息,也可称"文献信息",但图书文献只是"文献信息"之一。

　　图书馆是由图书文献发展而来,是以图书文献为基础的。没有图书文献,图书馆也不存在。因此,图书馆是图书文献的存贮和传递中心,也是信息系统的第五个层次。从本质来看,它是对以信息、知识、科学为内容的图书文献进行搜集、加工、整理、存贮、选择、控制、转化和传递、提供给一定社会读者使用的信息子系统,是信息、知识、科学的社会装置,也是信息、知识、科学的喷泉,是人类信息、知识、科学系统化、整体化的重要体现,是信息系统整体性、联系性、有序性、目的性的具体反映。

综上所述,信息、知识、科学、图书文献、图书馆是一个相互联系、相互制约的有机整体,是同一系统的不同层次,是有序排列的,是环环相套的:有了信息,才出现知识;有了知识的体系化,才形成科学;人类有了知识的积累,科学的成熟,才产生图书文献;由于图书文献的出现,为了存贮和传递图书文献,才建立图书馆。它们的这种内在联系,可用下图表示(见图2—1)。

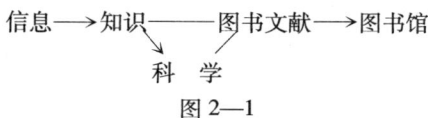

信息——→知识———图书文献——→图书馆
　　　　　　↘
　　　　　　科　学

图 2—1

从上图可以看出,信息、知识、科学、图书文献、图书馆是一个运动和发展着的整体,它由低级向高级形态发展,是一个比较完善的系统。

明确了信息、知识、科学、图书文献与图书馆的关系,我们研究图书馆学就要注意对相关概念的研究,特别要重视理论基础——共同本质的研究,这将给我们以新的启迪,为科学地解决图书馆学领域一些重大的理论问题提供依据。

第三章　图书馆学的研究对象和定义

图书馆学这一名词是由德国著名图书馆学家施莱廷格（M. W. Schrettinger，1772—1851 年）于 1807 年首次提出来的。时隔 80 年，1887 年美国著名图书馆学家麦维尔·杜威（M. Dewey，1851—1931 年）在哥伦比亚大学创立了世界上第一个图书馆学专业教育机构，使图书馆学这门科学趋向于成型。1926 年美国芝加哥大学图书馆学院首次设立图书馆学博士学位课程，标志着图书馆学的研究与发展达到一个比较成熟的阶段。100 多年来，人们对于图书馆学的理论与实践从各方面进行了探讨，已取得很大进展。仅图书馆学的研究对象，综合国内外各家之言约有四五十种不同提法或看法。然而客观真理只有一个，作为图书馆学的研究对象也只有一个。

第一节　图书馆学的研究对象是图书馆

我们认为，图书馆学的研究对象是图书馆。这是因为：

一、图书馆是一种客观存在的实体，是人们认识和研究的客体

在我国，殷商时代就出现了图书馆，距今 3500 年了；公元前 7 世纪中叶，亚述国王阿舒尔巴尼帕尔执政时期，在宫廷里就建立了

图书馆,距今也有 2700 年。当代,工业比较发展的国家,图书馆很普及;我国 1985 年县以上公共图书馆 2344 所。这些就是客观存在的实体,也是图书馆学研究和思考的目标,认识的客体。正因为有了图书馆的存在,有了图书馆发展的需要,有了图书馆活动的长期实践经验的积累,才产生了图书馆学。

然而,作为图书馆学研究对象的图书馆,不是具体形态的图书馆,不是各种不同类型的具体的图书馆,而是不受时空影响的图书馆,一种科学概念的图书馆。作为科学概念的图书馆,是从几千年来的无数的具体图书馆中经过抽象,去掉一些表面的现象、次要的矛盾,抽出图书馆的本质特征的一种东西,这种本质特征是不受时间、空间制约,而为任何时代、任何社会形态图书馆所共有的。因此,经过抽象而产生的科学概念的图书馆与现实存在的具体图书馆既有联系,又有区别。其联系表现在,科学概念的图书馆是从无数的具体图书馆通过分析、归纳、抽象出来的,是以具体图书馆为基础的;其区别表现在,科学概念的图书馆只反映图书馆共同的本质特征,而具体形态的图书馆不仅具有科学概念图书馆的共同本质特征,而且还受时间、空间的影响和制约。它的一些性质和特征,可能并不反映在概念上的"图书馆"中。马克思指出:"观念的东西不外是移入人的头脑并在人的头脑中改造过的物质的东西而已。"(马克思:《资本论》第 1 卷第 24 页,人民出版社 1975 年版)恩格斯指出:"一个事物的概念和它的现实,就像两条渐近线一样,一齐向前延伸,彼此不断接近,但是永远不会相交。两者这种差别正好是这样一种差别,这种差别使得概念并不无条件地直接就是现实,而现实也不直接就是它自己的概念。由于概念都有概念的基本特性,因而它不直接地、明显地符合于它必须从中才能抽象出来的现实,毕竟不能把它和虚构相提并论。"(恩格斯:《恩格斯致康·施米特(1895 年 3 月 12 日)》,《马克思恩格斯选集》第 4 卷第 515 页,人民出版社 1972 年版)

二、图书馆是矛盾的统一体

无论是图书馆的某一层次，某一侧面，还是它的某一过程和阶段，都不足以充分体现和展开它所固有的矛盾，这些矛盾又存在于作为一个综合了各方面、各过程的整体图书馆中。它是由藏书、读者、建筑设备、技术方法、人（馆）员、管理等要素组成，这些要素既是相互矛盾，又是相互依存的。例如藏书与读者，也就是藏与用，既是相互矛盾的，也是相互依存的。图书馆既是矛盾的统一体，又是一个完整的整体或系统，在这个系统中包含有要素、特殊矛盾、主要矛盾、矛盾的主要方面。要素是矛盾运动的基础；图书馆运动形态是由矛盾决定的；图书馆规律是矛盾发展的结果；特殊矛盾是区别不同学科研究对象的特殊点，规定了图书馆特有的本质；主要矛盾推动了图书馆的发展。这就构成了一个完整的研究对象。

三、图书馆是一种运动形态，矛盾运动是图书馆发展的根本原因

毛泽东同志说："在复杂的事物的发展过程中，有许多的矛盾存在，其中必有一种是主要的矛盾，由于它的存在和发展，规定或影响着其他矛盾的存在和发展。"（毛泽东：《矛盾论》，《毛泽东选集》第 1 卷第 308 页，人民出版社 1952 年版）图书馆发展过程中存在着自始至终的矛盾运动，图书馆为什么能不断发展？根本的原因在于矛盾的运动。

在图书馆的发展过程中，藏与用的矛盾是主要矛盾，它的存在与发展，影响着图书馆整体的发展，也影响着各个组成要素的发展，由于藏书与读者需要之间的矛盾，必然引起图书馆建筑设备的扩大与改进，图书馆技术方法的改进，人员的增加或减少，人员质量的要求以及管理的程序、方法的变革。总之，图书馆的发展主要是由于藏与用这对矛盾的作用，旧的藏与用矛盾的解决，又酝酿着

新的藏与用矛盾的出现,每一次矛盾的出现和解决,使图书馆的发展进入一个新的阶段,一个新的质量阶段。藏与用的矛盾贯穿于图书馆发展的始终,只要图书馆存在,这对矛盾就必然存在,藏与用是图书馆生存和发展的根本条件。

四、藏与用的矛盾是图书馆的特殊矛盾,规定着图书馆特有的本质,是图书馆学区别于其他学科的根本点

每一门学科都有本身所固有的特殊矛盾,构成不同学科的研究对象。图书馆领域中所特有的矛盾就是收藏与利用,这一特殊矛盾就构成了图书馆学的研究对象,使图书馆学与其他学科得以区分开来。

我们认为收藏与利用是图书馆领域的特殊矛盾。有人认为书店也有书,也有读者,不也是收藏与利用的矛盾吗? 是的,图书馆与书店都有书和读者,这是共同的现象,然而在本质上是相殊的。图书馆藏书是通过长年累月,把零散的书收集起来,经过科学地加工整理,形成完整的系统的有序的科学体系;它的藏书是供社会广大读者长期、反复使用的,读者只有使用权,没有所有权;它收藏的目的是为了传播科学文化知识,传递科学情报,传播思想意识,同时也是为了保存人类文化知识;图书馆的特殊矛盾是藏与用。书店是把出版社(或出版商)出版的书,不作任何加工,分散给读者,不讲科学系统性;书店的书是一次性的销售给读者,读者获得的是所有权,当然书店的书也传播了科学文化知识,传递了科学情报和思想意识,但这是在销售过程中产生的作用,不是书店的主要目的,书店的主要目的是要获得经济效果,书店的特殊矛盾是库存与销售,供与销的矛盾。由此看来,图书馆与书店有相似之处,但在本质上是有区别的。

关于图书馆特殊矛盾的提法,目前有"藏与用"、"收藏与利用"、"积极收藏与反复利用"、"藏书与读者"、"收藏与传播"、"积累与传递"等等提法,我们认为这几种提法基本上是近似的,所要表达的内容是一致的,都比较正确地反映了图书馆领域内特有的矛盾。

还有一种提法认为图书馆的特有矛盾是"管理与利用"或"科学管理与充分利用"的矛盾。我们认为管理与利用是相互矛盾的,但又是统一的。管理得好,就有利于利用;管理不好,就妨碍用。但管理与利用始终不能构成它的基本矛盾,也不是图书馆领域所特有的矛盾,只是图书馆领域内的一般性矛盾。管理与利用的矛盾在图书馆以外的许多领域内是共同存在的,它不是图书馆发展的特殊原因或特殊的根据,更不是图书馆学得以与其他学科区别开来的本质特征。

第二节 图书馆学研究对象的诸种认识及其评介

多年来关于图书馆学的研究对象国内外有多种提法。我们认为,图书馆本身经历了从低级到高级,从简单到复杂,从单一功能到多元功能的发展过程,作为对这一过程的由浅入深,由表及里的认识具有多样性是不足为怪的,而且人们的认识还要受到各种主观条件、认识角度和方法的影响。因此,这种多样性本身是正常的,对于学科的发展,学术思想的争鸣,学术空气的活跃都是有益的。根据我们所能掌握到的不完全的资料,可以把对图书馆学研究对象的各种认识概括成三个方面:

一、整体与部分之争

两者都从图书馆出发。一种观点是以图书馆整体作为研究对象,这样就能比较正确地分析组成要素之间的相互矛盾与相互依存的关系,正确认识图书馆发展的根本原因在于矛盾的运动,图书馆与其他事物之不同,根本原因在于矛盾的特殊性,从而使整个图书馆学的研究获得一个比较合乎客观实际的正确认识;另一种观点是以图书馆的某一部分或某一层次、某一种现象作为图书馆学的研究对象,如图书馆的本质联系、图书馆的职能、图书馆的工作、图书馆的技术方法、图书整理、图书馆管理,这些都只反映了图书馆的某一部分,或是图书馆学某一分支学科的研究对象,从部分来说是对的,但它们显然不能代替图书馆学的研究对象,也不能全面地反映图书馆的本质、职能、特征、动力、发展规律。

二、以人们认识客体为研究对象与学科定义为研究对象之争

一种观点认为图书馆学研究对象是人们认识的客体,也就是人们思考或研究时作为目标的事物——图书馆,是正在运动着的图书馆,是以藏与用为特殊矛盾构成的图书馆;另一种观点认为图书馆学的研究对象是某个静止的定义或某一系列静止的概念,如图书馆学研究对象是"图书馆各系统的构成及其发展规律"、"图书馆事业发生、发展、组织形式以及工作规律和方法",以及"要素说"、"矛盾说"、"规律说"、"交流说"等等。我们先不去研究这些定义、概念是否正确,必须明白的是,研究对象与学科的定义是有区别的,不是等同的,更不能把定义当成研究对象或相互代替。研究对象是指人们行动或思考时作为目标的事物,认识的客体;学科定义是对于一种事物的本质特征或一个概念的内涵与外延的确切而简要的说明。当然学科是在明确了它的研究对象之后,才会产生定义,才能正确地反映研究对象的本质特征,因此它们既有区别,又有内在的联系,把二者完全分割开来,也是错误的。

三、以藏与用为特征的图书馆作为研究对象与搬用相关领域的研究对象之争

随着科学技术的发展,特别是近几年来,信息科学、系统论、控制论、知识学、科学交流学得到迅速的发展,渗透到许多学科,有的已成为某些学科新型的综合性基础理论。尤其是,信息、知识是构成图书的内容,是交流与传递的内容,图书则是构成图书馆的主要要素,是交流与传递信息、知识的手段,因而有人提出图书馆学的研究对象是"信息"、"知识"、"图书文献"、"文献信息"等。他们认为"知识的纵向继承和横向交流"、"知识传递"、"知识开发与利用"、"科学的交流"、"文献信息"是图书馆学的研究对象。我们认为,信息、知识、图书文献、文献信息与图书馆是不可分离的,是图书馆组成的重要要素,是图书馆传递与交流的内容与手段,是图书馆学要研究的事物之一,但它本身未能构成图书馆的特殊矛盾。这是因为:(1)图书馆所代表的仅是众多的"知识传递"、"文献信息"与"科学交流"渠道中的一条而已,虽然它具有其他渠道所没有的独特功能——收集、整理、保存人类文化遗产与科学成果,长期反复地提供给社会使用,但它也不具有为其他渠道所拥有的功能;(2)从图书馆学角度对它们研究并不能代替和排斥从其他角度对它们的研究。

关于图书馆学研究对象的看法的多样化,在一定程度上也反映了我们在科学研究的组织工作方面所存在的问题。多年来大家习惯于各说各的,很少针对一些不同看法,通过讨论统一认识。总的来说是缺乏组织和引导,自发研究多,有计划地解决一些问题不够。

第三节　图书馆学定义

一、图书馆学定义包含的基本要素

给图书馆学下确切的定义应该做到两点:(1)准确地反映图

24

书馆的本质特征,也就是图书馆的特有矛盾,即收藏图书与利用图书;(2)应该包含3个环节,即矛盾的产生——矛盾的运动——矛盾运动的结果。矛盾的产生,就是事物的组成要素,它是构成矛盾运动的基础;矛盾运动是事物发展的动力,是事物存在和发展的条件;"规律"是矛盾运动的必然结果。这三者是事物产生和发展的完整过程,也是图书馆产生和发展的完整过程。当然,这三个环节在图书馆产生和发展的过程中所处的层次是不同的,但它们是互为条件、相互补充的,是一个有机的整体。

二、图书馆学研究对象、研究内容、定义的区别

怎样确切的给图书馆学下一个定义呢? 关键是要把图书馆学的研究对象、研究内容、定义三者区分开来,三者既有联系,更有区别。研究对象是指人们行动或思考时作为目标的事物和认识的客体;研究内容是指研究对象的内部实质和外部联系;科学定义是对于一种事物的本质特征或一个概念的内涵与外延的确切而简要的说明。

三、对各种图书馆学定义的评介

什么是图书馆学? 近百年来人们给它下了许多定义,这里只选择其中几个进行分析。

美国:图书馆学就是发现、搜集、组织及运用印刷的与书写的记录之知识与技能。

图书馆学是研究图书馆挑选、收集、编目、流通并使图书和其他情报可以利用的方式方法的科学(J. 贝克:《情报学浅说》第73页,科学出版社1979年版)。

英国:图书馆学就是研究有关图书馆及其收藏内容之经营管理及目录学的知识与技术。

日本:图书馆学是将图书馆的一切知识与技术,作有组织的研究的学问(椎名六郎:《图书馆学概论》第4页,东京学艺图书株式会社,昭和四十二年第5版)。

前苏联:前苏联图书馆学是一门把图书馆过程作为群众性地交流社会思想的一种形式的社会科学。研究其发展规律、性质、特点和结构,考察图书的流通,研究图书的公共使用,并把这一切作为对劳动人民进行共产主义教育和提高劳动人民文化技术水平的手段,从而使它成为传播科学与技术成就的一条重要渠道(O. C.丘巴梁:《普通图书馆学》第1页,书目文献出版社1983年版)。

前德意志民主共和国:我们今天所理解的图书馆学概念是"通过图书馆活动的实践,产生了对图书馆的作用、组织结构和其他性质以及工作方式方法的认识,此认识不断扩大而渐成体系"(维尔纳·杜贝:《德意志民主共和国图书馆学研究现状》,载中国科学院图书馆编《国外图书馆工作参考资料》1972年第1期)。

在我国,关于图书馆的定义在本世纪30年代就有了一定的见解。李景新在《图书馆学能成一独立的科学吗?》中指出:"图书馆学是人类学问中的一部分。是以有系统的科学方法,专研究人类知识学问及一切动态的记载的产生、保存与应用,使它成为教育化,学术化,社会化,科学化的一种科学。简单地说,图书馆学就是以科学方法研究关于图书馆的一切事项的学问。"(载《武昌文华图书馆学专科学校季刊》第7卷1935年第2期)

刘国钧在《图书馆学要旨》一书中指出:"什么是图书馆学?图书馆学便是研究图书馆的组织法、管理法和使用法的学科。"(刘国钧:《图书馆学要旨》第2页,中华书局1949年再版)1957年,刘国钧又在《什么是图书馆学》一文中提出:"图书馆学就是关于图书馆的科学。也就是研究图书馆事业的性质和规律及其各个组成要素的性质和规律的科学。"(载《中国科学院图书馆通讯》1957年第1期)

文化学院编写的《社会主义图书馆学概论》(初稿)提出:"图

书馆学是属于社会科学范畴的一门科学。它应研究整个图书馆事业和它的全部活动的规律。"（载《图书馆学通讯》1959 年第 1 期）

　　北京大学、武汉大学图书馆学系合编的《图书馆学基础》一书提出："图书馆学是研究图书馆事业的发生发展、组织形式以及它的工作规律的一门科学。"（《图书馆学基础》第 7 页，商务印书馆1981 年版）

　　上述举例虽然仍不完全，也不是人们关于图书馆学定义的全部看法，但它代表了一定的时间和空间，具有一定的代表性。在文字的表述方面虽然不尽相同，但基本都反映了研究对象——图书馆的本质特征以及图书馆学的演化进程。把上述举例进行归纳，基本上属于三个层次的认识：第一个层次认为图书馆学是研究图书馆图书收藏与利用的方式方法的一门科学；第二个层次认为图书馆学不仅是研究图书馆的技术方法的科学，而且是研究图书馆的一切知识及图书馆产生发展规律的科学；第三个层次认为图书馆学不仅是研究关于图书馆的一切知识及图书馆产生发展规律的科学，而且是同情报学、计算机科学、信息论、系统论、控制论等科学的某些成分相结合的科学，图书馆学正在走向一个多学科相互交叉、相互渗透、彼此结合的综合化道路。这三个层次的认识，既是图书馆学的演化进程，也是人们对图书馆学的认识过程。图书馆学的研究对象是图书馆，图书馆的本质特征是收藏与利用，这是不会变化的。但随着科学技术和物质生产的发展，图书馆收藏与利用的内容、方式方法是有变化的，因此，怎样正确认识图书馆收藏与利用的特征，怎样正确地表达它，这是需要图书馆学研究者不断探索的问题。

四、图书馆学定义

　　图书馆学定义有广义和狭义之分。广义的图书馆学也就是一般的图书馆学定义，适合于不同的历史时期和不同社会制度的图书馆学,反映图书馆共同具有的本质特征,这也是广义图书馆学的共同特征。狭义的图书馆学是给某一历史时期或某一特定社会的图书馆下的定义,狭义的图书馆学定义除了具有广义图书馆学的共同特征外,还有它自身的个性,即特定历史时期或特定社会制度下图书馆的特征。

根据科学定义的一般要求,在肯定图书馆学研究对象是图书馆的前提条件下,我们给广义的图书馆学下一个定义:图书馆学就是研究图书馆收集、加工、整理、保藏、控制图书与一定社会读者利用藏书之矛盾产生与发展规律的科学。

第四章　图书馆学的体系结构

体系就是指若干事物或某些意识相互联系、相互制约而构成的整体。结构是指客观事物整体中各个部分的组成状况及其相互关系。结构是一切事物或意识整体中不可缺少的形式。物质有物质的结构，科学有科学的结构。科学结构也就是人们对客观世界认识系统理论的有机构成，是科学各个组成部分之间的结合方式，也是科学内在逻辑的集中表现。

那么，什么是图书馆学的体系与结构呢？图书馆学的体系是由相互联系相互制约的图书馆学理论、图书馆技术方法、图书馆历史等知识元素构成的整体。图书馆学结构就是图书馆学体系中各个组成部分的搭配、排列、组织及其相互关系，也就是各个组成部分之间的联系形式。

第一节　图书馆学体系的构成要素

任何一门科学体系都是由经验要素、理论要素、结构要素构成的整体。图书馆学体系的形成也经历了图书馆学知识积累、图书馆学经验科学、理论图书馆学三个历史阶段，因此，图书馆学体系也包含了这三个基本要素。

一、经验要素

图书馆学的经验要素是指图书馆工作者在图书馆长期实践中获得和积累起来的图书馆知识与技术，它是以"感性经验为基础"的，当然包括人们长期以来通过观察和实验方法所获得的图书馆知识与技术。图书馆经验知识与技术方法是图书馆工作者同外部世界相互作用的过程中和图书馆实践活动中产生的。这种知识和技术仍限于经验的范围，限于对图书馆的现象的描述阶段，并未揭示图书馆的本质和规律，但它是理论图书馆学的基础。

二、理论要素

图书馆学的理论要素是从图书馆实践中概括出来的关于图书馆知识的系统的结论。它以经验为依据，是经验的理论概括，是从经验中得出的结论，是系统化了的理性认识。理性认识是认识的高级阶段。在对图书馆感性认识的基础上把所获得的感觉材料经过思考、分析，加以整理、改造，形成概念、判断、推理。理性认识是感性认识的飞跃。它反映图书馆的全体、本质、特点、结构、功能和发展规律。

三、结构要素

结构要素是指揭示图书馆学体系内部各个组成部分、因素之间的相互联系和运动的范畴。在承认结构范畴的客观实在性的基础上，它能反映别的范畴所不能反映的事物内部的整体状态和层次性质。结构范畴是从总体运动和转化的角度来揭示事物的内容、属性、关系、行程的。因此，贯穿在科学知识体系中的结构要素就是指反映客观事物整体状态超越了个体性而具有普遍意义的认识成分。结构要素是经验要素和理论要素相互结合的中介，联系的纽带，是随着科学知识体系之中经验要素与理论要素同步增长的能动的调节系统。图书馆学体系就是通过结构要素这个中介把图书馆学经验要素与理论要素联结起来,组合起来。

概括地说,图书馆学的经验要素、理论要素和结构要素是相互交融在一起的,图书馆学体系的发展就是这三种要素的不断丰富和融合。

第二节　图书馆学知识元素是形成图书馆学结构的前提

一、科学结构形成的前提条件

一个科学结构包含有三个前提条件:(1)要有一定数量的知识元素,一个孤立的知识元素是谈不上联系与结合的;(2)一定数量的知识元素之间存在着的相互作用,毫不相干的知识元素不可能结合成整体;(3)一定数量知识元素的结合形式是特定的,并且有相对稳定性。这三条只要有一条不满足,就不能形成一定的科学结构。

二、图书馆学知识元素形成的结构特点

图书馆学知识元素形成的结构有以下特点:第一,图书馆学与它的分支学科都有它自身的知识元素。如图书馆学基础理论有基本概念、规律、原理作为它的知识元素,而从图书馆学的宏观结构来说,图书馆学基础理论是图书馆学的知识元素。第二,各个知识单元在图书馆学结构中占有特定的地位并起相应的作用。如图书馆学基础理论,图书馆史是起主导作用的,它贯穿于各个分支学科。不同的位置表明它们的职能和整体的作用是不同的。第三,各个知识单元之间联系和结合的形式多种多样。从表面形式看,

有纵向联系,横向联系,平行联系,层次联系等等。多种多样的联系形式与结合方法,影响和决定着图书馆学与各分支学科的形态与功能,因而形成各具特色的理论体系。第四,图书馆学结构具有和谐性。一门科学理论的多种知识元素纵横交错,延伸发展,在结构形式上应协调配合,有序统一,无论是形态上还是逻辑上都应具有美的特色。一个完善的科学结构,不应该有逻辑矛盾、比例失调等结构不合理现象。第五,图书馆学结构中各知识元素之间的联结方式,一般说来是稳定的,属于静态结构形式,但这种静态结构并不是绝对不变的,而是随着科学的发展与知识因子的变动而不断变动的。

三、图书馆学的知识元素

图书馆学的知识元素是由图书馆学的研究对象决定的,而且随着图书馆实践的发展而不断发展,它包括下述方面:

1. 图书馆学的基本理论

主要指马克思、恩格斯、列宁、毛泽东关于图书馆事业的论述与指示,党和政府关于图书馆的指示、决议,图书馆学理论基础,图书馆学的研究对象,学科体系结构,学科性质,图书馆学的相关学科,研究任务与方法,图书馆学发展史,图书馆与信息、知识、科学、图书文献的关系,图书馆的产生与发展,图书馆的国际组织与国际活动,图书馆的本质属性与一般属性,图书馆一般职能与社会职能,图书馆系统的结构、性质、特征、方法,图书馆与社会,我国图书馆事业的发展与建设,图书馆类型,图书馆网络,图书馆干部队伍与图书馆学教育,图书馆现代化及其未来。

2. 图书馆技术方法

这里主要包括图书馆工作诸过程的内容和技术方法。

(1)收集:一般书刊资料的收集原则和方法,不同类型书刊资料的收集原则和方法;不同类型图书馆收集工作的特点。

（2）登录：总括登录和个别登录的方式方法，不同类型出版物的登录特点，不同类型图书馆的登录制度。

（3）著录：图书资料著录的一般原则和方法，不同类型出版物的著录原则与方法上的特点，不同文字出版物的著录原则与方法上的特点。不同用途的著录：目录款目的著录，书目款目的著录，输入电子计算机的著录，统一著录等。

（4）分类：分类理论与方法，分类表的编制：基本体系，类目之间的关系，各种标志制度等。

（5）主题：主题法的理论与方法，主题法的种类及其特点，各种主题法的应用，主题标引方法。

（6）文摘、提要：编制文摘、提要的一般原则和方法，不同学科文摘、提要的编制特点等等。

（7）目录：目录的基本理论与方法，目录的种类，不同目录的组织，目录的体系等等。

（8）排列：一般原则和方法，各种排列法，各类型出版物排列法，等等。

（9）保管：书库管理，清洁卫生，装订修补，图书保护，等等。

（10）流通：基本理论与方法，借书处，阅览室，馆外流通，流通站，送书上门等等形式。

（11）宣传：图书宣传与指导阅读的基本理论与方法，群众性图书宣传与阅读指导，个别宣传与指导，各种不同学科的图书宣传与阅读指导。

（12）参考：参考咨询工作的基本理论与方法，参考咨询的种类，解决问题的方法，工具书的使用方法。

（13）检索：基本理论与方法，手工传统检索工具：书目、索引、文摘，检索途径：分类、主题、人名、地名、序号等等，电子计算机检索，检索系统。

（14）情报服务：图书馆情报服务的理论与方法。

3. 图书馆现代化

随着新的技术革命的发展,图书馆藏书结构,存贮方法,服务手段,传递方法将发生根本性的变革。图书馆与读者之间,图书馆与馆员之间的关系将发生变化,因此,图书馆现代化包括藏书结构,存贮手段,传递方式,效果反映以及电子计算机的采购、编目、检索,缩微存贮,视听技术,网络技术等等。

4. 图书馆管理

包括图书馆管理的理论与方法,图书馆管理的原则,图书馆管理的对象、内容、手段,图书馆管理的过程,管理现代化,等等。

5. 图书馆史

图书馆史是图书馆实践的总结,包括图书馆的产生与发展,它在各个历史时期与社会政治、经济、文化诸方面的关系,它的活动内容与社会效果。

第三节　图书馆学体系结构

一、图书馆学结构的种类与联系方式

图书馆学结构是构成图书馆学体系的知识元素的一种相对稳定的联系形式,表明图书馆学知识元素在图书馆学体系中以何种方式结合起来,并在图书馆学体系中占据什么地位,它们怎样决定着学科整体的功能。

图书馆学的知识元素是多种多样的,它们之间的结合方式也是丰富多彩的,因而也就造成了图书馆学结构的千差万别。我们按照科学结构的某种属性与特征,对它们的种类、联系方式分别予以叙述:

1. 图书馆学结构的种类

（1）纵向结构与横向结构。图书馆学体系是纵横交错的多层次结构。纵向结构是指线型的、隶属关系、层次关系、等级态；横向结构是指并列、邻接、交织关系。从纵向结构来说，图书馆学有门类——分支学科——低层次学科——知识元素等层次，即图书馆学——理论图书馆学——图书馆学史——图书馆学知识积累时期——概念、原理、规律；横向结构，指处于同一层次的学科，如国家图书馆学，公共图书馆学，高等学校图书馆学，工会图书馆学等。

（2）宏观结构与微观结构。在图书馆学结构中，理论图书馆学处于一个特别的水平上，在构成图书馆学整体和分支学科的各个组成部分中，科学理论是最基本的单元，凡是由科学理论或由它组成的学科、门类作知识单元构成的科学结构，都称为宏观结构，而科学理论以下的知识元素如概念、定律、命题等自身的结构，以及它们相互结合而成的理论，都称为微观结构。也有把理论图书馆学看成宏观结构，把技术图书馆学、应用图书馆学看成微观结构。这是从学科整体上划分的另一方法。

（3）动态结构与静态结构。凡是不含有时间因素，图书馆学结构不随时间变化而改动的称为静态结构；相反，包含时间因素，图书馆学结构随时间变化而改动者，称为动态结构。

（4）归纳结构与演绎结构。构成图书馆学体系的各个知识元素，若按逻辑归纳原则，依次根据其共同特征，形成系统，就称为归纳结构；演绎结构，是以几个最基本的元素为起点，根据演绎逻辑规则推导出其他部分形成一个大系统的结构形式。

（5）发生结构。要寻找一种能把各种学科贯穿成为统一体的形式，很自然地按照它们发生发展的次序连接起来，就成了科学发生结构，它能反映科学之间的内在联系和发展演变过程，如图书馆史、图书馆学史。

2. 图书馆学结构的联系方式

（1）运动形式的联系：按运动形式由低级到高级的发展转化

形式,如图书馆学基础理论可划分为图书馆学导论,图书馆史,图书馆学史,比较图书馆学等。

(2)研究对象的联系:按研究对象的整体性范围大小结成有包含关系的套环式结合方式,如读者心理学、读者阅读学、读者咨询学包容在图书馆读者学之内。

(3)科学手段的联系:把一门科学的理论作为方法去研究其他自然现象或社会现象,可以形成一些有联系的新学科,如用数学方法对图书馆领域进行研究,产生图书馆数学、计量文献学、计量书目学、图书馆应用统计学;用比较方法对图书馆进行研究,产生比较图书馆学、比较图书馆教育学等。

(4)应用联系:按照图书馆学与图书馆实践之间的不同距离划分层次,图书馆学由理论图书馆学、技术图书馆学、应用图书馆学连结成一个整体。

二、图书馆学体系结构

图书馆学体系结构是纵横交错的多层次结构,从纵向来说,它是线型的、树式模式的、有序列的、等级态的,它由门类、分支学科、低层次学科、知识元素等层次构成。从横向来说,有并列的、邻接的、交织的关系。例如,某些边缘学科,不仅几个学科之间交叉,而且把相邻学科、外前沿学科联系起来了,从而形成了一个纵横交错的网状结构。

英国著名科学家、"科学学"的创始人贝尔纳(J. D. Bernal, 1901—1971年)说:"科学发展的一般模型,……与其说类似于树,倒不如说更近似于网",或者说"像网一样的交织物",这里的网孔相当于问题或研究对象,而线的交织点、结点则表示各种学科的生长点。在这种情况下,"网处于不断编织的过程之中"(转引自(前苏)Π. A. 拉契科夫著,韩秉成等译:《科学学——问题、结构、基本原理》第15页,科学出版社1984年版)。

图书馆学是一门综合性学科,既有理论,又有技术方法,实践性和技术性很强,因此图书馆学体系是一个复杂系统,它的纵横交错的多层次结构可描述如下:

第一层次:门类结构

整个图书馆学根据它的本质分为三个门类:理论图书馆学,技术图书馆学,应用图书馆学。

理论图书馆学,是研究图书馆基本运动形式的科学,它的科学结构主要以运动形式来联系,构成理论图书馆学的基本分支学科有图书馆学导论、图书馆史、图书馆学史、图书馆学方法论、图书馆未来学、比较图书馆学等等。

技术图书馆学,是理论图书馆学知识在图书馆实践中的应用,它研究通用的图书馆技术理论与方法,应用理论图书馆学的知识,考察专门图书馆的技术方法的共同规律,是专门图书馆技术的理论基础。技术图书馆学介于理论图书馆学与应用图书馆学之间。它的结构划分,既要考虑它的运动形态,又要考虑图书馆的实际应用。构成技术图书馆学的基本分支学科有:图书采访学、藏书组织学(图书保护学、视听资料的管理与利用、缩微资料的存贮与利用)、图书分类学、情报检索语言、图书馆目录学(计量书目学)、图书馆文献学(计量文献学)、图书馆读者学(读者心理学、读者阅读学、读者咨询学、图书馆情报学)、图书馆管理学(图书馆应用统计学、图书馆经济学、图书馆人才与教育学)、图书馆建筑学、图书馆自动化(图书馆网络),等等。

应用图书馆学,主要研究理论图书馆学与技术图书馆学如何转化为专门图书馆学的理论与技术方法,它为实践提供理论依据,设计、操作程序等。构成应用图书馆学的基本分支学科有:国家图书馆学、公共图书馆学、高等学校图书馆学、学校图书馆学、科学图书馆学、专业图书馆学、军事图书馆学、农业图书馆学、医学图书馆学、工会图书馆学、儿童图书馆学、盲人图书馆学、比较图书馆学等等。

理论图书馆学、技术图书馆学、应用图书馆学具有发展关系的横向循环结构,即由理论图书馆学——技术图书馆学——应用图书馆学——图书馆实践,或是反向上升发展关系。横向是图书馆学应用于图书馆实践,反向是图书馆实践提出的问题,推动图书馆学研究的发展。

上述三个门类,以树式模式描述的话,理论图书馆学是大树的根本和主干,根深才能叶茂,但距离图书馆实践的应用较远;技术图书馆学占据大树的主要分支的地位,理论图书馆学水平再高,没有粗大的旁枝干作中介,便无法把理论图书馆学向各枝梢传送和应用于实践。应用图书馆学是把理论与技术应用于实践的直接环节,它居于大树的梢叶部位,直接结果实的部位,整个大树的功能作用,正是通过它体现出来。

第二层次:分支学科结构

图书馆学的三个门类又可分为下一层次的许多学科,每一个门类作为一个分系统,都形成了各自的学科结构。理论图书馆学、技术图书馆学、应用图书馆学以下的层次都以图书馆领域的某一层次或某一特定方向作为研究对象来划分为不同分支学科的,如图书馆学基础理论以图书馆的本质、结构及其相互联系、运动规律为研究对象。

第三层次:低层次学科结构

图书馆学低层次学科结构,是指第三层次及其以下的各层次,如技术图书馆学下的图书馆读者学,可划分为读者心理学、读者阅读学、读者咨询学等,在第三层次以下还可分为许多学科,如读者咨询学,可分为读者咨询学概论、科技咨询学、社会科学咨询学等等。

根据以上体系结构的原理,我们把图书馆学归纳成一个体系结构图(见图4—1):

38

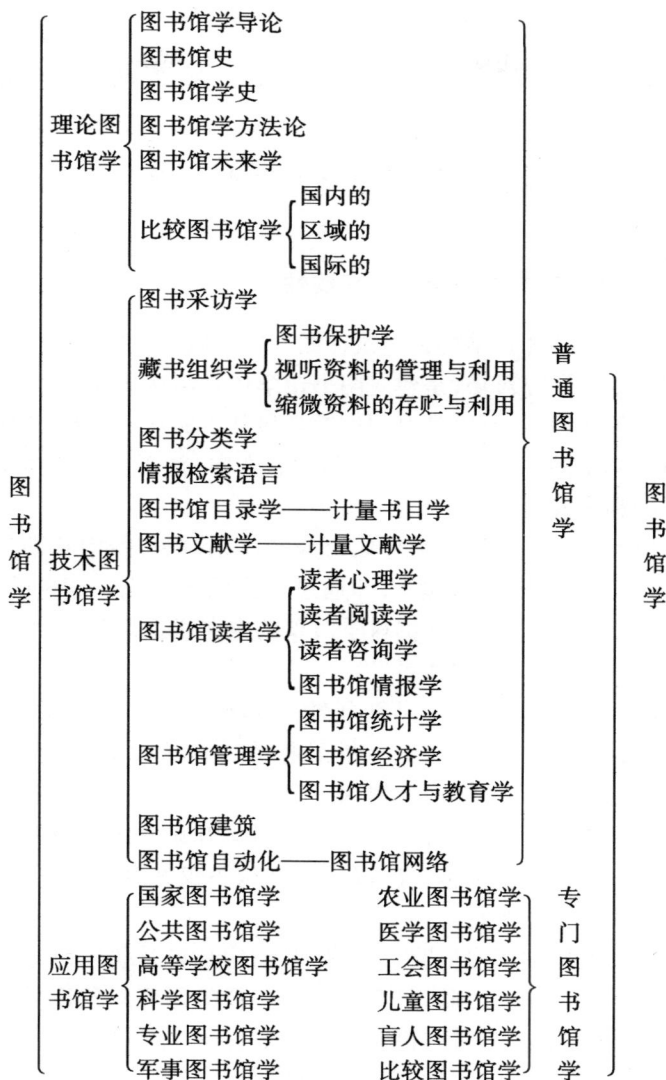

```
                      ┌ 图书馆学导论
                      │ 图书馆史
                      │ 图书馆学史
              ┌ 理论图 │ 图书馆学方法论
              │ 书馆学 │ 图书馆未来学
              │        │              ┌ 国内的
              │        └ 比较图书馆学 ┤ 区域的
              │                       └ 国际的
              │        ┌ 图书采访学
              │        │              ┌ 图书保护学
              │        │ 藏书组织学 ┤ 视听资料的管理与利用
              │        │              └ 缩微资料的存贮与利用
              │        │ 图书分类学
              │        │ 情报检索语言
              │        │ 图书馆目录学——计量书目学
  ┌ 图        │        │ 图书文献学——计量文献学
  │ 书        │        │              ┌ 读者心理学
  │ 馆        │ 技术图 │              │ 读者阅读学          普
  │ 学 ┤      ┤ 书馆学 ┤ 图书馆读者学 ┤ 读者咨询学          通     图
  │           │        │              └ 图书馆情报学        图     书
  │           │        │              ┌ 图书馆统计学        书     馆
  │           │        │ 图书馆管理学 ┤ 图书馆经济学        馆     学
  │           │        │              └ 图书馆人才与教育学  学
  │           │        │ 图书馆建筑
  │           │        └ 图书馆自动化——图书馆网络
  │           │ ┌ 国家图书馆学    农业图书馆学 ┐ 专
  │           │ │ 公共图书馆学    医学图书馆学 │ 门
  │           └ 应用图 │ 高等学校图书馆  工会图书馆学 │ 图
  │             书馆学 ┤ 科学图书馆学    儿童图书馆学 ┤ 书
  │                    │ 专业图书馆学    盲人图书馆学 │ 馆
  └                    └ 军事图书馆学    比较图书馆学 ┘ 学
```

图 4—1

第四节　图书馆学体系结构的客观性与发展性

图书馆学体系结构具有什么性质呢？主要是客观性与发展性。

一、图书馆学体系结构的客观性

图书馆学体系结构是建筑在图书馆学研究对象基础上的。确立图书馆学研究对象，是建立图书馆学体系结构的前提，图书馆学研究对象的确定，不仅是对图书馆学最基本的规定，而且制约着图书馆学体系的容量、布局、环节和伸展方向，是图书馆学体系结构的基础和出发点。

任何一门科学都必须形成自身的体系，把实践中长期积累起来的知识、经验上升为理论，即通过理论思维形成一定量的概念、范畴、原理、定律，然后根据科学对象的内在联系，把各个部分加以整理、排列、组织，构成体系。

由此可知，科学研究对象内部的相互联系、相互制约的矛盾运动原型，必须经过人的认识不断深化，在一定阶段上才能导致科学结构问题，当人们的知识积累到一定数量时，人们就会对各种知识间的联系结合形式加以研究，就会使科学知识系统化、理论化，从而形成一定的科学结构。所以体系结构不仅是客观联系的反映，也是认识深化的产物。

科学发展的历史证明，科学体系结构是科学研究对象的具体表现和集中反映。因此，只有当一门学科的研究对象论战趋于一致时，才能构成一个暂时稳定的学科体系，而每一次关于研究对象的论战，将使体系的容量、布局向更深层次发展。

以上分析说明，图书馆学体系结构具有客观性，它是由图书馆学的研究对象决定的,并集中反映研究对象的,二者是辩证统一的,它们既有密切的不可分割的联系,又有明显的区别。

二、图书馆学体系结构的发展性

由于图书馆学体系结构具有客观性,因此它的发展受到两方面的影响:一是受研究对象的制约。图书馆学体系几乎和图书馆学研究对象同时发生,同步发展,在图书馆学史上,图书馆学体系总是反映研究对象的。二是受图书馆实践的影响。图书馆学体系是实践的抽象与概括,它反映实践,随着实践的发展而发展、变化,但这种发展和变化是进化性的。

图书馆学体系结构的发展同物质运动一样,它遵循着循序渐进的原则,随着运动形式的不断变异,人们对体系结构的认识也不断深化。总的来说,图书馆学体系结构的进化经历了三个阶段。

第一,图书馆学体系结构的萌芽时期,也是古代图书馆时期,是图书馆学知识积累时期。它以图书馆的"部分特征和方面"作为研究对象,主要研究"图书馆与藏书",研究内容是图书的收集、整理、贮藏以及与藏书密切相关的馆舍、馆员。学术成果突出表现在目录学和图书分类学。这一时期人们并没有把图书馆的知识作为一门科学来看待,只是零散的图书馆知识的积累,没有严密的结构。

第二,图书馆学体系结构的产生时期,也是近代图书馆时期,是图书馆学经验科学时期。它以图书馆的"整体的内部联系"作为研究对象,着重于图书馆技术方法的研究,"学"与"术"没有统一,重技术轻理论,人们称它为"图书馆馆内科学"。主要研究"图书馆与读者"、"图书馆与藏书"。由于近代图书馆的需要,图书馆学研究的范畴已由局部向整体伸展,研究内容亦有所发展,主要研究藏书组织和建设以及怎样吸引读者来阅览,方便查索,给读者以辅导帮助。学术成果是图书分类与编目、参考咨询工作的方式方法。这一时期是以技术方法为中心的时期,结构单一,但已初步形成图书馆学体系结构的雏形。

第三,图书馆学体系结构的发展时期,也是现代图书馆时期。它以"图书馆整体"作为研究对象,它已从图书馆技术方法的研究上升到图书馆理论科学时期,图书馆的"学"与"术"已相互沟通,揉合于一体。电脑技术,缩微技术,视听技术,网络技术,正在与传统的技术方法相结合,或代替部分传统技术,以崭新的面貌出现。许多新的科学理论、研究方法被吸收或被移植到图书馆体系中来。这一时期图书馆学的研究领域已大大扩展,"图书馆与藏书"、"图书馆与读者"、"图书馆与社会"成为研究中心,人们把图书馆学的研究对象——图书馆置于更大的系统——社会范围内考察、认识,把图书馆作为现代化社会极其重要的组成部分,不仅研究图书馆的内在联系,也研究图书馆与外部世界的联系,把图书馆看成"是将人类的记忆移植于现今人们意识之中的一种社会装置",使图书馆从"被封闭在实用主义的框框里,只要能合理完成技术上的处理就满足"和图书馆学是"图书馆馆内的科学"的现象中解放出来。把图书馆视为开放性的系统,知识信息的交流中心。人们从更广阔的视野和更高的角度来研究图书馆在人类社会中的地位和作用、活动内容、方式方法,研究图书馆如何为人类社会进行文献资源的开发与利用,人类社会如何实现文献信息的资源共享,如何取得显著的社会效益。现代图书馆学不仅内容更新,产生了许多新的分支学科,而且体系结构也是多维的多层次的纵横交错的网状结构。

第五章 图书馆学的学科性质与相关学科

第一节 图书馆学的学科性质

学科性质问题,是个科学分类的问题。科学是一种知识体系,对这种知识进行分类,便于从总体上分析其特征,了解各门学科的特殊性质及其相互间的内在联系,进而为发展科学提供战略上的依据。

一、图书馆学学科性质的几种认识

图书馆学的学科性质与图书馆学的研究对象密切相关,研究对象决定学科的性质。多年来,由于图书馆学的研究对象存在着多种不同的认识,因而在图书馆学的学科性质上也有多种不同的认识。概括起来,这些认识可分为三类:

第一类认为图书馆学属于社会科学。主要理由是:图书馆是一种人类特有的社会现象,其运动形式,也是归入社会运动形式之中;就其研究方法来说,现阶段应用最多的还是社会科学的方法。因此,图书馆学学科的性质是社会科学。这种观点不仅反映在近年出版的一些论著中,而且在传统观念中,也是为图书馆界、社会上所公认的。50 年代末由卢震京编写、商务印书馆出版的《图书馆学辞典》,1959 年文化学院编的《社会主义图书馆学概论》都认为图书馆学属于社会科学。1980 年修正版的《中国图书馆图书分类法》把"图书馆学、目录学、图书馆事业"列入"G 文化、教育、科学、体育"类。在实际工作中,图书馆学教育长期列入文科,图书馆学学士学位、硕士学位也被列入"文学"类。

第二类认为图书馆学是一门技术性、实践性很强的科学,应该属于应用科学或方法科学。近几年来,有些部门把它划入"应用文科"或"管理学科"。

第三类认为图书馆学既属于社会科学,又属于应用科学,当前正在走向社会科学、应用科学、自然科学相互渗透、相互交叉、彼此结合的综合性学科,或边缘学科。

以上三种认识,我们赞成第三种,即图书馆学是一门综合性学科。我们既承认图书馆学有社会科学的性质,又不排斥图书馆学具有应用科学或方法科学的性质,我们不拘泥于过去已形成的概念,而是根据图书馆学的客观实际与发展趋势,改变自己的观念,认为今天的图书馆学正在走向社会科学、应用科学、自然科学相互渗透、相互交叉的综合性过程。

这种认识正好反映了我们的认识由浅入深、循序渐进和螺旋式上升的过程;也反映了我们的认识由单一性到多样性、复杂性,由现象到本质的过程;而最主要的,则是反映了认识过程本身逻辑地与历史地同客观对象本身的发展过程相一致。

二、图书馆学正在走向综合性学科

图书馆学由应用科学、社会科学发展成综合性学科,主要是以下三方面的原因:

1. 当代科学发展趋势的影响

图书馆学发展成为综合性学科是受当代科学发展——综合化趋势的影响。图书馆学是一门独立的科学,它同周围许多学科相互联系,相互制约,互为影响。

在科学发展的全部历史进程中,一直有两种起作用的主要趋势:一是科学发展中不断分化的趋势;另一种是科学发展中不断综合的趋势。纵向的分化和横向的综合成了科学发展全过程中的两个特点。整个科学发展的过程是综合——分化——综合的否定否定过程。这一过程表现为:在古代,在朴素的自然哲学世界观的影响下,所有各门科学都被囊括于自然哲学的庇护之下,使当时的科学知识处于感性直观混沌的原始整体化状态;从15世纪下半叶到19世纪,形而上学的世界观占据主导地位,自然科学得以在收集材料的基础上进行分门别类的研究和发展,各门科学不仅在研究上互不相关,而且在方法和语言上都极少相通,出现某些学科远远跑在前面,一些学科又孤立地落在后面的分群状态;19世纪末,现代科学迈开了它的发展步伐,日益分化的自然科学,已经作为一种把一切自然科学联结成一个整体的科学而出现了,科学发展中的综合趋势越来越明显。从本世纪30年代起,特别是第二次世界大战以后,在整个现代科学的发展中,综合的趋势已占主导地位。目前二元学科的综合已很普遍,而且还不断出现三元或多元学科的综合。例如,化学学科与其他学科的渗透、交叉而产生了物理化学、生物化学、量子有机化学、生物有机化学、元素有机化学、无机生物化学等。

综合化是科学发展的一种必然趋势,这一点马克思早在1844年就指出:"历史本身是自然史的一个现实的部分,是自然界生成为人这一过程的一个现实的部分。正像关于人的科学将包括自然科学一样,自然科学往后也将包括关于人的科学:这将是一门科学。"(马克思:《一八四四年经济学——哲学手稿》第82页,人民出版社1979年版)英国著名物理学家、剑桥大学教授、"科学学"创始人贝尔纳认为,现代科学的发展潮流是,经济学、技术科学、各门自然科学同各门社会科学正在合成一个富有生命力的整体。

当代科学综合化的趋势,主要特点如下:

(1)日益增多的边缘学科、交叉学科、综合学科的出现,促成了学科的彼此渗透,相互交叉,相互结合,从而打破了 15 世纪下半叶以来科学分化时期的各个学科都可以互不联系地单独向前发展,甚至连语言、方法都互不相通的隔离局面,加强了学科之间的彼此联系,导致了现代科学发展的整体化趋势。

（2）横断学科的产生,揭示了科学领域间的崭新联系。横断学科是现代科学中出现的一类崭新学科。它们与其他学科不同,它的研究对象,既不是客观世界中哪一种物质的结构,也不是物质的某种运动形态,而是许多物质结构及其运动形态中的某一个特定的共同侧面。它的对象是横着伸展到客观现实的一切领域里去的。例如信息论、系统论、控制论就是这类学科,它揭示和描述了自然的、生物的、社会的种种联系和控制过程的统一性,它成了自然科学、生物科学、社会科学之间联系的一条不能被打断的链条。这些学科的特点就是把宇宙作为一个整体来研究。

（3）哲学和数学作为科学的一般方法论和方法,已渗透到各门学科,它使各门科学在方法论与方法上相互沟通起来。现代科学的发展已进入这样一个阶段,无论是自然科学、技术科学,还是各种社会科学,都普遍处于哲学和数学化之中。

（4）自然科学、技术科学、社会科学相互渗透,形成科学综合的统一整体。

科学的综合化是以什么形式出现的呢？主要有以下几种：一是自然科学体系内部的综合,首先是在物理学、化学、生物学、地质学和天文学等原有基础学科间产生一系列综合学科,如物理化学、化学物理、生物化学等等；二是社会科学体系内部的综合,如政治经济学、历史心理学；三是社会科学、自然科学、技术科学之间的综合,如环境保护科学、管理科学、技术经济学、图书馆学、档案学等。

科学发展的综合化趋势给图书馆学带来什么影响呢？主要有下列几方面：

（1）科学发展的综合化是一种必然趋势,是一个不可扭转的发展方向,它按照否定之否定的规律,在科学经过综合——高度分化之后,必然出现一个高度的综合阶段。因此,作为整个科学体系中的一门学科的图书馆学,更不应该掩耳盗铃,回避现实。

(2)门类繁多的各门科学日益相互渗透,紧密地联系在一起,形成了统一完整的科学体系,然而每一门科学都是在与整个科学体系的紧密联系中前进的。图书馆学作为整个科学体系中的一个分支,要跟上整个时代科学发展的步伐,就必须抓紧时机,努力使自身适应整个科学综合化发展的要求。

(3)科学发展的历史证明,一门科学有没有生命力,就要看它自身能否做到既能渗透到其他学科领域,又能吸收和移植其他学科的新成果补充自己,丰富自己。科学发展综合化的趋势,使各门学科所共同的语言、概念、方法正在形成,图书馆学要善于利用,同时还要善于吸收和移植其他学科的新成果发展自己,建立自身的一些新的分支学科。

2. 图书馆学研究对象内在因素的多样性与复杂性

图书馆学的学科性质是由图书馆学的研究对象——图书馆的性质所规定的。上面我们已经讨论了科学发展的综合化趋势对图书馆学学科性质的影响,它只是说明了外因,它是属于第二位的,唯物辩证法认为,"事物发展的根本原因,不是在事物的外部而是在事物的内部,在于事物内部的矛盾性。"(毛泽东:《矛盾论》,《毛泽东选集》第 1 卷第 289—290 页,人民出版社 1952 年版)因此,决定图书馆学学科性质的主要原因不应是外因,而应是学科内部的原因,是图书馆学研究对象自身内部的矛盾性,特别是图书馆学研究对象的特有矛盾的性质。

由于图书馆学研究对象——图书馆是一个矛盾的综合体,因此自身存在着多样性与复杂性。多年来,我国图书馆学界对图书馆学学科性质的看法多样化,各自从不同的角度提出自己的观点,而且有根有据,彼此不能说服,这恰好说明我们的认识不全面,对它的多样性和复杂性认识不足。这种多样性和复杂性,从整体来看就是综合性。

图书馆学研究对象的多样性和复杂性主要体现在以下方面:

(1)图书馆构成要素的复杂性。图书馆是由藏书、读者、人员、建筑设备、技术方法、管理等要素组成的综合体,层次繁多。藏书、读者是主要因素。图书馆要扩大藏书量,就要增加空间,压缩藏书体积,这就要运用建筑科学、光学、声像技术。图书馆藏书载体多样化,要延长藏书载体的寿命,就要运用化学、生物科学、社会科学。图书馆读者多种多样,文化程度、职业、年龄不一,需要不同,要了解读者,满足读者不同需要,为读者服务好,就要运用社会科学和心理学、数学、运筹学等。

(2)图书馆性质、功能的多样性。图书馆是文献信息的存贮和传递中心。它既不是一种天然的自然现象,又非单纯的社会现象,而是二者兼有的矛盾统一体。在运动过程中同上层建筑、经济基础都有着密不可分的联系,它的某些部分属于上层建筑,而另外一些部分则属于经济基础;它既为上层建筑传播思想、教育人民服务,也为经济基础发展生产力、发展科学技术服务,而且成为它们的组成部分。从某种意义上来说,上层建筑只是某一基础存在和活动的时代产物,而图书馆则是人类社会的永久现象,不因上层建筑的更迭而更迭。作为总结图书馆实践的知识体系的图书馆学是一门综合性的学科,看来是不难理解的。

图书馆是一个多功能的系统,基本职能是收集、加工、整理、存贮、选择、控制、传递、提供图书文献给一定社会读者使用。要实现这些功能,仅有社会科学的理论方法是不够的,还要采用网络技术、现代通信技术、管理科学、系统论、信息论、控制论、运筹学等等。只有综合运用社会科学、现代科学技术,才能使图书馆功能得到充分发挥,才能构成现代图书馆。

(3)图书馆学理论基础的群体性。马列主义、毛泽东思想是图书馆学的指导思想,哲学、信息论、系统论、控制论、数学、社会学、教育学、心理学等是图书馆学的理论基础,这是一个学科群体,也是一个由社会科学、自然科学组成的综合体。它们是图书馆学和各分支学科的综合理论基础,渗透在图书馆学的基本理论与各分支学科的体系中,从而构成了不可分割的综合体系。

（4）图书馆学研究方法的整体性。学科的研究方法具有反作用,影响学科性质。图书馆学是一个综合整体,其研究方法也必须采用哲学、社会科学、自然科学多种方法组成的综合体系。图书馆学的研究对象是图书馆整体,不是图书馆某一侧面,或某一层次、某一运动形态。图书馆学研究对象的这种整体性,也就规定了其学科研究方法的综合性。图书馆学必须引进和运用一系列其他学科的原理与方法来研究图书馆系统的各个层次、各个侧面,构成一个综合性的研究方法体系,才能促进现代图书馆学的发展。

3. 图书馆学体系结构的发展性

科学研究对象、学科体系结构决定学科性质,学科性质反映研究对象和体系结构。图书馆学体系结构受图书馆实践的影响,随着图书馆实践的发展和变化,图书馆学的研究内容也不断发展和变化,体系结构不断调整,不断伸展扩张。

图书馆学在最初形成时,由于其研究对象局限于图书馆工作,研究内容偏于技术方法,因而其学科性质,原则上讲属于应用科学范围。

随着社会和科学技术的发展,图书文献量的增长,图书馆的开放,图书馆学越来越关注图书馆与社会的关系。社会学、教育学、版本学等引进图书馆学,与图书馆学结合,研究内容也增加了理论成分。这时的图书馆学不仅具有应用科学的性质,而且向社会科学门类靠近。

当代社会进入信息时代,图书馆成为文献信息的存贮和传递中心,文献信息的存贮、传递与利用成为图书馆界普遍关注的问题。信息论、控制论、系统论、数学、运筹学、管理科学、电子计算机技术、现代通信技术、网络技术、光学、声像技术、生物科学、化学、心理学等学科与技术引进图书馆学，并与图书馆学结合，渗透到图书馆学的分支学科，成为图书馆学不可分割的组成部分，其研究方法也随之综合化。因此，今天的图书馆学正在走向多学科结合的综合化道路，成为一门既具有应用科学、社会科学性质，又具有自然科学性质的综合性学科。

既然图书馆学是一门综合性学科，其综合性主要体现在四个方面：一是图书馆学的学科体系；二是图书馆学的研究方法；三是图书馆学的实际应用；四是图书馆学的教育体系。

三、图书馆学综合化的主要途径

图书馆学的综合化主要通过以下途径实现的：

第一，图书馆学与其他学科相互渗透，相互交叉，彼此结合。因为不同的学科对各种物质运动形式和形态的研究不是孤立的，而是相互联系的，一切新的边缘学科正是出现在这种相互联系的领域，也就是相互交叉之点。如图书馆学与管理科学相结合，产生了图书馆管理学；读者服务与心理学相结合，产生了读者心理学；图书馆与建筑科学相结合，产生了图书馆建筑学；图书馆学与数学相结合，产生了图书馆数学；图书馆学与经济学相结合，产生了图书馆经济学；图书馆读者辅导与教育学相结合，产生了阅读教育学等等。

第二，应用其他学科的理论与方法，移植或吸收其他学科的研究成果，建立新的分支学科。如利用数学的理论与方法，产生了图书馆应用统计学、文献计量学、计量书目学；利用计算机的理论与方法，产生了图书馆自动化、文献数据库；利用化学和生物学的某些理论与方法，产生了图书文献保护技术；利用通信技术产生了图书馆网络技术，等等。

第三,在学科相互渗透的基础上,利用抽象的方法研究其物质运动形式和形态,也产生了一些新的学科,如图书馆学的基础理论等。

第二节　图书馆学的相关学科

一、图书馆学相关学科形成的原因

图书馆学作为人类科学体系中的一个分支,也如同其他学科一样,有自己独特的研究对象,有一块只属于自己、而不属于其他任何小天地。但长时期内图书馆学是图书馆内的科学,它的范围仅仅局限于对图书进行搜集、简单的处理和存贮,因此,很难说在那时有什么相关学科。

那么,为什么图书馆学在现代科学体系中又具有许多相关学科,不仅运用多种学科的原理和方法,而且自身也渗透到其他学科中去,成为带有明显综合性趋势的学科呢?

其一,这是由现代科学的发展趋势决定的。

正如图书馆学的学科性质一样,图书馆学的相关学科也是受现代科学发展影响的。从15世纪下半叶直到19世纪,科学的发展一直是分化的趋势占据了主导地位,也就是各个学科将研究对象分割为一个一个小块,愈分愈细,愈研究愈深刻。到19世纪末,人类对于各门科学都已经积累了丰富的资料,取得了大量研究成果,为科学的综合化发展创造了条件。另一方面,人类社会的进步,生产力特别是工业的发展,使人类社会变得越来越复杂,人们的生活方式愈来愈丰富多彩,对科学提出了新的要求,出现了以前所不曾有的涉及到许多学科领域、需要各学科共同研究才能解决的大课题。由于一方面需要,一方面可能,从而就继科学的不断分

51

化的趋势之后，产生了科学发展的另一大趋势——不断综合的趋势。科学再也不是零零散散、支离破碎的了，而是各门学科相互紧密联系，形成一个统一的、完整的科学体系。正是在这样一股巨大潮流的推动下，图书馆学寻找自己的工具学科、理论基础，和别的学科相互交叉、渗透，从其他学科中寻找方法。

其二，图书馆学有着许多相关学科是由其自身的性质和特点决定的。

图书馆学是以图书馆为其研究对象的。一定社会的图书馆是与这一时期的经济、政治、思想、文化、教育以及总的科学发展水平有着密切联系的，因此，对图书馆这一对象的研究就不可能仅仅限于这一对象的本身，同时也要研究这一对象所处系统中的环境，它与其他对象的关系以及它们之间的相互影响等等。世界是普遍联系着的，没有哪一门科学的研究对象不与其他对象发生联系，从这个意义上来说，科学体系中的每一分支都有着自身的相关学科。然而就图书馆学而言，这一特点特别明显，它本身就是一门综合性学科，有一些学科作为它的理论基础，有些学科的研究对象与它的研究对象相互交叉，有些学科知识为它借用，有些学科的研究方法被它吸收，也有以前不曾发现，而随着科学的发展逐渐显露出来的联系。

二、图书馆学相关学科的标准

对于图书馆学有哪些相关学科，学术界观点很多，难以统一，之所以如此，是因为对于相关学科这一概念有不同的看法，各家有不同的标准，而在争论之中，却又没有涉及到这一关键问题。我们认为，要探讨图书馆学的相关学科，首先要把握图书馆学相关学科的标准，这就是图书馆学与其他学科关系之网上的纽结。

相关学科是一个含义广泛的概念，学科之间有这样、那样的联系，或研究对象、或方法、或知识交叉以及其他种种层次、方面的联系都可称之为相关学科。不言而喻,图书馆学的相关学科所指的是与图书馆学有着密切联系的学科。图书馆学的相关学科有如下几个层次(或称侧面)。

理论基础:这些学科为图书馆学这幢大厦提供基石,为图书馆学的研究提供总的方法论和观点。对于图书馆学的理论研究部分尤其如此。具体地说,这些学科有哲学、系统科学、管理科学、社会学等。

工具学科:图书馆学的研究包含着理论、技术、方法、历史等部分的内容。图书馆工作总是需要运用一定的技术方法和手段,而且随着时间的推移,技术将改变和决定图书馆以及图书馆学研究的面貌。因此,图书馆学的研究也就愈来愈重视运用于图书馆中的现代技术,但需要指出的是,技术以及技术科学对于图书馆和图书馆学研究而言只是手段而不是目的,因此它们是被作为工具来加以运用的,这就是图书馆学的工具学科的含义。这类学科中与图书馆学关系较密切的主要是计算机科学与电子技术。

方法学科:现代科学的发展,不仅使学科之间出现了相互寻求方法的热潮(因为对于越来越复杂的课题来说,原来本学科的单一的方法已经远远不能满足需要了),而且出现了许多学科所共同运用的方法论学科。图书馆学的研究方法从以前的历史方法、逻辑方法等纯粹社会科学的方法发展到运用数理统计等自然科学方法和系统论、信息论、控制论等现代科学方法,从而大大丰富了自己的方法体系,也同时扩展了图书馆学研究的思维空间。图书馆学的方法学科中较重要的有哲学、系统科学、数学、统计学、管理科学等。

交叉学科:图书馆学的交叉学科主要指不同学科的知识交叉。对于图书馆学而言,这一类相关学科与其交叉表现在相互应用其他学科已有的成果和结论。随着图书馆学研究的发展,这一类相关学科将越来越多地涌现,并最终有可能成为图书馆学的独立分支,如图书馆教育学、图书馆心理学、图书馆统计学、图书馆经济学、图书馆建筑学、图书馆管理学等。但我们认为,严格地说,这些图书馆学的新的分支更多地带上的不是图书馆学的色彩,因为它们不过是教育学、心理学、统计学、经济学、管理学在图书馆这一领域中的具体运用,是将其规律具体化于图书馆这一领域中,因此应该视作这些学科的分支。

同族学科:指出于同一母体的不同学科,它们的理论基础和本质相同,都从不同的角度和侧面来研究共同的对象和内容。图书馆学的同族学科有图书文献学、图书发行学、目录学、情报学、档案学等。这些学科都是从不同角度和侧面共同研究文献信息,由文献信息发展而来,共同本质是知识信息。

有两点值得提出来:

(1)图书馆学作为科学体系的一个分支,有其独特的领域和方法,它的成果也运用于其他学科之中。例如索引方法、分类方法都是有图书馆学特色的方法,而后在其他学科中得到广泛运用。而文献信息的检索则是每一个社会科学与自然科学工作者都必须熟练掌握的基本知识和基本技巧。这就告诉我们,图书馆学不仅仅是要从别的学科中吸取营养,也要积极地输出养分,以利其他学科迅速发展。从事图书馆学研究的同志要有意识地注重这一方面,增强图书馆学的渗透能力。

(2)图书馆学本身作为一个科学体系,它现有的与其他学科的复杂联系是长期历史发展的结果,图书馆学这一研究对象还有许多我们尚未发现的联系、特性,特别是当它所处的社会、历史环境发生变化的时候,图书馆在新环境中的运动就必然表现出更多新的特征。这时就需要更有力的方法,更丰富的其他学科的知识来帮助图书馆学研究,从而相关学科也就愈来愈丰富多彩了。

三、图书馆学的相关学科

1. 图书馆学的理论基础学科

（1）图书馆学与哲学

哲学是关于世界观的学说，是人们对于整个世界的根本观点的体系。它研究自然界、社会和思维的一般规律。图书馆学的研究必须要有正确的哲学思想的指导。马克思主义哲学，特别是辩证唯物主义认识论，是图书馆学的坚固基础和指导思想；形式逻辑、辩证逻辑则为图书馆学的范畴体系结构等方面提供不可缺少的方法。此外，本体论、科学哲学等的分支也对图书馆学有重大意义。

（2）图书馆学与系统科学

系统科学是指系统论、信息论、控制论。它们都是第二次世界大战以后才得以发展和受到科学界重视的。其中系统论包括系统哲学（系统观点）、系统分析、系统优化技术等几方面的内容，其思想核心是认为任何事物都是由相互作用和相互依赖的若干部分组合而成、具有特定功能的系统，而系统本身又是它所从属的一个更大系统的组成部分。系统分析和系统优化技术合在一起可称为系统工程，它是运用先进的科学方法，对系统的规划、研究、设计、制造、试验和使用等进行组织管理的技术。信息论是利用数学方法研究信息的计量、传送、变换和贮存的学科。其任务在于解决通信上的两个基本问题：提高传送信息的效能和保证传送信息的完整。控制论的功绩就在于发现机器的自动控制或动物在自然界的活动，都可以看成是其本身的组成部分间信息的传送过程。控制论就是研究动物（包括人类）和机器内部的控制和通信的一般规律的学科。这三门学科是有着内在的联系和统一性的。因为任何一个组织都是一个系统，而系统就离不开信息的传送以及控制。

图书馆本身是一个由诸多要素组成的系统，同时它又是社会这一更大系统的子系统。图书馆这一系统的主要功能是收集、存贮、处理和有效传递信息，在完成这些功能的过程中，不可避免地要涉及到信息流的控制、传递过程的研究等问题，系统科学在所有这些方面都为图书馆学研究提供了理论基础和方法。

（3）图书馆学和管理科学

管理科学的基础是系统科学。任何社会，任何组织，任何部门要想正常运行，有效地发挥自己的作用都离不开管理。管理科学正是运用一定的手段，使组成系统的各部分协调一致，最大地发挥系统的效能的科学。随着现代社会图书馆的日益复杂化，对管理的研究也需要引起更多的重视。在图书馆的管理中离不开管理科学的一般原理和方法。

（4）图书馆学与社会学

社会学是一个学科群。它以人类的社会生活及其发展为研究对象，从而揭示存在于人类各历史阶段的各种社会形态的结构及其发展的过程和规律。经济学、政治学、法律学等学科都是以社会生活的某一个或某些方面为研究对象，人口学、劳动学、民族学、宗教学等也正在从社会学中独立出来。图书馆是社会这一大系统的子系统，是社会的组成部分并为之服务的，同时，任何图书馆都是具体的，是处于一定的社会阶段，一定的国家、民族，一定的地理环境之中的图书馆，正因为如此，社会学的社会组织、社会结构、社会功能、社会变迁、社会解体的理论是研究具体的图书馆的前提和理论基础。只有了解和掌握了某一阶段社会结构和发展过程的规律，才有可能了解和掌握这一阶段图书馆结构和发展过程的规律。

2.图书馆学的工具学科

图书馆学所运用的现代化技术手段多种多样，有自动化技术、缩微技术、光学、声像技术、计算机科学技术等。其中电子计算机所带来的图书馆自动化是现代化最重要的标志，因而对于图书馆学来说，它最重要的工具学科就是计算机科学技术。计算机科学是通过对信息处理过程的研究,进一步对软件、特殊应用(如人工智能)、计算数学以及计算机体系结构等方面进行探索性和理论性研究的一门科学,相应地,计算机工程则是运用技术手段,使计算机科学的研究成果得到最佳应用。随着计算机在图书馆的各个子系统(采集、贮存、处理、流通)得到愈来愈广泛的运用,图书馆学对于它的这一重要工具学科知识的需要也会大大增强。

3. 图书馆学的方法学科

图书馆学运用了多学科的研究方法,哲学、系统科学既是图书馆学的理论基础,也是其方法论学科。此外,社会学的方法、历史的方法、逻辑学的方法也都在图书馆学中得到广泛运用。这里值得特别指出的是统计学和数学。近年来随着图书馆学研究定量化趋势的发展,数学的各部分知识都在图书馆学研究中得到应用。这也是毫不奇怪的。数学作为一门研究现实世界的空间形式和数量关系的科学,虽然其理论往往具有非常抽象的形式,但它同时也是现实世界空间形式和数量关系的深刻反映,因此可以广泛地应用到自然科学与社会科学的各部门。图书馆领域尚有许多数量规律有待发现,无论是读者系统、藏书系统等,都只有将其关系用数学形式表达清楚以后,才能真正得到优化,从而发挥其最佳效能。近年来已经有不少同志在图书馆学的定量化方面做了大量工作,取得了可喜成果,一门崭新的图书情报数学正在萌芽之中。这也证明了数学作为图书馆学的方法是大有用武之地的。

4. 图书馆学的交叉学科

(1)图书馆学与教育学

教育学是研究教育现象,揭示教育规律的科学。它研究教育的本质、目的、方针、制度、各项教育工作的任务、过程、内容、方法、组织形式等等。图书馆是科学、文化、教育机构之一,具有文化教育的职能,要向广大读者进行教育,提高他们的文化水平,这样,图书馆学势必要研究图书馆如何以自己独特的方式来向读者进行教育的问题。不仅如此,现在,图书馆学与教育学的相互交叉和渗透正在向纵深方向发展。阅读教育这一课题的研究不仅需要图书馆学、教育学的一般理论,而且它既是图书馆学的研究课题,也是教育学的研究课题,同时也是心理学的研究课题。教育心理学、部门教育学(儿童教育、学校教育、成人教育等)知识也是解决这一课题的必不可少的知识。

(2)图书馆学与心理学

心理学研究人的认识、情感、意志等心理过程和能力、性格等心理特性。图书馆学作为一个社会的大脑和人类知识的仓库,不仅要保存好这份珍贵的信息财富,使这笔财富在现代社会有效地被利用,而且要主动地为读者提供服务。这就要求图书馆研究读者的心理,分析阅读兴趣、阅读动机,不同心理状态、不同职业的读者的阅读要求和阅读效果等问题。为了有效地解决这些问题,不仅需要普通心理学知识,也需要了解心理在种类或个体上的发展规律,既具有比较心理学、儿童心理学、青年心理学等知识,也要具有不同部门,如教育心理学、医学心理学、艺术心理学、运动心理学等知识,只有真正掌握了读者的阅读心理,才可能按需要进行有效、主动的服务,完成图书馆的任务。

(3)图书馆学与经济学

经济学是研究各种经济关系和经济活动规律的科学。经济关系是社会的最重要关系,经济现象是普遍存在于各行各业的现象。图书馆不仅为社会的经济生活服务,同时图书馆活动本身也是一种经济活动,因此要讲求经济效益。经济学的基本规律:以最小的成本获得最大的收益,这对于图书馆活动来说也是同样起作用的。在图书馆工作活动中要进行经济核算、经济统计,要有一定的经济管理制度和方法,还要运用各种经济手段来调动职工的积极性。这是从馆内来说。对馆外来说,当前,图书馆的基本任务之一就是为我国社会主义经济建设服务,也要求经济效益,讲求图书馆的服务为经济建设创造了多少价值,节省了多少资金。

5. 图书馆学的同族学科

(1)图书馆学与图书文献学

图书文献学的研究内容,主要是图书发展的历史、编纂的方法、版刻的鉴别、流传的过程以及校勘、考订等等,几乎包括了图书文献的产生、出版、发行、利用、保存的各个方面。而图书馆学要研究图书馆工作如何通过图书文献来为读者服务的问题,则要利用图书文献学的成果。

(2)图书馆学与目录学

我国目录学的研究领域相当广泛,几乎包括了关于图书的各个方面,并且还担负起剖析学术思想源流的任务。目录学要研究编制印刷品的索引、书目、述评,以及如何查明、著录、揭示、评定各种印刷品出版物的问题。关于图书馆学与目录学的关系,历来争议很大,不能统一。一种意见认为图书馆学与目录学是并行关系,是两门相互交叉的学科。一方面,图书馆工作在编制目录、书目、索引以及揭示和推荐书刊资料等活动中,要广泛运用目录学知识;另一方面,图书馆为目录学的研究成果提供实践场所,图书馆工作可以检验各种书目、索引在揭示藏书,检索文献,指导阅读等方面的作用。一种意见认为图书馆学与目录学是隶属关系,目录学是图书馆学的分支学科,是图书馆学的组成部分。

(3)图书馆学与情报学、档案学

图书、情报、档案均属文献信息的范围。档案学与图书馆学无论是从两者工作的性质、目的、作用、对象、方法等哪方面来比较,都有一致和相互交叉的地方。在古代两者是结合一体的,后来分离,今天又有图书档案一体化的趋势。

情报学是一门新兴的学科。最近几年取得了较大的成果,发展迅速。它研究情报的性质、属性、情报交流、情报存贮和处理等方面的规律。图书馆和情报机构同属信息系统,有共同的特点,共同的基础,共同的方法。可以认为,图书馆学和情报学都是人类知识通信的分支学科,虽然在目前两者之间还存在着一些差异,但展望前景,随着情报、信息技术手段的发展,最终两门学科将可能合二为一。

第六章　图书馆学研究方法论

在图书馆学研究领域中,方法论的问题还没有得到解决,图书馆学尚未建立起自己的一套方法论体系。这首先是由于图书馆学的研究方法还没有完全地被总结、概括;其次是由于图书馆学的研究方法尚未形成自己的特色,与一般研究方法比较,没有明显的特点。这一点与图书馆工作方法不同,图书馆工作的方法可以说已形成自己特色,也常为其他学科的工作所借鉴和应用,但是图书馆学的研究方法更多的是使用其他学科的研究方法为本学科服务。正因为这样,本书专辟一章,试图探索图书馆学的研究方法和方法论体系,尽管不很成熟,毕竟可以作为引玉之砖。

第一节　图书馆学研究方法论的性质与作用

一、图书馆学研究方法论的性质

1. 图书馆学研究方法论是图书馆学认识的主要手段。列宁在《哲学笔记》中摘录过黑格尔《逻辑学》里的一段话:"在探索的认识中,方法也是工具,是主观方面的某种手段,主观方面通过这个手段和客体发生联系……。"(列宁:《黑格尔〈逻辑学〉一书摘要》,《列宁全集》第 38 卷第 236 页,人民出版社 1959 年版。)现代科学家爱因斯坦说过："认识论和科学的相互关系是值得注意的。它们相互依存。认识如果不和科学接触，就会变成空洞的死板公式。科学如果没有认识论，就是原始的混乱的东西。"（爱因斯坦：《作为哲学家和自然科学家的阿尔伯特》，转引罗森塔尔：《辩证逻辑原理》第2页）科学方法论就是要起两者之间"相互关系"和相互"接触"的纽带和桥梁作用，它是科学认识的主观手段。图书馆学研究方法论是发挥图书馆学认识主体的自觉能动性，正确反映图书馆学研究客体的规律的主观手段。图书馆学研究方法归属于图书馆学认识，它是达到图书馆学认识所必不可少的工具。

2. 图书馆学研究方法论是图书馆学认识的有效工具。它所提供的思考步骤和操作步骤，能够引导图书馆学认识主体沿着正确的反映途径前进，并按照它提供的一定程序，去科学地认识研究客体，有效地达到科学认识的目的。它决定着图书馆学认识方向的正确与否，也规定着图书馆学认识的过程。因此，图书馆学研究方法论的本质特征之一在于它是图书馆学认识的有效工具，它主要适用于图书馆学认识过程，直接为图书馆学认识服务。

3. 图书馆学研究方法论是图书馆学认识工具的"软件"。随着科学的发展，图书馆学研究中不仅要有科学的方法，而且要有一些科学的仪器设备。图书馆学研究方法论和图书馆学研究的仪器设备都是图书馆学认识的工具，都是从属于图书馆学认识主体的。它们既是图书馆学认识主体反映研究客体的中介，也是必不可少的认识手段。这也是科学方法和科学仪器的共同点。然而，它们在图书馆学的认识中既相联系又相区别，而且相互作用。

图书馆学方法论是程序化了的，在图书馆学发展的一定时期，有相对的稳定性，在图书馆学认识中起作用。仪器设备则不然，它的发展相对于图书馆学方法论来说是不稳定的，经常可能在图书馆学认识主体的作用下变革和更新。图书馆学方法论的创新体现在思考步骤和操作步骤的程序上，而科学仪器的创新则是新的物化实体。以它们的这种区别为依据,亦可认为图书馆学研究方法论是图书馆学认识的精神手段,仪器设备则是图书馆学认识的物化手段。它们同是图书馆学认识的工具,但可视科学仪器为图书馆学认识工具的"硬件",而视图书馆学研究方法论为图书馆学认识工具的"软件",图书馆学认识的深化,是"硬件"发展和"软件"发展的统一。

二、图书馆学研究方法论的作用

1.图书馆学研究方法论是正确反映图书馆学研究对象——客体的通道。图书馆学的认识是图书馆运动的客观规律的反映,这个反映过程离不开图书馆学的研究方法。图书馆学研究方法论在图书馆学认识中有着它自己的特殊作用,它之所以能够对图书馆学起到定向开路的作用,其根本就在于它是主体正确反映客体的通道。

2.图书馆学研究方法论为图书馆学的形成与发展定向、开路,是获得图书馆学研究成果的桥梁。著名的科学家巴甫洛夫说过:"科学是随研究方法所获得的成就前进的。"(《巴甫洛夫选集》第49页,科学出版社1955年版)这就是说科学研究方法是科学存在和发展的直接决定性因素之一。

科学研究方法论不仅规定着科学发展中学科的分化、分支衍生和学科综合的方向,而且还具有为科学革命开路的重要作用。科学发展史证明:科学革命往往导源于科学研究方法论的革命性变更。当科学研究方法论能够符合科学发展的要求,能够在自身发展中较为圆满地解决科学问题时,科学就处在量的积累的渐进阶段。一旦科学研究方法论不能适应科学发展,它就暂时不能起到科学认识主观手段的作用,解决不了某些科学疑难问题。于是,就出现科学史上的科学"危机"现象。从本质上说,所谓科学"危机",归根到底是科学基本概念和科学研究方法的"危机",一旦新的科学研究方法产生,符合科学发展的新思维方式一俟出现,就会产生具有深远历史意义的科学革命。

图书馆学的发展历史也是同样的,它从图书馆知识的积累阶段,到经验图书馆学科学时期和理论图书馆学科学时期,都是得力于科学研究方法。最近几年来,由于信息论、系统论、控制论、数学、移植法等新的科学方法引进图书馆学,使图书馆学的内容和体系结构发生了变革,特别是图书馆学基础理论得到了突破性的发展,同时还开拓了许多新的领域,产生了许多新的分支学科。

3.图书馆学研究方法论使图书馆学认识程序规范化、最优化。科学认识是一个错综复杂的过程,科学认识程序反映了这一过程的发展规律。从认识论的角度,我们可将科学认识过程分为实践基础上的感性认识阶段、理性认识阶段及其复归实践阶段;从信息论角度,可将科学认识过程视为输入信息、存贮信息、处理信息、输出信息的流程;还可将科学认识过程分为提出问题、分析问题、解决问题的三阶段程序。对于科学认识过程,上述不同分法的科学认识程序是统一的,科学研究方法论则是这种统一的具体化。研究科学认识的思考步骤和操作步骤的规划、程序及其合理性标准等,就是为了使科学认识过程规范化、最优化。当然,科学认识程序是不断发展的。现在的规范化、最优化,只是相对于科学现状而言,并不是一成不变的。

第二节 图书馆学研究课题的选择方法

科研选题即选择科学研究的对象,它是任何一项科研工作的起点,是整个科研工作具有决定意义的第一步,也是科研工作水平高低的标志。它关系到科研工作进展的快慢,成果的大小,甚至关系到科研的成败。

一、图书馆学研究课题的选择原则

任何科研课题并无随意性,它总是受科研的目的、价值、根据、条件和经济效益等因素的制约与影响,这些因素也就构成了图书馆学研究课题的选题原则。图书馆学研究课题的选择应遵循以下基本原则:

1. 需要性原则。图书馆学研究的目的是为了推动图书馆事业的发展,满足社会对图书馆的需要,正确地解决图书馆藏与用的矛盾。图书馆学研究的需要性原则,包括图书馆实践发展的需要,图书馆学科发展的需要,图书馆学教育发展的需要。需要性原则体现了图书馆学的研究目的。根据这一原则,我们选题时,要考虑课题实用价值或科学价值的大小,要注意现实需要与长远需要相结合,要正确处理图书馆学理论研究与应用技术研究的关系,要从国情出发,努力吸收和移植国外的先进理论与技术,要把满足社会的需要作为首要任务。

2. 创造性原则。图书馆学研究是一种创造性劳动,因此研究的课题应该具有科学价值或经济价值,应当具有创造性,立足于追求新成果、新发现、新结论、新见解,不应当是重复原有理论或复制原有技术方法。根据这一原则,我们在选择研究课题时,要考虑研究的创造性,这里包括在理论研究上是否能导致有新的发现或新的见解,在应用技术方面是否有成功的新发明或技术革新,在现有技术方法上能否获得改革或突破性的进展,在资料的收集整理上是否有新的因素。这就要求我们到学科发展前沿阵地去选题,到原有理论与新的实践矛盾尖锐的地方去选题,到图书馆技术方法论的空白区去选题,到与其他学科交叉的边缘地带去选题。

3. 科学性原则。选定的图书馆学的研究课题,要有事实根据或理论根据,否则就难于有什么成就。根据这一原则,我们确定基础理论课题时,应有事实依据,确定应用技术方面的研究课题时,应有科学理论的依据。

4. 实现可能性原则。只有具备一定的主客观条件,才有可能完成或预期完成,所以我们要以实际具备或通过努力可以获得的条件来确定科研题目。所谓主客观条件,从主观方面看,就是综合考察研究人员的知识结构,能力,爱好,对课题理解的程度,学术带头人的特长;从客观方面看,就是资料,仪器设备,经费,时间,情报信息,本学科和相关学科的发展程度。

5. 经济效益原则。研究课题的选定,还要着眼于它的经济效益,讲究投资效果,做到选题合理。当然某些理论研究课题,虽一时产生不出经济效益,但它是对某种客观规律的探索,其最终结果还是反映在经济效益上。

二、图书馆学研究课题的选择方法

明确了研究课题的选择原则,课题从哪里来呢? 第一,来自图书馆实践和社会对图书馆的需要;第二,来自图书馆学的本身,如有的来自技术向理论转化,有的来自基础理论向应用技术转化,有的是历史的研究。

科研是一种艺术,因此图书馆学研究课题的选择,也是一种技能。新加入图书馆学研究领域的研究人员在选择研究课题时,最好先选择一个很有可能出成果的题目,因为成果对研究者来说是进一步发展的动力。对于研究生、大学生可选指导教师已经开始的研究课题中的部分内容。这样容易在短期内获得科研成果,并且可以学到老师从事研究的工作方法。

要选好图书馆学的研究课题,还要求图书馆学研究人员做到:第一,要比较多的掌握和理解本专业的科学知识和它的历史发展情况,俗话说:"知识给人以智慧,历史给人以聪明",个人的知识愈丰富,客观上向他提出的问题愈多,可供选择的课题也愈多。掌握图书馆学发展的来龙去脉,理解每一个时期的科研成果状况,对于课题的确定是很重要的。第二,图书馆学研究人员要有深刻的洞察能力,要善于发现具有发展前途的研究方向和确定合适的研究题目。第三,图书馆学研究人员应有掌握情报和处理情报的能力。

第三节 图书馆学研究信息的获取方法

在科研课题选定之后,第二步工作就是要详细收集材料,从各个方面获取与研究课题有关的信息,这是图书馆学研究中极为重要的基础工作。信息的获取方法有调查研究方法,观察方法,实验方法,统计方法等。这些方法是图书馆学研究的感性认识阶段。

一、调查研究方法

调查研究方法就是通过对研究对象——图书馆和图书馆学的历史与现状、理论和实践的分析研究,从中获得大量的资料的方法。

图书馆学运用调查研究方法范围比较广泛,主要有以下方面:(1)图书馆事业的调查。调查一个国家或一个地区、一个系统图书馆的历史和现状,包括基本概况、图书馆类型、藏书建设、领导体制、经费来源、图书馆学教育、图书馆群众团体、图书馆出版物、图书馆学研究、图书馆网络等等。(2)具体图书馆的调查。了解一个图书馆的历史与发展、现状、问题、趋势等。(3)专门问题的调查。如藏书的数量、品种、系统性、科学性、利用率等,读者的数量、成分、兴趣、需求、到馆率等等。

调查研究的方法主要有以下几种:

第一,书面调查。由调查者拟定调查提纲或表格,由图书馆主管部门、图书馆、个人填写。书面调查必须简单扼要、具体。

第二,实地考察。这是一种实践性的调查方法,它的特点是直接和所研究的对象接触,从研究对象本身直接了解各方面的材料,以供制定研究计划,确定研究题目和进行研究之用。实地考察又可分为单项考察和综合考察两种形式,并从不同侧面进行。其一,纵向考察,也就是对研究对象作历史的考察,了解它的来龙去脉,了解其发生发展过程,从对象的发展过程中去把握研究对象。这样就能继承前人的研究经验,把握对象的发展规律。其二,横向的考察,就是对研究的同类对象进行分析研究,取得资料,通过对这些资料分析,找出新的突破点,作出新的发明创造。其三,综合考察,就是对研究对象进行多学科或多种技术的综合性调查研究。实地考察可以个别访问,听取情况介绍,索阅有关资料,组织有关的座谈和讨论会。

第三,抽样调查。可用书面调查或实地考察的方式进行。以一个问题,选择有代表性的地区、系统、图书馆、读者和图书馆工作人员进行调查。抽样调查必须注意调查对象的代表性,调查结果必须有普遍意义。

第四,图书馆学文献资料的查阅。对文献资料作调查,这是获得信息的重要手段,通过查阅文献资料,了解课题研究的历史与现状,了解前人或别人已经做了哪些工作,现在正在做着什么工作,已经解决了哪些问题,是怎样解决的,达到什么水平,还存在什么问题,为什么这些问题还没有解决,其关键在哪里,已经得出了什么结论,这些结论是否可靠,有什么经验教训,前人或别人研究的手段、设备、技术方法是什么等等。查阅文献资料的基本方法:(1)精读与浏览相结合。当代文献资料出版量大,一个人阅读能力有限,一生都用来阅读资料也赶不上科学的发展,因此有代表性的要精读,一般的采取浏览的办法。(2)做文献索引和读书笔记,以供遗忘时检索之用。(3)查阅文献资料与运用相结合,在查阅文献资料时要积极开展思维活动,使继承与创新相结合。(4)要整理文献资料。对已经占有的资料,经过分析思考以后加以整理,弄清楚资料之间的关系,以便形成自己的观点。

二、观察方法

观察是人们为了认识事物的本质和规律,有目的、有计划地搜集、记载和描述有关事物感性材料的方法,它是图书馆学研究中最基本的常用方法之一。观察方法是一种最古老、最简单的研究问题的方法,但至今仍不失其现实意义。

第一,直观观察。直观观察就是用人身的感官即眼看、耳听、鼻嗅、手触等形式来观察与考察图书馆事物与现象,并获取信息。直观描述是我国图书馆学研究中使用最多的方法,它应用于图书馆建筑设备、布局、书库、阅览室、人流、书流、读者和工作人员心理与情绪的描述,但局限性较大,有些已由仪器观察所取代。

第二,仪器观察。仪器是感官的延伸和补充。仪器的使用,扩大了感官观察的范围,突破了感官观察的禁区,排除了感官的缺陷,提供了可靠的计量标准和准确的记录手段。仪器观察在图书馆的应用面还不广,主要用于图书保护系统、读者服务系统、图书馆安全监视系统等等。

第三,定性观察。目前我国图书馆学研究,定性观察的方法是主要的,一般了解被观察对象具有某种性质或不具有某种性质。

第四,定量观察。随着科学的发展,人们逐步认识到质和量的关系,发现事物的性质与事物的数量的变化的密切关系,因此做定性的观察远远不够,还必须进行量的描述,把定性与定量结合起来,通过量反映质。近几年来,图书馆定量研究方法逐渐被重视,图书馆应用统计学、书目计量学、文献计量学相继出现。

第五,实验观察。例如对图书的变质现象长期以来是自然发生下的观察,这种观察能够描绘出它本来的面目,但不能使研究对象以纯化形式出现,实验条件下的观察是在人工控制条件下对事物现象进行观察。

在观察时，要注意全面性、客观性，尽量做到全面系统，搜集的资料与数据要真实可靠，观察时既要有目的性，又不要先入为主，要尊重客观事实。

三、实验方法

实验方法是现代科学研究中很重要、也是最常用的科学方法之一。认识主体运用实验方法，可以强化、简化、纯化、优化研究客体的性质特征，模拟和再现研究客体所处的状态，加速或延缓其自然发生过程，从而为进一步的研究提供大量的信息

实验方法不仅是获得精确、典型、完整的研究材料的重要手段，而且在得到理性认识后，所建立的理论假说也必须由实验检验其真理性。因为"必然性的证明是在人类活动中，在实验中"（恩格斯：《自然辩证法》第 207 页，人民出版社 1971 年版）。实验方法是使科学达到真理性标准的基本方法。它不仅能发现真理，而且能检验科学真理。

实验方法是自然科学研究中运用较多的一种方法。图书馆学是一门综合性学科，技术性、实践性很强，它不仅在研究中要运用社会科学的一般研究方法，也要运用自然科学的一般研究方法，特别随着现代科学技术的发展，图书馆自动化的发展，运用实验研究方法将更为广泛。

实验方法是社会科学与自然科学的一种综合方法，已运用于图书馆学研究的许多方面，如培养典型、建立模型、改革实验、方法实验、技术实验等等。随着图书保护实验室、计算机应用实验室、声像技术实验室、缩微技术实验室、模拟实验室的建立，实验方法将被更广泛地应用。

四、统计方法

统计方法是图书馆学研究方法之一,也是图书馆学进行定量研究的一种方法。统计方法不仅可获得精确、典型、完整的材料,而且通过它可以反映图书馆量的活动,揭示图书馆的内在联系。图书馆的统计方法主要应用于图书文献、读者、流通、书目、计算机等方面。特别在文献研究中应用统计方法已取得显著成效。著名的布拉德福定律、齐夫定律、洛特卡定律,以及文献增长规律、文献老化规律等等,都是图书馆学研究人员用图书馆统计方法取得的。

第四节   图书馆学研究的科学抽象与逻辑思维方法

运用一定的方法获得大量的信息之后,下一步就是对信息进行加工处理,从而找到信息所反映出的内部规律性。

一、科学抽象方法

实验观察和抽象思维是图书馆学研究的两大武器,缺一不可,只有把两者有机地结合起来,才能导致图书馆学研究的发展。

科学抽象与逻辑思维是同一认识过程的两个方面,从认识的进程来说是一个不断抽象的过程,从认识的形式来说是一个形成概念,运用概念进行判断、推理的思维过程。

科学抽象方法,就是人们运用思维的能力,透过事物的各种现象,抽取出事物的本质属性及其发展规律的过程和方法。科学抽象就是在人的头脑里对丰富的科学事实进行"去粗取精,去伪存真,由此及彼,由表及里"的改造制作过程,亦即逻辑的加工过程。

科学抽象的方法在图书馆学研究中应用很广泛,是每一个研究者必须运用的一种方法。大量感性材料,只有通过科学抽象,逻辑加工，才能上升为理论，形成概念、规律，反映事物的本质。图书馆学基础理论研究中，科学抽象方法运用的程度，反映了这一学科的水平。

二、比较方法

比较方法是在一定的基础上，对相同事物的不同方面或同一性质事物的不同种类，通过比较而找出它们的共同点或差异点，来深入认识事物本质的一种逻辑思维方法。一般说来，认识事物从区分开始，要区分就要比较，只有比较才能鉴别。比较方法在图书馆学研究中有着重要的作用。比较可以对图书馆的事物进行定性鉴别和定量分析，一个事物的质，只有在此事物与它事物的比较中才能显示出来；比较可以揭示图书馆的运动及其发展的历史顺序；比较可以鉴别理论与实践是否符合。

运用比较方法必须注意下列几点：第一，比较是有条件的，离开条件就无所谓异同，因而也就无法比较；第二，比较要有明确的同一的标准，如果标准不同，必然出现逻辑错误，这样得出的结论是没有价值的；第三，既要抓住要害、关键进行比较，又要全面进行比较。

在图书馆学研究中，比较方法的运用是比较普遍的，尤其在图书馆学历史、专门图书馆学和比较图书馆学研究中应用得最多。用比较方法对不同类型图书馆进行分析，便于发现它们之间的共性和各自的特点，便于进一步认识它们的活动规律，因而这种方法为研究者所惯用。

三、分类方法

分类方法是根据对象的共同点和差异点，把对象区分开来的逻辑方法。分类是在比较的基础上进行的，通过比较弄清研究对象的相同点、不同点。分类就是把这些相同点积聚，把不同点逐渐分开。首先,按对象大的相同点,把对象分成大类,再按大类中诸对象次一级的相同点,把对象分成次一级类,以此分下去,把对象分成不同等级的分类系统。

分类方法在图书馆学研究中有着重要的作用,分类可以把浩如烟海的图书资料加以条理化、系统化,使杂乱无章的图书资料,通过分门别类后变得一目了然,条理清楚。通过分类可以使人的认识深化;通过分类可以抽取出类的共性和类的本质,使认识在原有基础上提高一步。

分类应遵守下列基本原则:第一,必须从现象分类进入到本质分类,从而体现出事物内部的联系;第二,每一级分类,根据同标准,按严格的界限进行,否则会出现分类重叠;第三,分类必须按事物的本来面貌、层次进行,否则就会出现越级划分的错误。

分类方法在图书馆学研究中应用很广,图书分类法编制、图书文献的分类、图书馆类型划分、读者的分类等等都是运用的分类方法。

四、类比方法

类比是一种富于创造性的逻辑推理方法和探索工具。类比是一种从特殊到特殊的推理,是根据两个(或两类)对象之间在某些方面的相同或相似而推出它们在其它方面也可能相同或相似的一种逻辑方法。如图书馆、情报所与信息咨询服务公司,都是提供信息咨询服务。信息咨询服务公司属于商业性质,它提供的信息咨询是收费的,有偿服务的,因此,图书馆与情报所为社会提供的某些信息咨询服务也是可收费的,可实行有偿服务的。

五、分析与综合方法

分析与综合法是对感性材料进行抽象思维的基本方法。当然这种方法与前面谈到的比较方法,分类方法,类比方法不是彼此绝对分开,而是相互渗透的。在比较、分类、类比中包含了分析与综合,而分析与综合过程也应用了比较、分类、类比的方法。

(1)分析方法:分析方法是对图书馆整体和图书馆的复杂事物进行分解的研究方法,它包括把图书馆整体分解为各个部分,又把复杂事物分解为简单的要素,并对分解的部分和要素进行分别考察。

图书馆是由相互联系的部分组成的整体,为了研究某一部分的特性,必须将部分从整体中独立出来,暂时割断与整体的联系(或者将其他因素保持不变,使被研究的因素更加突出)。分析方法根据研究对象的目的要求不同,分为定性分析法与定量分析法;根据分析采取的形式不同,可分为实验分析法与思维分析法。这些方法又是相互结合的。

(2)综合方法:综合就是在思维中把研究对象——图书馆的各个部分和各个要素联系起来考察,从而得出对图书馆本质认识的一种逻辑思维方法。

综合是建立在分析基础上的。通过分析,已经了解了各部分及各种要素的基本情况,综合就是在思维中把客观上提供的线索在主观上给以明确、提炼和提高。但这绝对不是主观地任意地把对象的各个部分、各个要素捏合在一起,或者机械相加,也不是材料的简单堆砌。

综合方法在科学抽象中有着重要的作用。综合是从感性认识进入理性认识过程中很关键的一步。如果说分析是感性中的具体达到思维中的抽象,那综合则是思维中的抽象达到思维中的具体。综合使认识发生一次飞跃,从而认识事物的内部;综合过程中可以充分发挥思维的能动性,克服由于分散研究时所带来的认识上的局限性,认识到事物的整体性、联系性、规律性。

(3)分析与综合的统一:分析与综合按其思维的方向是相反的,一个是在整体基础上去认识部分,一个是在认识部分的基础上

74

去重新认识整体。二者又是辩证统一的。恩格斯说,思维既是把相互联系的要素联合为一个统一体,同样也把意识的对象分解为它们的要素。没有分析就没有综合,分析与综合是统一的。这种统一性就在于,分析是以整体或联系为基础,分析不是最终目的,分析是为了综合。认识部分是为了认识整体,所以在分析时就要以整体作为指导思想。综合建立在分析基础上,只有对整体的各个部分及各种要素分析清楚,综合才有新的内容。

六、归纳和演绎方法

归纳和演绎是理论思维中最一般的方法,也是人们认识真理的一般进程,即"由特殊到一般,又由一般到特殊",循环往复,不断前进。归纳与演绎二者是不可分的,辩证统一的,归纳是以演绎为先导,演绎是以归纳为前提的。

归纳法:归纳与类比不同,类比是从特殊到特殊的推理,而归纳却是从特殊到一般的推理,是从已知的特殊知识出发,通过对某一类事物的全部对象或部分对象必然性联系的分析,推演出一般性或普遍性的结论。归纳法是以认识对象的必然属性为基础的。必然属性是某类事物全体对象的共有的属性。我们在首先认识部分对象的这种属性之后,又分析了这种属性的产生原因是这类事物所共有的,那么我们就可以进一步归纳出这一类事物都具有这种属性。

演绎法:演绎法在科学研究中有着重要作用,它是进行证明和反驳的一种有效的逻辑工具。特别在构成科学理论体系时,更是不可缺少的。演绎推理是做出科学预见、推出科学假说的一种手段。

演绎法与归纳法、类比法不同,它是从一般到特殊的推理,正因为推理的前提是一般,即普遍性的知识、原理、定律、公式等,推出的结论是特殊的知识,一般中概括了特殊,凡是一类事物所共有的属性,其中每一特殊事物必然具有,所以演绎推理是必然推理,其结论是可靠的。这就是演绎推理的特点。这种推理的可靠性,除了符合逻辑外,更重要的是依靠前提的正确。如果前提错了,结论也必然错误。

在图书馆学研究中,归纳法和演绎法被大量使用着,它们是图书馆学研究者比较熟悉和习惯了的研究方法,也可说是目前图书馆学研究中通行的方法。在复杂的图书馆活动以及与它有关的一切活动中,用归纳法将个别事实上升为一般结论,一直是人们努力的方向。特别是对于图书馆的性质、职能等问题的认识,大都是使用归纳法产生的结论。当然,由于个别事实本质暴露得尚不充分,人们对它的认识也或多或少地带有一些主观成分。因此,用归纳法去找出图书馆活动的普遍规律,任务还是十分艰巨的。演绎法通常多用在引进相关学科的理论与方法时,用相关学科的比较成熟的一般原理,去推导图书馆学研究的个别结论,或者是用一般哲学原理,去推导图书馆学研究的个别原则和规范。这在应用图书馆学研究中体现得较多,像读者心理学研究,图书馆管理研究等等。

七、假说方法

在科学研究中,若某一个事实或现象尚未得到说明或解释时,便需要为它寻找理由,至于这个理由是否成立,是否反映客观现实,则需要通过实践加以验证,这种处理问题的方法,在科学上称为假说方法。

假说方法在科学研究中有着重要的作用,它能发挥科学研究工作者的主观能动性,特别是对那些科学洞察力很强的科学工作者,假说方法可以充分发挥其聪明才智,使之迅速捉住科学资料所提供的真理的苗头。

假说与幻想、理论不同。科学幻想是根据科学发展的现状,猜想科学发展的未来图景,常常不具有现实性,然而假说具有现实性,它随时都可能被证明、被推翻或被提到高一级的程度,在没有被推翻之前可以代替理论。但假说同理论又不同,科学理论经过实践检验,具有真理性,而假说是既没有被推翻也尚未被证实的认识,不完全具有真理性,甚至完全不具有真理性。

提出和建立假说不是最终目的。最终目的是通过假说方法建立科学理论。假说向理论转化常有三种情况:一是假说经过实践反复检验,如果假说所预言的情况与客观观察和实验所得结果相符合,那么这种假说是正确的,从而上升为理论;二是假说在实践检验的过程中,发现和一系列事实不相符合,证明假说是错误的,这时假说被推翻,需要提出新的假说;三是假说在实践检验过程中,经常出现部分预言被证实,部分预言被推翻,这时应对假说进行修改,使假说向前发展一步。假说方法将广泛运用于图书馆预测、图书馆系统的设计、图书馆现代化的研究中。

八、数学方法

马克思认为:一门科学只有成功地运用数学时,才算真正达到完善的地步。美国数学家倍尔的一部著作,它的标题就是《数学——科学的皇后和仆从》。这些都说明了数学方法在科学研究中的地位和作用。科学如果没有数学方法进行精辟的刻画和描述,就不可能成为精确的科学。

在科学认识中,数学方法具有高度的抽象性,严密的逻辑性,广泛的实用性,科学的预见性,以及精确性等特点,因此各门科学应用数学方法已成为当代科学发展的一个重要趋势,同时数学所研究量及量之间的关系是普遍存在于各种物质运动形态之中,所以图书馆学研究中必须广泛运用数学方法,使图书馆学达到真正完善的地步。

图书馆学研究早已运用了数学方法,只不过应用程度的深浅不同罢了。图书馆统计法、文献计量学、书目计量学等就是应用数学方法的实例。人们正在关心用数学方法来建立模式,去研究图书馆活动的规律。特别是电子计算机的应用,使得数学方法更为普及。图书馆学也正在朝着数学化的方向迈进。

九、历史方法

马克思认为:历史科学是一种唯一的科学,历史是人类最早的一门科学,任何事物的发展都有自己的历史。恩格斯说:"历史从哪里开始,思想进程也应当从哪里开始,而思想进程的进一步发展不过是历史过程在抽象的、理论上前后一贯的形式上的反映。"(恩格斯:《卡尔·马克思〈政治经济学批判〉》,《马克思恩格斯选集》第二卷第 122 页,人民出版社 1972 年版)这里所说的历史进程,既是所研究对象的历史发展过程,也包括人们认识它的历史发展过程。历史方法是科学抽象与逻辑思维的方法之一,它运用辩证唯物主义与历史唯物主义的观点,按着历史发展的顺序对国内外图书馆史和图书馆学史中的大量历史事件、人物、成果进行比较、鉴别、评价,分析其产生和发展的原因,其目的在于揭示图书馆事业和图书馆的发展规律,批判地继承遗产,从中吸取经验和教训,供今天研究、借鉴、参考。

第五节　图书馆学研究的综合方法

在人类科学认识的长河中,科学方法论本身在不断地完善,其作用也在增长。作为科学认识的主观手段,科学方法论在现代科学发展中占有越来越重要的地位。科学方法论在当代高度发展的主要特征在于:一是 20 世纪的科学研究方法论本身就是一门科学,像本世纪上半叶发展起来的系统论、控制论、信息论就是这类学科。它们作为科学方法的理论,突破了传统方法的局限性,与哲学方法、逻辑方法等相比,它们在形式上和内容上都接近于科学。二是科学方法论作为人类研究和认识世界所采用的手段、操作或工具的总和已形成为一个综合性的整体,一个体系。它一方面受社会实践和哲学方法的制约,另一方面它还有自身的矛盾运动,即各种方法的相互作用,相互渗透,相互转移,相互代替,形成了多种多样功能精良的认识工具。三是以系统论方法,控制论方法和信息论方法为代表的现代科学方法,为人类的科学认识提供了强有力的主观手段,深刻改变了科学方法论的体系。这些全新的方法,既可作为科学认识中获得感性材料的方法,也可作为理性认识的方法使用,作为后者的作用比前者更明显。它们以其适用于科学认识各个阶段的综合性为显著特征,我们称其为科学认识的综合性方法。这些全新的研究方法,正在图书馆学研究中逐步得到运用。

一、哲学方法

哲学方法是科学研究工作具有普遍意义的方法。它指的是对研究对象总的看法,是研究工作的指导思想。它对一门科学的发展,常常起到重要的指导作用。

在我国,图书馆学研究中的哲学方法,主要指的是辩证唯物主义和历史唯物主义的方法。这种哲学方法,为图书馆学的研究提供了唯物主义一元论的世界观,用联系和发展的眼光去看问题的方法和在实践的基础上去认识和改造世界的观点。哲学方法,在我国图书馆学研究中已广泛得到运用。特别是图书馆学基础理论的研究,由于运用辩证唯物主义和历史唯物主义的哲学方法,已取得一些成果。如在图书馆学研究对象的探讨中,提出了"矛盾说"和"规律说"的观点,这两种观点在世界范围的图书馆学研究领域中,我国是有着自己特色的。在图书馆本质属性的探讨中,运用

"矛盾论",提出图书文献的收藏与利用是图书馆的本质属性。

二、系统论方法

系统论方法是奥地利生物学家贝塔朗菲在本世纪上半叶创立"普通系统理论"时所提供的一种认识工具。

系统论方法就是把研究对象作为一个系统来研究的方法。具体说,就是以对系统的基本认识为依据,把研究对象作为一个系统,着重处理它的内外各种联系,从而使系统的行为在整体上最优。也就是说,系统方法就是以系统有机联系的整体为出发点,着重从整体与部分,整体与外部环境之间的相互作用、相互制约的关系中,综合地和精确地考察对象,以达到最佳处理问题的一种方法。系统论方法强调将客体作为一个整体来对待,在普遍联系中来把握其本质规律。这种区别于传统科学方法的特殊性,恰好构成了它的普遍性。它不仅能行之有效地解决传统方法所无能为力的疑难问题,而且运用于各个学科领域之间,甚至打破了自然科学和社会科学的界限,填平了两者间研究殊异的鸿沟。

在图书馆学研究中,系统方法的应用经历了一个从不自觉到自觉的过程。最初,人们对图书馆的看法就包含着系统的思想。1931 年,印度学者阮冈纳赞在《图书馆科学的五法则》一书中指出:图书馆是个发展着的有机体。到了现代,人们更是自觉地应用系统方法分析和研究图书馆活动中出现的一系列问题,把图书馆作为社会信息交流大系统中的一个系统去加以考察。美国图书馆学者谢拉在 1976 年出版的《图书馆学引论》一书中指出:"图书馆是一种社会部门,在社会中起着媒介作用。"把图书馆看成是社会大系统中的子系统。近几年来,我国图书馆学研究运用了系统方法,并已取得初步成效。

三、控制论方法

控制论方法是美国数学家 N. 维纳等人在本世纪 40 年代末期创立"控制论"时所提供的一种认识工具。这种不同于传统科学的独特方法,是科学方法论发展史上一个划时代的创造。控制论是"关于动物和机器中控制和通讯的科学"（N. 维纳:《控制论》扉页,科学出版社 1962 年版）。但是,从创立到今天,控制论已越出了动物和机器系统,而发展成为一种能应用于任何系统的一般控制理论:即发展成为一门关于动物、机器和社会不同系统控制的共同规律的科学。控制论在性质上,只是一门崭新的横向联系的横断学科。它的客观基础是人类社会和自然界中普遍存在着的控制系统,这是其行为方式的一种共同属性。在所有的控制系统中,都通过信息的传递、处理来完成受控、反馈和调整的过程。维纳在创立控制论时,将动物的目的性行为赋予机器,从而把握了一切通信和控制系统中所共有的特征。因此,控制论能够揭示机器、生命体和人类社会这些性质极为不同的系统所共有的一般规律,从而为科学研究工作者提出假说、形成推理和建立法则提供了理论依据,使设计者应用控制论的原理解决实际问题时,能最终对不同系统的过程实现控制的目的。

控制论作为科学方法,有其具体内容:首先,"反馈是控制系统的一种方法"（《维纳著作选》第 48 页,上海译文出版社 1978 年版）。反馈方法的特点"是根据过去的操作情况去调整未来的行为"（同上书,第 18 页）。具体说,从受控系统的输出中取出部分信息返回输入,由此改善再输出,使之更接近目的。反馈是一切生命体、机器以至社会活动所共有的行为特征,反馈有正反馈、负反馈之分。负反馈可使系统趋于稳定状况。

其次,功能模拟方法也是控制论方法的重要内容。这是维纳等人创立控制论的出发点。功能模拟方法并不深究客体系统内部的子系统及其具体结构，只以功能和行为相似为基础，从功能上描述和模仿复杂系统对环境影响的反应关系，其目的是要得到与原型相同的行为机器。功能模拟为科学认识、特别是人工智能和仿生的研究，提供了有效的方法。功能模拟方法的一个特例是所谓"黑箱理论"。黑箱是指不能打开的控制系统，要达到对它的科学认识，不能使用解剖系统的方法。解析方法固然能够分析黑箱的内部结构和性质，但在黑箱不能打开的前提下，就使得解析方法无效。在这种情况下，运用功能模拟方法，仅仅从黑箱的行为功能上加以比较和模拟是可行的。通过输入一组信息变量，观察黑箱输出的一组信息，即从系统所受外部影响以及系统对外部的影响，来把握其内部特性，推出其内部结构和运动状态，达到预期的认识的目的。

控制论的反馈方法对图书馆系统管理和调节都适用，主要通过信息的传递、处理来完成受控、反馈和调整过程。黑箱方法适用对读者的研究。

四、信息论方法

信息论方法是美国贝尔电话公司申农博士在1948年创立"信息论"时提供的科学认识工具。值得指出的是，维纳在创立控制论的过程中，也得到某些与申农一致的信息论观点，并且在分析、处理问题中，将信息方法贯穿始终。

信息概念一经产生，便从最初的信息论的具体含义，上升到具有普遍意义的概念，并渗透到所有学科领域。所谓信息论方法，就是指运用信息论观点的方法。它把研究客体视为信息的获取、存贮、转换、处理、反馈而实现其目的性运动的过程，以此达到对复杂系统运动过程的规律性认识。信息论方法作为一种综合性的方法，与控制论方法一样，具有区别于传统方法的特征。主要特征在于：这种方法撇开了研究客体的具体运动形态，将系统的运动过程抽象为一个信息的变换过程,不必对系统的整体结构加以剖析,而仅仅从其信息流程,从整体观念出发对其各个部分的内在联系加以综合考察,由此揭示出科学对象的本质属性。由于这些特征,信息论方法能够研究活的有机体,已成为研究复杂的高级运动形态的一种重要方法。

信息论方法借助于信息的获取、传递、加工、处理等步骤,来揭示研究对象的性质和规律,以实现科学研究的任务。它以信息传输为线索,通过信息输入、信息加工处理、信息输出和信息反馈等主要步骤,构成了一个有组织有秩序的科学研究过程的信息流(见图6—1)。

科学研究过程的信息流,符合人类认识发展的一般规律,体现了"实践——认识——实践"这一认识论一般公式。信息方法把科学研究过程中所使用的各种研究方法综合成一个相互联系相互作用的整体,形成了科学研究过程的信息流,不仅可以更好地发挥其他科学方法的作用,而且还在新的基础上产生了新的功能。

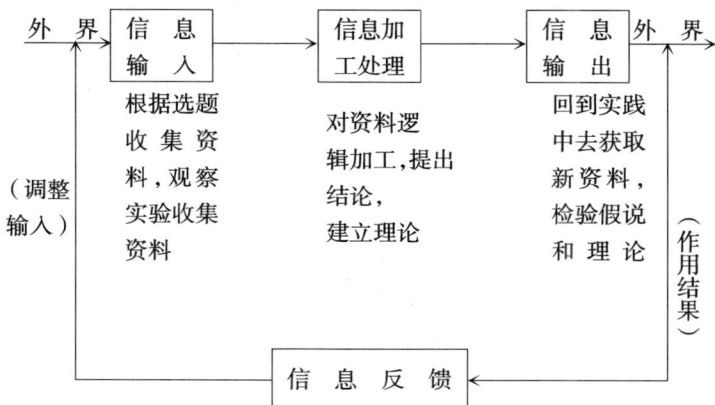

图6—1

图书馆学研究对象是图书馆,本身是一个信息存贮、积累、加工、处理、控制、转化、传递的中心,因此信息论的一般观点与方法完全适用于图书馆学研究的过程。由于信息论方法应用于图书馆学研究的范围很广,如图书馆整体研究,藏书系统、读者服务系统、管理系统的研究,因而已取得一些成果:在理论上提出图书文献的本质是信息知识,图书馆是文献信息的存贮与传递中心,图书馆是文献信息交流系统,并形成了"文献信息"、"知识交流"等概念。在技术方法上计算机技术、现代通信技术广泛应用于图书馆。

五、移植方法

科学方法的相互渗透、相互转移的另一表现形式就是科学研究的移植方法。英国剑桥大学教授 W. I. B. 贝弗里奇说:"有的时候,决定一项研究的基本思想是来自应用或移植其他领域里的发现的新原理或新技术。这种取得进展的方法称之为研究工作中的移植化。"(W. I. B. 贝弗里奇:《科学研究的艺术》第 133 页,科学出版社 1979 年版)移植方法包括科学概念、原理、方法以及技术手段等,从一个领域移植到另一个领域,它是科学整体化趋势的表现之一,也是科学方法综合化的表现,这是发挥"杂交优势",促使科学发展的一个重要方法,甚至促成新的发展,形成新的学科。

移植方法对发展图书馆学更为重要,图书馆学本身是一门综合性学科,因此更应运用其它领域的原理、概念、方法、手段来加速图书馆学的发展。近几年来,在我国图书馆学研究中,移植方法已得到应用,其他学科的许多研究成果已开始移植到图书馆学中。如系统论、信息论、控制论、管理科学、领导科学、行为科学、教育学、心理学、运筹学、数学、统计学、计算机技术、电子技术、缩微技术、声像技术、网络技术等理论与方法已引入图书馆学,有的已与图书馆学相互渗透,彼此结合成有机整体。当然,移植其他学科成果还有一个消化、生根、完善过程。

随着科学实践的发展,科学方法也在不断发展,纵横的联系更加密切,相互的作用和制约更大,综合化是一种趋势。图书馆学的研究要随着图书馆学的发展,不断加强方法论的研究,不断完善图书馆学研究方法论体系。要想加快图书馆学发展速度,在图书馆学研究中进行方法论的研究和教育,广泛吸收其他科学领域的研究方法,已迫在眉睫。

第七章　图书馆学思想的发展

第一节　图书馆学思想发展的一般规律

图书馆学自从产生,经历了漫长的发展时期,至今已经有了数千年的历史。在这一长时期中,无论是中国还是外国,都产生了许多卓越的图书馆学家,产生过丰富的图书馆学思想。研究几千年来图书馆学思想的发展,掌握其发展线索和规律,对于我们认识、掌握图书馆学,促进图书馆学的发展,使其理论保持永恒、新鲜的活力,有着重大的意义。

在这一章里,我们不可能论述图书馆学史的全部内容,只能用比较粗的线条来描画世界图书馆学思想的发展,划分出图书馆学思想发展的主要阶段,探讨图书馆学思想在其各发展阶段的主要内容,各个发展阶段之间的思想转化及其内在联系,论述图书馆学思想发展的一般规律以及在各个发展阶段的特殊规律,分析现阶段图书馆学思想的特点及其发展趋势。

一、图书馆学思想发展的一般规律

作为知识形态的图书馆学,它是对图书馆实践之规律性的反映。这种反映不是像照镜子一样机械的反映,而是通过人们图书馆实践活动的能动的反映。图书馆学理论一经产生,就对图书馆实践有一种反作用,指导一定时期的图书馆实践活动。随着图书馆实践活动的发展,图书馆学理论又必将以新的理论形态出现。如此循环往复,以至无穷,在这一无穷发展的过程中,图书馆学理论和图书馆实践都在广度和深度上得到发展。这就是图书馆学思想发展的总规律。

研究图书馆学理论与图书馆实践的关系,可以分为两个方面:第一方面是图书馆实践对图书馆学理论的决定作用以及这种决定作用的具体机制;第二方面是图书馆学理论对图书馆实践的指导作用以及这种理论对实践的反作用的具体机制。我们认为,图书馆学理论与图书馆实践的关系的第一个方面,主要是图书馆学史研究的内容,第二个方面,则主要是图书馆事业史研究的内容。但是这两方面的联系又是十分紧密的。从图书馆学理论而论,我们不仅要研究它如何从图书馆实践中产生,同时也要研究它如何复归于图书馆实践——这是图书馆学理论得到检验和发展的必由之路。下面我们就具体地分析图书馆学理论受图书馆实践的决定而产生,和图书馆学理论复归于图书馆实践这两方面。

从图书馆学理论与图书馆实践的关系来看,图书馆实践的发展是原因,图书馆学理论的发展是结果。在发展过程中,图书馆学理论与图书馆实践的基本状况是对应的,有了图书馆及图书馆实践,才有可能产生图书馆学;在图书馆实践中开辟出新的领域,提供了新的技术手段来获取、处理和存贮、传递信息以后,图书馆学就相应地产生出新的学科;当图书馆实践在客观上已将事物更深一层本质现象提供出来以后,图书馆学也就有了向深度进军的必要性和可能性,于是就产生了更深刻的、更抽象的等级不同的图书馆学。当图书馆实践的发展要求多种学科的知识用于传递信息、知识时,综合性的图书馆学科就相应地诞生了。

总之,图书馆学理论的进步,是随着实践的发展向前推进的。实践的发展,不仅决定了图书馆学学科性质、状况的变化,而且还决定了图书馆学理论发展的广度、深度和速度。

图书馆实践的含义是什么呢？它是一定地区和时期的，由人所掌握的图书馆的全部活动。它不仅包括我们常说的图书馆工作，如采购、分类、编目、排架、读者服务等，而且也包括一定时期的图书馆学研究活动，因而，图书馆实践是一个外延很广泛的概念。那么，图书馆实践对图书馆学发展水平的影响究竟表现在哪些方面呢？

其一，图书馆实践的发展，决定着图书馆学研究者的数量。图书馆学理论的出现依赖于一定数量的图书馆学研究队伍，而只有在图书馆实践发展到一定程度，对图书馆学理论提出需要时，才会有这支研究队伍的出现，这是不言而喻的。

其二，图书馆学实践的发展，决定着为图书馆学研究者提供的信息量。图书馆学作为一种知识形态，是从图书馆学实践的大量信息中去粗取精，去伪存真，由现象到本质，从中提炼、概括，从而提出自己的观点，总结出理论体系来的。从信息观点来看，图书馆学研究的过程就是人脑对大量图书馆的信息进行处理、转化和输出的过程，在这一过程中，输入的信息量对于输出结果有着极为重大的意义。

其三，图书馆实践中采用的新技术，会向理论提出新要求，从而促进理论的发展。如当图书馆采用现代化的光电技术，特别是电子计算机技术以后，就会给图书馆形态及工作方式带来巨大的变革，传统的理论将再也不能说明和指导此时的图书馆实践，技术的变化本身要求图书馆学理论研究新情况，解决新问题。

其四，随着图书馆实践的发展，图书馆学对自己的研究对象会获得越来越深刻、精确的认识，图书馆学家们的经验会越来越丰富，预见能力会不断提高，创造性能力越来越强，自觉的能动性发挥得越来越充分，从而也就加速了科学的发展。

以上的探讨还仅仅停留在论述图书馆实践和图书馆学理论之间存在着因果联系，那么原因（图书馆实践）是如何转化为结果

88

（图书馆学理论）的呢？这就有必要剖析前者转化为后者的辩证过程。

图书馆实践发展转化为图书馆学理论发展的过程，实际上是一个认识的过程。在这一过程中，从实践的角度来讲，认识的提高首先是图书馆技术的提高。图书馆技术包含着两个方面的内容，它既有物质的，又包含着精神的内容，其中凝聚着人们的思维的成果，因此，图书馆技术是从图书馆实践上升到图书馆学理论的桥梁和中介。如果说图书馆学理论研究这一认识过程是获取自己研究对象（图书馆及图书馆实践）的信息，加工所获取的信息，并最后通过实践来检验加工的信息的话，那么第一阶段和最后一个阶段的实现，总是通过图书馆技术这一个中间环节来进行的。在认识过程中的第二个阶段，起桥梁作用的则是科学的思维方法。图书馆学研究中的科学思维方法是一个体系，除了有哲学、逻辑学以及其他学科的思维方法以外，还有着图书馆学本身所特有的思维方法。图书馆学研究工作者通过图书馆技术（图书馆技术本身也是在不断发展的）可以开发图书馆学的信息资源，更多地占有图书馆学信息，而图书馆学的科学思维方法则能使人们最有效地利用已经占有的信息，实现第二次飞跃，将原始信息经过分析综合、概括、抽象为图书馆学的原理和规律。

图书馆技术与图书馆学思维方法在转化的不同阶段起作用，两者又是不可分开的。在图书馆学认识直接同客观物质（图书馆等）起作用时，思维方法是通过技术起作用的；而在加工所获得的信息时，图书馆技术则通过图书馆学思维方法而起作用。由此可见，要在图书馆实践的基础上促进图书馆学理论的发展，应该抓两个环节：一是技术，一是图书馆学思维方法。

我们知道，图书馆学的发展是一个没有终结的永恒的过程，是从实践到理论，从理论到实践，再从新的实践得到新的理论的循环往复的过程，那么在这样的发展过程中，图书馆学显示出什么特征,又有什么规律可循呢?

和所有其他科学一样,图书馆学理论的发展也是由零散到系统,由片面到全面,由不精确到精确,由现象到本质,由不那么深刻的本质(一级本质)到更深刻的本质(二级、三级本质),这就是图书馆学发展的总的特征。

随着现代科学以及图书馆学本身的迅速发展,图书馆学的理论也不再完全是研究图书馆活动提出的课题,图书馆学本身的逻辑发展,会出现一些新的问题,也就是说图书馆学的研究直接以原有的图书馆学理论为研究对象,并且研究从原有图书馆学理论逻辑上所推导出的必然的研究对象。理论的发展越丰富,这样的特征将会表现得愈明显。

由以上分析可见,影响图书馆学发展的主客观因素,都是随着图书馆实践的发展而发展的。但这仅仅是问题的一个方面,图书馆学理论并不是一经从实践中产生便完结了,它还要回到实践中去,接受图书馆实践的检验,错误的理论,在图书馆实践中被抛弃,而正确的理论,则能够指导图书馆实践向前发展——这一步骤就是图书馆学理论向图书馆实践的复归。

图书馆学理论向图书馆实践的复归,其实质就是理论在实践中的应用。它是人们从认识图书馆实践的阶段,向改造、发展图书馆实践阶段的转化,这种转化是能动的和有规律的转化。

二、图书馆学思想发展阶段的划分

对图书馆学研究阶段的划分,当然主要依据图书馆学研究本身的状况,也就是根据图书馆学研究的深度、广度,图书馆学发展的速度来划分。可以将这几方面内容概括为:对图书馆学本身研究对象认识的深刻程度;学科分支的数量;整个学科体系的构成;一定时期内图书馆学研究人员的数量和质量;图书馆学刊物、论文、专著的数量和质量等等。然而,图书馆学的发展并不是在真空中发展的,它受制约于图书馆实践是基本规律,因此图书馆实践的发展与分期是在图书馆学思想发展分期中应予考虑的一个重要方面;同时,图书馆学是人类知识总体系中的一个分支,人们对这门学科的认识,不可能超越一时代中的总的科学的认识范围、层次和水平,而是必然要受到当时的整个科学认识水平所能提供的框架、理论、材料的限制,这样,人类认识史的社会科学、自然科学的状况也是图书馆学思想发展分期所应考虑的因素;最后,人类文化史和历史的时期划分也是图书馆学思想史的划分依据。

据此,我们将世界图书馆学思想的发展划分为三个时期:

1. 图书馆学的孕育时期;

2. 图书馆学的确立与发展时期;

3. 图书馆学逐渐走向成熟时期。

对这一分期,需要作出几点说明:

(1)在我国,图书馆和图书馆学这两个名词的引进都是 19 世纪末和 20 世纪的事情,这段历史和我国有"图书馆"的年代相比是十分短暂的,西方历史上的图书馆和我国现代意义上的图书馆与我国古代"图书馆"的含义是大不相同的,而我们是从现代的图书馆学的角度来研究古代"图书馆"学思想史。

(2)对图书馆学思想史的分期是从研究的深度、广度和速度三方面来综合加以考虑的,时期的划分不应以表面的现象为依据,而应该揭示出图书馆学思想发展的内在联系,并且要反映出图书馆学思想发展的特殊性。因此,恩格斯总结科学发展的一般规律时所提出的科学从积累知识开始,到整理再发展为科学的原则,也是图书馆学思想史的分期依据。我们认为,图书馆学思想发展过程中有两个转折点,其一是图书馆学研究对象的确立,这是图书馆学从孕育走向确立的标志;其二是图书馆学各学科在一定的理论基础之上成为一有机整体,组成一个完整的学科体系,这是图书馆学逐渐走向丰富和成熟的标志。我们正是以此为根据来划分图书馆学思想发展的三个时期的。

（3）图书馆学还正处于发展时期,远未完善和成熟。这无论在理论基础、学科体系,还是在方法等方面都有体现。因此,在这里进行的分期,仅表现出我们对图书馆学成熟状况的估价。

第二节　孕育时期的图书馆学

一、孕育时期图书馆学思想发展的一般情况

图书馆学的孕育时期,是指人们既没有明确地提出图书馆学的研究对象,也没有形成围绕图书馆学研究对象的系统理论的时期。这一漫长的阶段,是图书馆学的必然的准备、萌芽时期。人们对图书馆的认识,正如同对其它所有客观对象的认识一样,经历了一个由简单到复杂,由局部到整体,由现象到本质的过程。在这一过程中,人们积累了对于图书馆这一研究对象的丰富的材料,对图书馆这一对象的各个侧面,各个层次,一些问题都有所认识。但是这些认识只是一些经验知识的积累,或者只是某一方面、某一侧面、某一层次的问题上升和抽象到理论,由于各种条件的限制,人们不可能对图书馆学这门学科的研究对象有一个明确的认识,甚至也不可能有意识地提出图书馆学研究对象的问题。因此,那些经验知识和某些问题的抽象理论就只能是松散的,而不能相互联系,围绕着一定的理论基础、核心构成一个完整的体系。因而这一时期的图书馆学严格说来,还不能算作是图书馆学,而只能作为有关图书馆各方面的知识。

东西方有关图书馆知识积累的丰富程度是不一样的。由于政治制度、经济发展、历史、文化传统等各方面的因素的影响,东西方图书馆事业的发展不平衡,甚至图书馆的理解和模式也不一样。

因此,在这种情况下,很难在时间表上对两种文化区域下的图书馆进行所谓"先进"与"落后"的比较,因为就某一种技术、某一种观点出现的先后,而不考虑它们在整个图书馆模式中的逻辑顺序和地位来进行比较是毫无意义的。东方和西方的图书馆学是沿着两条不同的道路前进的,只是在19世纪末叶才逐渐地融合,传统的中国图书馆事业和图书馆学基本上脱掉了自己的传统服装,而与西方的图书馆学传统合并为一个新的潮流。

就中国的图书馆学而言,正如同中国的其他领域的理论一样,是一种处于经验和理论之间的半理论状态的学问。中国的理论传统是注重人伦方面,注重实用,但又不是像西方经验论那样的纯粹从经验出发的学说,而是在重实用中又掺进一些主观臆想的原则、理论,如五行、阴阳等,这些东西既有一定的思辨色彩,但又不是纯然思辨的理论。应该指出,中国的图书馆学也没有摆脱这种我国所独有的理论传统,也就是说,在我国的图书馆学中有些带有思辨色彩的原则作为其理论基础,但是这些原则和当时真正以实用为目的的图书馆经验之间又缺乏必然的中介、联系,这就造成了我国图书馆学的根本缺陷,也就是从对图书馆知识的研究开始直到19世纪末都没有产生完整的、有明确的研究对象的图书馆学。然而西方国家的图书馆学,情况就很不相同。西方国家的图书馆学作为一种理论形态,也必然要受到西方的理论思维、文化传统的影响。西方的思维传统具有比较彻底的精神,或者是彻底的经验论,即一切都严格地从事实出发来抽象出理论,容不得什么臆断的东西,或者是彻底的唯理论传统,由最高的理性原则,根据严密的逻辑推理而构造出体系来。这样,随着一定时代的哲学思想的影响,图书馆学也就逐渐从经验科学向着理论科学的方向转化。应该指出的是,西方的图书馆学传统也正是现代世界图书馆学潮流之源泉和根本。这一点也是我们所不得不承认的。

骄傲自大和妄自菲薄都不是对待我们的历史和文化遗产的正

确态度,对待我国几千年来的宝贵的图书馆学思想,我们也同样应该做实事求是和一分为二的分析。在我们所进行的图书馆学思想分期中,一方面应该考虑到我国的图书馆学思想在其丰富性上很长一段时间曾经居于世界前列,但另一方面,由于其理论的内在缺陷,我国的图书馆学却始终没有形成为现代意义上真正的科学。因此,我们的分期就不得不主要从现代科学的角度出发,主要依据西方图书馆学思想的发展来进行。以上是对于分期问题不得不作的必要的说明和论述。

图书馆学的孕育时期从有图书馆知识的记载开始,到19世纪初结束。在这段时期,东西方图书馆学思想的发展是不平衡的。但无论是从世界范围还是从东西方图书馆学各自的发展来看,这段时期都是图书馆学发展的极重要的时期,呈现着以后各种观点的萌芽,并且从总的趋势上来看,是对图书馆这一对象的认识愈来愈深刻,研究的问题、侧面越来越广泛,材料越来越丰富,图书馆学研究人员、论文、书籍越来越多的一个过程。

从图书馆学研究的深度来看,我国从殷代就有关于图书馆的极为简单的记载,《周礼》的"辟藏说"则提出了图书馆的"藏"与"用"的问题,是我国图书馆学思想的萌芽。从这种对图书馆的零星记载,发展为对图书馆的局部的认识,再到试图提出概括图书馆各方面的整体概念,由此再深入一层地研究图书馆内部的工作规律、工作方法,无论是在西方还是在东方,这一时期的图书馆学研究都从整体方面和内部层次方面大大深化了。

从图书馆学的研究广度来看,从最初着眼于书的整理、目录、摘要、分类,到逐渐发展到研究馆舍建筑、书籍流通、图书馆的职能地位,到书籍的采购、排架,研究图书馆与其他学问的关系等等,图书馆学研究范围是在逐渐扩大的。

另外,无论是东方还是西方,开始时并无纯粹的图书馆学者,也无专门研究图书馆学的专文、专著,都是官员、僧侣等兼管图书馆,在其他方面的著作和文章中附带提及有关图书馆学的问题。随着时间的发展,图书馆事业逐渐发展了,有了专门的图书馆研究人员,并且其队伍越来越大,有关图书馆学的专文、专著也逐渐增多。这一时期,无论东方还是西方都产生了一批卓越的图书馆学家和对后世有巨大影响的图书馆学著作。

二、从殷代到19世纪初中国的图书馆学思想

1. 古代文献对图书馆的记载及认识

我国古代图书馆,起始于王宫的"藏室"。现存有关于殷代图书馆的简单记载。周代图书馆事业有所发展,《周礼》一书不仅记载了当时图书馆的情况,尤为值得注意的是此书提出了当时对于图书馆的基本认识。"辟藏说"是我国图书馆学思想的萌芽。辟者,取、用也;藏者,保存也。周人分官守书,可看作图书分类思想的萌芽。此外,有关图书馆的职能、图书典藏与传播的思想,《周礼》亦有记载。

战国时期,学派蜂起,私人藏书大量涌现,人们对图书馆的认识获得了新的源泉。荀况(约公元前313—前238年)提出"三代虽亡,治法犹存",这种"亡存说",朦胧地表述了图书馆的历史作用。

汉代,是秦文化专制后的文化复兴时期。儒学的发展,带来搜集和整理图书的高潮。在图书馆实践的基础上,产生了比较系统的记载图书馆活动的专著。刘向(公元前77—前6年)刘歆(约公元前53—公元23年)的《七略》、《别录》,班固(公元32—92年)的《汉书·艺文志》比较系统地记载了汉代国家图书馆的主要活动,详细地记载了国家图书馆藏书校雠的过程与办法,分类编目的体系与内容。这些专著和其他文献在我国图书馆文献中第一次比较系统地反映了我国古代图书馆的活动内容,记载了当时图书馆藏书的收集、整理、典籍和使用的情形等。此外,班固在《汉

书·景十三王传》中还较全面地记载了私人藏书家河间献王刘德的图书馆活动。

2. 图书馆学积累的知识逐渐丰富和初步概括

从汉代开始,我国图书馆文献进入对图书馆局部知识的认识阶段。图书馆学积累的知识逐渐丰富起来,并有人试图对这些知识进行初步概括。

对图书馆局部知识的认识,首先是从对图书馆的图书这一构成要素开始的。西汉,扬雄(公元前53—公元18年)在《法言·问神》中论述了书籍的内在含义,他认为语言文字在于传心,而书籍在于传言。"天下之事记久明远,著古昔之唔唔,传千里之忞忞者,莫如书。"东汉末年,秘书监荀悦(公元148—209年)著《经籍论》,认为天、地、人之道,"施之当时则为道德,垂之后世则为典经。"关于图书馆管理官员的重要性,也提到人们的认识日程上来了。三国魏王肃(公元195—256年)向朝廷上《论秘书丞郎表》和《秘书不属少府表》,提出认真对待图书馆官员的置属和待遇问题。

图书馆藏书整理,自汉到晋梁诸朝,日益发展,人们的认识日益深入。晋秘书监荀勖(?—公元289年)十分重视校勘工作。梁尚书令沈约(公元441—513年)的《上言宜校勘谱籍》,提出了对校勘的认识和措施。至于藏书的分类和编目,自汉七分,晋四部,其间多次反复,到唐再次提倡"经史子集"四类,人们的认识经历了曲折反复,并在此过程中对分类、编目的研究逐渐深入。

总之,自汉至唐,人们对图书馆各方面的认识逐渐深入,材料逐渐丰富,向着初步的概括发展已是历史的必然和理论的合乎逻辑的发展。

隋朝中国重趋统一,唐则成为亚洲经济文化的中心,学者著述日多,抄书业和书肆的发展,以及印刷术的发明,给唐代图书馆事业大发展提供了物质条件。正是在这一时期,产生了牛弘、魏征的图书馆思想。隋秘书监牛弘(公元545—610年)的《请开献书之路表》,系统论述了历代国家藏书的发展概况,第一次总结出春秋以来,图书馆史上著名的"五兴"和"五厄",并指出"经邦立政,在于典谟矣。为国之本,莫此攸先",阐述了国家藏书的重大意义。

至唐代,秘书监魏征(公元580—643年)为《隋书·经籍志》所撰总序,标志着我国古代图书馆学发展的新阶段,图书馆积累的知识逐步走向成熟,并且出现了初步概括的理论。魏征把书籍看成人类智慧的宝库,变通世界的利器。他从书籍的内涵和它莫大无比的威力出发,第一次提出"藏用"之说,表述了自己对于图书馆概念的认识。关于"藏"以致"用",在魏征之前,已有欧阳询论及,而魏征发展了他的学说。"藏用"的目的,一是在于"学",二是在于"教"。魏征还指出:"不疾而速,不行而至,今之所以知古,后之所以知今,其斯之谓也。"魏征还以大量篇幅,系统地研究了上古至唐初历代图书馆的建设和它的活动内容及发展过程。魏征比较全面地论述了图书馆的意义、作用、发展历史,提出了"显仁足以利物","藏用足以独善",把藏书作为"治国"、"治身"之"具"。"藏用说"是我国图书馆学思想史上的光辉成就。

3. 图书馆学研究层次的深入和逐渐上升为理论

中国的图书馆学,从殷到唐代经历了漫长的发展过程,积累了丰富的材料,并且经过了初步的概括。唐以后,大批图书馆学者对前代的经验和学说进行总结,形成了比较系统的知识,在图书馆学的某些方面,提出了比较深刻的至今仍有其价值的理论。自宋到清末,是我国图书馆学取得长足进步、获得辉煌研究成果的时期。令人遗憾的是,这些就某一方面而言的辉煌的成就,始终都未能形成一个有机整体,只能停留在科学的边缘,未能成为真正的科学。

两宋是我国图书馆学思想发展过程中的重要时期。宋代多种类型的图书馆,如国家、机关、书院和私人图书馆等已经形成并得到发展;同时,古代图书馆内部的购求、管理、流通等各部门组织基本完善,其工作日趋完备和深入。这就是我国图书馆学思想史上的重要人物程俱、郑樵及其代表作应运而生的客观环境和肥沃土壤。

程俱(公元 1078—1144 年),南宋秘书省首任秘书少监,曾在北宋国家图书馆工作多年。他赴任后,在全面总结前代积累的思想材料基础上,根据自己的经验和认识,形成了自己对图书馆知识的进一步概括的理论,写成《麟台故事》五卷十二篇,这是我国图书馆学史上的重要著作。这份政策性的"意见书",对后世产生了极大影响,至清代还重引其中提出的基本思想。

在书中,程俱将国家图书馆的职能归结为三:其一是养育人才;其二在于资政参考;其三在于利用国家藏书进行修纂工作。书中还论述了国家图书馆藏书的购求、整理、典藏和使用等基本工作。程俱还十分重视"馆职",即国家图书馆工作人员的管理,用了三个篇章加以论述。对于图书馆建筑问题,也有专门的一篇研究。这些都是程俱《麟台故事》对于图书馆学的重大贡献。

郑樵(公元 1103—1162 年)是南宋著名学问家、私人藏书家。在《通志总序》中,郑樵根据几十年做学问和整理藏书的体会,提出:图书馆领域的知识,是"天下之大学术"之一,同为"百代之宪章,学者之能事",第一次把图书馆领域的知识列为一门学问。郑樵图书馆学思想是以藏书整理为核心,以"流通"为目的的。图书馆首要在于藏书,其求书八法以及关于藏书整理(校雠、类书、编次)的理论是比较系统的藏书建设理论,比起前人来有极大发展。至于图书分类理论,郑樵认识到图书分类是图书馆组织知识的工作,并作了清楚的表述,对此前人论述甚少,而类似思想在欧美则是几百年之后才产生。为了"流通"这一根本目的,同分类一样,编目工作也必须贯彻藏书整理的理论,在图书目录的著录上,他也提出了当时非常完备的理论。这些理论和观点,基本上反映在其著作《通志·校雠略》中。

宋至明清 400 年间是中国图书馆学研究的繁荣时期。明代邱濬,明末清初的祁承爜,清代孙庆增、弘历、周永年为这一阶段图书馆学思想的代表。

明代文渊阁大学士邱濬(公元 1421—1495 年)的主要图书馆学著作是《论图籍之储》与《访求遗书疏》。他认为整治图书馆是"治国平天下"的首要任务。关于图书馆的内容,邱濬进行了全面的概括,将图书馆的一般内容及相互关系集中表述出来,这是图书馆认识史上的一大进步。鉴于对图书馆的认识和图书馆内容的理解,他还提出了整治国家图书馆的完备意见。

到明末清初,我国图书馆学史上出现了祁承爜(公元 1563—1628 年),其代表作为《澹生堂藏书约》;清代孙庆增(生卒年不详),其代表作为《藏书纪要》。作为私人藏书家,他们的理论和作为政府官员的邱濬所涉及的是不同的方面,其主要贡献在于深化了图书的购求与鉴别、藏书的校勘与分编方面的内容。祁承爜《澹生堂藏书约》对图书馆的整理提出了较系统的理论与方法,提出了购书三原则,认识到分类的检索作用,并且提出个"通"与"互"的编目理论。"通者,流通于四部之内也";"互者,互见于四部之中也"。孙庆增《藏书纪要》更系统地论述了图书的采购、鉴别、抄录、校雠、装订、编目、收藏等问题,实为我国第一部图书馆技术的专著。

清代中叶,我国图书馆事业获得空前大发展,图书馆学思想涉及到了新的领域,正是在这一时期,产生了弘历、周永年君臣为代表的公共图书馆思想。

弘历(公元 1711—1799 年),清皇帝,年号乾隆,是当时最高封建统治者,建"七阁",贮"钦定"《四库全书》以"嘉惠士林"。要求江南三阁对民间士林开放,为此数次发布谕示。除江南三阁,翰林院也开放了,弘历谕示:……翰林院现有存贮底本,如有情殷诵习者,亦许其就近钞录,掌院不得勒阻留难。这反映了弘历的公共图书馆思想,开创了图书馆对普通人士开放的先例。

周永年(公元 1730—1791 年)认为,"书籍者,所以载道纪事,益人神智者也。"遗憾的是,自汉以来,"官私之藏","未有久而不散者","则以藏之一地,不能藏之于天下,藏之一时,不能藏于万世也"。在《儒藏说》一文中,周永年提出了公共儒藏的思想,注重藏书的利用和流通,他"连年奔走四方",或投信鼓动师友,寻求响应和支持,"士大夫起而和之者颇多"。周永年的倡议和实践,都是成功的。据史载:周永年"以为释、道有藏,儒者全无。乃开借书园,聚古今书籍 10 万卷,供人阅览传钞,以广流传"。

弘历、周永年的公共图书馆思想,是中国图书馆学传统之一大改变,也是东西方图书馆学融合的起点,其意义是怎样评价都不过分的。

三、西方图书馆学思想的孕育时期

1. 古希腊罗马的图书馆学思想

在欧洲,人类关于图书馆知识的积累,经历了漫长的阶段。古希腊、罗马是世界文明的摇篮之一。古代图书馆在这里曾经蓬勃发展。尤其是公元前最后 3 个世纪的希腊和公元后最初 3 个世纪的罗马,造就了西方图书馆历史上的第一个"黄金时代"。生活于公元前 300—240 年的伽利玛库斯,是著名哲学家、诗人,为当时希腊著名的亚历山大里亚图书馆编成著名目录《抄本》,又名《在全部学术领域里指引人们写作之表记》。公元前 2 世纪下半叶,罗马一位叫瓦尔罗(M. T. Varro)的人曾撰《论图书馆》一书,可惜早佚。作家路西安(Lucian)在公元 1 世纪,对一些广建私人图书馆以显其富的奴隶主曾斥之为"无知的藏书者",并在以此为篇名的文章中质问道:"尔辈藏书,究竟为何?"可见对于图书馆的基本概念是有所认识的。

由于公元 3 世纪以前的图书馆学文献极少保存下来,因此我们仅能见到当时图书馆学思想的一鳞半爪,这是十分遗憾的事情。

2. 西欧中世纪的图书馆学思想

随着西罗马帝国的崩溃,公元4世纪5世纪,西方进入封建社会,但封建制度到11世纪以后才获得充分发展。欧洲中世纪图书馆知识的积累,大体分两个阶段:一是11世纪以前,表现在6世纪的图书馆文献记载;二是11世纪至16世纪,表现在13、14两个世纪的图书馆文献记载。

公元6世纪,意大利基督教徒卡西道拉斯(约公元487—583年)在自己的修道院里设立图书馆。他根据需要,写了《圣规与古籍》,除日常宗教生活细节规则外,还论及该院图书馆写本的抄缮、校正、管理和修补。书后所附馆藏解题书目,在后来数百年间,成为修道院图书馆选购图书的标准。与此同时,圣·贝纳狄克特(约公元480—542年)为自己的教派制定了《圣·贝纳狄克特规则》,书中也规定读书和抄写书卷为修道院生活的一个内容。"规则"提出牧师的一个任务就是出借抄本,修道院教徒在教师的监督下利用图书馆。这两部书的影响为中世纪欧洲修道院图书馆奠定了基础。

公元10至11世纪,西欧社会曾出现一线生机,但图书馆仍旧黯然。书籍仍旧是抄写,甚至在12世纪,纸张还未普遍应用。12世纪的欧洲,能找到的反映图书馆学思想的人,只有法国犹太人提邦(公元1120—1170年)。当他把藏书遗留给儿子时,也把自己几十年管理藏书的经验传给了儿子。这些经验体现了提邦关于图书馆管理的思想。

真正被西方图书馆史学家承认的整个中世纪欧洲的图书馆著作只有两部:一部是13世纪的作品《藏书家》,一部是14世纪诞生的《爱书》。一般认为《藏书家》的作者是法国贵族福奈维尔(Fourniral),作品描述了一座"书苑"的藏书概况。《爱书》作者是英国著名藏书家理查德·伯里(Richard de Bury,公元1287—1345年),此书完稿于1344年,1473年初版于科伦,作者企图通过建立图书馆,传播知识,以扭转当时僧院学术衰退的局面。在书中作者首先论述人类"智慧的结晶,大部分皆载于书中",颂扬书籍是"永恒真理"的源泉,具有不朽的价值。该书清晰地阐明藏书的意义在于,使"向你祈求的人,皆有所获;……有勇气叩阅者,皆遂所愿"。在这里,伯里已经认识到图书馆应该满足读者的需要。作者还论及了图书馆在人类历史上的地位和作用,"若非上帝把一切必然消逝的事物皆载于卷册之中,那末,世上所有的辉煌成就均将被遗忘和湮灭。"令人惊奇的是,这种观点竟和现代著名哲学家卡尔·波普的观点极为相似。书中专用一章记述自己搜集图书的经验,作者的藏书,为牛津大学图书馆奠定了基础,他也成了大学图书馆的先驱。《爱书》是欧洲中世纪图书馆学思想发展的顶峰,它是欧洲文化黑暗时代 1000 年之久的寺院图书馆发展的结晶。

3. 欧洲 17—18 世纪的图书馆学思想

寺院图书馆在黑暗的中世纪是欧洲文明的最后一个堡垒,然后它又成为文艺复兴运动的火种。而文艺复兴也推动了欧洲图书馆的发展,并给它带来了第二个"黄金时代"。15 世纪中叶,欧洲活字印刷的应用,使 16 世纪欧洲书籍的出版逾 10 万册之多。16世纪,独立的图书馆建筑在欧洲处处耸立起来,图书馆是这一时期欧洲文化的光辉成就之一。欧洲的图书馆学思想就是在这样的环境中孕育着。17 世纪至 18 世纪欧洲图书馆学的代表人物是诺德和莱布尼茨。

加布里埃尔·诺德(公元 1600—1653 年)是法国红衣主教马扎林私人图书馆的管理者,他把这个私人图书馆建成 17 世纪著名的图书馆。在实践中,他全面掌握了图书馆各项工作的内容,比较深刻地理解了图书馆的目的与任务,图书馆员的职责,进而考察图书馆领域的基本问题。1627 年,他发表了《关于创办图书馆的意见书》,阐述了自己的图书馆学思想。这部书被称为欧洲"最早的图书馆学概论","确定了图书馆学的一般原理"。

诺德认为图书馆是人类知识的宝库,应该是为全人类所共同利用的设施,应该开办更多图书馆,给人民提供丰富的文化典籍。诺德认为图书馆员应当选拔知识渊博的优秀人才或学者来充任,同时应该给他们以优厚的待遇。关于图书馆的建设和管理,他也提出了自己的观点。藏书应按 12 类排列,必须编制主题目录和著者目录,他还认为应该允许学者们到书库选择自己所需要的图书,这就是现代"开架制"的先声。

诺德的图书馆学思想在欧洲产生了极其深远的影响。

首先受到影响并阐述了自己的图书馆学思想的是诺德同时代的法国人克劳德·克莱芒(公元 1599—1642 年),他于 1635 年刊行了《图书馆组织论》一书,主张图书馆向一般公民开放。英国皇家图书馆馆长戴利(公元 1596—1680 年)是诺德图书馆学思想的杰出继承者。1650 年,他发表了《新图书馆员》,认为图书馆员应该是学问的向导,文化的传播者,读者和图书之间的媒介。戴利最先提出了图书馆职业及其教育问题。

德国著名的哲学家、科学家戈特弗里德·威廉·莱布尼茨(公元 1646—1716 年)是诺德图书馆学思想的卓越继承人和实践者。他从事图书馆事业 40 年,担任图书馆馆长长达 26 年。他的书信集和许多提案中所反映的图书馆学思想,使他成为欧洲图书馆学的奠基人之一。他认为图书馆是"全人类的百科辞典","和一切时代的伟大人物相互对话的场所",图书馆应该提供和开辟科学交流渠道,应是学术消息的交流中心,是科学院的最高标志。应当在各国科学院建立并设置图书馆的基础上,建立联系全世界的"图书馆网"。

关于图书馆的内部工作,莱布尼茨根据自己的图书馆学思想,建立了一整套方针。他认为评价图书馆的优劣,应注意藏书的数量,更应注重藏书的质量,尤其应当收集民众所需要的图书和资料。他创立了独立的分类体系和分类法,其分类法将图书分为 10

类,成为杜威十进分类法之先导。他对目录组织尤为注重,他设想出一个全国的目录组织。他首先强调主题目录,一本书中含有多少主题就制作多少种目录,后来又创造了书名目录和著者姓名目录。这三种目录都要求按字母顺序排列。在图书馆流通工作方面,他实行了馆外自由借阅,办理长期的入馆许可证,他还计划发行馆藏文献通报和分析书刊文献的摘要,由于种种原因而未能实现。凡此种种,我们可以看到,莱布尼茨实为欧洲历史上最具有现代图书馆学思想的学者,他所创办的图书馆,已经具备现代图书馆的雏形。

第三节　图书馆学的确立与发展

一、这一时期图书馆学思想的一般情况

人们认识到图书馆学作为一门科学,需要有自己独立的研究对象,并且明确地将这一问题纳入自己研究的日程;以前的零散的知识,相互无联系的图书馆知识的各个侧面,各个层次的问题和研究得以联系起来。这一过程始于19世纪初期德国的施莱廷格,从图书馆学研究的深度来看,不仅有了图书馆学的各个侧面和层次的研究,而且已有人试图从总体上来把握图书馆学的观念。这时的从总体把握已经不是像中国唐代魏征的理论,而是在对图书馆的各个环节和工作都有了比较深入的认识之后而进行的,因而在理论的层次上又提高了一个等级,阮冈纳赞的《图书馆科学的五法则》是其代表。在对图书馆本质的认识上,这一时期也大大进步了,从施莱廷格开始试图给图书馆下一科学的定义,至列宁亲自领导苏维埃的图书馆事业,提出了一系列重要观点,加深了人们对图书馆本质的认识。图书馆学教育的问题从理论进入了实践,并

且经过实践又抽象出了更进一步的理论,其中美国的杜威功绩尤为巨大。从图书馆学研究的广度来看,其研究领域和范围不断发展,图书馆学教育,图书馆学的内部理论结构,图书馆之本质,图书馆事业的建设原则,新的课题一个一个进入人们研究的范围,取得了丰硕成果。至于在以前时代已有涉及的图书馆工作的各个环节如分类、编目、藏书建设等等方面更是取得了巨大进展。如果说无论是在东方还是西方,这一时期以前还未有过专门的图书馆学家和纯粹的图书馆学刊物与书籍的话,那么在这一图书馆学确立和发展时期,图书馆学家与图书馆学刊物、书籍就如雨后春笋般破土而出了。第一所图书馆学校是在这一时期出现的,第一份图书馆学杂志是在这一时期问世的,图书馆学的专著大量印行,图书馆学论文已难以计数。总之,图书馆学越来越显示出自己已是一门独立的学科,有着辉煌灿烂的前景。

从 19 世纪末开始,中国的图书馆学逐渐融入西方的图书馆学潮流之中,虽然在这一过程中有着相互汲取和相互融合的表现,但这也是很自然的,因为一种文化和另一种文化的交流,从来就不是单方面的汲取和谁吞掉谁,而总是相互补充、融合,最终成为一股不是任何一种纯粹的文化的新潮流。自从东西方的图书馆学传统融合以后,图书馆学就越来越成为世界的图书馆学了。

二、欧美图书馆学的确立与发展时期

整个 19 世纪,是欧美图书馆学大发展的一个时期,是图书馆学作为一门科学真正确立的时期。公共图书馆以至专业和研究图书馆的陆续诞生,使图书馆从"特殊阶级"降到平民社会中来,馆员由知识渊博的学者变成一般中小知识分子,这样的环境,使图书馆学家层出不穷,图书馆学思想如百花怒放。

1. 确立图书馆学研究对象

1807 年,德国人施莱廷格首次提出"图书馆学"这一名词。

1808 年,施莱廷格在《试用图书馆学教科书大全》一书中,第一次自觉设想建立图书馆学体系,试图建立其内容结构并且提出了图书馆员的训练和教育问题。施莱廷格试图给图书馆下一个比较严密的定义:"我所说的图书馆,是将收集的相当数量的图书,加以整理,根据求知者的各种要求,不费时间地提供他们利用。"确立图书馆这一概念是建立图书馆学的必要步骤,在此之前,人们都只不过是把图书馆当成一种不言而喻的机构,谁也没有要从理论的高度来对其进行抽象概括,虽然施莱廷格的图书馆定义尚不精确,但正是他,迈出了这样决定性的一步。基于对图书馆这样的认识,施莱廷格认为图书馆学是"符合图书馆目的的整理方面所必要的一切命题的总体"。根据这个定义,他把图书馆学的研究对象确定为"图书馆整理",其主体内容是图书的配备和目录的编制。1810 年,施莱廷格出完"大全"一书的第 1 卷全 3 册之后,1829 年出版了此书的第 2 卷。在 1834 年出版的新著《图书馆学总览》一书中,他又重申了 20 多年前自己创立的理论体系。

值得指出的是,施莱廷格是第一个引出图书馆学这一名词来概括图书馆领域学问的人。

1821 年,艾伯特(公元 1791—1834 年),这位年轻的德国图书馆学家,在一篇匿名文章中,批评施莱廷格的图书馆学"整理论"过于狭窄。他认为与图书馆这一机关本身的相关领域,如图书馆管理的内容应该放在同等的位置上。他的结论是,图书馆学领域应该包含图书馆"整理学"和图书馆"管理学"。还在一年以前,即1820 年,艾伯特就出版了《图书馆员的教育》一书,在这本书中艾伯特提出了自己的图书馆学体系。他认为,图书馆收藏文献涉及一切学科领域,处理这些文献的图书馆员,也必须具有渊博的知识,深入掌握有关书志学、文学史、古文书、写本等方面的知识,这些就构成艾伯特图书馆学体系的各方面,他的体系即"图书馆员执行图书馆工作任务所需要的一切知识和技巧的总和"。

艾伯特的图书馆学概念,得到了丹麦人莫尔贝希(公元1783—1857年)的支持,并于1829年出版《论公共图书馆》一书,将艾伯特的图书馆学结构系统化,这就是后来西方图书馆史学家所称的艾伯特—莫尔贝希体系。这个体系,后来为佐勒(公元1822—1902年)继承,他在1846年所著《图书馆学概要》一书,使这个体系趋于完善。

对图书馆管理研究卓有成效的,是英国不列颠图书馆馆长安·帕尼兹(公元1797—1879年),他对藏书、馆舍建置、管理人员、目录组织和阅览服务等方面的管理工作,进行了改革,尤其在目录组织工作中,花了多年的心血,终于编出著名的91条编目法典,即《大英博物馆图书编目条例》。

爱德华·爱德华兹(公元1812—1886年)对19世纪中叶的图书馆管理学进行了概括,他设想了一个全国性的公共图书馆系统,在这位"公共图书馆运动精神之父"的努力下,英国议会于1850年通过并颁布了《图书馆法》。1859年,他出版了《图书馆论文集》一书。该书第1卷和第2卷的上半部是描述古代至现代图书馆发展的历史,第2卷的下半部,作者论述了他对公共图书馆的全部设想和图书馆的管理内容。内容包括藏书建设、图书馆建筑、分类和编目、图书馆内部结构和服务设施等,为19世纪图书馆专业人员提供了广泛而全面的"图书馆管理学"理论。该书所阐明的图书馆管理学思想,在英国和德国都产生了极大的影响。

2. 图书馆学教育的兴起和关于图书馆学研究对象、内容的进一步探讨

施莱廷格和艾伯特都提出过图书馆员的教育和培养问题,但没有提出具体实施计划。半个多世纪以后,德国一所大学图书馆的馆长费·罗尔曼(公元1846—1909年)提出了一个具体的教育方案。从1850年起,图书馆学教育在欧洲就以私授形式出现了。1874年,罗尔曼发表了《关于图书馆整理学和德国大学图书馆的

专门研究》一文,他分析了以前的图书馆学教育情况,认为必须培养图书馆学研究的专门人员,如果没有这样专门教育的人才作为图书馆员,那么图书馆事业的发展是不可能的。论文中,罗尔曼提出了为期3年的大学图书馆学教育课程的详细规划。修完这些课程,经过考试合格者,可获图书馆员的资格证书。罗尔曼的设想,推进和加速了大学图书馆学专门教育的进程,为美、德图书馆学教育奠定了基础。不久德国戈廷根大学的图书馆学讲座和美国的哥伦比亚大学的图书馆学校就诞生了。

1886年,戈廷根大学的图书馆学讲座开课。卡尔·嘉茨科(公元1842—1903年)被任命为这个专业的教授并担任主讲人,以书志学、文献学和图书馆管理法为其教授内容。这个讲座于1887年由大学管理,1891年正式纳入戈廷根大学教学组织,并成其一部分。1903年嘉茨科去世,该讲座于1904年为柏林大学吸收。

1883年,美国的麦维尔·杜威首次发表关于创办图书馆学校的设想。1887年,杜威创办的哥伦比亚大学图书馆管理学校诞生了。杜威的图书馆学教育思想和图书馆学校,不仅影响美国图书馆半个多世纪,而且也对世界图书馆学思想产生了深远的影响。除了创办图书馆学校,1876年杜威还创办了美国最早的图书馆学刊物《美国图书馆杂志》,和世界上最早的图书馆协会"美国图书馆协会",同年还出版了著名的杜威十进分类法。在该分类法第一版序言里,他声称不是追求什么理论上的完整的体系,而只是从实用的观点来设法解决一个实际问题。他的管理学理论的"关键"是"实际的效用和经济"。他说:"最重要"的是"能以轻而易举的分类,排列并指出架上的图书、小册子、目录里的卡片、剪贴的零星资料和札记,以及对这些文献的标引。"他为人们所熟悉的"鸽子笼"之说,是他的图书馆管理学生动而形象的绝妙写照。杜威所创立的经验图书馆学产生了世界性的影响。

19世纪末的德国,又出现了格雷塞尔(公元1849—1917年)的图书馆学结构说,这是对图书馆学内容体系的新的探索。1890年,格雷塞尔在《图书馆学纲要》及其1902年的第2版《图书馆学总览》一书中,认为艾伯特—莫尔贝希体系过于狭窄,在"图书馆整理学"和"图书馆管理学"内容里,加进了"图书馆分类学",同时还补充了图书馆史,这样就扩大了图书馆学的概念。而戈廷根大学教授嘉茨科则认为图书学应属图书馆学领域的内容。这就导致了本世纪20年代莱丁格(G. Leidingen)包括图书学、书志学、图书馆管理学和图书馆史四部分的图书馆学结构。至30年代更为米尔考(F. Milkau,公元1859—1934年)主编的《图书馆学大全》所继承,这部包括"文字与书籍"、"图书馆行政"和"图书馆史与民众图书馆"的巨著,被人称为"德国图书馆学的金字塔"。

但是,以上这些关于图书馆学体系的探讨,由于缺乏对图书馆本质的认识,缺少将图书馆学各部分统一起来的理论基础,致使各部分内容难以形成完整的学科体系。

3.图书馆学研究的发展时期

19世纪下半叶,公共图书馆在世界范围普遍建立,迫切要求图书馆学理论的研究进一步深入,以更好地指导图书馆学的发展。从20世纪初至30年代,是欧洲图书馆学研究的发展时期,这一时期主要从实践和理论两方面给图书馆学发展注入了新鲜的血液。在实践方面,伟大革命导师列宁亲自领导了前苏联的图书馆事业,开创了一个崭新的、前所未有的局面,为我们留下了极为丰富和宝贵的遗产。这个图书馆学理论与实践的宝库,还有待于我们进一步发展。在理论方面,这一时期的代表人物是列宁和印度的阮冈纳赞。

列宁是前苏联初期图书馆事业的缔造者和组织者,他的图书馆实践,为建设和发展图书馆事业提供了光辉的典范。列宁关于图书馆事业建设的一系列论著及提出的思想原则,不仅为前苏联初期的图书馆事业奠定了理论基础,而且至今仍然是图书馆学和图书馆事业的基础。

阮冈纳赞,这位被称为"印度图书馆学之父"的著名图书馆学家,以其渊博的学识和丰富实践经验,展开对图书馆学各个领域的深入研究,获得了巨大的成就。他关于图书馆学的主要观点反映在《图书馆科学的五法则》这一理论著作中。阮氏试图将图书馆的基本问题,"系统"、"逻辑"地归纳成几条原则。这五条原则是:

(1)图书在于利用;

(2)人各有其书;

(3)书各有其人;

(4)为读者节约时间;

(5)图书馆是个正在发展的有机体。

阮冈纳赞这部著作,试图对图书馆学进行高度的理论概括,是图书馆学思想史上的一大进步。我们认为,日本图书馆学家椎名教授对此书的评价是比较公正的:(这本书)是启蒙性地说明图书馆的目的、机能、功用,具有一种图书馆通论的性质,但不一定称得上学问;……概念性地规定图书馆的目的、机能、功能。法则与法则之间,没有内在的必然联系,表现了图书馆各种现象,而没有说明图书馆的本质。这就表明,要使图书馆真正成为"成熟"的、"羽毛丰满"的科学,还有待时日。但我们不否认这本书的巨大意义,诚如谢拉所言:阮冈纳赞打开了我的眼界,也打开了许多人的眼界。

三、半殖民地、半封建社会的中国图书馆学

19 世纪中叶,闭关锁国的封建帝国——中国被帝国主义的枪炮打开了大门,中国日益陷入半封建、半殖民地的深渊。一批爱国之士,经历千辛万苦,决心向西方寻找富国强兵的真理,图书馆于是也就成了他们手中的武器。18 世纪末已经出现的东西图书馆

学融合的苗头终于成为一股潮流。

改良主义者把图书馆作为"教育救国"的工具,鼓吹广建图书馆,郑观应(公元 1842—1921 年)的《藏书》代表了这种图书馆学思想。维新派登上政治舞台后,把图书馆作为倡导维新、宣传变法的工具。梁启超(公元 1873—1929 年)和汪康年(公元 1860—1911 年)在《时务报》上声称"书籍馆"为"兴国"的三大"盛举"之一。

辛亥革命后,中国图书馆事业走上大发展的道路。1920 年,以"武昌文华大学图书科"为代表的中国近代图书馆学教育兴起,为图书馆学理论发展起了推动作用;1917—1927 年的"新图书馆运动",为图书馆学理论的发展奠定了基础。

无产阶级革命家李大钊(公元 1889—1927 年)和共产党人应修人(公元 1900—1933 年)为图书馆学理论作出了贡献。

但这一时期图书馆学的著述活动,主要还是由一批知识分子进行的,他们首先是翻译介绍外国图书馆学论著。1909 年,孙毓修综合各方材料,写成《图书馆》一书。1917 年,北京通讯教育研究会写成《图书馆小识》。1918 年,顾实写成《图书馆指南》。此期最完备的当推 1923 年杨昭悊编译的《图书馆学》(全 2 册)一书。

作为近代中国人自己撰著的作品,最早的要算洪有丰 1926 年出版的《图书馆组织与管理》一书,该书论述了图书馆的作用,认为图书馆是一种社会教育的设施;叙述了图书馆发展史,所论图书馆各项工作,内容十分详细。该书名实相符,不愧为我国近代图书馆学的处女作。

特别值得一提的是,美国人韦棣华(公元 1862—1931 年)女士,从本世纪初即来中国,对中国图书馆事业和图书馆学的发展,起了积极作用。1903 年创办了我国第一个公共性质的图书馆——文华公书林,1920 年创办了我国第一个图书馆学专业——

武昌文华大学图书科。此外,韦棣华女士资助了沈祖荣等一批中国学生去美国攻读图书馆学,在创办中华图书馆协会的过程中起了重要作用。

在20—30年代,系统论述图书馆问题的马宗荣,把图书馆看作教育设施,以此为中心发表了关于现代图书馆的"序说"、"经营论"、"事务论"和"教育论"等论著,对图书馆学的发展起了积极推动作用。

这一时期,我国图书馆学思想的代表人物是杜定友。杜定友(公元1898—1967年)1918年起从事图书馆工作,1921年毕业于菲律宾大学图书馆学系,曾创办上海国民大学图书馆学系,著述甚丰。还在1925年,杜定友在《图书馆通论》这部编译著作中,已经把图书馆放在人类社会中考察。1926年,他指出,图书馆学专研究人类学问记载的产生、保存与应用。1928年,他进一步把图书馆描述成人的大脑,"图书馆的功用,就是社会上一切人的记忆,实际上就是社会上一切人的公共脑子"。1932年,杜定友提出了图书馆事业的理论基础问题:整个图书馆事业,其理论基础实可称为"三位一体"。三位者,一为"书",包括图书馆等一切文化记载;次为"人",即阅览者;三为"法",图书馆之一的设备及管理方法,管理人才是也。三者相合,乃成整个图书馆。他指出"理论与事业随时变迁,故此理论中心乃亦有转移。"这种转移分三个时期,第一时期以书为最注意,第二时期以法为重,第三时期着重于人。1934年,杜定友在上述研究的基础上,出版了《图书馆学概论》,明确提出图书馆的设立有三大要素,并以三要素为中心展开了其图书馆学体系。同年,刘国钧(公元1898—1980年)出版了以四要素为中心的《图书馆学要旨》。1936年俞爽迷出版了以"三要素"为中心的《图书馆学通论》。杜定友、刘国钧、俞爽迷等人的图书馆学理论,充分地吸收了当时国外研究的新成果,其中也不乏自己的创见。三要素、四要素等学说企图建立完整的图书馆学体系,在理论上已经超越了 19 世纪和 20 世纪初的大多数西方图书馆学家,可与此时美国巴特勒的理论并列,虽然在图书馆技术上,中国还落后于西方很长一段距离,但是,这些学说可以作为图书馆学逐渐走向成熟的起点。

第四节　图书馆学逐渐走向成熟

一、这一时期图书馆学思想的一般状况

19 世纪 70 年代开始,统治欧美图书馆学界的,是美国杜威的实用主义图书馆学,其历史贡献是应当充分肯定的。但是,他"无论在什么地方,哲学上的理论和正确性都让位给实际的效用",对于图书馆的研究仅仅是以图书馆技术为中心,而不顾图书馆在社会、文化、历史发展中的地位,不顾图书馆的基本原则,不讲研究方法和科学方法,这种状况势必影响图书馆学研究的水平,也影响图书馆事业的进一步发展。

不仅现实的图书馆状况对图书馆学理论研究提出了新要求,而且按照几千年来图书馆学研究发展的逻辑,图书馆学理论在已有了丰富的经验材料、确立了自己的独特研究对象以后,必然要进入更深的层次,逐渐成为成熟的科学了。图书馆学走向成熟的起点是:不仅将图书馆本身作为一个研究对象,而且将它放到更大的社会系统中作全面的考察,开始研究图书馆学的理论基础问题,在此基础上将这门学科的知识组成一个完整的有机体。巴特勒的《图书馆学导论》就是这一起点的标志。这本书的图书馆学思想,在图书馆学认识史上具有历史性的意义,开辟了一条认识图书馆学的大道。

第二次世界大战后,世界科学技术出现新的突破,第一代电子

计算机于 1946 年在美国出现,信息论、系统论、控制论等横断学科也相继问世,自动化系统技术在图书馆和情报部门得到应用,文献剧增,社会趋向信息化,这一切都给图书馆事业和情报事业造成了迅速发展的良好环境,图书馆学正是在这种客观环境中迅速发展起来的。许多适应当代图书馆和情报事业发展的新的科学思想提了出来,"三论"引进图书馆学领域以后,使图书馆学基础理论的研究出现新的飞跃,至 70 年代,产生了图书馆学的"知识基础论"、"交流系统论"和"社会认识论"等科学思想,代表了图书馆学研究的更深的理论层次,反映了人类图书馆学认识的新发展。以前没有遇到的新问题在这一时期提到了人们面前,新技术的发展给图书馆造成深刻的影响,特别是当电子计算机引入图书馆以后,许多新的研究课题接踵而来。电子计算机和自动化对图书馆的影响已经不仅仅是代替图书馆员的体力劳动,而是图书馆的形式本身也要发生巨大的变化了。图书馆的本质到底是什么? 未来图书馆将如何发展? 由于社会对图书馆和情报这一职业的不断增长的需求,由于信息革命的浪潮已经拍打着我们社会的海岸,从事图书馆和情报事业的人员在几十年中迅速增加,图书馆学的真正的飞跃发展正是在第二次世界大战以后。图书馆学专业研究人员数量剧增,形成了一支庞大的研究队伍,研究专著的数量、质量不断提高,专业刊物和论文数量以前所未有的速度增长着,世界性的图书馆协会,有关图书馆事业的国际标准都是在这一时期出现的。所有这一切,都和中世纪由修道院的"书柜"、管理员独自冥思苦想、总结自己经验和理论的情形形成了何等鲜明的对照!

这一时期可说是自有图书馆学研究和图书馆学思想以来最为生气勃勃、材料最为丰富的时期。图书馆学在这一时期真正成为世界范围的图书馆学,再也难以分清区域和国界了,不仅是欧美在研究,中国在研究,前苏联在研究,日本在研究,其他的地区和国家,也都有着不同国籍和不同肤色的人在研究,在为这种属于全世界的科学贡献自己的力量和智慧。

对这一时期的丰富的图书馆学思想,我们不可能全面叙述,只能选择具有代表性国家的理论著作,进行初步的概括。

二、走向成熟时期图书馆学的主流:这一时期欧美、日、苏的图书馆学思想

1. 美国巴特勒的图书馆学思想

美国谢拉认为巴特勒 1933 年在芝加哥大学出版的《图书馆学导论》是图书馆学发展的真正的里程碑。巴特勒首创从图书馆本身的发展同社会发展的联系方面进行研究,并建立自己的理论。在该书"序言"开头,巴特勒就开宗明义,提出了图书馆与社会、文化和历史的联系问题。

在《科学问题》一章中,巴特勒从读者与图书的关系上认识图书馆学。在《社会学问题》一章中,巴特勒从图书的社会作用的分析,进而论述图书馆是收集、管理文献的社会设施,在现代社会里,图书馆对一切社会组织都是必要的。在《心理学问题》中,提出了读者研究的问题。在《历史问题》一章中,论述了图书馆在社会历史发展和人类文明进步中的伟大作用。在《实践问题》一章中,论述了图书馆学作为一门学问发展,对图书馆事业和职业的健全,对整个社会的进步,都有极其重要的意义。巴特勒就是这样试图概括出图书馆学的基本原理,而构成自己的理论体系的。

2. 第二次世界大战后图书馆学研究的深入发展

(1)日本的图书馆学思想

1951 年,藤林忠发表《图书馆学的基础问题》一文,剖析了"图书"、"读者"及其相互关系,确定了图书馆学的基础,从而建立了自己的体系。1954 年,大佐三四五出版了《图书馆学的展开》一书,将图书馆学的结构,划分为理论篇、历史篇、实际篇、文献篇、辅助篇等。70 年代,日本图书馆学大量吸收欧美图书馆学理论和方法。1975年,石塚正成著《图书馆通论》(增订第八版)。1976年,武田虎之助出版了《图书馆学概论》。1977年,日本图书馆协会编辑出版了《图书馆手册》,重申图书馆构成的四要素。1977年,椎名和岩猿合著《图书馆概论》,在原来的体系中加进了新的内容,用3章论述信息与图书馆的关系和社会与图书馆的关系。

(2)英国肯普和布鲁克斯的"知识基础论"

1976年,英国纽卡斯尔大学图书馆学系的肯普出版了《知识的本质——图书馆员入门》一书。作者认为,图书馆和情报中心,并不只是作为知识的收集站而存在,它们应努力促进知识的传递。该书讨论了与知识有关的问题,以及知识的增长和社会发展的关系,知识和图书馆的关系。

1980年春,英国谢菲尔德大学图书馆情报学院的布鲁克斯在英国《情报学》杂志上发表了《情报学基础》一文,直接引进了英国哲学家卡尔·波普尔"世界3理论",认为这一理论是图书馆学和情报学的理论基础,图书馆学家和情报学家的实际工作是对第三世界的各种记录进行收集和组织,以便加以利用,而其理论任务是研究第二世界和第三世界之间的相互作用,描述和解释它们,以有助于对知识进行组织,从而更有效地加以利用。

(3)美国奥尔和苏联米哈伊诺夫的"交流系统论"

1976年,前苏联米哈伊诺夫出版了《科学交流与情报学》一书。1977年,美国人奥尔出版了《作为通讯系统的图书馆》。这两部著作,是这一学派的代表。

在《作为通讯系统的图书馆》一书中,奥尔确定了"通讯系统论"的原理,其目的是使人们进一步检验图书馆的概念和找出它的基本原理。他认为图书馆系统是人类社会组织系统的一部分,是人类通信系统的补充系统,是知识的传递系统,它反映了人类本身的知识体系。他比较了图书馆系统、计算机系统和人类系统,认为图书馆的目的是收集和利用人类的文字的通信。

在此之前,前苏联格雅列夫斯基曾提出把"交流过程"看成"图书馆学和情报学的基本问题"。

(4)美国谢拉的"社会认识论"

谢拉,美国图书馆学理论家、教育家,巴特勒创立的芝加哥学派的继承人和发展者。正如玛·卡顿拜克所说:"一般认为,他给图书馆事业的最卓越的贡献,并不是他所作的某件'事情',而是他提出的一个'概念'——诸因素之间相互联系、相互依存地作为统一体的图书馆学的概念。"

谢拉从信息、通信、生理、文化、社会等领域的相关联的角度,来认识图书馆,来探索图书馆学理论,其核心仍是图书馆。

1965年,谢拉首次提出"社会认识论"这一概念,指出"应该有效地研究社会的知识发展这个复杂问题,通过对于整个社会的研究,来探索它与所有环境的关系。"认为"社会认识论是图书馆学理论知识的基础",而"图书馆学是在社会认识论的基础上发展起来的"。

谢拉以自己的最卓越的研究成果,走在本专业队伍的最前列,他的思想有极大影响,他的图书馆学理论著作及思想震动了前苏联图书馆学情报学界,前苏联人肯定谢拉"为揭示图书馆学的科学本质做了大量的工作","是美国图书馆学界迈出的具有重大理论意义的一步"。

二次世界大战以后的科学观点,力图揭示出图书馆学的科学本质。我们从研究的发展历程中清楚地看到,图书馆学科学本质的揭示,有赖于图书馆学理论基础的确立,而几十年来的图书馆学研究,其焦点正是集中在图书馆学的理论基础之上,不解决这一问题,图书馆学就不可能发展成为真正成熟的科学。无论是欧美、日、苏,还是中国图书馆学的发展,都证明了这一点。

第五节　新中国图书馆学研究概况

在我国图书馆学发展史上，建国30多年以来取得的成果是最为丰硕的。尽管其间有"左"的干扰和破坏，给我国的图书馆学研究造成了严重影响，但成绩仍然是主要的。粉碎"四人帮"以后，特别是党的十一届三中全会以来，图书馆学的研究更是以前所未有的速度发展起来了。

新中国的图书馆学研究分为三个阶段，下面分别概述。

一、1949—1956 年

这一阶段主要围绕着新中国图书馆的性质、作用、图书馆工作（特别是公共图书馆工作）的开展、方法的改进等问题展开讨论。我们向世界上第一个社会主义国家——前苏联学习，翻译了一批前苏联图书馆学专著和教材，在当时起了一定作用。但由于没有很好地结合中国实际，只注重为大众服务，培养为大众服务的人才，而对于图书馆学理论问题则较少涉及。当然，这是有其历史原因的，1949 年解放前夕，旧中国县以上公共图书馆仅 55 所，为了摆脱图书馆事业的落后面貌，建国初，农村图书室、工会图书馆从无到有地发展起来了，因此，对基层图书馆工作的总结、研究就成为当时图书馆学研究的主要内容，这也确实对我国图书馆学研究的发展起到了一定的作用。

图书馆事业发展和理论研究的需要，使得图书馆学专业刊物应运而生。1954 年前仅在《文物参考资料》杂志上辟有"图书馆专栏"，1955 年创办了《图书馆工作》双月刊，为图书馆界交流工作经验、讨论学术问题开辟了园地。

当然，此时的图书馆学理论，除新编制了几部分类法，在分类

118

方面有所研究以外,基本上没有突破解放前30年代已经达到的图书馆学思想水平,对于图书馆学基本理论,"人们对它的认识还不清楚"。

二、1957—1976 年

1957年开始的时期,是我国图书馆学研究逐步深入的时期,图书馆学研究纳入了国家科研规划。1957年,刘国钧先生发表了"供讨论用"的《什么是图书馆学》一文,揭开了新中国图书馆学理论研究的序幕,刘先生说"图书馆事业有五项组成要素:(1)图书,(2)读者,(3)领导与干部,(4)建筑与设备,(5)工作方法。""图书馆学必须对这些要素分别进行深入的研究。""种种研究合起来构成图书馆学的整个内容。"以工作方法为中心的五要素之说,就是刘国钧先生的图书馆学思想。继北京大学组织了"什么是图书馆学"的专题讨论会后,武汉大学也组织了类似的关于图书馆学理论的讨论会。

60年代初期,我国编写了《图书馆学引论》、《藏书与目录》、《读者工作》和《目录学》等一套于今天尚有较大参考价值的教材,这一时期图书馆学的体系已初见端倪。图书馆学基础理论,图书分类,图书馆目录,藏书建设,读者工作,图书馆事业史等分支学科发展起来,并且各自的理论正在加强。这些分支领域的开辟和发展,使图书馆学科学体系由单级结构向多级结构发展,体系渐次出现粗的轮廓。

1962年,黄宗忠发表《试谈图书馆的藏与用》一文,针对前几年图书馆工作出现的比例失调的混乱情况,运用马克思主义哲学思想,剖析图书馆工作过程中"藏"与"用"这对矛盾的特征,提出了"藏与用矛盾说",把"藏"与"用"作为图书馆学的一对基本范畴提出来,这是我国"矛盾说"的最初形式,为推动图书馆学理论研究的发展起了积极的作用。

三、1976 年以后

1976 年以来,特别是党的十一届三中全会以来,我国图书馆学研究出现了前所未有的大好形势。六五计划把图书馆学列入哲学社会科学领域应当加强研究的学科。1979 年 7 月,中国图书馆学会成立,在此前后,全国各地成立了地方学会。至 1983 年止,已有 28 个省、市成立了 30 个学会。学会的成立,有力地促进了图书馆学研究的开展。仅中国图书馆学会从成立至 1983 年底就召开了科学讨论会 15 次,共提交论文 1050 篇。省、市级以上的图书馆学专业刊物也从原有的 3 个增至 50 个左右,刊行了专业书籍 100 余种。图书馆学教育也发展到建国以来的最高水平。目前全国已有 40 余所高等院校设有图书馆学系、科或专业,全国第一所图书情报学院和第一所图书馆学情报学研究所,1984 年已批准在武汉大学成立。图书馆学自学考试 1985 年在湖北开始,电视大学图书馆学专业 1985 年开始,这一切都标志着我国图书馆学发展到了一个崭新的阶段。

这一阶段图书馆学研究的特征:

第一,广大图书馆工作者思想解放,研究积极性高。虽然我国长期以来没有专门的研究机构,但是,50 种左右的刊物每年能发表数以千计的论文,这些文章字字句句都凝聚着作者的心血和汗水! 这都是他们利用业余时间在艰苦的条件下完成的。事实表明,在我国开展图书馆学研究有着广泛的群众基础。

第二,摆脱单纯的图书馆技术方法、工作经验的现象描述,加强了理论研究,尤其是基础理论的研究。研究者对旧有的图书馆学理论不满意,从各个不同角度致力于理论上的探索,希望找到一种能统摄图书馆学各部分的理论。理论研究从纵横两个方面铺开。横的方面加强了图书馆学各分支学科的理论建设,纵的方面即系统地探索图书馆学思想的发展。近年来对图书馆学科学体系加以整体研究的文章时有所见,已出现了可喜的兆头。

第三,先进的研究方法的采用。广大研究者试探着将比较方法、移植法、系统论和信息论等方法运用于研究中,显示出这些方法的强大生命力。专门论述图书馆学研究方法的文章也有所增加。

第四,图书馆学传统的研究范畴有所突破。由于注意了研究方法的改进,并注意把其他学科的理论运用于图书馆学,所以研究内容日益丰富多彩,传统理论有所突破,开拓了新的研究领域。如图书馆管理学、读者心理学、图书馆经济学等,就是图书馆学与其他理论杂交的产物。这些领域的开辟,使人们对图书馆各个细节的认识更清楚,更明了,因此对于深化图书馆学研究的层次,把握各环节之间的联系,对图书馆整体的认识都能提高到新的高度。同时,定量分析方法的运用,使学科理论向精密化发展。对国外的图书馆学专文专著的译介极为活跃,为我国图书馆事业和图书馆学的发展起到了积极推动作用。

所有这一切,使我们看到了我国图书馆学理想的前景。

第八章　图书馆和图书馆的性质、职能

第一节　图书馆的基本概念

一、图书馆的定义

图书馆的定义有广义和狭义之分,广义的定义是对图书馆这一人类社会现象的总的说明,是一般图书馆的定义。这个定义适用于不同的社会制度,不同的国家,不同的时代。狭义的定义是对一定时期、一定社会制度或某些特殊的图书馆下的定义。广义是指总概念,狭义是指总概念的分概念、下属概念。我们主要讨论一般图书馆的定义。

世界各国都给图书馆下了一些定义,如:

《英国百科全书》的解释:图书馆意思是很多书收藏在一起,这些是为了阅读、研究或参考用的。

法国的《大拉鲁斯百科全书》的解释:图书馆的任务是保存用各种不同文字写成的、用多种方式表达的人类思想资料,……图书馆收藏各种类别的、组织起来的图书资料,这些资料用于学习、研究或一般情报。

日本《广辞苑》的解释:图书馆是搜集、保管大量书籍,供公众阅览的设施。

《苏联大百科全书》的解释:图书馆是组织社会利用出版物的

文化教育和科学辅助机关。图书馆系统地从事搜集、保藏、宣传和向读者借阅出版物,以及进行图书情报工作。

美国的 J. 贝克在《情报学浅说》中,给图书馆下了这样的定义:图书馆——收集各种类型的情报资料、系统地加以整理并根据需要提供使用的地方。

在我国,本世纪 30 年代就有一些图书馆学者相继给图书馆下了定义。刘国钧认为:图书馆乃是以搜罗人类一切思想与活动之记载为目的,用最科学最经济的方法保存它们,整理它们,以便社会上一切人使用的机关。

卢震京 1958 年在《图书馆学辞典》中对图书馆定义作了如下解释:图书馆系根据其特定需要,搜集一切或一些人类文化在科学、技术、艺术及文学各方面所创造的精华记载,用科学的经济的方法,整理保存,以便广大人民使用,并进而帮助其接受马列主义为完成社会主义建设所必须的知识的文化中心。

黄宗忠、郭玉湘、陈冠忠在 1960 年发表的《关于图书馆学的对象和任务》一文中认为:"图书馆是通过收集、整理、保管、流通和宣传图书资料,为一定的阶级利益和一定的政治路线服务的一个文化教育机关。"(见《武汉大学人文科学学报》1960 年第 2 期)

上面虽然对图书馆作了各种各样的解释,但基本观点是一致的,即都认为:(1)图书馆是收藏图书资料的地方;(2)图书馆收藏的图书资料是提供使用的。也就是说图书馆概念主要是由收藏与利用这两部分构成的,收藏与利用已构成图书馆的本质特征。这一本质特征在图书馆的概念中是不会消失的,也不会改变的。图书馆收藏与利用的图书资料,其本质是信息、知识。

综上所述,图书馆是对信息、知识的物质载体进行收集、加工、整理、积聚、存贮、选择、控制、转化和传递、提供给一定社会读者使用的信息系统。简言之,图书馆是文献信息的存贮与传递中心。

二、图书馆的构成要素及相互关系

关于图书馆的构成要素,不同时代有着不同的说法,随着人们对图书馆认识的深入,新的构成要素不断发现。我国最早有陶述先先生于 1929 年提出的"图书馆,其要素有三:书籍、馆员与读者。"(《武昌文华图书馆学校季刊》第 1 卷第 3 期)杜定友先生1932 年在《浙江图书馆月刊》的《图书馆管理法上之新观点》一文中,认为图书馆有书、人和法三个要素:书,指的图与书等一切文化记载;人,即阅览者;法,包括设备、管理方法与管理人才。三要素之间的关系是"三位一体",并以书、法、人的次序来解析图书馆事业发展的重点。

后来出现了四要素,即在图书馆三要素的基础上,增加了图书馆设备。1934 年,刘国钧先生在《图书馆学要旨》一书中,提出图书馆有图书、人员、方法和设备四个要素。1957 年他在《什么是图书馆学》一文中(见《中国科学院图书馆通讯》1957 年第 1 期),发展了四要素说,认为图书馆由读者、图书、领导和干部、工作方法、建筑和设备五要素构成。

我们认为图书馆应由藏书、人(馆)员、读者、建筑和设备、技术方法、管理六个要素构成。这六个要素缺一个就构不成图书馆。管理是一种生产力,图书馆没有管理,就不能构成一个有机的整体。

图书馆的六个要素中,有主次之分。藏书与读者是最基本的、主要的要素,构成了图书馆的特殊矛盾。图书馆的其他要素都是围绕这二个要素产生和展开的。没有藏书与读者就构不成图书馆,光有藏书或光有读者也构不成图书馆。有了藏书、读者,才需要有建筑设备、技术方法、人员和管理。技术方法、人员是藏书与读者联系的媒介,而管理则是图书馆各要素之间相互联系的纽带。

三、图书馆是一个运动着的整体

上面已经明确,图书馆是由藏书、人(馆)员、读者、建筑和设备、技术方法、管理等要素构成。这些要素既相互矛盾,又相互联系,从而形成一个矛盾的统一体。一方面由于各个要素之间的相互联系,相互作用,它们在满足读者需要、保存人类文化遗产的目标下形成了一个不可分割的有机整体,人们把这个整体称为图书馆系统;另一方面由于各个要素之间的相互矛盾,使图书馆的各个组成部分与整体处于运动、变革之中,成为图书馆发展的内在动力。

图书馆作为一个整体,它处于社会的更大系统之中,它是社会的一个组成要素。由于它与社会的相互联系,组成了社会大系统;由于各要素之间相互矛盾,推动了社会的发展。因此图书馆既作用于社会,又受社会的影响与制约。它的存在与发展一刻都离不开与社会的交流,通过与外界交换物质、能量、信息来维持自身的生存,保持动态体内的平衡。这种交换的过程,也是相互作用的过程。这种相互作用产生了一定的行为,这种行为就叫图书馆活动。通过图书馆活动,才能完成图书馆的任务,实现图书馆的目标,图书馆才能适应社会发展的需要。通过图书馆活动,图书馆的价值、图书馆的社会作用才能体现出来。图书馆的一切工作都取决于图书馆活动。

图书馆活动包括图书馆工作和图书馆管理两部分。

图书馆工作,就是根据一定的方针任务,实现图书馆目标,完成图书馆任务的方式方法,有组织有计划地收集、整理、保藏、流通图书资料,为一定社会的读者服务的一系列实践活动。根据这一定义,图书馆工作的基本内容应包括:(1)制定图书馆的方针、任务、工作范围、服务对象;(2)收集、加工、整理、保藏图书资料;(3)宣传、流通、传递图书资料供一定的读者使用;(4)编制书目、索引、文摘,开展参考咨询服务,传递交流科学情报;(5)业务管理和业务辅导;(6)广泛地开展馆际间和馆内的协调协作。

图书馆管理是指计划、组织、指挥、控制、协调图书馆工作中的人力、物力、财力的合理运动,达到以最少的消耗来实现图书馆的既定目标,取得最大的效果,完成图书馆任务的过程。没有图书馆管理的科学化,就没有图书馆工作的合理化。这两个方面构成了图书馆活动的完整过程。

图书馆活动是图书馆事业的组成部分。图书馆是一种事业,它包括图书馆的目标和图书馆的活动。它是指广大图书馆工作人员为满足一定社会的读者的需要,为了保存人类的文化遗产,建立和发展一定规模的图书馆,开展一定的图书馆工作,形成的一个有机的体系,它能对社会的发展产生一定的影响。

第二节　图书馆的产生与发展

"图书馆"在英语中为 Library,来源于拉丁语的 Libraria;在俄语中为 библиотека,德语中为 Bibliothek,法语中为 Bibliotheque,意大利语和西班牙语中为 Biblioteca,则是从拉丁化的希腊词 Bibliotheca 和 Dnkn 来的。无论它是来自拉丁语还是来自希腊文,都有"藏书的地方"的意思。"图书馆"这一名词传入我国比较晚,在这一名词传入我国之前,图书馆在我国早已存在。但我国古代没用图书馆这个词,而称"府",如西周的故府、盟府;"宫",如秦代的阿房宫;"阁",如汉代的天禄阁;"观",如东汉的东观;"殿",如隋代的观文殿;"院",如宋代的崇文院;"堂",如明代的澹生堂;"斋",如清代的知不足斋;"楼",如清代的铁琴铜剑楼。这些词一直沿用到本世纪初。就是现在人们也习惯于把我国古代图书馆统称为"藏书楼",用"藏书楼"这一名词来概括我国古代的图书馆。

"图书馆"一词是由日本引入中国的。1867年,日本"明治维新运动"开始,1872年设"东京书籍馆",宣布对人民群众一律开放,1879年,"东京书籍馆"改名"东京图书馆"。这是"图书馆"这一名词的铸成和正式采用的开始。

1896年,孙家鼐从日本引入这一名词,它首先出现在1896年9月27日(清光绪22年8月21日)由梁启超等人办的上海《时务报》中的"古巴岛述略"的文章中。这是一篇翻译日本人著文的文章,是"图书馆"一词见于中国报刊的开始。

1902年,清政府颁行《学堂章程》,其中有"大学堂当附属图书馆一所",又"大学堂设图书馆经营官,以各分科大学中正教员或副教员兼任。"这是"图书馆"一词见于中国官方文书的开始。

我国图书馆中最早使用"图书馆"名称的是1904年建立的湖北省图书馆与湖南省图书馆。

一、我国图书馆的产生与发展

1. 我国古代的图书馆

图书馆的出现以文字的产生为前提。文字在殷代以前就已经产生了。以后,为了人类文化知识的积累和继承,就产生了文字的记录——书籍,为图书馆的产生创造了条件。公元前13世纪的殷代,王室就有了保存典籍的地方,可以看作是图书馆的萌芽。秦朝,秦始皇在都城咸阳的阿房宫设有专门的藏书机构,并设"柱下史"负责管理。

汉武帝时,皇帝下令"大收篇籍,广开献书之路",广泛征集图书。并且修建藏书的馆舍,设专门的官员进行管理。当时政府机关和皇室藏书总量达35000多卷,国家藏书空前丰富。汉成帝时,命陈农四出搜访遗书,藏于"天禄阁",又命刘向、刘歆整理藏书,编成我国最早的藏书目录——《七略》。它记录了从上古到汉代的藏书,是我国第一次大规模地汇集、整理图书。到汉代,我国国家图书馆已经初具规模。

三国时魏、蜀、吴都有国家图书馆,并设有"秘书令"、"中书令"、"秘书监"、"秘书郎"等官专门负责管理。晋元帝时,"著作郎"李充造《四部目录》,正式确立了经、史、子、集四分法的体系。隋、唐、五代,国家藏书有了进一步发展,私人藏书也在这时期发展起来了。可以说,这一时期是我国古代图书馆的发展时期。

宋王朝很重视征集民间藏书,并建立了皇室藏书和国家图书馆,如"秘阁"、"龙图阁"等等。私人藏书也走上了新的发展阶段。书院藏书逐步形成。当时著名的"白鹿洞书院"、"岳麓书院"、"应天书院"、"嵩阳书院"是宋代四大书院,都有大量藏书。

明成祖时,由解缙(公元 1369—1415 年)、姚广孝(公元 1335—1418 年)负责编纂的《永乐大典》,共有 22877 卷,辑入古今图书七八千种。从《永乐大典》收集的内容、数量可以推知当时皇室藏书的丰富程度。明代,私人藏书楼也非常多,主要有江苏毛子晋的"汲古阁",藏书 84000 册;宁波范钦的"天一阁",藏书 7 万余卷;祁承爜的"澹生堂"藏书也有数万卷。

清代的"文渊阁"、"文津阁"、"文源阁"、"文溯阁"、"文宗阁"、"文汇阁"、"文澜阁"等七阁,是主要的国家图书馆和皇室藏书楼。乾隆时,广泛收集图书编制而成的《四库全书》收书 3461种,共 79309 卷。这是我国图书的又一次大汇总。

从宋代到清代,是我国古代图书馆的繁荣时期。

我国古代图书馆大致可分为 4 个体系:(1)官府藏书;(2)书院藏书;(3)私家藏书;(4)寺观藏书。这些图书馆虽然是为统治阶级服务的,但对发展我国科学文化,保存文化遗产,起了一定的作用。

2. 清朝末年至 1949 年我国的图书馆

随着反封建运动的兴起,西方科学文化的传入,带有封建性质的藏书楼逐步解体,而为公共服务的公共图书馆则不断出现,并得到发展。1902 年,古越藏书楼建立。1903 年,在武昌建立了我国第一个公共性质的图书馆——文华大学图书馆——武昌文华公书林,接着,1904 年湖北省和湖南省图书馆相继建立。我国国家图书馆——北京图书馆的前身京师图书馆也于 1912 年正式对外开放。1905 年"日知会"创办的"圣公会阅览室",对宣传革命思想,组织发动革命力量起了一定的作用。1925 年成立了中华图书馆协会。1930 年,我国有各类型图书馆 2935 所,1936 年达到 5196 所。

抗日战争时期,由于战争破坏,国统区的图书馆数量急剧下降,1943 年,全国共有图书馆 940 所。

抗战时期解放区图书馆有三大类型:(1)公共图书馆。主要的有延安中山图书馆、晋绥图书馆和绥德子洲图书馆。(2)各机关、团体、学校图书馆(室)。主要有鲁迅图书馆、鲁迅艺术文学院图书馆、延安大学图书馆等。(3)附设在"民革室"、"救亡室"以及民教馆内的图书室、阅览室。这类图书馆规模小,数量大,对宣传党的抗日政策,团结教育群众起了重要作用。1941 年 7 月 13 日,延安图书馆协会正式成立。

抗战胜利到全国解放这段时期,由于战争影响,图书馆事业没什么发展。1949 年图书馆总数仅有 391 所。

3. 解放后的图书馆

解放后,我国图书馆事业在党和人民政府的关怀下,真正成了为全体公民服务的文化教育机构。图书馆事业虽然经历了一些波折,图书馆事业还是得到了很大发展。县以上公共图书馆由刚解放时的 83 所,发展到 1984 年的 2217 所。绝大多数的县有了图书馆,藏书总数由 1600 万册增加到 2 亿多册。高校图书馆由解放初的 132 所,藏书总量 794 万册,1984 年发展到 700 多所,藏书 2 亿多册。1979 年成立了中国图书馆学会。1974 年开始,我国在图书馆现代化方面进行了大量的试验和应用。目前,已经在许多方面取得了成果。现在,我国图书馆进入了一个崭新的发展时期。

二、外国图书馆的产生与发展

1. 古代图书馆时期

除中国外,世界上出现图书馆较早的国家有巴比伦、亚述、希腊、埃及、罗马等国。据报导,伊拉克考古学家 1986 年发现了一座公元前第 10 世纪的巴比伦王国图书馆。是在巴格达南 40 公里古代两河流域的萨巴尔城遗址发现的,内有大量苏美尔和阿卡德文字的泥版文稿。其中有一文稿属于公元前 1067—1046 年统治两河流域的巴比伦国王艾德·依拉·阿德纳时期的(见《光明日报》1986 年 8 月 26 日报导)。在公元前 7 世纪中叶,亚述国王阿舒尔巴尼帕尔执政时期,亚述帝国就建有尼尼微王宫图书馆。尼尼微图书馆保存有大量的泥版文书,内容包括宗教铭文、文学作品、天文、医学等方面,其中大都是模拟巴比伦的原作。希腊于公元前 6世纪在雅典城创立了第一个图书馆。埃及的亚历山大里亚图书馆,建于公元前 4 世纪,是当时埃及的学术中心,共有藏书 70 万卷,主要是埃及纸草纸卷,大部分用希腊文书写,几乎包括了所有古代希腊的著作和一部分东方的典籍。总馆之外还设有分馆。这是亚述帝国设立王室书库以来古代最大的藏书机构。罗马帝国在征服希腊后,将希腊所有书籍移到罗马,于公元前 2 世纪在罗马市建立了图书馆。

中世纪初期,宗教统治笼罩着西方,僧院图书馆在这个时期兴起。公元 11—13 世纪,西方大学的兴起,大学图书馆也发展起来了。文艺复兴时期(公元 14—15 世纪),在欧洲各国,首先在意大利掀起建立图书馆的高潮。15 世纪初,随着我国造纸术和印刷术的西传,大大推动了西方图书馆的发展,促进了西方各国图书收藏和图书馆数量的增加。

2. 近代图书馆时期

近代图书馆的主要标志是公共图书馆的出现。

17世纪中叶英国的产业革命,使资本主义开始在西方萌芽,为图书馆事业的发展创造了新的条件。资本主义的大机器生产需要有文化有知识的工人,这就要求提供文化教育设施,使图书馆为公众开放成为必要。在17世纪,许多国家建立起全国性的图书馆,其中较早的有1657年建立的丹麦皇家图书馆和1661年建立的德国柏林皇家图书馆。18世纪有1753年建立的英国伦敦不列颠博物院图书馆,1800年建立的美国华盛顿国会图书馆。18世纪末法国资产阶级革命,引起了西方各国图书馆的蓬勃发展。革命后,西方许多国家宣布了图书馆的普及性。19世纪初,许多皇室图书馆对公众开放。1852年,英国建立了曼彻斯特公共图书馆,1852年美国波士顿公共图书馆成立。到本世纪,世界各国图书馆进一步发展,图书馆总数迅速增加。第二次世界大战前夕,世界各国图书馆已经相当发达了。

3. 现代图书馆时期

1946年,联合国组织的成立,为图书馆在全球范围内的合作创造了条件。1954年,计算机首次应用于图书馆。1966年MARC(机读目录)的研制成功,使图书馆的技术方法得到了很大改进。光学技术、声像技术的应用,使图书馆的藏书结构、服务方式、服务手段发生改变。现在,随着新技术革命带来的新技术应用于图书馆,促进了图书馆向整体化、网络化方向发展,图书馆的作用越来越大。图书馆将发生质变,进入一个新的时期。

三、划分各个时期图书馆的标准及各时期图书馆的特征

各时期图书馆的划分依据应是:

1. 人类社会的发展进程。图书馆是一种社会现象,不是孤立的,而是与社会密切联系的,社会的需要,是图书馆生存、发展的条件。因此它的发展,是与人类社会的发展紧密相关的,它基本上是

随着人类社会发展进程而发展的。

2.生产力的发展水平。图书馆图书文献载体的变化,图书馆设备的更新,图书文献存贮条件与传递手段的变更,主要是受生产力发展水平的影响,而图书馆图书文献载体的变化等是图书馆分期的依据之一。

3.科学技术的发展。图书馆藏书载体的变化,图书馆技术、方法、服务手段的进步,均离不开科学技术的进步。

4.图书馆自身的发展规律。图书馆作为一个独立的客观事物,有它自身产生和发展规律。例如知识、信息总量不断增加,使图书馆的知识载体不断发生演变。生产力发展,使生产关系发生变化,从而图书馆的性质也随着变化。图书馆技术方法和服务手段的变化,图书馆各要素的相互关系和图书馆之间的相互关系的变化等等,都是划分各时期图书馆的依据。

根据这些划分依据,可以将图书馆划分为三个时期,每个时期都有它自身的特点。

第一,古代图书馆。17世纪中叶英国产业革命以前为第一代图书馆。这一代图书馆的主要特征是以藏书为主,所以人们普遍称这一时代的图书馆为藏书楼。这代图书馆图书的载体主要是石头、甲骨、铁器、竹简、树皮、泥版、缣帛、纸;记录方式主要是直接书写、雕版印刷等;性质上的特点是注意保存性,讲究版本的精良和目录的详细,由于古代图书大多载体笨重或手抄的,数量较少,较珍贵,基本没有复本,因此馆外流通较少。

第二,近代图书馆。17世纪后期至第二次世界大战结束这段时期内的图书馆是第二代图书馆。这时期的图书馆藏用兼顾,以用为主。图书载体是以纸型为主,以印刷的形式出现,复本较多,为流通创造了条件。性质上强调社会性,重视向公众开放,为社会服务,强调教育性,传播文化科学知识,为社会培养人才。图书馆成为社会化的组织。

第三，现代图书馆。第二次世界大战结束到现在是第三代图书馆时期。图书馆交流的国际化，计算机等现代设备、技术应用于图书馆，是图书馆进入现代化阶段的先决条件。这时期图书文献的载体多种多样，除印刷品外，还有缩微品、录像带、磁盘、光盘等非印刷品资料。图书馆用计算机等新技术代替手工操作，实现现代化。图书馆组织向网络化、国际化方向发展，使全球范围的图书资源共享成为可能。图书馆的职能除了保存人类文化遗产，为社会服务和教育外，还有情报、信息的选择、传递、交流，智力资源的开发等职能。图书馆由被动服务变为主动服务，服务内容多种多样，服务向深度和广度发展。

四、图书馆的国际组织及活动

知识、信息具有扩散性、可分享性，知识、信息是人类的共同财富，从长远观点看，图书资料的传递是不分区域、没有国界的。图书馆收藏了各国的出版物、文献资料，是知识、信息的存贮、传递中心。因此，为了实现资源共享，促进民族的科学文化交流，图书馆的国际合作和交流是有重要意义的。图书馆的国际活动将加强各国图书馆之间的联系，而各国图书馆间的协作也将反过来促进各国图书馆的发展。

图书馆的国际合作开始于 19 世纪中叶，19 世纪中叶提出了国际交换制度和编制各国联合目录的计划，并在 20 世纪 30 年代开始实现。在编目方面，1837 年英国博物院图书馆制定图书目录著录规则，这是英美编目规则的一个起点。1908 年英、美两国图书馆协会共同制定了《英美编目条例》，同时，欧洲几个国家也共同确定了《普鲁士条例》。1876 年美国图书馆协会建立，随后各国建立图书馆协会。各国图协的建立，促进了图书馆的合作。一系列图书馆业务标准的制定，远程通信，联网技术，计算机的应用，使图书馆的国际合作向更高的层次发展。

现在,图书馆国际组织主要有:

1. 联合国教育、科学、文化组织(简称联合国教科文组织,UNESCO)。

联合国教科文组织成立于 1946 年 11 月 4 日,总部设在法国巴黎,下设图书馆、文献、档案分部。

章程规定它的任务是:(1)提出最佳的图书方案,爱护、增进传播知识,保存和保护世界图书遗产以及其文化珍品。(2)为各国人民提供全世界的印刷、出版资料,努力促进出版物的交流。

它的主要工作有以下几个方面:(1)用英、俄、法、西班牙文出版《联合国教科文组织图书馆公报》,这个刊物从 1947 年开始发行。(2)制定科技文献工作、目录资料工作的标准、准则。(3)做好世界范围的图书资料统计工作,编辑出版图书馆统计资料。(4)帮助成员国建立、发展图书馆。如帮助印度、尼日利亚、哥伦比亚建立了一些图书馆。(5)图书馆教育工作。每年派 25 个教育团为世界各国培训图书馆人员。(6)国际图书馆交流。

2. 国际文献联合会(FID)

国际文献联合会 1895 年 10 月 2 日成立于比利时的布鲁塞尔。创始人是比利时律师亨利·拉封丹(Henri La Fontaine)和保尔·奥特雷特(Paul Otlet)。现在总部设在荷兰海牙。其主要工作内容有:(1)编辑出版 FID 新闻公报,年度报告,会议论文集等;修订出版《国际十进分类法》(首先由 FID 发表于 1905 年)。(2)帮助建立统一的国际文献资料管理办法。(3)通过国际合作,促进图书情报的组织、存贮、检索、传播、评介的研究和发展。(4)人员的教育培训。除此之外,它在其他感兴趣的领域中均有活动。

3. 世界各国图书馆协会及国际图书馆协会联合会

根据美国图书馆协会 1980 年的调查,在 153 个国家中,约有 70% 的国家成立了图书馆协会或学会。其中最早的是 1876 年成立的美国图书馆协会。19 世纪成立图书馆协会的国家还有三个,它们是英国（1887 年）、日本（1892 年）、瑞士（1897 年）。进入本世纪，在第二次世界大战前成立协会的国家有法国（1906 年）、新西兰（1910 年）、菲律宾（1923 年）、印度（1933 年）、澳大利亚（1937 年）。我国于 1925 年成立了中华图书馆协会。图书馆协会形式多种多样，有按图书馆类型成立的，如公共图书馆协会，高校图书馆协会，专门图书馆协会；有按学科门类成立的，如医学图书馆协会，农业图书馆协会；还有按地区成立的图书馆协会。前苏联、德国、南斯拉夫等国没有综合性的图书馆协会。世界上最小的图书馆协会是突尼斯的，仅有 7 人；最大的是美国的图书馆协会，有 3 万人。图书馆协会成立的目的，一是加强图书馆建设，提高服务质量；二是维护图书馆工作人员的利益，提高他们的社会地位。

国际图书馆协会联合会（IFLA）于 1927 年在英国爱丁堡成立。1927 年在爱丁堡举行的英国图书馆协会成立 50 周年大会上，有 15 个国家的代表倡议并决定成立国际图书馆及目录委员会，中国是发起国之一。1928 年春，在罗马召开了第一次国际图书馆会议，我国派代表出席了这次会议。现在的国际图书馆协会联合会就是在国际图书馆及目录委员会的基础上发展起来的。

国际图书馆协会联合会 1976 年 8 月在瑞士洛桑召开的第 42 届全体大会上通过的章程规定："联合会是一个非营利的非政府的国际团体，其宗旨是促进图书馆事业所有领域，包括书目，情报服务，人员培养等各方面的国际了解、协作、讨论、研究和发展。在国际有关事物中作为图书馆界的代表机构从事活动。"它的任务：承担调查和研究工作，并给予支持和协调；收集、整理、出版和报导关于图书馆、书目、情报和培训方面的文献；组织一般和专业性的会议和大会；与情报、文献和档案方面的国际组织进行协作；设立执行具体任务的办事机构；开展有助于完成图书馆各个领域的理论和实践任务的其他活动。

国际图书馆协会联合会总部设在荷兰海牙，组织机构有执行委员会、专业委员会、计划管理委员会、出版委员会、分会委员会。分会按图书馆类型分为公共、大学、专门等图书馆委员会,按业务内容分为书目、图书馆建筑、国际交换、国际互借、联合目录、政府出版、珍善本图书、连续出版物、机械化、统计和标准化、目录、理论和研究等委员会。一切活动均以分会和委员会为中心而展开,重点活动是在各国设立图书情报检索系统和国际书目控制机构(UBC),以及制订国际标准书目著录(ISBD)等。国际图联还按章程规定设立了执行具体任务的办事机构——中央秘书处、世界书目管理国际办事处、国际互借办事处、区域办事处。此外还有国际法律图书馆协会、国际农业图书馆协会、国际学校图书馆协会等30多个国际组织。

国际图联从1928—1986年已召开了52届大会。1980年我国同国际图联达成协议,以中国图书馆学会代表中国(包括台湾)恢复在国际图联的活动,作为国际图联的协会会员。

第三节　图书馆的性质

一、图书馆的本质属性

本质属性是指某类事物必然具有的并与其他各类事物区别开来的属性。从本质属性的概念可以看出,事物的本质属性是事物所特有的,能够反映、揭示事物根本特点和性质的属性。图书馆的本质属性应该是图书馆这一领域所特有的,能将它与其他事物区别开来的属性。从这一点可以看出,图书馆的社会性、服务性、教育性、学术性等都不是图书馆的本质属性。因为,社会的各个部分都有社会性,服务行业都有服务性,学校有教育性,科研机构有学术性。这些属性都不是图书馆的特有属性。图书馆的本质属性应该是藏用性,即对图书文献的收藏与利用。或称知识信息的集聚与传递。因为(1)这是图书馆所特有的属性,其他任何事物都不具有。与图书打交道的其他部门,如书店,不具有收藏图书与提供使用的属性,它的属性是采购和出售图书。(2)这是所有图书馆都具有的属性。近代、现代图书馆自不必说,即使以藏书为主的古代藏书楼也是如此。藏书楼时代,如果没有统治者使用图书的要求,搜集图书也就失去了意义,不收集图书,古代图书馆——藏书楼就不会出现。因此,古代图书馆同样具有收藏图书和提供使用这一本质属性。(3)图书的收藏和利用,构成图书馆的特殊矛盾和主要矛盾,这对矛盾决定着图书馆的其他矛盾,这对矛盾的不断斗争、不断运动是推动图书馆事业发展的根本动力。这对矛盾是任何其他事物所没有的,它使图书馆区别于其他事物。知识信息的集聚与传递,同收藏图书与提供使用,其含义是一样的。

二、图书馆的社会属性

图书馆是一个多样性的机构,它不仅有本质属性,还有非本质属性,即一般属性。在社会系统中,它是社会的一个组成部分。作为社会的一部分,必然会具有某些社会的属性,如学术性、教育性、服务性等。这些属性都是社会属性的反映。

1.学术性

图书馆工作是科学研究的前期劳动。图书资料是科学研究的物质基础和条件,无论是自然科学还是社会科学研究,在正式研究前,都要掌握丰富的资料,而图书馆系统地、完整地保藏了记载有人类同社会、同大自然斗争的知识的图书资料。图书馆的文献资料工作是科学研究的重要组成部分,它为科研提供前人在某方面已取得的成就,使科学在这个基点上进行。图书情报工作也是决定科研能力的三因素(科学家队伍的研究能力,实验设备和图书情报工作效率)之一。因此,图书馆工作对科研有很大的影响。

图书馆工作本身具有学术性。现代图书馆不仅仅从事"借借还还"这种简单的重复劳动，主要还从事复杂的脑力劳动。如情报、信息的分析、加工、处理、选择，读者分析，读者研究，图书馆各种数据的统计分析，这都离不开大脑的思维。图书馆是生产知识的机构，是知识生产部门，不是物质生产部门，它的许多活动是思维活动，是非重复的特殊劳动。图书馆很多工作有连续性、继承性、创造性等脑力劳动的特征。它与物质生产不同，是一种实践性很强的重要基地、源泉、实验工厂。图书馆工作中出现的新问题，要通过研究找出解决办法。图书馆有大量的图书馆学专业人员，构成了一定的学术研究能力，这也是图书馆具有学术性的原因之一。

2. 教育性

图书馆是一个社会教育机构，它以图书为手段，以提供知识、信息教育人为目的。革命先驱李大钊同志说过：图书馆和教育有密切的关系，想使教育发展，一定要使全国人民不论何时、何地都有研究学问的机会。换一句话说，就是使全国变成一个图书馆或研究室。但是想达到这种完美教育的方针不依赖图书馆不可。这充分说明了图书馆的教育性。图书馆的教育性包括两个方面：一是对大众进行政治思想教育；二是对大众进行科学文化教育。

图书馆是政治思想教育的阵地。列宁认为："图书馆和农村图书室，将在长时期里是对群众进行政治教育的主要场所和几乎是唯一的机关。"（克鲁普斯卡娅：《列宁论图书工作》初版序言，时代出版社1957年版）在我国，图书馆的政治思想教育性表现在向读者宣传马列主义、毛泽东思想，宣传党的方针政策，向读者灌输共产主义思想，帮助读者树立正确的世界观和进行社会主义精神文明教育等方面。

图书馆不仅有政治思想教育性质，而且还有传播科学文化知识，进行科学文化教育的性质。图书馆利用自己丰富的收藏，向读者宣传、提供图书资料,丰富他们的知识,提高他们的文化水平。图书馆是读者自学的场所。图书馆的各种工具书和丰富藏书为读者自修提供了很好的条件,读者可以针对自己在工作中碰到的问题进行学习。图书馆教育是一种社会教育,它对提高全民族、全人类的科学文化水平有巨大作用,因此,即使在未来的信息社会,图书馆的教育性也不会消失。

3. 服务性

图书馆作为信息产业存在于信息社会,属于第三产业。第三产业即为服务行业,所以图书馆的服务性是很明显的。

图书馆是一个服务性的机构。它的服务对象是广大群众。每个具体的图书馆有自己具体的服务对象、范围和方式。图书馆通过向读者提供图书资料及其他知识、信息载体、各种设备来为读者服务。

图书馆是一个全社会的服务机构,它的服务范围遍及社会的每一个角落,它为社会的每个人提供服务。图书馆是一种社会事业,它与其他服务行业不同,它主要是免费为读者服务,它提供的是精神产品、知识产品,而不是物质产品。

图书馆既然是服务性机构,就要求图书馆工作人员既要掌握较多科学文化知识,图书馆业务知识,熟悉藏书,熟悉读者,了解读者的需要,又要有良好的职业道德、全心全意为人民服务的思想、端正的服务态度。只有具备了这些,才能不断提高服务质量,积极主动为读者提供服务,充分发挥图书馆在社会发展中的作用。

三、图书馆的范畴归属

范畴指"人的思维对客观事物的普遍本质的概括反映",人们还把范畴解释为类型、范围。图书馆不是孤立的事物,它属于更高的层次,更大的范围,更大的系统,是它们的组成部分。因此,图书馆的范畴应归属于更高层次、更大的范围、更大的系统。图书馆属于更高层次、更大范围、更大系统的范畴,就必然具有上一层次更大范围、更大系统的某些共同属性。

关于这一问题,近几年来我国图书馆学界出现了几种看法:

1. 图书馆是属于上层建筑的。这是一种比较传统的看法。其理由是:(1)图书馆是人类社会产生后才出现的一种现象,是一种人类社会的现象。由于人类的需要,才有了建立图书馆的需要,图书馆不是自然存在的,而是由人建立的,是人造系统。图书馆作为社会现象,必然带有上层建筑的性质。(2)图书馆是建立在一定的生产力和经济基础之上的,没有一定的经济基础作后盾,没有生产力的发展,图书馆就不可能存在、发展。图书馆只能随着经济基础的变化而变化。这正好与上层建筑的特点相符合。(3)图书馆是一定社会的政治、经济基础的反映,在不同的社会形态中有不同的性质。图书馆的性质随着社会形态的变化而不断变化。(4)图书馆的藏书是为一定社会的读者服务的,而且图书馆的藏书也反映了一定社会的意识形态、政治思想。

2. 图书馆是属于生产力的。理由是:(1)马克思说过:"生产力中也包括科学。"(马克思:《政治经济学批判》,《马克思恩格斯全集》第 46 卷下册第 211 页,人民出版社 1980 年版)邓小平同志1978 年 3 月《在全国科学大会开幕式上的讲话》中也说过:"科学技术作为生产力,越来越显示出巨大的作用。"(《邓小平文选》第84 页,人民出版社 1983 年版)图书资料是科学技术的组成部分,是科学技术发展水平的历史记载,可供人们在从事研究时借鉴、吸收。科研人员在从图书资料中吸收前人取得的成果的基础上,才能进行科研工作。图书资料是科学技术发展的物质基础,是一种智力资源。因此,图书资料在科学技术中占有重要地位。科学技术是生产力,作为科学技术组成部分的图书资料也是属于生产力的,具有收藏图书资料并提供使用功能的图书馆也是属于生产力的。(2)图书资料是一种生产资料。把人类的科学技术、知识、智慧系统保存下来的物质载体,主要是图书资料。图书资料已同机器设备一样,成为人类征服自然、改造自然的不可缺少的劳动手段和物质条件。所以图书资料作为生产资料,包括在生产力的要素之中。(3)在生产力的三要素中,劳动者是决定的因素。而图书资料对劳动者来说,具有生产知识、智慧的作用。劳动者通过图书资料,可以增长知识、智慧,提高劳动技能,从而提高劳动生产力。图书资料是一种间接的生产力,它与劳动者结合才能产生物质产品。(4)图书馆建立的目的,是为发展生产力服务。生产力发展的关键是科学技术的发展。科学技术积累在图书资料中。图书馆对图书资料的收藏、传播,揭示了图书馆在发展社会生产力中起的真正作用,也是图书馆为社会创造财富的价值之所在。图书馆本身不创造财富,但它创造的财富表现在科技人员的发明创造上,表现在人们的知识、技能、素质和劳动生产率的提高上,表现在社会物质财富和精神财富的增长上。因此,图书馆在社会生产力的发展中起重要作用。

3. 图书馆是一种特殊的生产部门。它不直接生产物质产品,而是发展、促进物质生产,是物质生产的必要补充。理由是:(1)图书馆工作是图书生产的一部分,是图书生产的继续。马克思说过:运输业所以属于物质生产部门,是因为"物品的使用价值只有在物品的消费中体现,而物品的消费可以使物品位置的变化成为必要,从而使运输业的追加生产过程成为必要"(马克思:《资本论》第2卷第168页,人民出版社1975年版)。图书馆通过图书馆工作将图书"运输"到读者手中,使图书的使用价值体现出来。因而,图书馆工作是图书生产的继续,是图书生产的追加过程。图书馆不同于工厂,是一种特殊生产部门。(2)图书馆是以流通图书来从事"生产"的。与邮电部门比较,邮电部门是产业部门,它的"生产"是传递消息、知识,与它类似。与交通部门比较,交通部门不是生产新的物质产品,而是流通物资,图书馆是流通图书,与之类似。与交通邮电部门不同的是图书馆除流通、传递外，还要保存。（3）图书馆活动是一种特殊生产，生产的目的是为了满足人类社会的科学文化生活需要。它是以读者为对象的生产，通过向读者提供图书馆的图书资料、设备，使读者的智力、知识、技能发生改变（像人们将自然物改造为可供人们使用的物品一样）。在这种生产过程中，消耗了馆员和读者的劳动力，消耗了图书，生产出了人的智力，生产出了知识形态的产品。通过这种生产，图书的可能使用价值变为现实的使用价值。图书馆活动是智力的开发，知识的生产。

4.图书资料是知识形态的生产力，特殊形态的生产力，是智力资源。其理由与第二第三种观点的理由差不多。

上面的4种观点，可以归纳为两种：即图书馆是属于上层建筑的与图书馆是属于经济基础的。

经济基础或上层建筑，都不是图书馆的本质属性。因为，上层建筑领域的很多东西都带有上层建筑的性质，经济基础领域的许多的东西则带有生产力的性质。这个问题实际上是图书馆的范畴归属问题，即图书馆属于哪个上位类的问题。

我们认为：上述4种意见都是有道理的，各自从不同的角度进行了论述，把这4种意见综合起来，恰好表述了图书馆的范畴归属。我们认为图书馆既属于上层建筑的范畴，又属于经济基础的范畴；它既有自然属性，也有社会属性，是二者兼有的综合体。

四、图书馆的二重性

图书馆是一个复杂的现象，它的二重性表现在许多方面：

1.图书馆既有本质属性又有非本质属性。图书馆是一种独立的社会现象，它必然具有某些能将它与其它事物区别开来的性质，即本质属性。但图书馆不是一种孤立的现象，它与外界有相互联系、相互作用。从系统论讲，图书馆系统处在一个更大的系统中，从层次上讲，它是处在一个更大的层次之下，它必然要与一些更大的系统、更大的层次发生关系，是属于更大的层次、系统的。因此，它除了本质属性（将它的同层次中其他事物区别开来的性质）外，还具有同层次（或同级子系统）事物都具有的某些上一层次的性质，即它除了具有本质属性外，还有一般属性，具有从母体（上一层层次）中带来的母体的某些性质。

2. 图书馆既有上层建筑的属性又有经济基础的属性。图书馆处在一个更大的层次、系统之中，是属于大的层次、系统的。更大的层次无非是上层建筑和经济基础。因此，图书馆不是属于这个，就是属于那个，或者二者兼有。从图书馆是一种社会现象看，它是属于上层建筑的，从它与生产的关系看，它是属于经济基础的。

3. 图书馆特有矛盾的两个方面——藏书与读者具有二重性。首先从藏书方面看，任何书籍都是记录知识、信息的物质载体，不是空的东西。有了物质载体，知识、信息才能够保存、传递，没有载体就不叫图书。所以，图书的载体是物质的。图书的内容是思想、知识。它是物质在头脑中的反映，是经大脑加工后形成的。因此，图书既有物质性又有意识性。其次从读者方面看，人是自然的产物，是生物人，具有一般生物的共性，具有自然属性。同时，读者又是社会"人"，生活在一定社会，是社会的一个部分，与社会有联系，并且属于一定阶级。因此，读者具有社会属性。

4. 图书馆矛盾的二重性。图书馆既有共性又有个性。图书馆是人类社会共同需要的一种社会现象，任何国家、社会都需要图书馆，都需要图书馆提供人类的共同财富——图书资料，这是图书馆的共性。但在特定的社会，图书馆是为一定的读者服务的，不同时代、不同国家的图书馆，藏书内容有所不同，服务对象也不尽相同。所以图书馆既有共性又具有个性。

第四节 图书馆的职能

一、图书馆的基本职能

图书馆是一个多功能机构。尽管不同时期、不同国家及不同类型的图书馆侧重点不一样,有的注重这一功能,有的则侧重另一功能。但在图书馆的多种功能中,有些功能是每个图书馆都具有的,也是古、今、中、外各类型图书馆都应该共有的,它们贯穿于图书馆的整个发展过程中,不随图书馆技术方法、服务手段等方面改变,也不随社会的发展而变化。这些功能就是图书馆的基本职能或称自然职能。

1978 年出版的《美国百科全书》"图书馆"词条绪论指出:"图书馆出现以来,经历了许多世纪,一直担负着三项主要职能:收集、保存和提供资料。图书馆是使书籍及其前身发挥固有潜力的重要工具。"

日本野村综合研究所情报管理开发室长井上如在《大学图书馆的经济管理》一文中认为,图书馆有三项职能,"图书馆的工作通常可分为三部分来考虑,那就是收集、整理和提供。其中提供又可以叫做使用或服务,可以认为这种分法在一定程度上是标准的。"

图书馆的基本职能就是收集、整理和提供使用(也可把这一过程统称为传递文献信息)。具体说来可以分为三部分:一是对知识、信息的物质载体进行收集、选择、积聚;二是对知识、信息的物质载体进行加工、整理、存贮、控制、转化;三是对知识、信息的物质载体进行传递和提供使用。

图书馆的三项基本职能是由图书馆的本质属性决定的,它体现了图书馆的本质属性。任何图书馆必须具有这三项基本职能才能独立存在,才能使图书馆得到正常的健康的发展。图书馆的三项基本职能:收集——整理——提供使用,是图书馆一个不断循环往复的过程,只有通过它才能保持图书馆动态的平衡,才能与外界进行正常的物质、能量、信息的交流。

图书馆的三项基本职能:收集、整理、提供使用既是与外界进行交换的过程,也是图书馆维持生存的过程(正常的交换过程应是输入大于输出,以维持图书馆自身内部的消耗与必要的储备)。

二、图书馆的社会职能

实际上,图书馆的社会职能和基本职能是不能分离、紧密联系的。两者既有联系,又有区别。图书馆的社会职能是源于基本职能,以基本职能为基础的,是图书馆的基本职能在一定社会的表现形式。图书馆的基本职能是固定的,不受时间影响的,而图书馆的社会职能是受一定社会影响的,是社会赋予它、要求它的。因此,它随着社会的发展而不断变化扩大。古代图书馆时期,图书馆的社会职能主要是保存人类文化遗产的职能。近代图书馆时期,大机器的工业兴起,要求有与此相适应的全民文化水平的提高和教育的普及,因而,社会要求图书馆担负起社会教育的职能。到了现代,人们发现作为知识、信息库的图书馆具有异常巨大的潜力,对它提出了更多、更高的要求。科学技术的迅速发展,信息、情报在社会各个领域中的作用越来越大,社会就要求作为情报来源的图书馆担负起情报的职能。随着新技术革命的兴起,信息社会的到来,为了适应未来社会的需要,要求图书馆肩负起开发智力资源的重任。总之,图书馆有的社会职能在消失,有的社会职能在扩大,而更多的新的职能在不断出现。

关于图书馆的社会职能,国际图联 1975 年在法国里昂召开了图书馆职能的科学讨论会。会议通过的总结一致认为,现代图书馆的社会职能有四种,即:(1)保存人类文化遗产;(2)开展社会教育;(3)传递科学情报;(4)开发智力资源。

我们认为,国际图联确定的图书馆的社会职能是合理的,基本上反映了现代图书馆的实际情况和现代社会对图书馆的实际要求。这四种职能是处在不同国家的现代图书馆所具有的共同性职能,也是社会要求图书馆承担的共同责任和义务。但不同社会制度的国家对图书馆的这四项社会职能赋予了不同的思想内容、不同的政策和目标。并且不同类型的图书馆对这四个职能的侧重点各不相同。

1. 保存人类文化遗产的职能

几千年来,人类在同自然界、同社会斗争中积累了丰富的经验和知识,这些经验和知识靠记忆和口传是不能保存下来的,只有将它用文字记录在一定的物质载体上,才能保存下来。正是人类保存文化遗产的需要,才产生了图书馆。图书馆广泛、全面地收集各种记录人类经验、知识的载体,并进行加工、整理,使其能长期地系统地保存下来,因此,图书馆保存人类文化遗产的职能是很明显的。假如没有图书馆,我们也就不知道我们的祖先创造了几千年的光辉灿烂的文化。

图书馆在人类社会发展史上和科学技术发展史上,有着不可磨灭的伟大功绩。由于有图书馆保存文化遗产,人类历史上的每一代人才能利用前人已取得的成就,在前人取得的成就的基础上,再前进一步,将取得的新的经验知识,添加到人类知识宝库中。现在高度发达的科学技术,就是不断汲取前人的经验知识,经过不断实践,一步步发展起来的。

图书馆是保存人类精神财富的宝库,它在整个社会系统中占有任何其他文化机构所不能代替的重要地位。图书馆的这种最广泛、最完整地保存人类经验知识等精神财富的职能是任何其他事物所没有的。

图书馆的这一职能是图书馆的其他一切职能的物质基础和工作前提,没有这一职能图书馆的其他职能就不能发挥。

为了系统地、完整地保存人类文化遗产,许多国家颁布了有关保护珍贵图书、地方文献的法令。大多数国家还制定了出版物的呈缴本制度,由国内有关图书馆来负责本国出版物系统、全面收集保存。版本图书馆的建立,也是为了这一目的。

2. 社会教育职能

古代的图书馆就具有教育职能,但由于服务的范围很小,不是面向整个社会,因此,社会教育职能不很明显。图书馆的社会教育职能得到充分的显示,是近代图书馆的事情。资本主义的大机器生产,要求工人有较多的知识和较高的技能,才能进行操作。社会要求图书馆担负起对工人进行科学文化教育的任务,以满足社会需要。图书馆的这一职能的充分发挥,也是它进入近代图书馆时代的重要标志。近代图书馆经过几百年的变迁、发展,进入现代图书馆时代,这个职能非但没有消失,还增加了新的内容。这充分说明了图书馆这一职能的重要性和社会对这一职能的需要。

现代社会,科学技术日新月异,知识老化异常迅速。即使受过高等教育的人,不出四五年,他的大部分知识也将陈旧、过时,如果不继续更新知识,接受终身教育,就很难适应社会的要求。图书馆收藏有反映最新科学技术、新成就的图书资料,为读者不断获取新知识提供了条件。

图书馆收藏的知识载体中所含的丰富知识,从横的方面讲,几乎包括所有的学科专业知识;从纵的方面讲,包括各种水平、各种深度的读物。有科普读物,入门基础,有一般教材,还有较专深的学术专著和专题论文,因此,它能满足各种专业、各种职业、各种学历、各种文化程度的读者的需要。图书馆的教育不受时间、空间、年龄等限制,这是任何其他教育机构所不能相比的。图书馆的教育范围较之学校要广阔得多,它深入到社会的每一个角落。因此,它被人们誉为"全能大学"，"没有围墙的学校"。

未来信息社会，是"知识化"的社会。为了使人民能适应信息社会的要求，必须通过全民教育、普及教育来整个地提高他们的科学文化水平，使他们知识化。这样大范围的社会教育，只有图书馆才能担负得起，因此，图书馆应该主动承担起这一重任。

在新的技术革命中，新技术、新方法不断应用于图书馆领域，对图书馆教育职能的发挥，可以说是如虎添翼。声像技术进入图书馆，使读者不仅能借到纸型的知识载体，而且能像借书一样，将教学录音、录像带借回家，像在学校一样接受知识。现代通信技术的应用，则使图书馆的教育范围能真正覆盖整个社会。

3. 传递科学情报的职能

科学情报传递的职能，是现代图书馆的重要职能。第二次世界大战后，科学技术迅猛发展，记载科学技术的情报资料飞速增长，情报的收集、整理要花费很大的时间精力，科学家们自发地，分散地，孤立地收集科学技术情报已远远不能满足客观需要，因而需要有专职的人员，专门的机构，来从事科学情报的搜集、加工、整理、检索、传递工作。作为情报资料重要收藏所的图书馆，必须担负起传递科学情报的职能。

科学情报其实不是专门指那些秘密文件、秘密图纸等。实际上科学情报的主要来源是公开的报纸，科技图书，公开或半公开的期刊，专利文献，会议录，政府报告，研究报告等。非公开的科学情报只占科学情报总量的大约 5%。有些包括在书刊中的科学情报，表面看是零散的，看不出其情报价值，但经过综合分析，就能得到有价值的情报。

图书馆收集了国内外各学科、各专业、各学派、各种深度的文献及其线索，是重要的科学情报源。图书馆具有从事科学情报传递工作的物质条件，图书馆有开展文献工作的传统，这为开展科学情报服务工作积累了经验并培养了人员。科学情报工作的主要任务是将记载在各种载体上的情报、信息及时、准确、全面地提供给情报用户,图书馆必须担负起这个任务。

图书馆与专门的科学情报机构不同,传递科学情报的职能只是图书馆的若干职能中的一个,因此,它的侧重点也与情报机构不同。情报机构除收集各种静态的科学情报外,还收集各种零碎的、动态的科学情报。而图书馆则主要从图书文献等静态科学情报源中,综合分析出情报。图书馆长期系统地保存情报、信息的载体,它可以回溯检索许多年前的科学情报资料,这是情报机构所不如的。图书馆收藏的科学情报资料比较丰富、系统、全面。图书文献中的情报是比较定型的,因此,这种情报准确性较好。这些都是图书馆从事情报工作的优势。

图书馆不仅收藏科技情报的载体,还收藏政治、经济、文化、教育等方面的资料。因此,它能提供政治、经济、文化、教育、科学技术等方面的情报,这是图书馆的优势,图书馆应充分发挥这种优势。

现在有人提出将图书馆是"知识的宝库"改为"知识的喷泉",形象地说明了图书馆在科学情报信息交流、传递中的作用。图书馆应开展跟踪情报服务,定题、定向情报检索服务,改变被动服务的现象,直接主动为科研和生产提供各种服务。

图书馆是科学技术情报交流系统的一个重要组成部分,它与情报机构共同完成为社会传递、交流科学情报的任务。在信息社会中,社会的要求和先进的情报技术的应用,将使图书馆传递、交流科学情报的作用越来越大。

4. 开发智力资源的职能

图书馆收藏的图书资料及其他类型载体中的知识、信息,是一种智力资源。图书馆的这种资源,与其他资源一样,只有经过开发,才能为人类服务,造福于人类。这种资源与自然资源有所不同,自然资源是非再生性资源,数量是有限的,不断开发使用终究会消耗完的,而智力资源则不同,它可长期使用,重复使用,而且还能再生出新的智力资源。这种资源的开发,对于人类社会来说是一本万利的。

图书馆作为这种智力资源的保藏地,必须主动承担起开发智力资源的职能。

对图书馆的这种智力资源进行开发,最详细、最全面地将图书馆收藏的各类型载体中的情报、信息充分揭示出来,为每一条情报、信息找到使用者,为每一个需要者准确、迅速地提供情报、信息,这要通过图书馆编制各种详尽的目录、索引,以及其他标引工作,建立完整的检索系统,借助于现代化的技术、方法来实现。

图书馆不仅开发人类积累的智力资源,还要开发还没表现出来的智力资源——人的脑力资源。图书馆开发人的脑力资源,一是指广大的读者,二是指图书馆工作人员。开发这种智力资源的工作也可以叫做人才培养。人的潜在智力是大量的,但只有经过开发,才能最大限度地发挥作用。科学家和体力劳动者本来在智力上差别不很大,但由于两者智力的开发程度不同,科学家对社会的作用远远超过体力劳动者的作用。因此,人的智力资源,是人类最宝贵的财富,只要经过开发,它就能释放出比其他资源大得多的"能量"。它是一种社会财富,是最重要的资源。

图书馆收藏有丰富的知识载体,它通过向读者提供各种图书资料,改变读者的知识结构,提高他们的知识水平,使读者的大脑处于运行状态,提高他们的思维能力。图书馆通过组织读者进行学术交流、专题讨论及其他活动,开阔读者的视野,培养读者的各种能力。现代科学各学科之间相互交叉、相互渗透的趋势很明显,图书馆组织多学科的学术交流和讨论,使读者能运用其他学科的研究方法、研究成果来解决本学科的问题,或运用本学科的方法、技术来解决其他学科解决不了的问题,开辟新的研究领域。这不仅能多出成果,而且还可能取得突破性的进展。

每个人的兴趣、爱好、特长各不相同。图书馆针对性地向读者提供适合读者特长的知识、信息，能使他们充分发挥特长，很可能在某一领域有所突破。这也是开发智力资源。

除上述四项社会职能外，还有文化娱乐的职能。图书馆除保存人类文化遗产、传递科学情报、开展社会教育、开发智力资源，还要满足社会对文化娱乐的需要，丰富和活跃群众的文化生活。图书馆怎样满足社会文化娱乐的需要，这在不同时代、不同社会制度的国家的含义是不同的。我国图书馆应根据我国社会主义制度的需要，不违背党的四项基本原则，从实际出发，以健康的有益的内容去影响群众，满足群众的正当要求。

第九章　图书馆系统与内部结构

　　系统是由相互联系、相互作用的组成部分结合而成的、具有特定功能的有机整体。而这个"系统"本身又是它可以从属的一个更大系统的组成部分。"图书馆系统"就是由相互联系、相互作用的图书馆各个组成部分结合而成，具有收藏、整理、提供使用信息知识载体功能的有机整体。它是社会系统的组成部分，也是信息知识系统的组成部分。

　　系统理论应用于图书馆是近些年的事。图书馆为什么要运用系统理论呢？图书馆运用系统理论及方法的目的是什么？好处在哪里呢？

　　（1）图书馆采用系统理论的目的在于充分发挥系统的属性与功能的放大作用，使大系统的属性与功能大于子系统的总和。把图书馆当作系统来对待的主要区别在于贝塔朗菲的著名定律：整体（系统）的属性与功能大于各孤立部分（小系统）的总和。如生物分子水平的功能和属性的简单相加，并不等于细胞水平的功能和属性，两者有质的不同。每个家庭的功能和属性的简单相加，也不等于全社会的功能和属性。同样，图书馆的每个部门的功能和属性的简单相加，也不等于整个图书馆的功能和属性。

　　这一定律是说系统（整体）功能并不就是各个组成部分的功能的简单总和，而是通过系统自身广义的内聚力即各个组成部分的相互作用得到最充分的显示。这是不难理解的。因为系统各个部分(子系统)有着自己的功能,这些功能是整个系统功能的基础,但作为系统整体所显示的功能又超出或高于各个子系统的功能之和。这也是系统的内聚力作用的结果。

怎样才能充分发挥系统的属性与功能的放大作用呢?首先必须分析为什么整体会"大于"各孤立部分的总和。系统之区别于各孤立部分的总和,在于系统内部的各要素间存在联系,而孤立部分之间是没有联系的。事物间的联系,从本质上看就是物质、能量和信息的交流。任何事物的发展都伴随着物质、能量、信息的变化。因此,事物只有在联系中才能发展,而孤立事物便不能发展。大系统中各小系统在物质、能量、信息的合理流通中,向着有利方向的发展,便促使系统的属性与功能的增加。因此,欲得系统的最佳放大作用,关键在于研究物质、能量、信息流通的方向、速度、质量、数量。这些流通若适合于系统发展便促进系统性能、功效的提高;反之,若人为地违背系统客观所需要的物质、能量、信息的流通,便使系统的属性、功能降低,甚至有可能低于孤立部分的总和。要提高图书馆系统的功能,获得系统的最佳放大作用,关键在于物质、能量、信息的流通。为保证流通朝着有利的方向发展,就要根据系统的性质、特点、要求去实行管理。

(2)由于系统理论研究的是整体,是事物的相互关系,因此,它从系统观念上给人们提供了一种全面考虑和顺序解决问题的思想方法,提供了一种把图书馆内外环境、各种因素作为整体考虑的结构。强调系统理论主要是为图书馆系统目标的实现提供决策、计划、方案、程序等。为此,它就要求图书馆系统的人员必须从整体出发,研究图书馆与环境之间的关系,研究图书馆各组成部分之间的关系,作出正确的决策,组织、协调、综合图书馆内的一切方面的活动和工作,使图书馆有效用地有效率地达到预定的组织目标,而不是孤立地研究和处理某一部分、某一过程、某一问题。这种方式将大大有利于图书馆保持动态体内的平衡,适应外部环境的需要,促使图书馆系统的全面发展。

（3）由于系统需要在技术方法的应用上采用综合化,广泛地吸收控制论、信息论、数学、计算机技术等,这将有利于图书馆目标的实现,加速图书馆的现代化,提高图书馆现代化的程度。

第一节 图书馆系统的要素与结构

一、图书馆系统结构的基本概念及特点

图书馆结构是图书馆系统的基础。"系统"和"结构"是两个含义不同而又相互关联的概念。"系统"是一系列相互有关的因素,为达到某一特定的目的而构成的完整综合体;"结构"则是系统内部诸要素相互联系相互作用的方式,是每一具体系统的构成形式,它是系统的性质与数量的集中表现,只有依靠"结构"才能把孤立的诸因素变为一个系统。如果没有一定形式的结构,那么系统不仅不能发挥其应有的效能,而且系统也就不复存在。由于系统的性质在很大程度上取决于结构,因此要研究一个系统,并使其达到最优程度,必须首先重视对结构的研究。

图书馆系统的结构是层次态和等级式的。"层次"反映了系统的排列次序,各种系统都可依一定的标准,分为不同的层次。自然科学的发展已经证实物质结构是层次态的。从辩证唯物主义基本原理推论,可以看出层次性是宇宙间的普遍规律,不仅适用于自然科学,也适用于社会科学。事物的发展都是由低层次向高层次发展,低层次孕育着高层次,是高层次发展的基础,而高层次反过来又带动低层次。高层次具有低层次的基本矛盾,但又增加了低层次所不具有的、更为复杂的矛盾运动。总之图书馆系统的发展是按层次态和等级式规律发展的。

图书馆系统的结构既有物质结构,也有非物质结构。图书馆系统不是一个具体的物质实体,它既有许多物质的特性,也有许多抽象的特性,我们既可以看到许多图书、人员、建筑设备、物资,也有许多看不见的关系和社会性。因此,一个图书馆有与各种特性相适应的分系统,如决策系统、控制系统、思想工作系统、目标系统等。

　　图书馆系统是可分的,它由各个子系统所组成;同时,系统也是有界限的。一个系统能够同另一个系统(或其他事物)相区别,就在于每一个系统都有它的特殊矛盾性和自己活动的规律。

　　由于研究对象不同,"联系"的性质不同,着眼点不同,图书馆系统结构的划分方法也不是绝对的。一般划分为大系统(复杂系统)、分系统、子系统、元素或要素;有的还在分系统、子系统下面再分几级。

二、图书馆系统结构

　　图书馆系统的构成形式一般表现为:要素→子系统→分系统→大系统。

　　1.图书馆系统中最基本的单位是要素,要素组成子系统。构成图书馆子系统的要素主要有:藏书、读者、人员、经费、物资和建筑设备、技术方法、信息、时间。藏书与读者是构成图书馆系统的基础,是该系统诸因素中最基本的因素。人,指图书馆工作人员,包括图书馆专业人员与图书馆管理人员。图书馆工作人员是使藏书与读者发生关系的媒介,是图书馆系统能不能发生作用的关键,因此,人是构成图书馆系统的诸因素中的最活跃的因素。经费是支持图书馆系统运转的重要能量来源,图书馆系统的各项活动,都需要一定的经费支持,因此经费是组成图书馆系统的基本因素之一。图书馆虽然不是一个完全的物质实体,但它的结构有属于物质结构的一部分。一定的物资与建筑设备,是图书馆系统赖以存在和开展活动的条件,因此它们也是组成图书馆系统的重要因素。技术方法,指图书馆系统进行工作时所运用的特定的技术方法。任何图书馆系统都必须通过一定的技术方法,即工作方法来进行工作,不掌握和运用特定的技术,图书馆系统就不能发挥作用。信息指图书馆系统从周围环境得到的关于新的出版物和关于系统管理的两种形式的信息,信息是组成图书馆系统的非物质因素,它在图书馆系统的诸因素中起着上传下达的作用,任何一个图书馆系统都必须凭借信息的流通将其各个部分有机地联系在一起,因此,信息是构成图书馆系统的必不可少的因素。时间,指速度和效率,图书馆各个要素是在一定的空间和时间中运转的,时间是构成图书馆系统的不可缺少的要素之一。藏书与读者、人员、经费、物资和建筑设备、技术方法、信息、时间八个要素共同构成图书馆的各种子系统。如图书馆的技术加工子系统、流通或参考咨询子系统等。但并不是在所有的子系统中都必须全部包括这八个要素,而是依各子系统的功能而定。

2.图书馆子系统。图书馆子系统是图书馆系统结构中的第二个层次。图书馆子系统是由图书馆系统中的最基本单位——"要素"构成的。子系统按其功能、性质、内容的不同可分为多种系统。

从图书馆子系统的功能来划分,可分为运行系统、支持系统、扩展系统、指挥协调控制系统。运行系统是体现图书馆基本职能和社会职能的,一般是指收集、整理、保藏、流通、阅览、参考咨询、情报服务等部门;支持系统由一切支持运行系统的部门所组成,如行政部门、政治思想工作部门、装订部门等;扩展系统是指图书馆学和相关学科的研究、人员培训和发展新部门等;指挥协调控制系统,由馆长和各级管理人员组成,对图书馆系统的活动进行决策指挥。

从图书馆子系统的性质来分可分为:(1)目标子系统,包括图书馆的战略目标,各部门的策略目标和工作人员的个人目标或任务。(2)技术子系统,包括图书馆设备、工具、方法、操作程序、规则、专业知识。这个系统基本上是由图书馆业务上所需的技术知识所构成。(3)工作子系统,包括图书馆工作人员从事图书馆业务活动所需进行的各种工作。这个子系统同技术子系统有着非常密切的关系,如图书馆使用的设备、工具、技术方法、程序能广泛影响工作的进行和成果。(4)结构子系统,包括图书馆各种工作单位或部门的工作组合,相互联系的工作组合,即工作流通程序的设计,工作上的惯例、职权系统,以及有关联系、协调、控制、决策的程序和实际工作。结构子系统和工作子系统、技术子系统之间有着密切的联系。(5)人事子系统,包括图书馆工作人员的技术与能力,领导的指导思想、领导方式、领导的要求,个人在集体组织中的作用地位。(6)信息子系统,包括情报资料的收集、存贮、分析处理、信息的传递,外界环境的影响,外界需要的反映。

从图书馆子系统的内容分,可分为:(1)决策子系统,它接受信息,作出各种决策,传达到下一层次,保证系统的正常运转;(2)控制子系统,它保证图书馆系统的活动按原订目标进行,一般都有反馈控制;(3)行政管理子系统,负责人员的选择、培养、使用、考核,负责经费的筹集、预算、决算,负责设备的购置、安装、管理、维修、使用,负责物资的供应;(4)图书馆收集整理保管子系统,负责图书期刊的收集、分类、编目、加工、保藏;(5)图书流通使用子系统,负责图书期刊的流通、阅览;(6)参考咨询、情报服务子系统,负责解答读者在查找图书资料过程中提出的各种问题,为读者提供必要的参考咨询及特别服务等。各种子系统由于其功能、性质的不同,所要求的构成要素的数量、质量也不相同,例如图书馆的指挥子系统要求由具备现代管理知识、图书馆学专业知识与技能的人员,以及相应的技术、设备、经费、信息、时间等因素构成,而图书馆的流通或参考咨询服务子系统则是由具备必要的图书馆学情报学专业知识,具有随时解答读者提出的咨询问题的能力的人员,以及与此相应的技术、设备、藏书、经费、信息、时间等因素构成的。

3. 具体图书馆系统。在一个共同的目标下,将一系列具有不同性质与功能,而又相互联系相互制约的子系统按照一定的层次与次序组织起来就成了具体图书馆系统。具体图书馆系统就是指某一具体的图书馆。一个具体图书馆系统一般应由下列子系统构成,即:决策子系统,控制子系统,技术子系统,流通服务,参考咨询子系统等。每个子系统还可逐级分出若干2、3、4级……子系统,但这不是绝对的。它取决于系统的复杂程度,复杂系统层次多,如技术子系统可细分为收集、分类、编目、加工、整理、保管等几个2级子系统。而收集子系统由预订、交换、验收等几个3级子系统组成。

具体图书馆系统由于其功能、性质、收藏图书资料的范围以及服务对象的不同,也可以划分为多种系统。如国家图书馆、省市自治区公共图书馆、县市图书馆、中学图书馆、工厂企业技术图书馆、科研机构图书馆、工会图书馆、儿童图书馆等等。这些不同类型的具体图书馆系统又分别隶属于它们各自的更上一层的系统,即图书馆分系统。

4. 图书馆分系统。图书馆分系统是由一系列具有某种相同性质与功能的、属于不同等级的具体图书馆系统构成的。它包括:公共图书馆系统、学校图书馆系统、专业图书馆系统、科学研究或学术图书馆系统、工会图书馆系统、军事图书馆系统等。每个分系统下面都可逐次分列出多级,如公共图书馆系统下属1级为公共性的国家图书馆;2级为省(市)、自治区图书馆;3级为地(市)、区图书馆;4级为县(市)、区图书馆;5级为乡、镇、街道图书馆;6级为基层图书馆。

5. 全国图书馆总系统。各类图书馆分系统加上图书馆学教育系统、图书馆学研究系统、指挥协调控制系统等共同构成全国图书馆总系统。全国图书馆总系统是图书馆系统在一个国家范围内的最高层结构,代表一个国家图书馆事业的全部结构与内容。全国图书馆总系统一方面是一个由多种类型、各种规模的图书馆分系统组成的综合体,一个独立的完整的系统,同时它又是一个更大的系统的一部分,又处于一个更大的系统之中,即图书馆系统是整个社会系统的一部分,它的更上一层系统是世界图书馆系统、社会文化系统和科学研究系统等。

三、图书馆系统结构的划分

图书馆系统结构的划分,有两种方式:一是按水平线进行描述;一是按垂直线进行描述。垂直线结构可将系统划分为各种水平,展示出系统的层次态和等级式结构。水平线结构显示系统的同等级组成部分之间的联系,或对一区域内图书馆系统的组成结构进行说明。上述两种方法既可单独使用,亦可交错使用。

根据上述划分方法和研究对象、联系方式,图书馆系统结构可分为全国图书馆系统和具体图书馆系统来描述。从我国图书馆界的研究情况来看,对具体图书馆系统结构论述较多,而对全国图书馆系统结构论述较少。

全国图书馆系统:第1级,大系统:全国图书馆总系统;第2级,分系统:公共图书馆系统、学校图书馆系统、专业图书馆系统、科学研究或学术图书馆系统、工会图书馆系统、军事图书馆系统、图书馆学教育系统、图书馆学研究系统、指挥协调控制系统;第3级,分系统下的子系统。子系统还可逐次分层列出多级,如公共图书馆系统下属第1级为国家图书馆;第2级为省(市)、自治区图书馆;第3级为地(市)、区图书馆;第4级为县(市)、区图书馆;第5级为乡、镇、街道图书馆;第6级为基层图书馆。

具体图书馆系统:具体图书馆系统是指一个具体的图书馆,这是图书馆系统结构的重点,全国图书馆系统均是由各种不同类型、不同规模的具体图书馆构成的。具体图书馆系统结构一般可分多级：

第 1 级,图书馆总系统;

第 2 级,图书馆子系统;

第 3 级,组成图书馆系统的要素。

第二节　图书馆工作系统

图书馆系统中子系统繁多,我们没有必要一一阐述,这里主要论述图书馆工作系统,因为它是图书馆系统中的核心子系统,在图书馆系统的内部结构中处于特殊的地位。

图书馆工作是以图书文献为工作对象,以为读者服务为系统目标,以传递文献信息为手段,从搜集图书文献开始,到把图书文献传递给读者手中,这是一个相互联系、相互制约的过程,这一过程就叫图书馆工作系统。

这个系统既是由一个个工作环节组成的工作流程,又是一个有序的和循环往复的系统。

一、图书馆工作流程

图书馆工作流程是由许多相互联系的工作环节组成的有机整体。它包括图书文献的搜集整理与传递使用两大部分。

图书文献搜集是整个图书馆工作的基础。做好文献搜集工作,首先要确定本馆的收藏原则、收藏范围、收藏重点和采购标准;其次要了解本馆藏书情况、藏书总的动态、书刊的种类与复本数、各类藏书的利用率,以及哪些书刊应剔除,哪些书刊要补缺等等。另外,还要了解并掌握各出版社的性质、出版计划、书店的发行计划等等。在此基础上,采取选购、订购、邮购、委托代购和交换、接收、征集、复制等方式源源不断地补充藏书。

图书馆通过上述方式获得各种文献以后，紧接着的工作就是登录。这是任何图书馆都必须进行的一项工作。图书登录有两种，即个别登录和总括登录。个别登录一般是按每册书进行的，每册书给一个号码，作为这册书的财产登录号。个别登录要将每册书的书名、著者、版本、书价、来源，以及登录号码等逐项记入"图书财产登录簿"。它是检查每一册书的入藏历史的重要依据，根据它可以查清每一册书的入藏日期、来源、价格及它何时被注销和注销的原因等。总括登录是按照每批收入图书的验收凭证（如收据、拨交或赠送图书的目录等）或者每批注销图书的批准文据，分别将每批的总册数、总价值，各类图书的种数、册数等登入"图书馆藏书总括登录簿"。通过总括登录，可以了解和掌握全馆藏书的总册数、总价值、来源和去向、实际藏书量及各类图书的入藏情况等等。两种登录制度，虽然对图书作的是双重登记，但工作并不重复。总括登录回答图书馆收进、注销和实存图书的总数和总价，起藏书总帐的作用；个别登录只具体反映收进和注销的个别图书，它起明细帐的作用，也就是图书馆藏书的清册。

经过登录的各种文献，还需要进行加工整理。文献的整理包括分类、标题、著录和目录组织等内容。

所谓分类，就是把登录过的各种文献，根据一定的要求和图书资料分类法，分门别类地组织起来，使每种文献在本馆所采用的分类法体系中占有一个适当的位置和号码。这样就可把内容相同的集中在一起，不同的区别开来，在内容上构成一个有条有理的逻辑体系。

文献分类的作用是多方面的，它既可作为排列图书、编制分类目录和各种书目的依据，也可供进行统计、新书宣传、参考咨询、文献检索工作的使用。所以，文献分类是图书馆业务工作中一项很重要的工作。

文献分类的主要工具是图书资料分类法。它通常由类目、号码、正表、附表、说明和索引等组成。目前，我国较为广泛使用的分类法有：《中国图书馆图书分类法》、《中国科学院图书馆图书分类法》、《中国人民大学图书馆图书分类法》、《中国图书资料分类法》、《国际十进分类法》等。

在分类工作过程中，分类人员要对图书作者的立场观点、图书的科学内容、图书的实际用途进行判别，然后将其纳入到所采用的分类法体系当中去。可见这是一项具有思想性和科学性的业务工作。要做好这项工作，要求分类人员具有正确的立场和观点，熟悉和掌握所采用的分类法以及一定广度和深度的学科知识。

所谓文献标题，就是从文献主题，即图书资料研究、论述的对象来揭示文献的内容，也就是对文献进行主题标引。主题标引的方法，也被称作主题法。主题法是图书馆中揭示和组织图书资料的一种手段。它和图书分类法一样，都是从图书资料的内容出发，去揭示图书资料，但角度不同。图书分类法主要根据图书内容的学科性质，以类目名称和分类号来揭示和组织图书资料，分类法体系是建立在科学分类的基础之上的。主题法是根据图书内容所讨论的主题范围，以主题词来揭示和组织图书资料的。主题是图书资料所阐明的主要问题和对象，用规范化的语言把主题表示出来，这个规范化的语言就称之为主题词。由此可见，主题法体系是建立在语言的基础之上的。

根据主题法的原则和方法，将规范化的主题词按照一定的方式排列成表，就叫做主题词表。它是主题标引工作中的一个重要工具。过去我国图书馆界大多采用传统的主题表。后来，陆续编制了一些新表，其中具有代表性的是三机部 628 所的《航空科技资料主题表》和综合性的《汉语主题词表》。

主题标引的一般方法，就是根据图书资料所论述的主题，在主题表上找出适合于这个主题概念的主题词，作为其标识和检索的依据。

分类和主题标引是揭示图书内容的主要手段,图书著录则是揭示图书形式的主要手段。所谓著录就是将图书的形式特征作最必要的记录,要求能够依据该形式特征准确无误地确认该种图书,以提供查找图书的准确线索。图书的形式特征包括:书名、著者、出版地、出版者、出版期、版刻、版次、页数、开本、装帧、价格等。把这些著录事项按照一定规则和形式组织成的一条图书记录,就称之为一条款目。款目分为两类:基本款目和辅助款目。在我国,以书名项为标目的款目叫做基本款目。

技术加工是图书馆文献整理工作的最后工序,包括制书袋卡和贴书标等。

图书馆目录是指揭示本馆藏书的目录。它是图书馆宣传报道文献的基本工具;对读者或用户来讲,目录是检索文献的工具,是打开图书馆这个知识宝库的钥匙。

目录是由一条条的款目组成的。款目是组成目录的单位。没有著录便没有款目,没有款目便不可能有目录;有了款目,如不加以组织,仍然起不到目录的作用。因此,图书馆编目工作的基本过程是:先对图书进行著录,即制作各种款目,然后对各种款目进行组织,即把款目联结成一个整体。

目录的种类很多:按使用对象划分,有读者目录和公务目录;按编制方式划分,有分类目录、书名目录、著者目录和主题目录;按目录反映出版物的类型划分,有图书目录、期刊目录等;按目录的物质形态划分,有卡片目录、缩微目录、磁带目录等。由于任务和条件的不同,各个图书馆目录的种类和套数也不相同。但各种目录必须加以协调,使之互相联系,形成一个高效能的、合理的目录体系。

书刊资料搜集到馆,经过登录、分类、主题标引和著录之后,一方面要将各种款目组织成目录,另一方面还要将藏书加以组织。

藏书组织包括：书库划分、图书排列和图书保护。

书库划分与藏书的划分是紧密相联的。大型图书馆总是把所藏的全部书刊资料划分为几个不同的部分，例如，图书与期刊，普通书与善本书，常用书与不常用书等。在划分藏书的基础上，组织成不同用途的书库。

大型图书馆一般都设有基本书库，这是全馆的总书库。另外还设有与服务机构相适应的辅助书库。有些大型图书馆，还根据出版物类型的特点和特殊用途单独设立特藏书库；为了保存藏书和满足读者的急需，它们还将每一种图书，抽出一本作为保存本，并设置保存本书库。保存本除特殊需要外，一般不外借，供特殊需要者在馆内查阅。

图书进入书库之后，无论是图书管理还是服务工作，都要求把图书按照科学的方法排列起来。排列图书的方法很多，常用的有两种：一是分类著者号排列法，即把图书先按分类号排，同类号的图书再依著者号排列；另一种是分类种次号排列法。这种排列法与分类著者号排列法的不同之处，就是把著者号换成种次号。种次号就是一类之中到书的顺序号。

采用不同的排列法，图书就具有不同的排架号。排架号是排列图书的依据，它告诉人们图书在书架上的准确位置。读者借阅图书要利用排架号索书，所以排架号又可以叫索书号。排架号要打印在书标上，将书标贴在书脊的根部，供排列和索取图书使用。

图书保护是书库工作的基本任务之一。图书保护是一项专门技术，它包括：图书装订、修补、防火、防潮、防光、防霉、防虫及防止机械性损伤等。此外，图书保护工作还包括藏书清点，清点的过程也就是检查藏书保护情况的过程。

以上介绍的是图书馆藏书工作的基本过程。图书馆中还有大量面对读者的工作。读者工作是一项开发利用图书资源传递使用图书文献的服务工作。它的内容很广泛，具体地说，包括以下六个方面。

1. 发展读者。图书馆要根据本馆具体任务的要求,或按读者的工作性质,或按居住区域,或按文化水平和年龄,分期分批地进行读者登记,发放借书证。在发证过程中,必须保证重点,使本馆的主要服务对象优先取得借书的权利。同时,还要满足一般读者的需求。

读者登记即填写读者登记卡,这是图书馆建立的一种读者档案。它是了解读者情况的有效措施,应根据读者姓名字顺排列起来,以备查考。

2. 读者调研。对读者的调查研究,主要是了解其阅读倾向和对书刊文献需求的规律及其特点。这样做的目的是为了解决读者需要的多样性与藏书内容的复杂性之间的矛盾和读者分散使用图书与图书馆集中收藏图书之间的矛盾,以便最大限度地提供读者所需的书刊资料。

3. 流通推广。读者对于图书的要求是无限的,图书的内容与数量是有限的。图书馆流通推广工作就是要解决或调整有限藏书与无限需求之间的矛盾。图书的流通推广包括外借、阅览、复制、馆际互借、馆外流通等多种方式。建立各种类型阅览室,吸引读者来馆读书;开辟各种类型借书处,方便读者外借图书;建立分馆、图书流通站、巡回书车等,便利不能来馆的读者使用图书馆的藏书;建立馆际互借制度,使本馆读者能够利用国内或国外其它图书馆的藏书;通过文献复制工作,为读者获得书刊资料提供重要的手段。

4. 宣传辅导。为了充分发挥藏书的作用,扩大图书馆的社会影响,提高服务质量,图书馆在做好图书流通推广工作的同时,还应做好宣传辅导工作。宣传辅导工作的目的,在于向读者揭示馆藏,让读者更好地利用藏书,提高藏书利用率,降低图书拒借率。

宣传图书的常用方式有:新书通报、书刊展览、报告会、书评活动等等。阅读辅导包括读书内容的辅导和读书方法的辅导两个方面。读书内容的辅导主要是向读者推荐优秀的书刊,辅导读者正确地理解图书的内容,帮助读者从优秀的书刊中汲取有益的营养。读书方法的辅导主要是引导读者有目的地阅读图书,克服某些读者阅读中存在的盲目性或不健康倾向。

宣传图书和辅导阅读两者是紧密结合在一起的。宣传图书能够巩固和扩大阅读辅导的效果,阅读辅导则又直接影响图书宣传的范围和图书的周转率。

5. 参考咨询。这是读者服务工作的重要组成部分。参考咨询工作一般是围绕着文献资料进行的。读者或用户要求解答的问题,图书馆一般都是通过提供文献资料的途径使其获得知识或情报来得以解决的。参考咨询工作包括书目工作和咨询工作两个方面。书目工作主要是根据科学研究的课题,搜集、编制各种通报性和专题性的书目、索引、文摘等检索工具,供读者参考。咨询工作,主要是通过口头或书面形式解答读者提出的问题。书目工作和咨询工作两者是紧密联系、互相配合的,书目工作要适应咨询工作的需要,咨询工作也要利用书目工作的成果。

6. 文献检索。这项工作也属于读者工作的范畴。开展文献检索工作的目的,是为了广、快、精、准地向读者提供他们所需要的文献资料,以节省读者查找文献资料的时间和精力。文献检索工作包括两个部分:一是检索系统的建立和检索工具的组织与积累;另一个是根据具体课题的需要,利用书目、索引、文摘、快报、手册、词典等检索工具,查找出与课题有关的文献资料。

检索工具是进行文献检索工作的必要条件。传统的检索工具主要是书目、索引、文摘,它们是检索工具的核心。在整个检索过程中,选择适当的检索工具是很重要的。要完成特定的检索任务,就得选择必要的检索工具。检索工具,无论是手工检索工具还是机械化的检索工具,都具有存贮功能和检索功能。存贮是检索的基础,检索是存贮的目的。

检索工具是按照文献款目的一定检索标识组织排列起来的。文献的检索标识是对文献的外表特征和内容特征进行标引的结果。所谓文献的外表特征,是指文献上记明的特征,如文献篇名(书名)、著者姓名、出版年月、出版地及出版者、文种等等;所谓文献的内容特征,是指文献所论述的中心内容属于什么学科分支,探讨的是什么主题,包含了哪些关键词、分子式等等。

文献的内容和形式特征,都可以作为文献的检索标识,因而都可成为检索的途径。文献检索途径有:书名(或篇名)途径、著者途径、分类途径、主题途径、序号途径、关键词途径、分子式途径等。

上述六个方面是图书馆读者工作的基本内容。它们相互之间是密切联系、彼此配合的。比如,不搞好读者调研,流通推广和宣传辅导就会无的放矢,无所依据;不搞好宣传辅导,流通推广就要受到局限;不搞好文献检索,就不能为读者提供查找途径和手段;不搞好参考咨询,就不能帮助读者解答在使用图书馆过程中所遇到的种种疑难问题。

二、图书馆工作系统结构

图书馆工作系统是一个有序的多层次的系统。

图书馆工作系统在图书馆系统中属于子系统,因此图书馆工作系统的内部结构层次应是分子系统、次分子系统、工序、作业、动作。

1. 分子系统:主要指图书文献收集整理系统与传递使用系统。

2. 次分子系统:次分子系统是指为一共同目的、相互衔接的工序总和。包括图书文献搜集次分子系统、整理次分子系统、典藏次分子系统、提供使用次分子系统等等。

3. 工序:工序是指图书馆工作流程中的各个阶段和先后次序。

图书文献搜集次分子系统,包含下列工序:根据读者服务对象,确定本馆收藏原则、范围、重点、标准→了解馆藏现状→收集书源信息和出版动态→听取专家和读者对选购图书意见→检查馆藏是否入藏→订购、选购、邮购、委托代购、交换、征集、复制、接收→发出订单或公函→排列订单→检查、催促→验收→打号、盖馆章→登录→送分编加工部门。

图书文献加工整理次分子系统,包含以下工序:验收→查重→分类→主题标引→编目→审校→技术加工→送典藏部门并进行目录组织。

图书文献典藏次分子系统,包含以下工序:书库划分→图书排列→图书保护、清点、剔旧。

图书文献提供使用次分子系统,包含以下工序:流通推广→外借服务→阅览服务→复制服务→馆际互借→馆外流通→宣传辅导→参考咨询→情报服务等。

4. 作业:作业是把每道工序细分为几个部分,即按一个工作人员在一个工作点上完成的作业来细分。例如:图书验收这道工序就包含收到图书与送书单核对、在图书上盖馆藏章和在送书单据上签收等几项作业。

5. 动作:是把作业分解成几个部分,如盖馆章作业可分解为起手、放手、盖章等动作。

现绘出"图书馆工作系统结构图"(见图9—1)。

三、图书馆工作是个循环系统

由于图书馆工作系统是由许多相互联系的工作环节组成的一个流程,因此当新的图书进入图书馆,经过加工整理,传递到读者手中时,这一流程就已经结束,如果不组织新的循环,图书馆的生命就要中止,就不会有活力了。不断循环是图书馆发展的动力。

图书馆工作系统是一个大循环套小循环的动态系统。大循环是指图书馆工作整体的循环。小循环是指图书馆工作局部的循

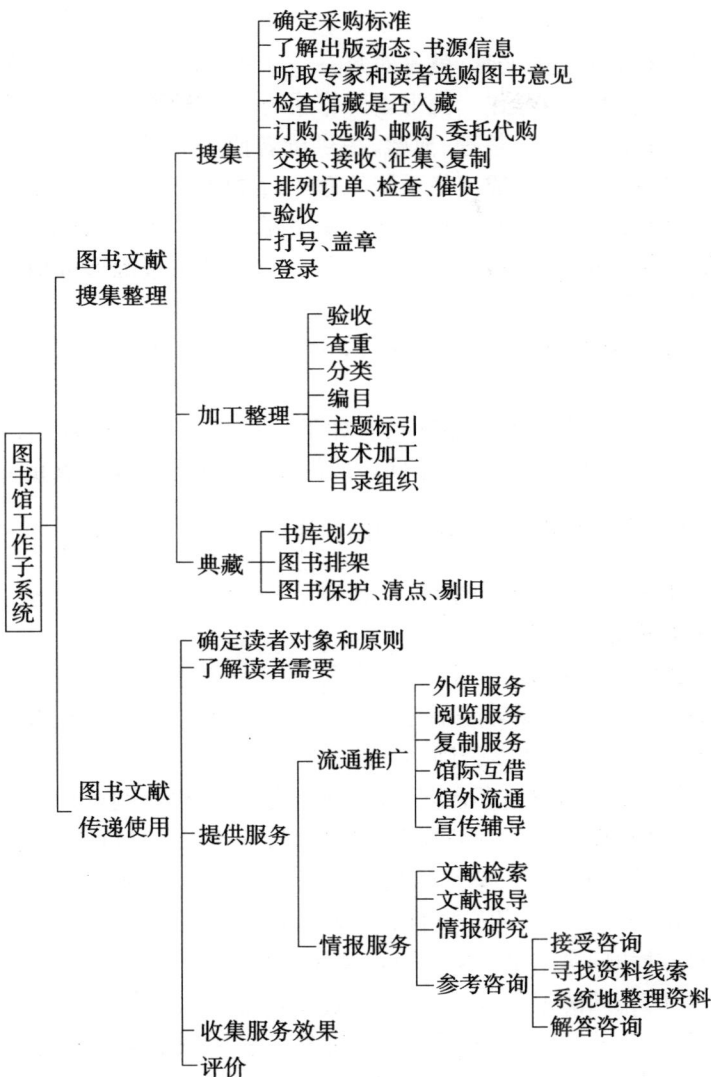

图 9—1

环。

　　图书馆工作的循环,就是对每一个新的工作对象,以固定的序列,反复重新进行操作。图书馆工作系统的大循环,就是收集新的图书文献,经过加工整理、典藏,提供读者使用的循环往复。局部循环:有新的书源形成搜集系统的循环;有新到馆的图书文献形成图书加工整理系统的循环;有新的索书要求形成索书系统的循环;有新的咨询要求形成咨询系统的循环;有新的情报源形成情报研究、服务系统的循环。

　　现绘出图书循环线和索书循环线两个图如下(见图9—2 和图9—3)。

　　图书馆工作系统的循环具有如下特点:(1)每次循环均以新的工作对象为起点;(2)属于同一层的循环系统是互不交叉的。

四、图书馆工作系统循环的组织原则

　　图书馆工作系统的循环,应该遵循最佳化、合理化、直线性、协调性、均衡性、严密性等原则。

　　图书馆循环的最佳化,就是在每道工序和每个作业都有充分的根据,并从整个循环来看是必不可少的条件,最合理地选择工序、作业和实施方法。否则,应该削减。

　　为了使图书馆循环合理化,必须研究它的结构,调查其组成的各道工序和作业。可以编制操作流程图,按照工作进行序列,把各阶段一一开列出来。操作流程图可以使我们全面地了解整个循环,确定每一个作业的必要性,以及各作业之间顺序的合理性,这可以帮助我们决定是否可以简化某些工序。

　　目的相同的工序,往往可以通过不同的方式进行。因而在仔细选择作业的同时,还要考虑在这种条件下,完成作业的最有利的方法。如大型图书馆的馆藏个别登记,可以用本册的方式,也可以组织卡片式登记目录或图书财产登记簿等方式进行;借书处的借

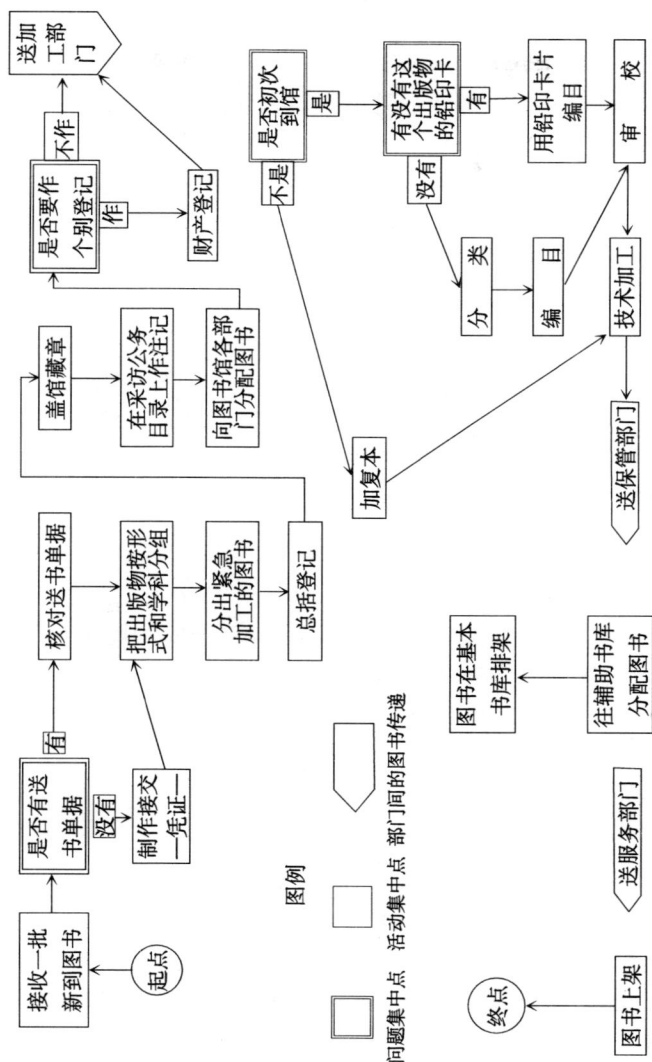

图 9—2 图书循环线

图例

问题集中点　活动集中点　部门间的图书传递

171

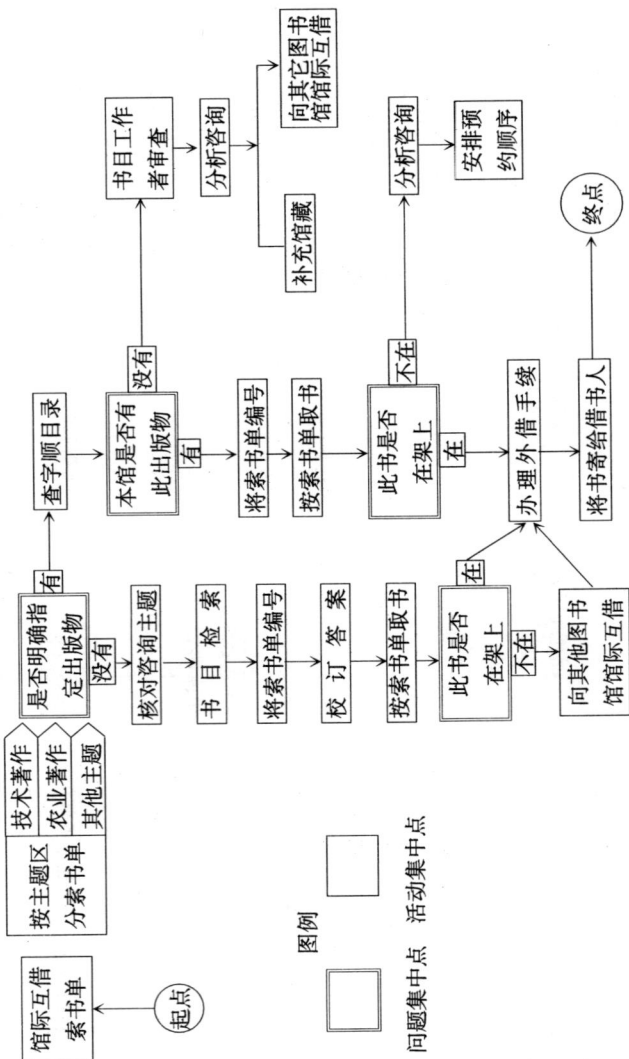

图 9—3 索书循环线

172

书手续,可以通过在读者证上记录每本借出图书的方式进行,但如果把有读者姓名的借书卡放在读者证内,也可以不在读者证上作记录。总而言之,人们总是选择那些能取得最大成果,而又简便易行,能提高速度的方案。

循环的最佳组织,必须能够尽量减少工作过程中采用凭证的数量。在循环运转过程中,要运用各种凭证——图书运行单、登记证、检验单等。循环最佳组织的任务就是不但不增加凭证的数量,而且还要把它减少到合理的最低限度。一份凭证可以用作多种用途。例如,基本用途可作为财产登记清单,辅助用途一份复制凭证可以作为图书运行单随着一批书在各部门运行,第二份复制凭证可以用来报道新入藏图书。循环的最佳组织,还应废除多余的手续。例如,从一个科组向另一个科组移交图书时的个别登记单等。

直线性的原则,就是在规定图书、卡片、书目咨询、索书单等工序与作业的序列时,要遵守直线进行,不走"之"字形与逆行的原则。工作对象在一个工作人员手中(或一个部门、一个组内),只通过一次,而不是来回反复。如果工序交叉逆行,就会延长循环线,增加工作时间,进行无效劳动。应该建立能够加速循环运转周期,降低劳动强度的工序和作业的序列。还应照顾以前的做法,例如,图书的分类、著录,都有其传统做法,各种类型图书馆的工序和作业序列可能不同。

协调性和均衡性是指图书馆一年之内的工作量应该均匀,在不同的工作日,不同时期,都不要负担过重或工作量不足。然而,大家都知道,季节对图书馆工作有很大影响(冬季工作内容和数量与夏季工作内容和数量有很大差别);而且到馆读者人次,在星期日和工作日不同,早晨和晚上不同,学期和假期不同。按日作计划和规定完成某项任务的期限,有助于调整工作的均衡性。

严密性,意味着在最短时期内完成一个循环。

第三节 图书馆系统的性质与特点

一、图书馆系统的性质

1. 图书馆系统是人造系统。系统有生物系统、技术系统、社会系统。人们将前二者统称为"自然系统",后者称"人造系统"。图书馆系统的结构有物质的和非物质的,它具有自然系统的某些属性,但不是自然系统,而是一个人造系统。它是为了人利用图书而创造的,是以藏书与读者为主体的,是由人来运转的系统。图书馆系统是整个社会系统的一个分系统,具有社会属性,与生产关系、上层建筑发生联系。它不仅要积极地适应社会的需要,而且要为社会的发展作出贡献。它受社会的影响与制约。其最终目标,是满足一定社会读者的需要,为促进社会进步作出最大努力。为社会服务是图书馆的根本目的,也是图书馆系统生存的价值。为此,图书馆系统管理要遵照社会系统的要求,执行它们赋予的职能,遵守它所确定的原则,积极完成社会系统所追求的目标,对社会系统有所贡献。

2. 图书馆系统是开放系统。图书馆系统作为整个社会系统的一个分系统,它在与环境的相互影响中既要达到动态体内的平衡,又要保持与外部环境的平衡。一个图书馆系统与它的环境,包括用户、书店、图书交换单位、科学文化教育机构、工农业生产单位、政府部门以及各种各样的机构有一种动态的相互作用。它从周围环境系统接受能量、信息、物质输入,经过图书馆的转化系统,以服务的形式输出,返还给环境。它具备了输入、输出、事项循环、信息传递、反馈等基本特征,是一比较复杂的开放性系统。

我们可以看到,图书馆系统的能量输入相对来讲是比较清楚的。它从周围得到人力和资金的补充，而这些即是能量的形式，并能在一定条件下转换为新的能量和物质。当图书馆利用自己的资金购买了大量图书、期刊等资料，进行登记、分类、著录、组织目录时，这种能量与物质的转换就产生了。相反，图书馆系统的输出相对讲并不明显，它是一个与物质（图书、缩微资料、视听资料、机读资料）有关的无形过程。即它输出的是物质载体的内容——知识、思想、技术、情报，以服务于读者为输出形式。当然，不同的图书馆，其输出能力可能有差异。这取决于图书馆系统本身的馆藏建设、目录组织、读者服务的手段与方法、现代化程度等。

在图书馆系统中，我们还可见到事项循环，如人员的补充——使用、培养、考核——调出、自然减员——再补充新的人员；如新书的购进——使用、自然损耗——旧书处理——添购新书；图书的借阅——归还——再借阅等等。倘若无这样的循环存在，图书馆的各种功能则无法维持。信息传递是包含信息发送者并具有反馈控制的一个系统。在图书馆系统管理中，信息传递起着十分重要的作用，它把系统网络联结成一个整体，使情报、能量、物质（图书馆活动过程的各个要素）的流程取得协调，使系统各级之间相互联系，进行上传下达；图书馆系统与外界环境之间的联系和协调，也要通过信息联系；计划、组织、控制等基本管理职能如果没有信息联系，就不能实现。对图书馆系统来说，信息传递是它的基本职能，也是现代图书馆的重要特征。图书馆系统从周围环境得到新的出版物和关于系统管理的两种形式的信息。前者为馆藏建设提供了所需情报；后者为实现目标任务提供了情报。图书馆系统获得这些信息后，要进行分析、加工处理、判断、决策，要准确地传递。

反馈就是控制系统把信息输送出去，又把其作用结果返送回来，并对信息的再输出发生影响，起到控制作用，从而达到预期的目的。

3.图书馆系统是动态系统，即运动系统。"运动"是它的基本属性。"运动"的绝对性,"静止"的相对性是宇宙间一切物质的基本的、普遍的属性。

运动引起发展,这是事物发展的普遍规律。而事物内部的矛盾运动是事物发展的动力。图书馆系统的发展是由于其要素之间以及子系统之间,系统与外部环境之间的相互作用,结果产生一定的行为,即图书馆活动、图书馆的变化。不仅图书馆系统的要素是运动的,整个系统也是一种能的系统,或能的综合体,或能的结构。不管多么复杂,它如同单个要素一样地运转。

图书馆系统发展的总趋势是由低级到高级,由简单到复杂,由量变到质变,按否定之否定规律进行,呈螺旋状曲线向前进展。因此图书馆系统管理要主动研究图书馆系统发展变化的动力、原因和规律,从而主动地驾驭它,使之不断发展。

4. 图书馆系统是可适应系统。由于图书馆系统是人造系统、开放系统,因此对它来说,无论整体还是各个组成部分(分系统、子系统),都可对它实行某种变革,以适应整个系统的目的和功能的需要。

5. 图书馆系统是可控系统。由于各种不同系统中联系的性质不同,可以分成多种类别的系统,如"可控系统"和"不可控系统"。可控系统的主要特征是,在控制作用(调节作用)的影响下,它能改变自己的运动并进入各种状态。图书馆系统属于可控系统,它在控制作用的影响下,使预定目标得以实现,进入新的阶段。因此,图书馆系统管理中必须根据以上这种基本属性做到:(1)坚持图书馆系统为一定读者、一定社会服务,把为社会服务,满足社会的需要作为最终目标;把研究图书馆系统的具体现象与研究社会系统的一般规律结合起来;(2)图书馆系统要与外部环境相适应,既要保持动态体内平衡,又要保持与外部环境平衡;(3)要掌握它的发展方向和规律。

二、图书馆系统的特点

从系统的观念出发,通过对图书馆系统的结构、属性进行分析之后,我们认为图书馆系统具有以下五个基本特点:

1. 整体性。根据系统原理,图书馆系统一方面是要把本来相互间没有关系的人、图书、设备、物质、经费、资源集合起来(这种集合不是这些部分的堆积,而是在一定目标下形成一个整体系统),另一方面就是图书馆各个系统的组合,都应是为了实现图书馆系统总目标的最优化,从环境接受一定的能量、信息、物质,通过图书馆系统的作用,产生最优的输出,满足环境的需要。图书馆系统各个分系统(业务部门)的功能运行都是为了这一整体目标的实现。

从整体化出发,为了达到系统的最优化,在对系统的管理中必须坚持统一领导,集中管理,牢固树立整体观念,反对分散多头;必须全面规划,统筹安排,分工协作,密切联系;必须按照整体的目的,充分发挥各个分系统的作用;必须统一标准,统一规格。

2. 联系性。图书馆系统最本质的要素是它的"组织联系",系统的整体性通过"联系"而达到具体化,使图书馆本来没有联系的要素和各个部门形成一个整体系统。在各种不同类型的联系中,系统构成的联系占有特别地位。稳定的联系构成系统的结构,即保证系统的有序性,这种有序性的明确目的说明了系统组织。图书馆系统是通过收集、整理、提供服务等环节的密切联系和相互作用而实现其功能的,任何一个环节的变化和故障都会影响其他环节。图书馆系统是通过联系而与外部环境相适应的。图书馆系统的计划、组织、指挥、控制等管理功能都要通过联系才能实现。图书馆系统联系的方式:一是通过各个部分的情报渠道组成的情报网;二是它们"动态相互作用的结果",而其中信息联系构成的动态过程,是一切活动的基础。

3.有序性。凡是系统都是有序的。系统的有序性是系统的有机联系的反映。图书馆系统的有序性,就是在系统中做到层次清楚,职责分明。上一层系统的主要任务有二:(1)根据系统的功能目标向下一层次发出指令信息,最后考核执行指令的结果;(2)解决下一层次各子系统之间的不协调问题。必须明确:各层应根据自己的目标或目的去完成自己的任务,这才是有效的系统。

4.均衡性。开放系统的存在取决于"动态体内的平衡",即输入大于输出。一个系统从外界输入至少必须能够弥补输出及其本身的物质、能量消耗,这叫"动态体内的平衡"。一个系统失去平衡必然归于解体。这是开放系统存在的又一条件。贝塔朗菲的"普通系统论"指出:有机体趋向一种"稳定状态",即取得平衡。图书馆系统不仅是社会系统的分系统,或信息决策系统,而且是由图书、人、物质、信息等组成的复合体。它们之间相互影响,相互作用,力求保持个体与整体之间、图书馆系统与外部环境之间的动态平衡。其内容包括:(1)足够的稳定性,以便达到图书馆系统当前的目标;(2)足够的连续性,以保证目的或手段的有步骤的变化;(3)足够的适应性,以适当应付外来机会和需要,以及外部条件的变化;(4)足够的创造性,使组织在条件许可时主动变革。

5.目的性。图书馆系统着重目的性,强调一个系统应该有目标,以便把分散的没有联系的人、财、物在一个目标下集合起来,形成一个完整系统。目标是一个系统的重要组成部分,否则它的存在价值就不大。系统之所以要注重于目标,一是强调系统工作的客观成就及其有效性;二是为了调动系统内工作人员的积极性,树立集体感和为事业献身的精神;三是作为评价系统和个人的依据。

图书馆系统的目标可分为战略目标、策略目标、方案和任务3级,分别由高层管理机构、中层管理机构和基层管理人员与一般职工制订。战略目标是一个系统所共有的,各个子系统都要为它发挥自己的作用。子系统的策略目标要服从系统的战略目标,局部的目标不应与整体目标相冲突,但总系统的最优途径不一定是各组成部分的最优途径。一个系统有了共同的目标,就可以统一决策,统一系统中各部分的行动;没有明确的目标,各部分的协作意愿就无从产生。策略目标是属于分系统或子系统的目标。从图书馆系统来说,总目标是一致的,但采编、流通等部门的具体目标肯定有所不同;至于个人的任务,由于系统的分工不同,任务更不同。但不管怎样,图书馆系统的全体人员都在为系统的总目标奋斗。

第四节　图书馆系统的优化

一、图书馆系统优化的含义及其意义

图书馆系统的最优化是指运用一定的方法,以特定的图书馆系统为对象,对该系统的每一种要素或其组织结构进行计划、设计、效果分析、评价、鉴定以及提出改进现有系统或研究建立新系统的方案,使图书馆系统达到最佳运行效果的过程。

具体地说,图书馆系统的优化就是对图书馆系统进行科学的管理。它运用系统管理的方法,对图书馆系统的组织结构、要素及运行状况进行控制与协调,以保证该图书馆系统的目标与任务的顺利实现与完成,因此,它是图书馆系统管理的主要内容。

图书馆系统优化的目的在于:研究和建立最优化的图书馆系统,使整个图书馆系统的结构最合理,运行最理想,即达到技术先进,经济合算,运行可靠,工作协调的效果,充分发挥系统的属性与功能的放大作用,使大系统的属性与功能大于子系统的总和。

图书馆系统的优化对于保证与不断提高现有图书馆系统的质量与效率是十分重要的,其意义主要体现在:

(1)科学地评价现有系统,不断提高图书馆系统的运行质量。

进行图书馆系统优化的过程就是对系统进行分析与评价的过程，而分析与评价的目的则在于发现现有系统存在的问题，提出改进的办法，从而提高系统的运行质量。

（2）加强整个图书馆事业或图书馆系统的整体规划。运用系统的方法，对整个图书馆事业或图书馆系统进行优化管理，可为管理人员提供一条从全局着手计划与解决问题的途径，从而加强整个图书馆事业或图书馆系统的计划性。

（3）提高图书馆系统的工作效率，节省人力、财力、物力。通过改进具体的业务环节，可避免图书馆系统工作中的重复劳动与人力、财力、物力的浪费，使整个系统的工作效率得到充分的发挥。

（4）加强图书馆的科学管理。通过图书馆系统的优化可以最合理地划分与组织图书馆系统的内部结构，疏通信息反馈的渠道，避免反馈信息的流通不畅，从而加强图书馆的科学管理，使图书馆系统随时保持最佳的组织结构与运行状态。

（5）加快图书馆自动化的步伐。一个图书馆系统是否处于优化状态，直接关系到实现图书馆工作自动化的速度与成败。只有优化的图书馆系统才能最迅速、最经济、最合理地引进先进的技术与设备，最充分地发挥现代化技术设备的优势，否则将会出现盲目引进，劳民伤财，事倍功半的严重问题。

二、图书馆系统优化的方法

图书馆系统的优化是图书馆系统管理的重要内容，因此，它主要应用系统管理的一些方法，主要有系统哲学、系统分析、系统工程、系统管理这几个方面。它们对于图书馆整个系统以及各个分系统都适用，而且都是十分重要的，但它们各具特性，在整个系统中的地位和作用又是不完全一致的。

系统哲学是系统分析、系统工程、系统管理的理论基础，在系统中处于战略地位，它给各级人员提供系统的观念和思想方法，指导系统的运转。它强调系统是一种有组织的或综合的整体,以及各个组成部分之间的关系,特别是系统管理的最高层,应根据系统的观念,经过深思熟虑,把组织和环境联系起来,设计全面的系统和计划,使组织和环境一体化。

系统分析是解决问题或决策的方法和技术。它包括对一个问题的认识,确定有关的变量,分析和综合各种因素,定出一个最优的解决方法或行动计划。它以分析、比较不同系统为对象,主要适用于作业系统。它根据最优化和解决问题的观点,采用制作模型的方法,以达到各种资源的有效利用,实现规定的目标,即达到优化。

系统分析包括因素分析、结构分析、定量分析。结构分析有层次结构、职能结构、人员结构、知识结构、藏书结构等。定量分析就是分析图书馆系统各个要素之间以及系统与环境之间的数量关系。系统分析的主要步骤大致如下:系统地提出问题;明确系统的因素及相互关系;确定这一系统的最终目标和每个特定阶段的中间性目标与任务;选择工作成绩标准;制定决策方案;拟定计划任务书。

系统工程是与发展和改进一种复杂系统相联系的工程程序,着重于新系统的设计,使原有作业得到改革或开辟新的作业和服务。它必须在前两种方法的基础上进行。它包含初步设计、详细设计和系统的运行计划三个阶段。初步设计阶段主要是评价并选择设计方案,拟定初步设计及测试说明。详细设计阶段主要是拟订详细说明,准备图纸,建造原型,子系统整体化,测试制度。系统的运行计划阶段主要是培训人员,制订计划,设备维修保养,物质和生活供应以及现场修正等计划。

图书馆系统的优化还应包括系统管理的方法。系统管理是一种管理方式,它可以把图书馆作为一个系统进行设计和经营,使图书馆各个部分、各种资源按照系统的要求进行组织和运行。不运用系统的管理方法,图书馆系统的优化就不能实现,因此,它是图书馆系统优化的保证,也是实现图书馆系统最优化的一种重要方法。系统优化是一个循环过程。它从问题的确定开始,经过模型的建立,数据的收集,一直到作出暂时的结论,并通过试验来加以考察。必要时,得重新作出各种假定和另行确定问题。这个循环过程直到满意地接近实际为止。

第十章　图书馆与社会

　　图书馆是一种发展着的社会有机体。图书馆的发展总是在一定社会关系、社会结构中进行的。图书馆是社会的重要组成部分,随着社会的发展而发展。特别在现代社会中,图书馆已成为一个庞大的社会系统,在整个社会生活中有着不可忽视的社会作用和社会地位。一方面图书馆日益广泛地与社会的政治、经济、科学、文化、教育相互连结在一起,相互影响,相互制约;另一方面图书馆自身不断发展壮大,在社会中形成一个独立的社会部门,担负着其特有的、不可取代的社会职能。因此,必须把图书馆与社会联系起来,加以系统地考察,研究图书馆这样一种社会现象与其他社会现象的相互关系,探索图书馆发展的社会原因,从而指导和推动图书馆事业更大规模的发展。

第一节　图书馆的产生与发展是社会的需要

一、图书馆的产生是人类生理的需要

　　1. 信息的感知与记忆是人类生存和发展最基本的需要

　　人类区别于其他动物的根本标志之一,是人类的理性思维。按照现代信息论的观点,人类的认识过程不过是人脑接受、存贮、

加工处理信息以及信息反馈的过程。信息的感知与记忆是人类进行理性思维的前提。实验表明：将人类置于一个完全隔断信息刺激的环境中，不用多久就会产生"信息饥饿"，出现幻觉、恶梦等心理障碍，无法忍受下去。信息的存贮——"记忆"对于具有理性思维的人类来说与信息的接受——"感知"具有同等的意义。因为最简单的思维活动都是在记忆的基础上进行的。记忆是人类心理生活中具有决定意义的功能。19世纪著名的生理学家谢切诺夫曾经说过："人的一切智慧财富都是与记忆相联系着的，一切智慧生活的根源都在于记忆。"显然，没有记忆，人类将"永远地处在新生儿的状况"。信息的感知与记忆是人类自身生存和发展最基本的需求。

2. 人类对大脑接受、存贮信息的巨大潜在能力的利用与开发是有限的

现代脑科学的研究发现，人类大脑在接受信息和存贮信息方面具有巨大的潜在能力。人的大脑有150亿个神经元，可存贮信息 10^{15} 比特，相当于1000万亿个信息单位，是目前最先进的电子计算机贮存容量的1000万倍。遗憾的是我们对大脑的利用与开发却十分有限。这是因为：第一，大脑感知信息和信息编码的生理机制仍是一个不可解的谜；第二，人类感知信息的通道狭窄，人类有80%以上的信息是通过眼睛感知的，可是人眼视读能力每分钟仅几百个词，一个化学家要读完一年发表的化学文献，按每天8小时计算，需50年时间，且在单位时间内输入的信息太多，就会造成"信息超载"，人的记忆能力就会下降，大脑就会发生紊乱；第三，人类感知和记忆信息受环境和情绪等心理因素的影响；第四，记忆具有不确定性，随着时间的推移，记忆的信息就会模糊、消失与遗忘。记忆曲线表明，一定信息量输入大脑后，一小时后将消失50%，一天以后仅能保存30%左右。面对气象万千的物质世界和日益开拓的社会生活，人类为了满足其自身生存和发展的需要，就

不得不寻求其他信息存贮方式。

3.图书馆是人类存贮信息知识的体外库

原始人在狩猎和其他生产活动中逐渐学会了用语言交换信息,但是以声波传递的语言信息最初是无法外存的,这时人们的生产和社会生活知识、事实信息的积累是依靠人脑的记忆,随着这种信息量的增加和人类的进步,人类的祖先学会了用结绳、契刻、壁画来存贮信息,进而创造了文字。恩格斯在《家庭私有制和国家的起源》中说过:"由于文字的发明及其应用于文献记录而过渡到文明时代。"文字及图书文献的发展使人类的大脑获得了第一次解放,大大地提高了信息存贮的有效率。当这种图书文献积累到相当数量时,产生搜集、整理和保存图书文献并提供利用的专门机构图书馆也就成为必然了。最初的图书馆正是作为人类这样一种知识、信息的外存装置而出现的。无论是殷商的甲骨还是亚述的泥版收藏,这种特点都非常明显,从内容上看,所记载的多为天象农作、征战、占卜、契约等,且这种设施多为奴隶主、商人、史官所掌管。事实上,直到中世纪以前,图书馆这种知识信息的存贮功能或曰记忆功能仍是图书馆主要的功能。无怪乎像 P. 巴特勒、J. M. 奥尔这样一些颇有造诣的图书馆学家仍将图书馆称为"人类记忆的一种社会装置"。

上述说明,图书馆是人类生存的需要,是社会进化过程中必然产生的、普遍的现象。图书馆使人类得以将一个时代积累的经验、知识、思想保存下来,留给后世,从其诞生之日起就担负着存贮与传递(主要指纵向传递)人类精神财富的社会职能,没有这样一种社会机构,人类文明的延续和发展是不可能的。

二、图书馆的扩张是社会知识交流的需要

在数千年的自然经济社会,社会生产力十分低下,整个社会处于保守、封闭、愚昧状态。再加之文化为统治阶级所占有,知识文

化与生产劳动相脱节,社会对于图书馆的需求是十分有限的,图书馆在这一漫长的历史阶段中发展也较为缓慢。

到了近代,社会生产力的提高,大机器的使用,产业革命的爆发,科学技术的迅速发展,造成了社会的知识信息总量的空前增长。在古登堡发明铅字印刷后不到 50 年的时间内,欧洲的图书总量由几万册猛增到 1000 万册。知识文化的普及,社会对知识信息交流的需要,像一股强大的潮流冲击着旧时代的图书馆,迫使图书馆面向社会。开放性的国家图书馆的建立,公共图书馆的兴起,大学和学术图书馆的蓬勃发展,正是这种新的社会需求的反映。图书馆从以藏为主走向以用为主、藏用兼顾,从封闭走向开放,这是图书馆一个新的质的发展。

因此,现代图书馆不仅是社会知识信息的存贮库,而且是社会知识交流的中心,社会知识信息的传递和开发工厂。用印度著名的图书馆学家阮冈纳赞的门生——J. S. 夏尔马的话来讲,图书馆不仅是"知识宝库",而且是"知识的喷泉"。在人类社会走向"知识、信息社会"的今天,其作用尤为重大。正是基于这一事实,美国著名的未来学家奈斯比特在《大趋势》一书中将图书馆称之为社会的第一信息部门。

第二节 现代图书馆的社会化及其标志

第二次世界大战以后,科学技术高速发展,出现科学社会化,社会科学化的强大潮流,人类社会正在走向一个新的"信息社会"。社会的信息化向现代图书馆提出了新的要求,推动着图书馆朝着现代化、社会化方向发展。

一、图书馆机构的社会化

回顾图书馆发展的历程,可以发现,虽然早在三四千年以前,作为萌芽形态的图书馆就已经出现了,但在相当长的一段历史阶段中,图书馆仅仅是作为社会部分占有者的"记忆装置"。图书馆作为一种独立的社会事业是从近代开始的。面向社会的各类型图书馆——国家图书馆、公共图书馆、大学图书馆、科技图书馆以及儿童、军队、企业、盲人等专门图书馆的建立和发展,使图书馆日益成为一种庞大的社会机构。现代信息技术在图书馆的运用,网络化又成为图书馆的一种基本组织形态,加强了图书馆地区、国家之间的联系与协作。像商店、医院一样,图书馆正成为现代社会不可缺少的一部分。据统计:1980 年前苏联共有各类型图书馆 35 万所。美国、西欧等发达国家,图书馆服务已普及到每一个居民点,1980 年美国共有各种类型图书馆 28665 所,1979 年享有图书馆服务的人口达 22041 万 5000 人。

二、图书馆收藏的社会化

在科学技术高度发展的今天,图书文献作为一种智力资源日渐受到社会的重视。美国图书馆与情报科学国家委员会在一份专题报告中指出:图书馆收藏已成为国家的一种智力和文化资源,是社会的财富,是国家的资源。这种资源是人类千百年来共同创造的宝贵的精神财富,是人类社会文明进一步发展的客观基础。有鉴于此,各个国家纷纷颁布了专门的法令,建立了呈缴本制度,从而保证本国出版的图书文献的全部收藏和广泛的利用。此外,各国还投入大量的财力物力,通过订购、交换等多种途径来引进其他国家的图书文献。例如在第二次世界大战中,美国就在国会图书馆的主持下,制定了一项战时采购协作计划,先后在葡萄牙、西班牙、法国、阿尔及利亚等国设立采购处,在几年内就在欧洲和其他地方采购了 100 万册国内缺乏的重要的图书文献。战后,在此基础上又制定了著名的法明顿计划,把采购的范围几乎扩大到了世界各个地区。据美国国会图书馆 1981 年统计,收藏已达 7800 多万册(件),图书文献的语种达 468 种之多。图书馆收藏作为一种社会性资源还表现在:(1)数量上的激剧增长。前苏联各类型图书馆收藏总量达 40 多亿册,全国人均 15 册以上。美国仅公共图书馆就收藏 4 亿册左右,人均约 2 册。欧洲一些发达国家的公共图书馆收藏,人均也都在 2 册以上,像丹麦、瑞典等国家公共图书馆藏书人均在 5 册左右。(2)收藏的学科知识内容日益扩大,几乎包括人类知识的一切门类,因为任何科学技术的进展都最先要在图书文献中反映出来。(3)收藏知识载体多样化。在印刷品范围内,除传统的图书文献外,还包括大量的期刊、会议录、科技报告、学位论文、标准、专利等特种文献,各种二次文献、三次文献也在大量增加。近一二年来,一个突出趋势是缩微资料、视听资料、机读记录、电子出版物在图书馆收藏中所占的比例的增大。美国国会图书馆收藏的 7800 万册(件)中,图书只有 2000 万册,占 25% 左右。

三、图书馆服务的社会化

由于科学技术和现代教育大规模的发展,知识文化的普及,社会信息交流的扩大,社会对图书馆提出了更大的要求。图书馆机构的网络化和社会化,图书馆收藏的社会化又为图书馆服务的社会化奠定了物质基础。特别是现代信息技术在图书馆的广泛运用,又为图书馆更快、更准、更方便和更有效地、最大限度地满足社会各种需求提供了现代化的手段。1980 年,前苏联各类图书馆服务读者达 2 亿 2000 万人,占总人口的 90% 左右,出借图书资料为50 多亿(件),全国人均借 20 册(件)。据美国 1978 年对公共图书馆的调查,18 岁以上的公民,有 51% 的人到过公共图书馆,公共图书馆流通总量达 10 亿册,全国人均 5 册左右。随着图书馆现代化的发展,图书馆服务与活动还出现了国际化、全球化的趋向。目前国际性的互借每年达 100 万件,并以 6% 的年增长率继续增长。而且,在北美、东欧还出现了一些电子计算机化的国际性图书馆系统或图书馆网络。图书馆这种国际化趋向是现代图书馆事业社会化的突出标志之一。

四、图书馆管理的社会化

由于图书馆事业的社会化,图书馆工作已成为一种社会性职业,图书馆管理也就成了一种社会性活动。从宏观来看,为了保证图书馆健康与协调地发展,使图书馆与社会的政治、经济、科学、文化、教育的发展相适应,满足社会对图书馆不断增长的需要,国家与社会必须对图书馆加以组织与协调。从微观上来说,图书馆为了发挥自身最大的效益,获取社会的支持与协作,图书馆也必须吸收社会的力量来参加图书馆的管理与决策,接受社会的监督。

五、图书馆学研究的社会化

思维是存在的反映,"历史从哪里开始,思想进程也应从哪里开始。"(恩格斯:《卡尔·马克思〈政治经济学批判〉》,《马克思恩格斯选集》第 2 卷第 122 页,人民出版社 1972 年版)随着图书馆这一客观事物的出现,有关图书馆的认识或知识也就产生了。古代图书馆学主要依赖于藏书家的经验总结和个人对图书馆的认识,然而,到了近代,图书馆的社会化推动了图书馆学研究活动规模的扩大,图书馆学研究也成了一种社会性的活动。

1876 年世界上第一个图书馆学专业组织——美国图书馆协会成立,标志了图书馆学研究由个人研究走向集体研究,图书馆学研究成为一种社会性活动的开始。第二次世界大战以后,图书馆事业的蓬勃发展,推动了图书馆学研究进一步社会化。据统计,

1973 年全世界已有图书馆学专业协会或相关学术性组织 319 个，到 1980 年则发展到 509 个，其中国际性专业组织 59 个，仅美国就有专业组织 40 余个，美国图书馆协会会员达 30000 个。全世界发行的图书馆学、情报学学术期刊据不完全统计达 885 种，其中由各专业学会出版的专业期刊为 256 种。此外，每年还出版大量的专题论文集、会议录、报告、年鉴、手册等学术资料。

在图书馆学研究内容上，图书馆实践活动的扩大，图书馆网络化、社会化、国际化的发展，又要求图书馆学研究从更为宽广的视野来研究现代图书馆事业，基于这一背景，国际图书馆学、比较图书馆学兴盛起来。

现代图书馆学作为一门科学不仅广泛地与现代自然科学、社会科学联结起来，从中吸收新的养料，而且还以其自身最新的科学成果来丰富和补充人类社会的知识宝库，推动科学的发展。

此外，图书馆的社会化还突出地表现在图书馆社会职能的扩大，社会地位的提高，以及社会对图书馆的重视程度等方面。

第三节　图书馆与社会的相互作用

图书馆在发展的历史过程中，与社会的政治、经济、科学、文化、教育有着紧密的联系，并受其制约和影响。同时，图书馆作为社会知识信息的交流部门，有其自身发展的特殊规律和相对独立性，对社会的发展有着巨大的反作用力。

一、图书馆与经济

所谓"经济"指社会的生产和再生产，包括生产、交换、分配、消费等环节。按照历史唯物主义的观点，物质资料的生产既是社会生存和发展的永恒的必要条件之一，又是全部条件中最重要的有决定意义的条件；既是人类生活最一般的本质活动，又是规定和制约人类生活全部领域的基本实践活动。图书馆既然是一种知识形态的社会性机构，它就不得不依赖于物质形态的生产和技术，具体地说：

1. 社会经济的发展是作为一种社会性机构的图书馆产生和发展的终极动因

生产劳动是人类社会生存的第一个基本条件。如果说人类在其发展过程中感知和存贮记忆的需要是图书馆这样一种社会的记忆装置产生的直接原因的话，那么生产劳动就是图书馆产生和发展的终极动因。首先，人类在生产劳动过程中创造知识信息交流的工具，即语言、文字及其载体；其次，知识信息交流的需要主要来自于社会的生产实践活动，知识信息的主体是人类社会生产实践的反映。恩格斯说过："科学的发生和发展从开始起便是由生产所决定的。"（恩格斯：《自然辩证法》第149页，人民出版社1957年版）知识是人的大脑对客观世界的反映，是人类认识活动的结果。人类认识活动的发展主要是由于生产实践活动的推动，知识的产生和积累也主要是生产实践活动的需要和结果。随着生产水平的提高，生产规模的扩大，社会对知识信息的积累与利用的需要也随之增长。而这种需要正是作为社会知识搜集、存贮与利用的机构——图书馆产生和发展的社会动因。

社会生产力的发展造成了社会分工，在古代，图书馆的出现正是脑力劳动与体力劳动分工的结果。而近代产业革命、大机器生产也正是近代图书馆社会化的直接动因。

社会经济的发展和物质资料生产水平决定图书馆的物质条件和技术手段。图书馆是人类社会存贮与传递知识信息的机构，知识信息是图书馆工作的基本对象。然而，知识信息注定一开始就要受到物质的纠缠。知识信息必须借助于一定的载体、交流手段来进行存贮与传播。一般而言，知识载体与交流手段的状况也就决定着图书馆工作与服务方式,并影响到它的组织形式与组织结构及其社会价值。作进一步的探讨还会发现,知识载体与交流手段完全是由社会的生产力水平所决定的。我们不妨从下图对这一发展过程加以具体的考察(见图10—1)。

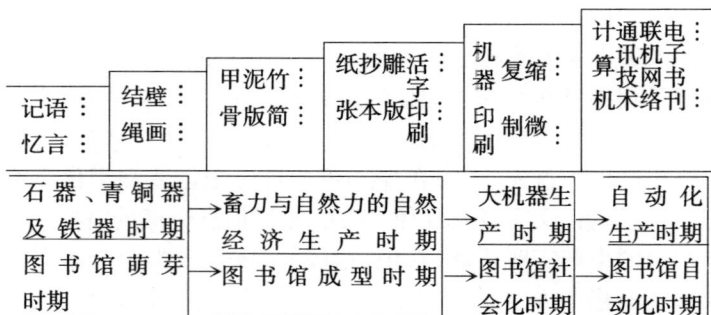

语言记忆	壁画结绳	竹简 甲骨版泥	纸张抄本雕版活字印刷	机器印刷 复制缩微	计算机通讯技术联机网络电子书刊
石器、青铜器及铁器时期 图书馆萌芽时期	→ 畜力与自然力的自然经济生产时期 → 图书馆成型时期			→ 大机器生产时期 → 图书馆社会化时期	→ 自动化生产时期 → 图书馆自动化时期

图 10—1

从上图可以得出这样几点结论:(1)知识载体和交流手段是由社会生产力水平决定的。我国在唐宋已产生了比较完善的雕版及活字印刷术,却迟迟未能向近代机器印刷迈出最关键的一步,其障碍不是缺乏良好意愿,而是当时生产力水平还不可能创造出这样一种划时代的装置。(2)知识载体与交流手段、图书馆和社会生产力表现为一种同步发展,尽管这种同步不甚严格,但揭示了这样一种必然,即社会生产力水平的提高决定了知识载体与交流手段的改变,而知识载体与交流手段的变化又改变和影响图书馆的面貌。

2. 图书馆对社会经济和生产的反作用

在现代社会条件下,图书馆这种反作用表现在以下几个方面:

(1)图书馆作为社会劳动再生产的一种手段。马克思主义认为人是社会经济与生产活动中起主导作用的因素,劳动者是首要的生产力。这里的"人"、"劳动者"是指有一定生产经验、劳动技能和科学知识的人。毛泽东同志在《必须注意经济工作》一文指出："用文化教育工作提高群众的政治和文化的水平,这对于发展国民经济同样有极大的重要性。"(《毛泽东选集》第1卷第119页,人民出版社1960年版)科学技术的发展,对劳动者的科学文化水平提出了越来越高的要求,提高劳动者的质量已是发展生产和经济的一个重要方面。图书馆是社会的文化和教育机构,它不仅是学校教育的一部分,而且还是社会的教育中心和自修大学,普及科学文化是图书馆的一个重要的职能。

(2)图书馆是使潜在生产力转变为现实的生产力的桥梁。马克思指出:"生产力中也包括科学。"(卡尔·马克思:《政治经济学批判》,《马克思恩格斯全集》第46卷下册第211页,人民出版社1980年版)马克思的这一光辉论断今天已广为社会所接受。然而,科学并不是直接的生产力,而只是一种潜在的生产力,知识形态的生产力,唯有当科学物化为技术,直接投入生产过程,为生产劳动者所运用,才成为社会的生产力量。把知识形态的科学转化为社会的物质力量,其途径多样,但通过图书馆来传递科学知识是重要的途径之一。尤其在科学知识激剧增长,科技文献像雪片一般地涌现的今天,其意义更为重大。

(3)图书馆是社会信息知识产业的一部分。科学技术的发展,不仅确立了科学技术对物质生产的决定性作用,而且造就了庞大的"知识产业",知识产业主要指图书出版、教育、研究发展、知识信息服务等精神生产部门。当然,这里并不能否认知识生产对物质生产的依赖性,但它与物质资料生产所不同的是它以满足人类的精神上的需要为目的。在一些发达国家,知识生产部门正成为一个庞大的社会产业部门,它同样能带来巨大的社会经济价值和社会作用,有些学者称之为"社会的第四产业",并提出创立知识生产与再生产理论的建议。图书馆是社会的知识产业的一个组成部分,虽然,一般而言,图书馆不具有直接的经济效益,但它对于知识产品的流通和知识再生产的重要作用是不言而喻的。

随着社会的信息化、知识化,图书馆对社会经济和社会生产的作用将日益重大,对此,必须予以充分的肯定。

二、图书馆与政治

马克思、恩格斯在《德意志意识形态》中指出:"一个阶级是社会上占统治地位的物质力量,同时也是社会上占统治地位的精神力量,支配着物质生产资料的阶级,同时也支配着精神生产的资料。"(《马克思恩格斯选集》第 1 卷第 25 页,人民出版社 1972 年版)图书馆作为一种带有复合性特点的社会现象,作为一种精神力量,同样为占有物质资料的统治阶级所支配。以美国为例,美国国会图书馆是世界上图书资料收藏最多,年经费达 2 亿多美元的最大的图书馆,但它一建立,美国国会就通过专门法令,规定该图书馆的主要任务是为国家的统治集团——国会议员服务。一些资料还表明,美国禁书也十分严重,且不说战后麦卡锡大清剿那样近似疯狂的年代,近二年发生的禁书事件比过去也猛增了 3 倍,1981年达 900 多起,1982 年到 9 月止已近 1000 起;学校和图书馆迫于压力不得不剔除某些图书,或严格限制其读者范围,在被禁的书中包括但丁的《神曲》,荷马的《奥德赛》,号称美国资产阶级革命号手的惠特曼的名作《草叶集》也不能幸免。

在社会主义条件下,图书馆也必须为社会主义事业服务,向人们宣传马克思主义,对他们进行社会主义和共产主义思想的教育。

我们在这里强调国家政治对图书馆的支配作用,是因为,政治是经济的集中表现,经济发展对图书馆提出的要求,一般地是通过政治对图书馆的影响而集中地表现出来的,经济发展对图书馆有着最终的支配作用,但是这种"经济影响多半又是在它的政治等等外衣下起作用"(恩格斯:《恩格斯致康·施米特(1890 年 10 月27 日)》,《马克思恩格斯选集》第 4 卷第 485 页,人民出版社 1972

年版)。

但是,应该指出的是,不能把政治对图书馆的影响绝对化。图书馆作为一种社会现象,除了与社会的政治、经济有着密切的关系外,还与社会的人口素质及地理分布、社会习惯、社会心理等有着广泛的联系,因此,在考察图书馆与社会的关系的时候,必须注意到图书馆这一社会现象所具有的复合性和综合性的特点。

三、图书馆与科学、文化、教育

图书馆与社会的科学、文化、教育事业具有密不可分的联系,在其发展过程中互相依赖,互相促进,具有高度的统一性。

科学就一般意义上说是人类认识客观世界,探索其规律的活动,是社会知识生产的过程,其结果是体系化的知识。现代科学技术发展的最大特点是它的继承性和社会性。马克思说过:"科学劳动部分地以今人的协作为条件,部分地又以前人劳动的利用为条件。"(马克思:《货币转化为资本》,《马克思恩格斯全集》第23卷第190页,人民出版社1972年版)所谓"前人劳动的利用"就是知识的继承,而"今人的协作"就是科学的协作与交流。在现代"知识膨胀"的条件下,图书馆对现代科学技术的发展具有重要的意义。

1. 图书馆的图书资料是科学劳动的生产资料。它正像实验设备一样是科学劳动的必要工具,任何科学研究离开图书资料都是难于开展的。马克思写《资本论》就充分利用了图书馆,研读了1500多种著作,从浩如烟海的文献中提炼科学的观点。列宁为了研究帝国主义的本质和特征,在写《帝国主义是资本主义的最高阶段》一书时,就利用了图书馆148本英、法、德文著作,49种期刊,232篇论文,从中摘引了大量的材料。自然科学也如此,我国地震科学工作者曾通过查阅8000多种文献资料,从中摘出15000多条地震史料,经过审核考证,获得了从公元前1177年到公元

1955 年为止的 8100 多次地震的记录。这些丰富的地震历史资料，对我国地震区域的划分、地震预测预报提供了重要的依据。

2. 图书馆的图书资料是科学技术前进的新起点、接力棒和发展的阶梯。人类知识是历史长河的积累，是一代一代人在认识和改造社会、改造自然的斗争中的历史经验的总结。每一代人都是把前人或别人认识的终点作为自己认识的新起点，然后通过自己的再实践获得新的认识，探索出新的成果。科学技术的任何发展都是在继承前人或别人研究成果的基础上进行的，都是在了解、总结前人或别人成果的基础上进行新的探索，并以此去攀登新的科学高峰。例如波兰天文学家哥白尼创立太阳中心系学说，就曾经从研究古希腊的哲学著作中，从毕达哥拉斯学派，从阿利斯塔克、赫拉克利特等人关于地球运动的宇宙结构模型中，得到了创立宇宙结构的启示。我国 16 世纪卓越的科学家李时珍，他撰写了 190 万字的巨著《本草纲目》，内收药物 1892 种，而采用历代本草中已收的药物就有 1518 种。其中采用《神农本草》的 347 种，梁陶弘景《神农本草经集注》的 307 种，唐苏恭等《唐本草》的 110 种，唐陈藏器《本草拾遗》的 368 种，宋刘瀚等《开宝本草》的 110 种，宋苏颂《图经本草》的 74 种，等等。经李时珍自己发现新增加的药物有 374 种。《本草纲目》在医药科学上所作的贡献是世所公认的，而图书资料对这一巨著的问世起了重要的阶梯作用。

3. 图书馆是科学技术交流和传递的渠道之一。图书馆收藏的图书资料就是科学技术成果之一，它是人类社会的共同财富，是可以互相利用的，共同享受的。另一方面，科学技术发展很快，当前世界上自然科学学科就达 2000 个，在技术方面，工业发达的国家在 1950 年—1965 年 15 年中由于自动化技术的迅速发展，使原来的工业体系中失去了 8000 多个旧的技术工种，诞生了 6000 多个新的技术工种。因此，任何一个民族，任何一个国家，在科学技术上必须学习别人的长处，开展广泛的科学技术交流。日本从 1960

年至 1975 年就引进先进技术资料 26000 多件。

4. 图书馆是知识信息的存贮和开发中心。图书馆对图书资料的收集、加工、整理,为科学家的科学劳动提供了条件,图书馆工作是科学劳动的一部分,是科学研究的前期性劳动。

5. 图书馆是领导部门制订科学技术政策、发展战略的"参谋"、"顾问"、"尖兵"。由于图书馆系统的收藏,长期的累积,所以它系统地掌握了世界范围内各个领域的知识和动向,能及时地提供科学技术发展的信息,在领导部门作决策时能起"参谋"、"顾问"作用。

6. 图书馆是直接影响科学研究能力的一个重要因素。一个国家的科学能力由科学家队伍的集团研究能力、实验技术装备的质量、图书情报系统的效率构成。据国外估计,用传统的图书馆工作方法,一般科学研究人员在科学研究过程从事查阅研究文献资料,往往要占去科研活动时间的 30% 至 50% 。

由于知识信息总量的增长,全世界图书资料出版数量猛增。据美国《纽约时报》1985 年在《印刷品源源不绝,图书馆难以应付》一文中称:"每年出版图书 80 万种","期刊 40 万种","资料400 万种以上,而且每年以 12.5% 的速度增长"。联合国教科文组织 1985 年《统计年鉴》统计,全世界共出版报纸 53614 种。在这些公开发行的书刊资料中,一般可获得 60%—70% 的科学技术情报。这样庞大的文献,一方面为科研人员获得所需资料提供了有利条件,另一方面也给科研人员造成了很大困难:文献资料数量太大,在有限时间内无法去阅读。1980 年仅化学化工的论文就发表50 万篇,平均每天发表 1370 篇,这些论文分别用 60 种文字发表在 100 多个国家的 14000 种期刊上,即使一位通晓各国文字的化工学家,每天读 33 篇,也要 50 年才能读完。查找资料相当困难。

解决这些困难的办法,就是提高图书情报系统的效率。提高图书情报系统的效率,关键在于图书馆现代化,这样就解决了科研人员查找资料的问题,节约了科研人员的时间,这也就直接提高了科学研究的能力。例如美国医学图书馆的医学文献联机检索系统,已存入资料 170 万件以上,每件资料可以从 13 个角度查出,文献查全率为 57.7%,查准率为 50.4%,检索一个课题平均需 10 分钟,相当于一个科研人员用 30 种语言浏览 2000 种医学杂志上的 9 万篇文献。这样高的效率是人工所不能比拟的,因此图书情报系统直接影响科学研究的能力。

在教育活动中,图书馆是大学的心脏,学校的第二课堂,是学校教育的基本组成部分,特别是知识迅速老化的今天,传统的"仓库理论"、"填鸭式"教育法已经不适应了,代之而来的是以自学为中心,培养智能为目标的启发式教育方式。在这种新的教育体制下,图书馆对现代学校教育的发展更为重要。图书馆及其知识文献的利用作为一种基本的知识技能正成为正规教育的一部分,图书馆正成为一个教学单位。

图书馆在社会教育中具有更为广泛的意义,它向社会所有成员敞开大门,是社会的教育中心和学习中心,也是社会的大学。

文化,从广义讲是人类历史实践过程中所创造的物质财富和精神财富。这里讨论的是狭义的文化,即社会意识形态以及与其相适应的制度和组织机构,如文化馆、文化部门等。图书馆作为一种知识文化机构,具有普遍性的意义。图书馆是对人们进行思想教育和传播社会思想意识的阵地,是人们吸收精神养料的源泉。同时,图书馆还是人们文化娱乐的重要场所。高尔基说过:书是人类进步的阶梯,是知识的无尽源泉,读书会使生活变得愉快舒畅,因此,图书馆服务是社会文化生活中不可缺少的一部分,它对于提高整个民族的思想、道德、文化水平有着重要的影响。此外,图书馆还担负着保存社会文化的重要职能。

四、图书馆的相对独立性

图书馆的产生和发展是社会的需要,政治和经济对图书馆的发展有决定性的影响,但图书馆作为社会知识信息交流机构,其发展又具有相对的独立性。图书馆和任何其他社会现象一样,内部存在统一的矛盾运动,这种内部的矛盾运动就构成了图书馆发展的源泉和动力。政治、经济对图书馆事业的发展的作用必须通过图书馆内部矛盾运动得以实现。所以,政治、经济是图书馆发展变化的外部原因,而图书馆内部的矛盾运动则是图书馆发展变化的内部原因。政治和经济对图书馆的发展有决定性的作用,但这种作用本身是图书馆内部矛盾运动所要求的,它要适应图书馆内部矛盾的需要,并服从于图书馆发展的特殊规律性。

图书馆作为一种相对独立的社会现象和社会的精神力量,其相对独立性还表现在:

1. 图书馆对政治、经济的发展的反作用。胡耀邦同志在党的十二大报告中明确指出:图书馆等文化事业建设是社会主义精神文明建设的一个重要方面,而且也是提高人民群众思想觉悟和道德水平的重要条件,从根本上肯定了我国图书馆事业对于将我国建设成为一个高度民主、高度文明的现代化社会主义国家的重要作用。社会主义精神文明的发展必将推动物质文明建设,推动社会生产力的发展,特别是在人类正面临一次新的技术革命,人类社会正在走向一个"信息化"社会的时候。在未来的这样一个社会里,图书馆作为社会知识信息的交流部门对整个社会的发展有着日益重大的作用。图书馆对社会发展的这种反作用,是图书馆相对独立性的突出表现。

2. 图书馆的发展还与社会的科学、教育、文化事业的发展相互联系、相互影响、相互促进。历史表明,科学、文化、教育事业的繁荣和发展必将促进图书馆事业的繁荣和发展。在高等教育中,图书馆是大学的心脏,是高等学校的三大支柱之一;在社会文化活动中,图书馆是社会的文化中心,是社会大学;在科学研究中,图书馆是科学研究的一翼。图书馆是衡量一个国家科学、文化、教育事业发展水平的标志之一。图书馆事业的发展也必将推动社会的科学、文化、教育事业的发展。

3. 图书馆与社会经济发展的不平衡性。例如,英国与法国在人口、政治制度等方面都很相近。第二次世界大战以后,法国经济迅速发展,1976 年人均国民生产总值法国为 6550 美元,英国为 4020 美元。1977 年法国国民生产总值约 3700 多亿美元,英国为 2600 多亿美元。英国图书馆事业以其完善的组织体系和网络,高质量的图书馆服务而著称于世,被视为世界上图书馆事业最发达的国家之一。而法国的图书馆事业则相对落后,以致密特朗执政后尤感有必要制定一个图书馆的新政策来发展法国的图书馆事业。当然,这种不平衡只是相对的,也是不普遍的,总的规律是按正比例发展的。

此外,图书馆的发展还具有一定的历史继承性。早在汉代,我国就有了比较定型的皇家图书馆,并具有相当完备的组织体系和严密的分工,编制了世界上最早的"国家书目",由此确立的集权制的皇家图书馆便成为历代帝王的楷模,延续一二千年。其结果:一方面在搜集整理、保存图书方面给我们留下了丰富的经验,尤其是遗留下来的反映各个时期图书文献发展的皇家藏书目录、史志目录为世界之罕有;另一方面,崇尚经典,苦究考据,重藏轻用的传统也沿袭至今,束缚了我们的手脚。

第四节　国家和社会组织对图书馆的作用与影响

一、国家对图书馆的组织

早期的图书馆就是在国家干预下发展起来的。无论是我国汉代的皇家藏书楼,还是古埃及的亚历山大图书馆都是由国家政权组织起来的。但在相当长的历史时间内,国家对图书馆的组织作用是十分有限的,它仅仅限于对为统治集团服务的皇家图书馆的控制、资助和组织。

国家担负起整个社会的图书馆事业的建设和组织作用是从近代产业革命以后,1850年英国率先通过第一个公共图书馆法开始的。在此之后,美国、瑞士等国家紧接着也制定了相应的图书馆法令。这些法令的制定推动了图书馆社会化的发展,同时,也说明图书馆自身的发展已要求从国家这一层次加以组织管理。但这一时期,国家对图书馆事业的组织是间接的,主要表现为有关图书馆建设的一般法令的颁布和修定。第二次世界大战,小科学进化到了大科学的时代,计算机等信息技术在图书馆的应用,现代图书情报网络的出现,以及图书馆更大规模的发展,一些国家相继采取了新的措施加强对图书馆事业的领导与组织。

美国1970年通过了关于建立图书馆与情报科学国家委员会(NCLIS)的法案,由美国总统尼克松亲自批准与任命而成立了图书情报科学国家委员会。该委员会作为国家对全国图书馆与情报服务实施管理的一个咨询机构,从其创立伊始就担负着对全国图书馆与情报服务系统进行评价,并提供相应的改进措施、目标、规划的建议的职责。委员会从1973年起就开始起草一份《走向图书馆与情报服务的国家计划:行动的目标》的专题文件。这一文件于 1975 年正式颁布。这一文件比较系统地分析了美国图书馆与情报服务现存的问题,建立全国性的图书馆与情报服务网络的必要性及其障碍,并提出了建立全国性网络的步骤与目标。在该委员会的指导下,1979 年 12 月召开了关于图书馆和情报服务的白宫会议。这次会议在白宫的召开就显示这一会议的重要性,因为在白宫召开的会议必须是像能源、环境污染这样一类有关国计民生的重大议题。会议参加者包括国内外 3600 多名代表,美国总统在大会致词,大会共通过了 64 项决议,会议的中心议题就是改进图书馆与情报服务,满足社会新的需要。

在前苏联,十月革命胜利后,列宁在 1918 年 6 月 7 日起草的人民委员会《关于建立图书馆事业》的决议中就以其天才的洞察力提出了对俄国图书馆事业实行由国家领导的"集中管理"的设想,并指定由教育人民委员部负责图书馆的领导工作。第二次世界大战后,于 1953 年建立了全苏和共和国的文化部,由该部来领导图书馆事业,从而在全苏范围内建立了领导图书馆事业的国家机构。为了加强对其他系统的图书馆的领导,1975 年在文化部之下设立了跨系统的"全国图书馆委员会",并授予充分的权力。

英国、澳大利亚等国在这方面也采取了一些积极的措施,联合国教科文组织在 1950 年还专门提出了"国家情报体系"(NATIS)计划,试图建立在一个国家内图书馆、档案馆及其他文献机构协调一致的国家图书情报体制。1974 年,联合国教科文组织又在巴黎召开了关于全面规划国家文献、图书馆和档案基础机构的世界科技情报系统(UNISIST)大会和政府间会议,认为"一项世界系统的科技情报服务工作是一项可行的目标,而这项工作又是需要得到国家情报系统的支持,以便建立在政府支持的关于文献、图书馆和档案服务规划的广泛基础之上,而且必须把服务规划设想为'国家情报系统'(NATIS)。而这个所谓'国家情报系统',主要是涉及全部学科领域里的文献、图书馆和档案的服务工作。"

新中国成立后,党和国家对我国图书馆事业的建设予以了充分的重视。在周恩来总理亲自领导下,1957年9月6日国务院全体会议第57次会议批准了《全国图书协调方案》,并决定在当时国务院科学规划委员会下设图书小组,来负责全国图书资料的规划和协调工作。遗憾的是由于众所周知的原因,这一方案没有得到完全的实施。

以上情况说明,图书馆事业在本世纪40年代前后已扩展到国家规模与国际规模,一些国家已开始设立专门机构或组织来规划、协调、组织整个国家的图书馆事业的发展,图书馆作为一项庞大的事业已引起社会和国家的高度重视,国家对图书馆的组织作用与前阶段相比较更加广泛,更加直接,更加重要。

二、国家对图书馆进行组织的依据及其途径

1. 国家对图书馆进行组织的依据

在现代社会的条件下,为什么必须由国家来直接担负对图书馆事业的组织职能呢?其依据何在?我们认为主要有二点:

第一,现代图书馆事业已扩展到国家规模,任何个人、社会团体或社会部门都无法担负起图书馆事业的组织职能。以经费为例,美国国会图书馆一年的经费达2亿多美元,仅公共图书馆的年度经费就在10亿美元以上。本世纪初被摩根称之为"世界上最有钱的人"——亿万富翁卡内基曾捐献了数以千万计的资财来发展美国和其他一些国家的图书馆事业,这在当时无疑是叫人咋舌的,但对于今天美国的图书馆事业来说,仍不过是杯水车薪。要保证图书馆与政治、经济以及科学、文化、教育发展的平衡,保证图书馆内部与外部的协调发展(如图书馆网络之间的协调,图书馆与出版部门的协调),就必须由国家来集中统一地领导和组织图书馆。现代图书馆事业的大规模的发展是国家组织图书馆事业的直接原因。第二,图书馆收藏作为一种知识信息资源,是社会和国家

的财富。图书馆作为社会知识信息的开发中心,对整个社会政治、经济和科学文化、教育事业有巨大促进作用。另一方面图书馆作为社会的一种精神力量一般不能直接产生经济效益,要使这种资源尽可能地为社会所利用,就必须由国家和社会从财力、人力、物力上来保证图书馆事业的维持与发展,这就是国家组织图书馆事业的根本原因。

2. 国家对图书馆组织的途径

现代图书馆大规模的发展,迫切要求国家对图书馆事业实行统一集中的领导与组织,但图书馆事业与教育等事业不一样,由于图书馆社会化所带来的复杂性,图书馆分属于教育、文化、科研等各系统,国家通常又不可能设立一个独立的部门来领导与组织图书馆。在比较完善的组织体系中,国家一般借助于制定有关图书馆的法令、标准以及设立部际协调机构来实施对全国各类图书馆的组织与领导。各个国家由于其历史与政治体制上的差别在对图书馆的组织与领导上是有偏重的,一般欧美国家对图书馆的组织更多地注重于立法手段,而东欧国家则比较偏重于行政手段。

国家对图书馆事业组织的形式与作用有以下几个方面:

(1)制定有关图书馆的法令、政策与标准,以及图书馆事业的发展规划,保证图书馆事业的全面发展并为全社会所利用。

(2)设立各部门之间的图书馆协调机构,并督促各部门对图书馆事业予以充分的重视。

(3)国家投资或资助全国的一些基本图书馆,尤其是国家图书馆。依据法令和标准检查和督促地方的图书馆事业的建设,必要时给予资助。

(4)设立图书馆学教育的院系或培训中心,为图书馆事业培养专门人员。

(5)从社会舆论上动员整个社会关心和支持图书馆事业的建设。

三、社会组织与图书馆

现代图书馆事业的社会化,使图书馆与整个社会生活更为广泛地联结在一起,图书馆日益受到社会各个阶层、各个团体、各个部门的重视,在图书馆外出现了一系列的社会组织,这些组织对图书馆的社会发展有着重要的作用。

从与图书馆的关系看,这些组织可以分为两类:一类是与图书馆有直接联系的,主要由读者和图书馆员组成,如"读者协会"、"图书馆之友";另一类是与图书馆无直接关系的社会团体,如共青团、工会、妇女联合会、学术团体、科学基金会等。这些组织由于其广泛性,显得比较复杂,对图书馆的作用也不尽相同。在社会主义国家起主要作用的有共青团、工会、妇女联合会、学术团体等群众性的组织,在西方国家基金会、学会对图书馆的影响比较大。

社会组织是推动我国图书馆事业发展的重要力量。全国工会图书馆(室)1983年达146000个以上。共青团和工会图书馆其经费来自本团体或企业,图书馆直接为组织成员和居民服务,具有广泛的普及性。图书馆是共青团、工会组织其成员进行政治思想和科学文化教育与娱乐的重要场所。而且,由于这些组织具有较大的社会性,它们对图书馆的组织活动往往能够引起社会广泛的反响。例如,近年共青团、妇联对少儿图书馆的宣传、号召、资助和组织就起了十分重要的作用,有效地推动了我国少儿图书馆事业的发展。特别是由工会、共青团组织的职工和青少年群众读书运动,在整个社会中引起广泛的响应和重视。"读书"正成为一股时代的潮流,这股潮流也正成为推动我国图书馆事业发展的一股强大的动力。

第十一章　中国图书馆事业的建设与发展

　　列宁关于图书馆事业的基本思想、我国党和政府及周恩来同志关于图书馆的指示,对我国图书馆事业建设与发展起着重要作用。我国图书馆事业 30 多年来取得的成就,就是在列宁关于图书馆思想的指导下,在党和政府领导下取得的。党和政府对图书馆事业的领导主要体现在图书馆的方针、政策的制定;图书馆事业的发展规划;图书馆的协作协调;图书馆网的组织和图书馆资源共享;组织图书馆为社会主义服务;图书馆干部队伍的组织与建设;图书馆学、情报学教育的组织与发展;建立全国统一的图书馆标准与制度;对各类型图书馆事业进行投资等。为了实现上述任务,党和政府在各个阶段发布了一系列的指示,这是图书馆事业发展的基本依据。

第一节　新中国图书馆事业建设原则

　　建国以来,我国图书馆事业建设有成功的经验,也有失误的教训。从长期的实践中总结正反两方面的经验教训,我们认为我国图书馆事业建设必须遵循下述四个方面的原则:

一、图书馆事业建设应与国民经济和科学文化教育事业发展水平相适应,保持平衡

图书馆是社会信息、知识的存贮和传递中心,是社会信息、知识交流系统之一,是社会经济、科学、文化、教育不可缺少的一部分,是一种智力资源,它促进社会经济、科学、文化、教育的发展。

但是,经济是基础,图书馆事业的发展是受经济发展水平所制约的。经济的发展水平是影响图书馆事业发展水平的决定性条件。只有经济发展了,才能为图书馆事业的发展提供物质条件。同时,图书馆事业作为科学、文化、教育事业的一部分,又受科学、文化、教育事业发展水平的影响。只有科学、文化、教育事业发展了,才能促进图书馆事业的发展。

由于图书馆事业与国民经济、科学、文化、教育事业的关系是相互制约的,因此必须相互适应,保持平衡,才能相互获得不断发展。

怎样做到图书馆事业的发展与国民经济、科学、文化、教育事业的发展相互适应呢? 我们认为必须注意两点:一是必须根据发展的需要和客观的可能条件来安排图书馆事业的建设规划,正确处理需要与可能的关系。所谓发展的需要,是指社会经济、科学、文化、教育事业对图书馆事业的需求;所谓可能,是指社会经济、科学、文化、教育事业能给图书馆事业发展提供的各种物质条件。二者相互制约、互为条件。只有需要,没有可能,事情办不成功;只有可能,没有需要,事情办得再多再好,也没有价值,没有意义。要正确处理需要与可能的关系,必须反对冒进和保守两种倾向。冒进就是不顾客观的可能条件,盲目地追求高指标,高速度;保守就是客观条件已经成熟或基本成熟,社会需求又非常迫切,而我们怕这怕那,不去做,压制创造精神,让其落后。这两种倾向都会给图书馆事业的发展带来严重的后果。1958 年前后,由于对客观条件缺乏正确的估计,基层图书馆的发展数量过于迅猛,超越了经济发展的可能,因而出现了大起大落的现象。当前,我国的图书馆事业与国外先进水平相比,还有很大差距,显得比较落后,大家都想用较短的时间,较快的速度,把图书馆事业搞上去,这种心情是可以理解的。我们应该利用现有的条件,努力去发展我国图书馆事业,尽快缩小差距。但是,我国图书馆事业现代化的发展速度是受客观经济条件制约着,是与工农业生产的发展水平和人民的物质生活水平密切相关的,不能超越经济发展所许可的条件,不能脱离广大人民群众物质生活的实际水平。因此,我们在图书馆事业的发展中,必须一切从实际出发,只有这样,才能稳步地实现我国图书馆工作的现代化。

二是保持平衡。图书馆事业的发展与经济、科学、文化、教育事业的发展是相互制约的,既然相互制约,就必然要求保持相对平衡。当然,这种相对平衡,不是在每一个阶段,每一个系统,每一个具体图书馆都是平衡的,而是在一定时期保持总体平衡。这种平衡应该表现为:图书馆事业的发展速度与国民经济、科学、文化、教育事业的发展速度是成正比例的,图书馆事业发展的投资、物质条件的改善应该与国民经济增长的速度成正比例。在我国第七个五年计划期间,图书馆事业应在"六五"计划的基础上,确定一个基数,并在这个基数的基础上确定每一年图书馆事业的发展规模与速度,每一年投资的增长比例。

二、国家办馆和群众办馆相结合

国家办馆和群众办馆相结合,是发展我国图书馆事业的一条重要原则,其目的是为了发挥国家和集体两个积极性,加速图书馆事业的发展,以满足社会发展的需要。

国家办馆,就是由国家根据需要与可能的原则,从全局出发,直接投资兴办图书馆。国家办馆包括中央和各级地方政府举办图书馆,全民所有制的企、事业单位举办图书馆。国家办馆是国家图书馆事业的重要组成部分,在全国图书馆事业中起核心和骨干作用。

群众办馆是对国家办馆的补充。由于我国地域辽阔,人口众多,经济基础比较薄弱,群众需要量又大,要完全依靠国家投资兴办图书馆来满足广大群众对图书资料的需求,在相当长的时间内还难以做到。因此,为了满足广大人民群众的需要,我们又必须发动群众办馆,特别是广大农村和城镇的街道。群众办馆必须坚持自愿原则,从群众的实际需要和可能出发,坚持业余、小型、多样,不要搞形式主义,要强调社会实际效益。

国家办馆和群众办馆是我国图书馆事业的两个方面,不可分割的两条腿。国家办馆是主骨和核心,群众办馆是补充,群众办馆服务的群众最广、最直接、影响最深,因此国家举办的图书馆,要热情支持、扶植民办图书馆。

三、全面规划,统筹安排,分工协作,密切联系

贯彻全面规划,统筹安排,分工协作,密切联系的原则,其目的在于:一是对我国图书馆事业进行统一领导,集中管理,克服分散多头、各自为政的现象;二是通过协作和协调逐步建立我国统一的图书馆网,开发图书资源,实现资源共享,使有限的图书资源得到最有效和最合理的利用;三是有计划地合理地发展我国图书馆事业,尽量满足广大人民群众对图书资源的需求,使图书馆事业在类型、区域等方面布局合理,内部结构与层次合理。

全面规划,统筹安排,分工协作,密切联系的原则,不仅适用于全国图书馆事业的建设与管理,也适用于各个地区、各个系统和各个具体的图书馆;不仅适用于图书馆事业的建设与管理,还适用于各项业务工作的管理。

贯彻这一原则,就是要求图书馆的各级主管部门和管理干部

树立一个整体思想,全局观念,对图书馆事业实行集中管理,统一领导。具体来说,首先要有全面规划,全面设想,既有长远目标,也有近期的具体安排,既有指标,也有措施;二是合理布局,平衡发展,合理安排城市与农村、山区、牧区以及内地与边疆图书馆事业的发展,做到大、中、小相结合,重点与一般相结合,保证各类型、各系统、各地区图书馆平衡发展;三是组织图书馆现代化建设,加速传统图书馆向现代图书馆的过渡,实现图书馆工作的标准化、规范化、自动化;四是组织图书馆之间的协调和协作,逐步建立一个纵横交错的全国图书馆网。

四、党和政府对图书馆事业的领导

党和政府对图书馆事业的领导是我国图书馆事业建设和发展的重要保证。我国是社会主义国家,图书馆事业是国家办馆为主,经济来源主要是国家投资,如果没有党和政府的领导,没有国家的支持,图书馆事业是很难发展的。党和政府对图书馆事业的领导,主要是为图书馆事业的建设与发展提供指导思想、办馆原则,制定图书馆的方针、政策,提供物质条件,进行投资,组织协调与协作。

第二节 新中国图书馆事业的发展过程

37 年来,我国图书馆事业的发展是起伏不平的,是波浪式前进的。它经历和正在经历着两个阶段、两次变革、四个时期。

两个阶段:第一阶段,以传统的管理方法和技术方法为主,也就是传统的图书馆时代。37 年来,我国图书馆基本上处于传统的图书馆时代。第二阶段,就是由传统的图书馆过渡到现代化的图书馆,也就是由传统的管理方法和手工操作的传统技术过渡到现代化技术和传统技术并存的阶段。这一阶段,图书馆的现代化就是要实现图书馆组织网络化、工作标准化、技术现代化,在这一阶段中某些传统的技术仍然保留着。这个阶段,在国外称为"第二代图书馆",它的显著标志就是以现代化技术为主。这是我们目前正在经历着的阶段,世界先进国家的一些图书馆都经历了这两个阶段。

两次变革:一次是解放初期图书馆所有制的变革,我们把国民党时期地主、官僚资产阶级控制的图书馆变为广大劳动人民所有,为人民大众服务,这是我国图书馆事业史上的一次巨大变革,这一变革我们在解放初期就已经完成,它对我国图书馆事业的发展产生了重大影响。第二次变革,就是技术方法上的变革,一是把传统的落后的手工操作技术逐步用电子计算机技术来代替,使图书资料的采购、加工、存贮、检索、借阅自动化;二是把传统的藏书形式——印刷品,逐步应用光学技术和声像技术使图书资料向缩微化、视听化发展。这一变革已经开始。随着这一变革的实现,我国图书馆将以一个崭新的面貌出现。

四个时期:

一、稳健发展的时期(1949—1957年)

这个时期的特点是,整个图书馆事业处于稳步前进、健康发展的时期。主要表现在:

1. 对解放前留下来的图书馆事业进行整顿和改造,把旧政权所有的图书馆收归国有,为广大人民群众服务;把44所私立图书馆纳入国家计划的轨道;调整了藏书成分,充实了马列著作;改革和废除了不合理的规章制度;整顿了图书馆干部队伍,从而使旧有的图书馆很快地为社会主义革命和社会主义建设服务。

2. 学习了前苏联图书馆的某些经验与技术,翻译了一批前苏联图书馆学的著作,对当时我国图书馆事业的建设是起了一定作用的,但由于我们在学习时缺乏具体分析及思想方法的片面性,给我国图书馆事业建设带来了一些问题,如汲取了不少不应该汲取的东西,也盲目排斥西方某些成功的图书馆学成就等。

3. 各种类型图书馆得到很大发展。在这期间,特别是中国科学院系统的图书馆、厂矿工会系统图书馆、农村图书室,有的原有基础薄弱,有的从无到有。如中国科学院系统图书馆从 1949 年的17 所,1955 年发展到 56 所,1957 年发展到 101 所,藏书达 550 万册;工会系统图书馆 1956 年达 17486 所;1956 年,农村图书馆(室)发展到 18 万多个。

4. 为广大群众服务的工作开展得很活跃,形式多样,效果显著。据公共图书馆 1954 年的不完全统计,全年共有读者 1680 万人次,流动图书站和集体图书外借单位共有 19000 个,出借图书1065 万册次,馆际互借有 1501 次(出借图书 13 万多册次),全年共举办图书展览 2178 次,报告会 1123 次,读者座谈会 854 次,解答了读者咨询 11556 次,编制了各种推荐、参考书目 953 种。

与此相比,为科学研究服务的工作抓得较晚,1956 年在周恩来《关于知识分子问题》的报告发表以后,才开始被重视,结果当"向科学进军"到来时,立刻感到图书资料缺乏,配合不上,影响了科学研究事业的发展。

5. 图书馆之间开展了初步的协调和协作,图书馆学研究开展得比较活跃,出版的专业书刊和论文较多。

二、波浪式前进的时期(1958—1965 年)

这个时期的特点是发展不平衡,起伏坡度大,问题不少,但总的看是在原有的基础上继续前进。

这个时期可分为两个阶段,第一个阶段是 1958—1961 年。1958 年,以高指标、瞎指挥、浮夸风、"共产风"为主要标志的"左倾"错误严重地泛滥,图书馆在这种历史环境下出现了很大混乱。

(1)在图书馆事业发展的速度与规模上,出现了浮夸风,特别是农村图书馆（室），一哄而起，没有物质基础，与国民经济的发展失去平衡，速度过快过猛，而且不少是虚假浮夸，1958 年人民公社图书馆（室）一下子发展到 47 万个，1959 年又一下子下降到 28 万个，到后来，真正巩固和发展的为数甚少。

（2）在图书馆的任务与服务对象上，提出必须坚持为工农兵服务的方向，注意了普及，忽视了提高；强调了为工农兵服务，忽视和削弱、有的甚至取消为专家、学者和为科学研究服务，把为工农兵服务与为知识分子服务严重对立起来，为科学研究服务的工作受到冲击。尽管 1957 年 9 月 6 日，国务院全体会议第 57 次会议批准《全国图书协调方案》，北京、上海两个全国性中心图书馆委员会和湖北、辽宁、江苏、广东、四川、陕西、甘肃、黑龙江、天津几个地区中心图书馆委员会先后建立起来，在外文书刊采购协调、书目编制、书刊互借方面做了很多工作，但从总体来说，为知识分子服务工作受到很大干扰和冲击。

（3）在图书馆藏书的藏与用的关系上产生了混乱，失去平衡，片面强调藏书的使用一面和片面追求图书流通量，忽视了图书馆的基本职能之一是搜集、整理、保藏图书；强调"开门办馆，送书上门"，忽视了馆内的阵地工作。结果造成一部分图书丢失、缺藏、堆积，书库混乱，目录作用削弱，图书馆基础工作受到破坏。由于对古与今、中与外的关系处理不够好，古籍与外文图书的收藏、外借都受到影响。

（4）在图书馆的规章制度上，由于强调"大破大立"，原有的一些正确的合理的规章制度也不能得到贯彻执行，有的只破不立。

（5）在图书馆学研究上，由于开展"拔白旗、插红旗"，党的双百方针不能得到很好贯彻，知识分子政策不能得到很好落实。

（6）在图书馆干部培训上，注意了政治思想方面的要求，忽视业务技术上的钻研与提高，造成红专关系混乱。

这个时期的第二个阶段是 1962—1965 年，正是党中央提出

"调整、巩固、充实、提高"八字方针时期,八字方针的贯彻,使图书馆事业开始复苏,出现了继续向前发展的局面:

(1)在事业的发展上,调整了与国民经济不相适应的部分,如有些独立建制的县图书馆与县文化馆合并。

(2)在图书馆的任务与服务对象上,强调为广大群众服务与为科学研究服务两者都不可忽视,但可以有所侧重和分工。

(3)进一步加强了图书馆的基础工作,如藏书建设、内部整理、目录体系的完整、规章制度的建立与执行。

(4)图书馆为读者服务的工作,注意馆内阵地工作与馆外活动相结合,整顿了读者队伍,提高服务质量与效果,流通工作既讲数量又讲质量,在为科学研究服务方面,强调"广、快、精、准",重点服务,对口服务。

(5)在干部的培养上,注意又红又专,政治思想与专业教育相结合,大练基本功,举办了各种业余学校和短训班。

(6)图书馆之间的协作进一步发展,内容更加丰富,地区中心图书馆得到进一步发展。

(7)图书馆学的研究由于贯彻了双百方针,学术空气比较活跃,写出的论文较多,有些至今仍有很好的参考价值。

三、林彪、"四人帮"严重干扰和破坏图书馆事业的时期(1966—1976 年)

这个时期,我国图书馆事业也遭到了极其严重的摧残,导致了大倒退,使原来与世界先进水平已经缩小的差距又拉大了。林彪、"四人帮"对图书馆事业的干扰与破坏,概括起来主要有以下几点:

(1)否定过去 17 年图书馆的社会主义性质。污蔑图书馆 17年是"黑线专政",是"修正主义、资产阶级的文化乐园",说图书馆"大放封资修毒素"等等,全盘否定了建国以来的整个图书馆事业。

（2）否定图书馆性质的多样性。把阶级性当成图书馆的唯一性质，代替社会性、科学性、教育性、服务性和保存性，把抓阶级斗争和为阶级斗争服务当成图书馆的唯一职能，把抓业务建设，抓为科研、生产服务说成是"不抓纲"。

（3）肆意篡改图书馆的方针、任务和服务对象。在服务对象上大搞唯成分论，把为工农兵服务和为知识分子服务对立起来，把为无产阶级政治服务和为生产、科研、教学服务对立起来，大搞唯心主义、形而上学，把为生产服务说成是"唯生产力论"，把为科研服务说成是"为资产阶级专家服务"，把为教学服务说成是"培养资产阶级精神贵族"。

（4）把图书馆为保存文化遗产和人类财富而收藏的图书资料污蔑为"封资修"。对读者搞文化专制主义，搞愚民政策，搞禁锢政策，使大批有用的藏书被封闭。有些地方还将珍贵文物、古籍图书当成"四旧"、"毒草"付之一炬。有些地方将重要古籍、珍贵图书送造纸厂化浆造纸。图书大量被盗受损，许多中小学图书馆藏书被洗劫一空。

（5）破坏图书馆的藏书建设，把外文书刊通通斥之为"洋奴哲学"、"崇洋媚外"，许多图书馆的外文书刊采购被中止，破坏了许多刊物的连续性，造成藏书体系残缺不全，现在不得不花高价向国外补购。如北京图书馆 1969 年与 1965 年相比，西文书减少了 70%，日文书减少了 80%，俄文书减少了 87%，外文期刊减少了 50%。

（6）摧残、迫害并拆散图书馆干部队伍，歪曲政治与业务的关系，反对钻研业务，把学术上有成就的老专家打成"反动学术权威"，把大批领导干部打成"走资派"、"叛徒"和"特务"，长期下放农村，甚至迫害致死。

（7）大搞无政府主义，反对科学管理，反对必要的规章制度，把规章制度说成是"管、卡、压",使图书馆长期无章可循,造成混乱。

(8)图书馆学教育事业和图书馆学研究工作处于停顿状态,高等学校图书馆学专业 1966—1971 年停止招生。

四、拨乱反正,正本清源,调整、改革、整顿、提高,向社会主义现代化图书馆迈进时期(1976—现在)

这个时期,由于四化建设的需要,广大人民群众对文化科学知识的学习有迫切的要求,加上党中央及各级政府一系列关于图书馆事业的政策的贯彻,使图书馆事业得到了迅速的恢复和发展,并向社会主义现代化图书馆迈进。这时期的主要表现是:

(1)深入揭批林彪、"四人帮",拨乱反正,坚持实践是检验真理的唯一标准。

(2)落实了党的政策,充分调动了广大图书馆工作者的积极性。

(3)进一步明确了图书馆的性质、作用、方针任务和服务对象。

(4)整顿内部,清理馆藏,健全了目录体系,调整了图书馆内的各种关系,建立和健全了各项规章制度。外文书刊的订购也得到了恢复。

(5)图书馆服务工作得到了积极改进,提高了服务质量,延长了开馆时间。

(6)各类型图书馆、图书馆网、图书馆学教育、图书馆学研究得到了很大发展,新建、改建、扩建许多图书馆。

(7)图书馆在为四个现代化服务过程中,自身的现代化有了新的发展,许多图书馆添置或增加了静电复印机、计算机等现代化设备。图书馆在自身现代化道路上迈出了新的一步。

(8)积极的开展了对外交流,努力学习国外的先进经验,引进先进技术。

回顾图书馆37年经历的四个时期,图书馆事业的发展是有起有落、波浪式前进的,但总的来说成绩是很大的。特别是1949—1956年,1962—1965年,1976年以后,这三段的图书馆工作是作得比较好的。它们的共同特点是:在理解图书馆的性质、作用和贯彻图书馆的方针、任务、服务对象方面比较全面稳妥;图书馆的基础工作比较扎实,藏书建设、内部整理、目录都比较有条理,规章制度比较健全,管理比较科学,为读者服务的工作讲究实效,效果比较显著;图书馆干部队伍建设抓得紧,成长速度较快,较好地处理了红与专的关系;注意党的政策,注意调动大家的积极性,人们心情舒畅;图书馆之间开展的协作比较活跃,学术空气较浓,图书馆内外的各种关系处理较好,形而上学、片面性、绝对化比较少;在学习外国的先进技术与经验方面,能根据中国的实际,实事求是地介绍和学习。

第三节　新中国图书馆事业建设的主要成就

我们研究新中国图书馆事业,"比较"是一种重要方法,就是将新中国图书馆事业与旧中国图书馆事业对比;新中国图书馆事业与外国图书馆事业在同等条件下对比;新中国图书馆事业自身发展的各个阶段对比。这样我们就能比较全面地客观地正确地评价新中国图书馆事业。

新中国图书馆事业是在旧中国图书馆事业的基础上发展起来的。37年的发展,尽管有"左"的严重影响,工作指导上有失误,图书馆事业的发展几度受到挫折、损失,然而从总的来说,发展是很快的,变化是深刻的,成绩是巨大的,应该说37年的发展是一个有起有伏、波浪式前进的过程。前进、发展是主流和基本趋势。

一、图书馆读者服务对象发生了根本变化

在旧中国,图书馆也为读者服务,但因为一方面能够对外开放的图书馆数量和藏书极其有限,另一方面广大工农群众中文盲占绝大多数,因此,图书馆实际上只能为少数上层和有文化者服务。解放以后,在党和政府的关怀与组织下,开展了扫盲运动,普及教育,广大人民群众的科学文化水平逐步提高;同时,图书馆事业执行了普及与提高相结合的原则,贯彻图书馆为科学研究服务,为广大人民群众服务的方针。图书馆事业已变成了全民的事业,它的服务对象已包括全民族的各个阶层。

二、图书馆事业的规模得到迅速发展

在旧中国,一方面由于政权掌握在地主资产阶级手里,另一方面国内又处于连年战争状态,因而图书馆事业数量少,规模小,布局不合理,发展缓慢,且有每况愈下的趋势。如抗日战争之前的1936年,全国有图书馆5196所,日寇入侵我国,使我国各类图书馆遭到炸毁和破坏的数以千计,并有不少宝贵文献被盗走。据统计,抗日战争期间损失图书馆2118所,藏书1000万册以上。抗日战争胜利后,国民党又忙于内战,使我国早已有一定规模的近代图书馆事业面临崩溃的境地。到1949年全国解放时,全国只剩下391所各类型图书馆。解放后,经过37年的发展,新中国图书馆事业所具的规模已远远超过国民党统治时期的几十倍、几百倍。1985年4月21日,《工人日报》公布:"我国目前已有各类图书馆30多万个,藏书达8亿册,从业人员有18万人。"

三、图书馆的专业队伍得到迅速壮大

在旧中国国民党统治时期,图书馆工作人员极少,据1929年统计,全国1131所图书馆,工作人员2230人;据《第二次中国教育

年鉴》统计,1946 年全国公私立图书馆(单设的图书馆)831 所,工作人员 2177 人,平均每个馆不到 3 人。全国解放后,图书馆从业人员增长速度很快,1985 年 4 月全国图书馆从业人员达 18 万以上。其中公共图书馆系统和高校图书馆系统增长更快。1955 年,县以上公共图书馆 96 所,有高中以上文化水平的工作人员 1466 人;1984 年,有县以上公共图书馆 2217 所,工作人员 26794 人,平均每个馆有 12 人。高等学校图书馆 1956 年 225 所,工作人员 3568 人;1981 年有图书馆 670 所,工作人员 17297 人;1983 年有图书馆 745 所,工作人员 25000 人,平均每个馆 33.5 人。

四、图书馆学教育得到很大发展

在旧中国国民党统治区的图书馆学教育,有短期培训和正规教育两部分,都起源于 1920 年。短期培训是 1920 年北平高师开设的暑期图书馆学讲习会。正规教育发端于 1920 年韦棣华女士等在武昌文华大学创设的图书科,1929 年改名为武昌文华图书馆学专科学校。从 1920—1949 年,除文华图专外,其间还有上海国民大学、金陵大学、江苏省立教育学院、国立社会教育学院设立过此类专业,但这些都没有能维持下来,只有文华图专和 1947 年成立的北京大学中文系附设图书馆专修科连续办下来了。解放后,文华图专调整到武汉大学,北京大学图书馆专修科从中文系独立出来。我国图书馆学教育在解放后的近 30 年内,是以北京大学、武汉大学图书馆学系为基础为主骨的。从 1949—1965 年,西南师范学院、吉林师范大学、中国科技大学也开设过此类专业,但都是办一两届就停办了。图书馆学教育真正的大发展是 1978 年以后,目前全国有 47 所高等学校设有图书馆学系(科)或专业。

五、图书馆学研究获得很大进展

解放前,从 1906—1949 年的 43 年间,在断断续续出版的 80

余种刊物上共发表论文 5358 篇,年平均 125 篇。如果把论文著作综合分段统计,1927—1936 年达 4065 件;1938—1945 年达 510件;1945—1949 年 205 件,其中 1949 年只有 7 件。解放以后,从1949—1983 年的 34 年间发表论文总数达 13048 篇,年平均 383篇。其中 1949 年 10 月—1957 年 12 月共有论文 1755 篇,年平均219 篇;1958—1979 年共有论文 2883 篇,年平均论文 137 篇;1980—1983 年共有论文 8410 篇,年平均 2102 篇。1983 年图书馆学刊物已达 50 种,如果加上情报学、档案学刊物则在 100 种以上。

解放前,我国图书馆的学术团体是 1925 年成立的中华图书馆协会,由于经费困难及其他问题,从 1925—1944 年仅举行 6 次年会。解放后,我国长时间没有建立图书馆学术团体,1979 年 7 月才正式在山西太原成立中国图书馆学会。学会成立后在太原、杭州、昆明、厦门举行了 4 次全国性学术讨论会,还举行了十多次专题讨论会,提出论文 1050 篇,1700 多人出席会议。1984 年 2 月,武汉大学经教育部批准,建立了我国第一个图书馆学情报学研究所。

六、传统的图书馆业务工作得到改进和提高,新技术正在被广泛引进和应用于图书馆

近代图书馆的业务技术是现代图书馆发展的基础。解放后,在相当长的一段时期里,我国图书馆主要是在传统图书馆业务技术的基础上进行改进和提高。1974 年 8 月开始《汉字信息处理工程》的研制。近几年来,缩微复印技术、计算机技术、声像技术、现代通信技术、网络技术被广泛引进和应用于图书馆。据 1984 年统计,引进国外文摘数据库进行定期通报服务,已有 13 个单位,27种磁带,每年服务量约 2 万课题。1983 年已在北京、上海等地安装国际联机检索终端,进行回溯检索服务,仅北京安装的 ESA 终端,几年检索课题约 1 万个;引进 LC – MARC 磁带,进行西文图书

编目试验,并研制了一个全面的 MARC 模拟系统;中国科学院图书馆、上海交通大学图书馆、北京图书馆等均在进行自建数据库的试验;清华大学、武汉大学、上海图书馆研制了图书流通管理系统;图书馆网络化的研制也正在进行。

七、各种类型图书馆得到比较平衡的发展

1. 公共图书馆

1949 年新中国成立时,我们从旧中国总共接收了 55 所公共图书馆。这些图书馆大都分布在一些大、中城市里,广大的边远地区,特别是少数民族聚居的地区基本上是空白。为了改变这种畸形发展的状态,党和政府在整顿、改造旧馆的同时,积极建设新馆。经过 37 年的建设,公共图书馆已经形成一个规模较大、藏书丰富的图书馆系统,在全国图书馆事业中处于重要的地位。公共图书馆的发展情况见表 11—1。

表 11—1 我国县级以上公共图书馆的发展

年份	馆数	藏书量 (万册)	年份	馆数	藏书量 (万册)
1949	55		1961	873	
1950	63		1962	541	
1951	66		1963	490	
1952	83	1600	1964	540	
1953	93		1965	573	
1954	93		1966	477	
1955	96	2890	1967	399	
1956	375		1968	375	
1957	400		1969	335	
1958	922	6300	1970	323	
1959	1011		1971	354	
1960	1093		1972	414	

年份	馆数	藏书量 （万册）	年份	馆数	藏书量 （万册）
1973	469		1980	1732	19884
1974	527		1981	1786	
1975	629		1982	1889	21700
1976	768		1983	2038	23292
1977	851		1984	2217	24855
1978	1256		1985	2344	
1979	1651	18620			

可以看出,建国以来公共图书馆的发展是较快的,截止 1985 年底,全国县以上公共图书馆的总数已达到 2344 所。与 1949 年相比,大约增长了 42.5 倍。

公共图书馆的分布日趋均匀,布局较为合理。37 年来,国家注意边远地区各级公共图书馆的建设,内蒙、黑龙江、广西、云南、贵州、甘肃、青海、宁夏、新疆、西藏等省(区)的公共图书馆有了很大的发展,不仅在省会所在地建立了规模较大的省级馆,而且在地、市、县也新建了一批图书馆。

少数民族地区图书馆,1983 年全国 578 个民族自治州、县(旗)中,已建立图书馆 262 所(占总数的 45%),吉林省延边自治州所属 8 个县,均已建有图书馆。新疆维吾尔自治区 1966 年前只有 4 所地、州级公共图书馆,1983 年已发展到县以上公共图书馆 27 所。内蒙 76 所,广西 88 所,宁夏 14 所。

公共图书馆的藏书也发展很快,建国初期,全国县以上公共图书馆的藏书总量只有 1600 万册,1984 年已达到 24855 万册。随着藏书的迅速增长,公共图书馆的建筑面积也有所增长。现根据 1979 年统计资料,将国家馆、省级馆、市级馆的建筑面积列于表 11—2。

表 11—2　市级以上公共图书馆建筑面积

馆　　　别	建筑面积 （m²）	书库面积 （m²）	阅览室面积 （m²）	业务用房 （m²）	其　　他 （m²）
国家图书馆	50000	17406	5661	19434	
省级馆	279864	134024	58696	46979	40165
市级馆	261371	119727	61563	34510	45571
合计	541235	253751	120259	81488	85737

1984 年底统计,馆舍面积已达到 145 万多平方米,阅览座位 20 多万个。

2. 高等学校图书馆

在建国初期,全国只有 132 所高校图书馆,藏书总量为 794 万册。后来随着教育事业的恢复和发展,高校图书馆也有了较快的发展,1956 年底,发展到 225 所,藏书达到 3729 万册。1957 年发展到 229 所,藏书 4000 万册,1978 年增至 598 所,其中藏书 100 万册以上的校图书馆有 35 所。1981 年发展到 670 所,藏书 19362 万册。1981 年 9 月,教育部在北京召开了全国高校图书馆工作会议,成立了全国高校图书馆工作委员会及其秘书处,作为教育部主管全国高校图书馆工作的机构。在此以后,全国有 28 个省、市、自治区也相继成立了类似的工作机构。全国已有 26 个省、市、自治区召开了建国以来第一次高校图书馆工作会议。1983 年底,全国高校图书馆已发展到 745 所,总藏书量已达 2 亿 5000 余万册。1985 年,高校图书馆达 1000 所;工作人员由 1981 年的 1 万多人增加到 3 万多人;购书经费由 1981 年的 5200 万元增加到 1 亿多元。图书馆建筑面积由 1981 年的 132 万平方米增加到 1984 年的 210 万平方米。目前还有 300 所图书馆在兴建中,面积 125 万平方米。

3. 科学和专业图书馆

科学、专业图书馆是直接为科学研究和生产技术服务的图书馆。在我国,这种图书馆门类很多,数量较大,藏书专深,据不完全统计,到 1981 年底,全国各科研系统共有 4000 多所中型以上的科学、专业图书馆。这些图书馆紧密结合本系统的科研方向与任务,搜集、整理、保管、提供科学研究所需要的书刊资料。

科学、专业图书馆大都是按专业系统组织起来的。在一个专业系统内,有些已初步形成为一个联系紧密、上下沟通、具有全国规模的图书馆系统。

科学、专业图书馆在规模上有大中小的不同,在藏书范围上也有综合性与专科性的区别。在科学、专业图书馆中,历史较久、规模较大的中国科学院图书馆、中国农业科学院图书馆、中国医学科学院图书馆、地质部全国图书馆、中医研究院图书馆等,都是该系统的中心图书馆。

科学、专业图书馆的发展是很快的,例如,中国科学院系统图书馆,包括分院所在地的地区图书馆、研究所图书馆或情报资料室,1949 年为 17 所,藏书总计只有 63 万余册;1979 年发展到 130 多所,藏书总量超过 1000 万册,到 1983 年底,全院图书馆和情报机构发展到 140 所,藏书 2000 余万册。自党的十一届三中全会以后,中国科学院系统的图书馆情报工作结合起来,这是一个新的趋势。院馆有情报部,下属单位有情报室,向情报服务的方向发展。在服务手段改进方面,院部已决定在“七五”计划期间,建立科学数据库。

4. 儿童图书馆

我国有 3 亿少年儿童,但少年儿童图书馆的发展是缓慢的。1981 年统计,当时的专门的少年儿童图书馆只有 7 所,即北京、上海、天津、武汉、沈阳、兰州、大连等市少年儿童图书馆。在全国县以上公共图书馆中,大约只有 5% 左右设有专门的少年儿童阅览室,总共不超过 80 个。全国各种图书馆中的儿童阅览座位,总计也不超过 4000 个,以 3 亿少年儿童计算,平均每 7.5 万个少年儿童才拥有 1 个阅览座位。

为了改变这种落后状况，文化部同教育部、团中央于1981年5月在北京联合召开了建国以来第一次全国少年儿童图书馆工作座谈会。这次会议着重讨论了发展少年儿童图书馆事业，改善少年儿童图书阅读条件，加强对少年儿童图书阅读指导等问题。

　　这次会议以后，国务院办公厅发布了(81)62号文件，确定在中等以上城市和大城市的区，逐步建立专门的少年儿童图书馆。教育部和团中央也就办好中小学图书馆和少年宫、少年之家图书馆(室)发布了专门指示。1981年全国只有7所省辖市级以上的专门的少年儿童图书馆，1982年底则发展到14所。1981年区县级专门的儿童图书馆只有8所，1982年则发展到29所。1984年省、市、区、县专门少年儿童图书馆达40所。1981年各级公共图书馆开设儿童阅览室的只有70—80个，1982年则发展到682个。1981年，各级公共图书馆的儿童阅览座位约4000个，1982年则发展到48948个，增加了12倍。1980年，儿童图书馆购书经费约8.5万元，1982年则达到72万元，增加了9倍。在国家出资兴办儿童图书馆和阅览室的同时，城市街道和农村集体兴办的儿童图书馆(室)也有了较快的发展。上海、天津、长沙等城市的街道图书馆(室)，在原来基础上得到了进一步发展和加强。在上海的114个街道中，有64个建立了儿童图书馆。

　　现将建馆较早、藏书较多的市级少年儿童图书馆的基本情况列于表11—3。

表11—3　　六大城市少年儿童图书馆情况

馆　　名	建馆时间	馆舍面积	藏书量	工作人员　数
武汉市少年儿童图书馆	1950	1620m²	34万册	12人
沈阳市少年儿童图书馆	1950	836m²	33万册	13人
上海市少年儿童图书馆	1952	1529m²	58万册	28人

（续表）

馆　　名	建馆时间	馆舍面积	藏书量	工作人员数
北京市少年儿童图书馆	1956	393m²	25.5 万册	14 人
天津市少年儿童图书馆	1958	6148m²	20 万册	36 人
重庆市少年儿童图书馆	1964	2429m²	5.8 万册	24 人

5. 工会图书馆

建国初，全国只有 44 所工会图书馆。1958 年底发展到 35580 所，藏书 2000 多万册。工会九大以来，工会举办的职工文化事业不断增加。1984 年，全国工会图书馆达 192357 所（其中县、市、区以上工会图书馆 7900 多所），藏书 4 亿 1400 多万册，工作人员 103296 人。

6. 农村图书馆

农村图书馆（室）是解放后发展起来的基层图书馆的新类型。建国以来，县以下各级图书馆（室）在发展过程中几次出现了大起大落的情况，走了不少弯路。党的十一届三中全会以来，随着农村形势的好转，包括图书馆（室）在内的各项群众文化工作有了新的起色。特别是在中央关于加强农村群众文化工作的指示指引下，农村的图书馆活动有了新的发展，有些地区已初步形成了县、乡镇、村三级图书馆（室）网。1981 年，全国农村集镇文化中心达 3600 个；1982 年，农村集镇文化中心 5541 个；1983 年，农村集镇文化中心 7956 个。一般在文化中心里都设有图书馆（室）。但从全国范围看，农村图书馆（室）的发展是不平衡的，有些地方已经建立起来的图书馆（室）也是不稳定的。

综上所述，经过解放后 37 年的建设，我国图书馆事业已初具规模，为今后进一步发展奠定了可靠的基础。

第四节　新中国图书馆事业建设的基本经验

回顾 37 年来新中国图书馆事业的实践,的确积累了不少经验与教训,最基本的有下面几点:

一、牢固地树立图书馆为读者服务的思想

图书馆是人造系统,是根据人类社会的需要而建立和发展起来的。办图书馆的根本目的就是要为人类社会服务,满足人类社会的不断发展的需要。违背这一目的,将走向死胡同,没有任何生命力。

树立图书馆为读者服务的思想,就要一切从读者出发,以服务读者为目的;要不断改善服务手段、服务态度,提高服务质量;要为图书馆读者服务提供必要的物质条件。

树立图书馆为读者服务的思想,就要正确处理图书馆工作中的各种关系。其中最重要的就是为工农兵服务与为知识分子服务的关系;为无产阶级政治服务与为生产、科学研究服务的关系;传递科学情报与普及文化科学知识的关系;收藏与利用的关系;图书馆基础建设与读者服务工作的关系;图书馆阵地服务与馆外服务的关系;图书馆有偿服务与无偿服务的关系等等。只有这样,才能有力地促进图书馆为读者服务,使图书馆事业获得健康的发展。

二、根据社会的发展,不断地更新观念

社会是不断发展变化的,科学技术是不断向前发展的,图书馆是社会的组成部分,要使图书馆适应社会发展的需要,就要不断变革图书馆一些陈旧的观念,树立新的观念。特别在当前,图书馆已由收藏为主的封闭型,变为以用为主,主动服务,以读者利用为目

的的开放型，若我们的思想还停留在"图书馆是收藏图书的地方"，就必然"重藏轻用"，阻碍图书馆的发展。随着社会的信息化，图书馆已由过去单一功能的"文化教育机构"变为多功能的"文献信息存贮与传递中心"；由于科技市场、信息咨询产业、情报产业的出现，图书馆的某些部门或某些工作、某些产品正由无偿服务转向有偿服务，某些产品进入市场；由于图书、情报、档案的内在联系，三者的区别越来越小，一体化趋势明显增加等等。这些客观的变化，如果我们不及时认识，更新观念，就必然要影响图书馆的正常发展。

三、在图书馆事业中坚持马列主义、毛泽东思想，正确理解图书馆的方针、任务和服务对象

马列主义、毛泽东思想是我国社会主义图书馆事业的指导思想，过去是这样，今后仍然是这样。没有马列主义、毛泽东思想指导就不会有我们今天新中国的社会主义图书馆事业。在图书馆事业中坚持马列主义、毛泽东思想作指导，必须全面、完整、准确地理解马列主义、毛泽东思想。37年来，在图书馆的性质、作用、方针、任务和服务对象上，除林彪、"四人帮"的干扰破坏外，我们有些同志由于不能全面、完整、准确地理解马列主义、毛泽东思想，因此在几个阶段上出现了片面性、绝对化，用图书馆的阶级性代替图书馆一切性质，用为阶级斗争服务代替图书馆一切工作，把为工农兵服务与为知识分子服务，为无产阶级政治服务与为生产、科学研究服务对立起来，给图书馆工作造成混乱，给图书馆事业的发展带来损失。1956年文化部召开的图书馆工作会议，就明确规定：人民图书馆事业有两项基本任务：一是为广大人民群众服务，一是为科学研究服务。这两项任务对于社会主义建设来说，都是不可缺少的。但1958年，有的同志就只强调为人民大众服务，忽视为科学研究服务，为科学研究服务甚至受到批判，说成是"专家路线"，为科学研究服务的机构被撤销。1962 年通过调整以后，又重新提出这两项任务，进一步加强了为科学研究服务的工作。但 1966 年以后，在林彪、"四人帮"极左路线的干扰下，为科学研究服务的工作又受到批判，说是"为资产阶级服务"。粉碎"四人帮"以后，特别是党的十一届三中全会以来，又重申这两项任务。几经反复，实践已证明这两项任务的提法是正确的，多年的是非弄清楚了，图书馆的方针、任务和服务对象明确了。

四、为了服务读者，必须扎扎实实做好图书馆的基础工作，正确处理好图书馆基础工作与读者服务工作的关系

图书馆的基础工作包括图书的收集、整理、保藏、目录等，它是图书馆为读者服务的物质基础。一个图书馆，如果基础工作做得好，就能大部分或基本满足读者的需要，提高图书馆为读者服务的质量；相反，如果图书馆的基础工作搞得不够好，藏书残缺不全，书库和目录混乱，就必然影响为读者服务的工作。两者是相互制约的。在实践中，大多数同志已认识到这种辩证关系和内在联系，但是也有些同志长期以来在这个问题上陷于形而上学，强调为读者服务就忽视基础工作，强调了基础工作又忽视为读者服务。37 年来这两种现象都出现过。这里还要特别指出，由于林彪、"四人帮"的干扰破坏和我们某些同志思想上的片面性，我国图书馆的基础工作 37 年来出现过两次反复，两次遭到不同程度的破坏，两次进行恢复、整顿，损失是巨大的，付出的代价是昂贵的，教训是深刻的。一次是 1958 年，由于片面地强调为读者服务，片面追求图书流通量，使藏书丢失，书库混乱，目录失去作用，结果影响藏书的正常流通。1962 年贯彻"八字"方针，经过三四年的整顿、恢复、清理才使图书馆的收藏与流通工作走向正轨。第二次是 1966 年以后，由于林彪、"四人帮"的破坏，图书馆的收集工作一度中断，图书的加工、整理等内部工作一度停顿，藏书有的丢失，有的被烧毁，目录混乱,藏书数量不清。粉碎"四人帮"以后,许多图书馆组织力量抓了整顿恢复工作,清理了藏书,整顿了目录。因此,图书馆的基础工作是不能随意破坏的,破坏了就要受到惩罚。这也是图书馆工作的一条基本规律。搞好图书馆的基础工作是为了服务读者。关门搞基础工作、内部整理、不为读者服务,又是必须反对的,没有意义的。藏书楼不是我们今天的目标。我们是为开放而整理内部,加强基础建设的。

五、必须不断改革图书馆技术方法和手段

近 30 年来,随着科学技术的迅速发展,出版物数量激增,图书馆的收藏也迅速扩大,如北京图书馆 1984 年的 1200 万册藏书与解放初期的 140 万册相比增加了 8.5 倍。随着图书馆藏书成倍扩大,给图书馆带来的问题是:空间紧张,馆舍面积少;工作量成倍增加,馆员人手少。造成藏书堆积、混乱,不能很好利用。随着图书资料出版数量的激增,给读者带来的问题是查找文献资料的时间占用得越来越多,而且难于查到。在这种情况下,唯一的出路就是改进图书馆的技术方法和服务手段,采用现代化的技术设备。目前国外图书馆采用电子计算机采购、加工、管理、存贮、检索图书资料,采用缩微复印技术和视听技术,都是在这种历史条件下产生的。

六、建立一支数量与质量相适应的专业队伍

当前根据四个现代化深入发展的要求,图书馆干部队伍不管在数量上质量上都是很不相适应的,这是我们在今后工作中必须解决的问题。

七、图书馆学研究的开展,必须走在图书馆事业建设的前面

图书馆事业要发展,图书馆工作质量和图书馆学教育水平要

提高,关键是要开展图书馆学的研究。图书馆学的研究水平很低是不可能有高速度的图书馆事业发展的,也不可能有高质量的图书馆工作和高水平的图书馆学教育。建国 37 年来,我国图书馆事业某些方面发展缓慢、工作质量不高的原因之一,就是我们在某种程度上忽视了图书馆学研究的开展。目前全国专门的研究机构和专职研究人员很少,就是从事实际工作的同志开展一些研究,也是当成副业,而且比较分散,没有很好的统一组织,有些单位还加以限制。我们认为,要搞好图书馆学的研究,除有关部门重视外,在安排上必须比事业建设先走一步,这样才能对事业建设起指导和促进作用。例如图书馆的现代化技术设备,不先学习、研究、实验,就不可能应用于实际工作。

八、加强领导,健全图书馆事业的领导体制

建国 37 年来,我国图书馆事业在党和政府的领导下,取得了很大成绩,但是还应该看到,由于我国图书馆事业领导体制不健全,影响了我们事业的发展,本来应该取得更大成绩和更高速度但是没有达到。多年来我国图书馆事业一直处于分散领导、各自为政的状态。就中央一级来说,从文化部国家文物事业管理局的图书馆处,到今天的文化部图书馆事业管理局,一直只分管公共图书馆系统,其他图书馆由有关部门领导。这样,全国图书馆事业没有一个统一规划,干部的培养、图书馆学的研究没有统一的领导和组织,图书馆工作条例、人员编制都是多种多样,图书馆网络化、现代化没有统一的部门领导和规划。这种状况不改变,必然影响图书馆为四个现代化服务,影响我国图书馆事业发展的进程。为此,建议中央加强图书馆事业的统一领导,设立统管全国图书馆事业的机构。

第五节 我国图书馆事业目前存在的主要问题及其与国外图书馆事业的对比

与解放初期相比,我国图书馆事业已取得很大成绩,但同全国人民对图书馆的要求和图书馆在四化建设中日益突出的作用相比,无论是在数量上或是在质量上均有很大的差距;与国外图书馆事业先进水平相比,则更显得落后。

一、图书馆数量不足,普及程度低,人民群众平均拥有的图书馆数量少,图书馆事业亟待发展

据 1984 年底统计,我国省级图书馆尚未建齐,西藏自治区图书馆尚待新建。全国共有地(州、盟)市(包括北京市、天津市、上海市的市辖区 35 个)级行政建制 358 个,建立了图书馆的 270 所,占 75.4%;全国县市级行政建制 2218 个,建立的县市级图书馆 1912 个,占 86.2%。其中县级行政建制 2069 个,建立图书馆的只占 76.8%。1985 年,县图书馆达 1689 所,占县级行政建制的82.6%。

当前,世界各国图书馆类型的划分没有一个通用的标准,各国的划分标准及其方法很不一致,因而难以进行各国间同一类型图书馆在数量上的同层次比较,现仅就前苏、美两国图书馆界所公布的数字作一比较。

从公共图书馆来看,前苏联现有公共图书馆 12.8 万所,美国现有 7190 所公共图书馆(不包括分馆),而我国县以上公共图书馆 1985 年只有 2344 所。

从专门图书馆来看,前苏联现有科学、专业图书馆 6 万所左右,美国现有 7150 所专门图书馆,而我国只有 4000 所中等以上规模的科学、专业图书馆。

从大学图书馆来看,前苏联现有890多所大学图书馆,美国有2968所大学图书馆,而我国1985年只有745所大学图书馆。

从公共图书馆一馆平均人口数来看,前苏联为1946人,美国为2643人,日本为74437人,而我国大约为46万人。

根据美国国会图书馆副馆长威廉·韦尔什的报告,美国几乎每一所中学和小学都建立了图书馆,并配备一定的工作人员。而我国现有的14万多所中学中,约有4万所设有图书馆,不少中学,特别是地处农村的中学没有图书馆。在建立了图书馆的中学,尚有相当数量不对学生开放。小学91万多所设有图书馆的更是为数甚少,约占十分之一,有些重点小学或中心小学也没有图书馆。

从图书馆的普及程度来看,前苏联现有各类型图书馆36万所,藏书50亿册,他们宣称,图书馆服务已普及到大多数企业及每一个居民点。欧美有些国家的图书馆法规定1.5公里的半径内应设置一所图书馆。有的国家规定从住地最远步行10—20分钟的距离内,就应找到一所图书馆。英、美等国的公共图书馆是按"市馆→分馆→阅览室→流动书车"多级建置的,而目前我国公共图书馆是按照行政区域的划分分别设置的。一个数百万人口的城市,只有1—2个省、市级公共图书馆,下面无分馆,只有区馆建置;一个几十万人口的区,也只设一个区馆,下边也没有阅览室。如果行政区域变更了,图书馆也就随着行政区域的变更而变更,这样安排公共图书馆的布局是难以适应人民群众的阅读要求的。

二、图书资源贫乏,满足需求的比率低,图书馆藏书应该进行整体化建设

我国图书馆藏书若按8亿册计算,全国人口平均每人只有0.8册;如果以公共、高校、科学专业三大系统图书馆的总藏书量5.2亿册计算,那么按人口平均每人也只有0.5册;若以公共图书馆1984年的2.48亿册计算,按人口平均每4个多人才有一本书。

同一些国家相比,我国的人均册数是很低的。根据联合国教科文组织 1976 年《统计年鉴》的资料,每人平均拥有图书馆藏书册数,美国为 1.81 册,前苏联为 5.14 册,波兰为 2.07 册,加拿大为 1.37 册,匈牙利为 2.9 册,瑞典为 3.72 册,丹麦为 6.46 册。

上述统计数字说明,我国图书馆资源是比较贫乏的。不仅如此,由于多种因素的制约,我国图书馆藏书的流通率是很低的,拒借率是较高的。

1984 年,全国县以上公共图书馆藏书流通率只有 70%。其中国家图书馆藏书流通率为 10%;省级图书馆为 30.8%;地市级图书馆为 73.6%;县级图书馆为 117.1%。大学图书馆图书流通率也与此相仿,许多重点大学图书流通率只有 30% 左右,大学图书馆图书流通率平均是 45%,并且集中于少数书刊的反复使用,大量书刊长期无人借阅,形成"呆滞书"的集聚。与此情况相联系的是读者借书的拒借率较高,一般在 30%—40% 之间浮动。而国外的藏书流通率都很高,一般都达到 100%—500%。

造成上述情况的原因是多方面的,但藏书建设缺乏整体的规划是其中的重要原因之一。我国图书馆藏书建设没有统一规划和馆际之间的协调,各馆只能从各自的需要出发,经营"大而全"、"小而全"的藏书体系。事实上,这种各自为政、独家经营的方式,不可能建设起质量较高而又能适应读者需求的藏书体系,其结果必然是相互重复,没有藏书特点,图书资源的布局不合理。

现在,世界上有很多国家都把藏书协调作为发展图书资源的一条基本原则,都在积极推行图书采购的分工与协调。例如,美国国家医学图书馆、国家农业图书馆和国会图书馆在入藏书刊资料时,按学科分工。有些国家图书馆联合起来,明确分工,各有侧重地进行采购。例如,北欧的丹麦、瑞典、芬兰、挪威 4 国 15 个主要图书馆在采购北欧以外国家的出版物时,按地区、主题或语文进行分工。

从目前国外的情况来看,图书馆藏书建设朝着整体化、协作化的方向发展。藏书建设的分工与协作不只限于一国的范围,出现了多国的国际协作,例如前苏联与东欧国家图书馆的协作,欧洲共同体各国国家图书馆的藏书协调,北欧 4 国 15 个主要图书馆的协作等。我国目前缺少一个有权威性的协调机构,在实际工作中也没有一套协作条例或细则规范,这种各自为政的局面应当尽早改变。我国应该建立跨系统的全国性藏书协调机构,着手制定藏书协调的方案和细则,有计划地发展图书情报资源,努力实现图书资源共享。

三、馆舍设备陈旧,空间严重紧张

据 1980 年对 1408 所县以上的公共图书馆的调查分析,每馆平均建筑面积仅有 258m^2。具体见表 11—4。

表 11—4 县级图书馆馆舍面积调查分析表

面积	50m^2 以下	50 ~ 100	101 ~ 300	301 ~ 500	501 ~ 800	801 ~ 1000	1000 以上
馆数	223	207	609	198	105	69	36
%	15.4	14.3	42.8	13.6	7.2	4.7	2.5

据 1984 年底统计,全国县以上公共图书馆馆舍面积达 145 万多平方米,按 2217 个图书馆算,平均每馆 654 平方米。

根据教育部 1980 年统计,在 670 所高校中,有 348 所高校没有独立馆舍;已有独立馆舍的只有 322 所,而且多属解放初期至1958 年期间建成,多年缺乏必要的维修和扩建,有些馆舍条件十分破旧,无法正常使用。目前,由于图书馆空间紧张、阅览座位少、书库饱和等原因,读者排队抢座位,新书成堆积压的现象十分普遍。据估计,全国约有 3000 万册图书不能整理上架,相当于 30 所100 万册藏书的图书馆不能投入使用,这是多么大的浪费。

图书馆空间紧张的原因还在于建筑面积的增长赶不上入藏书刊资料的增长。

为了解决藏书迅速增长与空间紧张的矛盾,有些国家采取建立保存书库的办法,把陈旧过时的"呆滞书刊"或流通率低的书刊从基本书库中剔出,存放在保存书库里。这种书库一般设在郊区,采用密集书架或固定排架方式,这样做一般可增加藏书量35%左右。建立保存书库,有的国家是依据全国统一规划设立的,如前苏联制定了《全国图书馆藏书储存保管组织章程》。从 1975 年开始,全国各类型图书馆都遵照这个章程的规定,把藏书中利用率低的和多余的复本送给有贮存任务的图书馆保存。美英等国也建立了藏书贮存系统,如美国波士顿地区和芝加哥地区的一些大学图书馆协作建立了保存书库,把不用的书刊存放在那里,读者偶尔需要这些书籍时,可以预约借阅。设有保存书库的图书馆,一般把全部藏书分成三部分:最新的书刊资料,在馆内开架阅览;旧书或过刊由基本书库或辅助书库供应;陈旧过时或呆滞的书刊放在保存书库。

国内外的实践已经证明,图书馆建筑面积的增长无论如何也赶不上入藏书刊资料的增长。因此,我国图书馆也应该在区分藏书的基础上,有计划地实行藏书剔除和贮存制度。

四、经费困难,国家投资比率过低,影响图书馆事业的发展速度

国外把发展图书馆事业作为一种"智力投资"。所谓"智力投资"就是把人的智慧和能力作为一种巨大资源来运用和开发而在教育、科学、文化方面投入的资金。这是一种消耗少而效益很大的投资。它的实质就是用现代科学技术知识武装劳动者,依靠科学技术力量发展国民经济。

我国以公共图书馆为例,1979 年全国有县以上公共图书馆 1651 个,藏书 18620 万册,工作人员 17539 人,国家投资 5000 万

元。公共图书馆为社会广大群众服务,全国每人一年平均投资0.05元,其中购书费每人平均只有0.023元,最高的上海市也只有0.163元。1983年,县以上公共图书馆2038个,藏书2亿多册,国家投资9170万元,比1980年增加4000多万元,全国人平均投资0.09元。1984年,县以上公共图书馆2217个,工作人员26794人,经费增加到11849万元,比1980年增加一倍多,全国人平均投资0.11元。北京图书馆1980年藏书10598137册,工作人员900多人,经费3583000元。

我国图书馆经费长期比较困难,1980年以后,每年有所递增,但与国外比较差距很大。

在西方工业发达的国家用于图书情报的费用一般占科研费用的5%左右,最高达10%—20%。美国仅1960—1980年,它的图书情报费用就增加了六七倍。美国1971—1979年对美国各地和加拿大按人口平均分配的公共图书馆经费变化情况统计,1979年每人平均约6.96美元,最低的5.32美元,最高的达9.48美元。

五、管理工作落后,管理思想与管理方法不适应发展的需要

目前,我国图书馆不是开放式的,而是封闭式的,重藏,轻用,大多数图书馆仍然沿袭30年代的管理方法,基本上采用闭架方式借阅。据估计,我国有90%的图书馆是闭架的,藏书有60%—80%是闭架的。

国外的图书馆,特别是欧、美的图书馆,基本属于开放式的,采用开架借阅的管理方法。开架借阅在19世纪末就已开始,本世纪50年代开架借阅的方式已在国外普遍采用。目前国外的图书馆95%以上是开架,藏书60%—80%是开架的。

我国还没有建立图书馆法,标准化、规格化差距很大。英国1850年8月14日就颁布了第一个公共图书馆法。国外许多国家由于有了图书馆法,使图书馆事业不会因人而异。有了图书馆法,

就可以依照法律办事,这不但有利于整个图书馆事业的建设,而且对图书馆本身的业务工作标准化问题也会有很大的促进。图书馆法,包括对图书馆在整个社会中的地位和作用、对图书馆数量按人口比例、对图书馆建筑标准、对各级各类图书馆专业人员及馆长的职责和条件、对图书馆事业的投资、对图书馆事业中一切凡属重大的问题做出规定。这样,图书馆的建设问题就有了必须遵守的法令,必然大大促进这一事业的发展。我国现在由于没有建立图书馆法,只能靠人而治,因而,弊端较多。

六、图书馆技术方法落后,影响图书馆工作效率和服务质量

随着科学技术的发展,在国外许多新技术已应用于图书馆,如光学技术、声像技术、计算机技术、现代通信技术等,从而加速了图书馆现代化的进程,提高了图书馆的工作效率和服务质量。

早在 1839 年就出现缩微技术,后来大量应用于图书馆。美国纽约时报社 1973 年就不保存报刊原本了,他们已将 1851 年以来的报刊全部制成了缩微品保存。美国的图书馆已不保存五年前的原本期刊,而将期刊制成缩微胶片或胶卷保存。

1954 年,美国海军兵器中心开始用计算机进行文献检索,图书馆自动化已有 30 多年的历史。目前,美国已有 2 万多个图书馆使用计算机。日本从 1973 年把电子计算机引进图书馆,1980 年已有 42 个公共图书馆使用计算机。美国国会图书馆从 1969 年开始发行 LC—MARC 磁带以来,到 1983 年已有 20 几个国家发行本国的 MARC。1967 年美国 OCLC 网络系统开始运行,目前许多国家都建立了规模不同的各种网络系统。

我国图书馆自动化虽然在 70 年代已开始起步,但总的情况相当于美国 60 年代初期、日本、澳大利亚等国 70 年代初期的水平,比世界先进水平相差 20 年至 25 年。我国情报检索处于初期的脱机 SDI 阶段,联机检索只是试验,自建数据库仍在试验,图书馆自

动化系统处于研制阶段,网络计划刚起步。

七、现行管理体制分散多头,各自为政,全国图书馆事业缺乏集中统一领导

我国图书馆事业基本上属于纵向结构,各类型图书馆分属文化、教育、科研等多头领导,横向联系很少。50 年代中期由国家科委牵头,有关部门参加组成的图书组以及全国第一、二中心图书馆委员会尚未全面恢复,馆际协作和协调工作没有很好地开展,致使我国图书馆事业形成了分管体制、分散多头、各自为政,现有图书资源难于充分利用的状况。

在图书馆事业发展中,很多国家也存在着类似情况,但自 60 年代以来,很多国家为了消除分管体制所产生的种种问题,都相继成立了图书馆和情报的全国性统管机构,这种机构不只是咨询性质的,而且也是职能性的统管机构。例如美国在 1970 年 7 月 20 日,尼克松总统批准了《公共法 90—345》。根据这项法令,建立了美国图书馆与情报科学全国委员会。在这项法令中,国会肯定了这个全国委员会是最有效地利用全国图书情报资源所不可缺少的机构。这个机构有制定图书馆和情报政策的权限。1971 年 5 月 19 日,由美国总统提名,组成这个委员会的全体成员。

1974 年 5 月 8 日,前苏共中央通过了《关于增强图书馆在劳动人民的共产主义教育和科学技术发展中的作用》的决议。决议强调指出,必须扩大图书馆作为思想和科技情报机关的作用,必须扩大图书馆传播科学技术成就和先进经验,在 1974—1980 年内实现图书馆的集中化。

目前,前苏联图书馆事业的变革就是按照上述的决议,实现图书馆事业的集中化。集中化的目标是逐步地按地区建立包括所有类型图书馆的统一系统。前苏联各加盟共和国都制定了 1974—1980 年图书馆集中化的计划。前苏共中央决定成立国家各政府部门联合组成的图书馆委员会,由前苏联文化部和前苏联部长会议国家科学技术委员会共同决定图书馆事业发展的基本方向,制定指导性文件,并在国家科委内设立科技情报局,作为统管全国图书馆和科技情报部门的职能性机构。

前联邦德国、瑞典、法国等一些国家都成立了类似的全国性机构。看来,我们要消除图书馆事业纵向结构的弊病,增强图书馆之间的横向联系,为开展馆际协作和协调工作提供组织保证,建立跨部门的全国性统管图书情报工作的职能机构是很有必要的。

第六节　变革中的中国图书馆

世界上任何事物都是不断发展变化的,图书馆作为一种人类社会现象,也随着人类社会的发展而不断变革。由古代图书馆发展到近代图书馆、现代图书馆,这就是图书馆变革的过程,它包含着量和质的变化,既有形式的,也有内容和结构的。新中国成立后的 30 多年,图书馆也经历了所有制、技术方法等方面的变革。

在这些变革中,最重要的,起主导作用的,是图书馆基本观念的变革和图书馆管理思想的变革。它既是已有变革实践带来的成就,也是全面变革行将到来的前奏曲。它要求按照社会发展的需要,根据图书馆发展和变革的规律,根据我国城乡经济体制的改革、科学技术体制的改革、教育体制的改革的实际,从我国图书馆现实出发,突破某些传统的陈旧观念,进行观念更新。

一、改变"重藏轻用"的观念,把图书馆从封闭和半封闭系统变为开放性系统

人类建立图书馆的目的是为了存贮、传递、提供信息知识,从这方面来看,图书馆应是开放性的系统。但是,长期以来,图书馆并没有达到人们所期望的那种开放程度。这是什么原因呢？由于图书馆是人造系统，它是受人控制的，有些人控制了图书馆，就不按建造图书馆的目的去办，而是从他们的观念出发，按他们主观意志办事了。因而使有些图书馆长期处于封闭和半封闭状态，图书馆的信息知识不能得到充分利用，传递和提供的职能不能得到充分发挥。

美国西蒙斯大学图书馆、情报学研究院副院长陈钦智教授在《信息社会对图书情报工作的挑战》的报告中说，现在的图书馆已面临危机。它越来越显得落伍了，越来越不能适应时代的发展了。这实在是一个十分严重的问题。图书馆的工作如果还是停留在第一个时期的传统方法，不能满足社会的需要；如果资料还只是从图书和刊物来，确实面临危机，面临挑战。因为到书出版的时候，新知识已经过了一二年，如果加上写作时间，经过书店到图书馆加工整理，等到给人用的时候，里面的信息已经是三四年前的旧事了，就是期刊也得半年或一年，而且不一定完整（载《图书情报工作》1984年第2期）。美国图书馆在世界上是比较先进的，它开放的广度与深度以及网络化的程度都是比较高的。然而他们还感到"面临危机，面临挑战"，需要变革。我国的图书馆，目前仍处于一种封闭和半封闭状态，重藏轻用，不能适应社会发展的需要，变革就显得更为迫切。

我国图书馆封闭和半封闭状态主要表现在：（1）办馆思想保守，不开放，重藏轻用，缺乏变革精神。从管理思想上，因袭藏书楼的办馆思想，以"管书"为主，以收集藏书的多少和增长的速度为发展标志，以多少稀本、孤本、善本为图书馆的骄傲；评价图书馆的标准，不是图书馆服务工作的广度深度速度，不是按列宁所说的"衡量教育工作是否安排得合理，要看多少书被读者借回家去，对大多数居民提供了什么方便条件"，而是以图书馆的历史长短、藏书多少、藏书整理、藏书是否完整为标准；衡量图书馆工作人员是否尽职,不是服务的效果、读者的反映,而是图书馆资料管理得怎样,是否丢失图书。由于重藏轻用,大多数图书馆长期采用闭架借阅,藏书与读者隔离;有的宁愿让图书资料在书库中自然损耗,失去时效,变为无用,也不愿为读者利用;有的为了限制读者利用图书资源,制订了许多繁琐的借阅手续。这样就造成了我国图书馆藏书利用率很低,丰富的图书资源被封闭于书库,活的信息知识和情报都变成了"死"的、无价值的东西。据1984年统计,我国县以上公共图书馆2217个,藏书24855万册,年度经费11849万元,建筑面积145万平方米,工作人员26794人。以这样的人力、物力、财力为条件,所得到的成效怎样呢? 1984年,县以上公共图书馆全年接待读者11700万人次,借阅书刊18867万多册次,藏书利用率只达70%,其中国家图书馆为10%,省级图书馆为30.8%,地市级图书馆为73.6%,县级图书馆为117.1%,最好的是广州市图书馆,藏书利用率达258.2%。对这个成果怎样评价呢? 早在1911年,美国纽约公共图书馆的图书利用率已达400%,比我们高出几倍,但是列宁还认为该图书馆图书的流通部分不算大。(2)图书馆设施没有得到充分利用。有一部分设备长期关闭着,不为读者利用,有的图书馆每周开放时间很短,入馆人数很少,图书馆的空间、设备得不到应有的利用。(3)图书馆的建筑结构不是面向读者、方便读者,不是开放式,而是封闭式的,藏书主要封闭于书库,藏书与读者分离,书库与阅览分离。(4)图书馆工作人员的智力得不到充分开发,由于图书馆处于封闭和半封闭状态,工作人员不是利用馆藏为广大读者服务,而是以"守书"为主,因而他们的聪明才智得不到充分发挥,造成人才浪费。

怎样把图书馆由封闭和半封闭系统变为开放系统呢?

首先,要改变基本观念,即重藏轻用的观念。图书馆要收藏图书为读者利用,但不是藏书馆,也不是藏书越多越好,越全越好。列宁1913年在《对于国民教育能够做些什么》一文中就指出:值得公共图书馆骄傲和引以为荣的，并不在于它拥有多少珍本书，有多少16世纪的版本或10世纪的手稿，而在于如何使图书在人民中间广泛地流传，吸引了多少新读者，如何迅速地满足读者对图书的一切要求，有多少图书被读者带回家去，有多少儿童来阅读图书和利用图书馆。陈钦智教授曾5次回国参观图书馆，她说："每当我参观一个图书馆，人家告诉我，他们有什么书，从哪年开始的，我就很有礼貌地点头，但我看到金边书上一层灰，心里就想，你是为了什么呢？'多'与'全'到底有什么意义和作用？假如说有100万就比50万好，那也是片面的。因为，假如50万册经常使用，发生效益，就比一个有200万册，但只有20万发生效益的好多了。所以，基本观念一定要改变。"

第二，图书馆的藏书和设施要开放。所谓开放，就是要与外界进行物质、能量、信息的交换，从图书馆来说就是要面向读者，吸引读者，图书馆的藏书、设备、空间充分地被读者所利用，要最大限度地发挥其效益，同时要不断补充、更新。要由封闭和半封闭系统变为开放系统，还需要采取一系列措施，不仅要改变基本观念，还要突破传统的制度和方法，要逐步实行开架式，简化借阅手续，延长开放时间，提高图书馆的流通率，要加强传递职能和途径，要采用现代化的传递手段，要改革图书馆的建筑结构与布局。

图书馆由封闭和半封闭系统向开放系统转化，不仅不应削弱它的保存职能，而且要加强这一职能。对人类的精神财富要加强保护，不要把"使用"和"保存"对立起来。要根据图书资料的价值与使用情况，分成不同等级，区别对待。对祖国文化遗产中的珍本、稀本、善本不应开架，要单独保存，不予外借，只限于馆内查阅。对各个时期各类图书的不同版本和地方文献资料应指定专门的图书馆进行保藏，除版本图书馆外，一般图书馆对一般图书不必专门保存版本，应在使用中进行保护。

图书馆开放，更要加强管理，加强工作人员的责任感。应在开放图书资源、方便读者的前提下加强管理,要尽量避免或减少图书的损失,也不要因为丢书或损耗书而不服务。

第三,要加强图书馆物质、信息、能量的交流。图书馆变为开放系统,就要和外界发生联系,就有物质、信息、能量的输入和输出。要保持系统的正常运转,就要保持动态体内的平衡,一般输入应大于输出。

二、改变"图书馆是一种单纯的非盈利性的社会服务事业机构"的观念,使图书馆向既有"无偿服务"又有"有偿服务"的二重性方向发展

长期以来,人们对图书馆有一种这样的观念:认为它是一种非盈利的社会服务事业机构,它的服务是无偿的,不是等价交换的。这种观念已延续了漫长时间。随着社会的发展,近些年来人们对这种传统的观念已提出挑战,认为它是不完全的,不完全符合今天图书馆的发展实际。今天的图书馆现实是:既有"无偿服务"又有"有偿服务",图书馆正在由单一的非盈利性社会服务事业机构,变为既有"无偿服务"又有"有偿服务"的二重性机构。

今天的图书馆为什么具有这种二重性呢?

图书馆在过去是无偿服务的,这在现在、将来也仍是主要的、基本的。这是因为:(1)长期以来,图书馆是作为一种社会的公共文化事业免费为社会服务的,它是社会福利事业的一部分。就是私人图书馆,大多也是免费为人们利用。学校图书馆就为学校师生利用。作为一个社会或一个国家(特别是社会主义国家),这种有益于人类的社会福利设施是不能缺少的。因为有了这种设施,就可促进社会经济、科学、文化的发展,就可以不断提高民族的科学文化水平,就可以保护人类文化遗产,就可相互交流思想,传递信息知识。(2)图书馆的设施是由社会或国家投资兴建的,藏书是由社会长期积累下来的,它代表一个国家甚至全人类科学文化

发展水平,它是人类的知识宝库,社会的智力资源,社会的共同财富,它不允许为部分人占有,去为部分人获取利益。(3)图书馆的日常维持费、新书购置费是由国家或社会拨给的,其工作人员的劳动报酬也是由国家或社会付给的,因此,图书馆工作人员的服务是有偿的。国家对图书馆的投资来自人民。国家通过图书馆免费服务,偿还一部分给群众,因此从总体来说,群众对图书馆是付给了报酬的,只不过是付给报酬的形式不同。由于这些理由,我们认为凡属国家投资兴办的图书馆,都应该免费为规定范围内的读者服务,特别是公共图书馆要免费为全社会服务。

图书馆服务实行免费,在许多国家早已有法律或明文规定,这是众所周知的事。1921 年 11 月 16 日,《俄国共产党(布)中央委员会通告》指出:"必须保持学校和图书馆不收费的原则。"1981 年 8 月 15 日,中共中央《关于关心人民群众文化生活的指示》中指出:"各个文化单位应精打细算,厉行节约;属于营业性质的单位应有经济核算,但不能以盈利为主要目的,而无视宣传教育的任务。有些文化单位如图书馆的活动等,则应坚持免费为群众服务的原则。"1985 年 7 月 23 日,文化部部长朱穆之同志在全国图书馆工作会议上说:"图书馆主要由国家投资建设,图书馆不能以追求经济效益,以赚钱为目的,而要以最大的力量搞好无偿服务。"

从整体来看,图书馆无偿服务必须是主要的、基本的。这一原则不可动摇,否则就将改变图书馆的性质、任务、目标、方向。在坚持这一基本原则的前提下,随着时代的发展,图书馆是不是可以新辟或增加一些有偿服务的内容与项目,以适应时代的发展需要呢?我们认为可以,应该积极地探索与试验,而且必将成为图书馆的有机组成部分。这是因为:(1)随着我国经济体制改革和科学技术体制与教育体制的改革,技术成果已实现商品化,新的知识产业已出现,技术市场已成为我国社会主义商品市场的重要组成部分。1985 年 3 月 13 日,中共中央《关于科学技术体制改革的决定》指出:"科学技术主要是人类智力劳动的产物,应当充分认识和评价智力劳动所创造的价值。随着科学技术的发展,技术在社会商品价值创造中所起的作用越来越大,越来越多的技术已经成为独立存在的知识形态商品,新的知识产业已经出现。技术市场是我国社会主义商品市场的重要组成部分。"科学技术成果包含有图书馆的劳动,它由科学技术人员的智力劳动、实验手段、图书情报资料转化而成。因此,图书馆的劳动是构成知识形态商品——技术成果的因素。(2)图书馆的产品具有商品性质。恩格斯在《卡尔·马克思〈政治经济学批判〉》一文中曾对商品下过这样的定义:"进入交换的产品是商品。"(恩格斯:《卡尔·马克思〈政治经济学批判〉》,《马克思恩格斯选集》第2卷第123页,人民出版社1972年版)目前,许多国家都把专利的制造权、图纸、技术文件、计算机软件等作为交换产品,叫做知识形态的商品。人们认为,图书馆在浩如烟海的文献资料中,把分散的信息知识转化成定向的情报的过程,总是必须付出一定的脑力劳动,如同商品是人们需要通过交换或出售来实现推广应用的目的一样。对于这种观点,美国总统卡特在1979年9月召开的白宫图书馆——情报工作会议上阐述过:"情报,像我们呼吸的空气一样,是国家的资源。准确而有用的情报对于个人和国家来说,就如同氧气对于我们的健康和幸福那样的必要。目前,我国国民经济总产值一半以上都与情报活动有关。情报正在迅速替换着机器制品,成为我国经济中一项主要产品。"(3)图书馆智力资源主要是两个方面:一是藏书;二是图书馆专业队伍,他们许多人学有专长。如果把这两个方面很好地结合起来,进行充分的开发,就可生产出许多知识形态的商品,这不仅对国家、对社会有利,而且对图书馆也有利。(4)补偿图书馆事业经费的不足。目前我们国家经济还很不富裕,每年用于社会福利事业或文化教育事业的经费很有限,这就要求我们在现有条件下,自力更生扩大经费的来源,加速事业的发展。

有偿和无偿服务,对一个图书馆来说二者是可兼容、不矛盾的。但要保证这两个方面健康发展,必须坚持下列原则:(1)凡国家投资兴办的图书馆,必须以无偿服务为主,要用最大力量搞好无偿服务,充分满足读者的需要;(2)不能改变图书馆的基本任务、目标、方向。正如美国图书馆学专家拉瑟福德·D.罗杰斯1980年在中美图书馆业务研讨会上,回答图书馆是否可以改为企业机构的问题时所说:"我们不能把图书馆转变为一个企业,但如果一个公司要使用图书馆,我们可以收费。"

图书馆用什么标准来区分有偿服务和无偿服务的范围与内容呢?我们认为:凡是国家投资或社会的公共设施和藏书均应实行免费服务,不应收取任何费用;图书外借、读者入馆阅览、查询资料、研究问题应免费。从活动来看,凡属宣传马列主义、毛泽东思想,开展政治思想教育,普及文化科学知识,指导读者阅读均应免费。哪些应该有偿服务呢?(1)凡是图书馆工作人员利用馆藏文献,经过自己劳动加工综合的第二次文献、第三次文献应向用户适当收费,如书目、索引、文摘、快报、综述、专题研究报告;(2)凡可进入商品市场的知识形态商品或物质产品,如科技咨询、提供商业性的情报信息、图书馆用品、图书装订、修补;(3)智力资源的开发,如人员培训、专题讲座;(4)利用图书馆的特有设施,如计算机、复印设备;(5)单项专题服务,科研课题的调研,专题系统积累文献服务;(6)除公共图书馆外的其他类型图书馆为本单位以外的团体或个人服务。开展图书馆的有偿服务,不应离开图书馆业务活动范围。

三、改变图书馆"无竞争"的观念,使图书馆由长期"稳定"、"共处"状态进入相互竞争的状态

图书馆的竞争是客观存在的。首先表现在它的普遍性:从横向来看,同一历史时期内,各要素之间,各分系统之间,图书馆与外部世界之间普遍存在着竞争;从纵向来看,各个历史发展时期都贯穿着竞争。从哲学观点来看,图书馆的这种竞争又是绝对的、长期的,而稳定、共处、平衡则是相对的。从图书馆的发展规律来看,矛盾、斗争是推动图书馆事业发展的动力。图书馆是由图书、读者等要素构成,这些要素的相互矛盾、相互斗争推动着图书馆事业的发展。因此,图书馆竞争是客观而长期存在的。

但长期以来,图书馆的竞争并不明显,给人们的观念是"图书馆无竞争"。为什么形成这样一种观念呢?(1)图书馆是由国家或社会投资,实行免费服务,因此不存在争经费、争服务对象的问题;(2)没有认真开展图书馆评价活动,优劣不清,高低不分,大家和平共处;(3)我国图书馆长期处于封闭和半封闭状态,以图书馆内部工作为主,与外界发生联系较少。

图书馆竞争为什么今天突出呢? 从图书馆内部原因来看:图书馆已由封闭和半封闭系统走向开放系统,开放系统就要与外界进行物质、能量、信息的交流,有交流就会有竞争;图书馆已由非盈利性的社会服务事业机构,逐步走向无偿服务与有偿服务的兼容体,图书馆的一部分产品已成为知识形态的商品,有商品就有销售,就要有销售对象和销售市场;图书馆已由单一功能变为多功能体。这是引起图书馆竞争的内部因素。从外部因素分析:一方面是今天的社会已进入信息社会,信息就是资源、权力、金钱。图书馆是信息系统的一部分,是信息的存贮与传递中心,图书馆自身不发挥自己应有的作用,不去占领自己应有的地位,其作用就被他方代替,地位就被他方占领。应该清楚地看到这种趋势。美国图书馆事业已出现这种局面:1980—1982 年,美国拿出 10 万美金的教育研究基金,做了一次关于美国公众对情报需求的研究。调查了美国新英格兰地区的 4000 名情报需求者。调查结果发现,只有18% 的人,在他们有问题需要解决的时候,曾想到图书馆可能要帮他们的忙,其余82% 的人根本没有想到图书馆。问题是严重的,图书馆在信息社会中不加强情报服务,不充分发挥自己的作用,就会被人们忘记。另一方面,大量商业性的信息咨询机构涌现,信息资源、职能、渠道在被重新划分,你不占领,别人就要代替。

当前,图书馆的竞争主要表现在两个方面:一是图书馆内部的竞争,这个"图书馆"是一个总的概念的图书馆,包括图书馆不同要素的竞争,图书馆之间的竞争,不同系统的图书馆的竞争,地区与地区之间的竞争。竞争的内容包括获取图书资源、经费、人员、设备、技术手段;扩大销售知识形态的商品;争取有偿服务的对象、项目、市场,以及如何提高自身的竞争能力,等等。二是图书馆与外部世界的竞争,主要与性质相近的系统竞争,如信息咨询机构、情报机构、档案馆、计算中心、复印公司等,竞争的主要内容是提供商品性的信息知识,以及图书资料的复印、计算机应用服务等。

总之,竞争不仅有图书馆之间的竞争,还有图书馆群体之间的竞争,图书馆与外部世界的竞争。因此,竞争与合作、协作不是互相排斥的,合作和协作中有竞争,竞争中有合作和协作。协作是为了更大竞争,竞争是为了新的协作。国家应制定政策,鼓励图书馆之间的竞争,以提高图书馆的服务质量。

四、改变"文化教育机构"的单一观念,使图书馆由单一功能的文化教育机构向多功能的综合信息系统发展

长期以来,人们把图书馆看成是文化教育机构,认为图书馆是一种人类社会现象,是属于上层建筑,它的职能只限于传播文化科学知识,进行政治思想教育,保存人类文化遗产,指导它的理论基础是文化教育理论。

随着社会的发展,这种观念已显得陈旧,并妨碍图书馆功能的发挥,影响图书馆的社会作用与地位。当今图书馆的功能已发生显著变化,已在文化教育职能的基础上扩大了,它已由单一的功能走向一个多功能的综合体。

图书馆怎样扩大自己的功能呢？就是要从单一的文化教育功能向多功能的综合信息系统发展。当然综合信息系统仍然包含原有的文化教育职能。多功能的综合信息系统应在原来的基础上扩大信息知识的存贮与传递的功能，人才培训的功能，信息咨询的功能，信息资源提供的功能。总之，不要把图书馆再限制在文化教育职能这个框框里了，要突破这个框框，尽力扩大自己的功能，为社会多作贡献。

第十二章　图书馆类型

由于收藏图书与利用藏书的共同特征,在社会系统中形成了图书馆这一类型。但事物是复杂的,在图书馆这个类型中,由于各个具体图书馆的目标、服务对象、收藏范围的差异,从而一些具有某些共同特征的图书馆,又形成了多种子类型。本章讨论的就是各种子类型图书馆,也就是图书馆总系统中的各种分系统或分子系统。

第一节　图书馆类型划分的意义与标准

一、图书馆类型划分的意义

图书馆事业是由各种类型的图书馆组成的。每一种类型图书馆的产生和发展都有着它自身的特点。随着图书馆事业的不断发展,图书馆的类型也不断增加。因此,对图书馆分类的研究,已成为图书馆学研究中的一个重要问题,其意义就在于:

(1)掌握不同类型图书馆的不同特点和它们的发展规律。不同类型图书馆的不同特点决定了它们所具有的不同的社会职能,而这种社会职能又通过它们所担负的具体任务和具体业务活动体现出来。所以,研究图书馆的类型划分有助于把握某一类型图书馆的特点,以便能够从读者的需要、藏书和目录组织、读者服务工作以及组织管理等方面来科学地制定各类型图书馆的具体工作方针和任务,充分发挥各类型图书馆的作用。

(2)有利于从全国或一个地区范围内对图书馆事业的发展作好全面规划和统筹安排,协调地发展各类型图书馆,组成为科学研究和广大群众服务的图书馆网。要努力做到图书馆类型多样,布局合理,就必须深入研究国内外图书馆的类型、特点和发展的规律性,这是建设和发展图书馆事业的一项重要工作,对于保证图书馆系统整体功能的充分发挥有着十分重要的意义。

二、图书馆类型划分的国际标准

为了避免因图书馆类型的划分标准不同而给图书馆统计和图书馆界的交流造成的困难,在联合国教科文组织(UNESCO)的支持下,国际标准化组织(ISO)和国际图书馆协会联合会(IFLA)为制定图书馆统计的国际标准,从1966年开始,进行了一系列工作,终于在1974年,由国际标准化组织颁布了《ISO2789—1974(E)国际图书馆统计标准》。在这个标准中,专门有"图书馆的分类"一章,把图书馆区分为:国家图书馆、高等院校图书馆、其他主要的非专门图书馆、学校图书馆、专门图书馆和公共图书馆六大类型,并对每个类型的图书馆都作了概念性的规定。即:

国家图书馆的定义是:凡是按照法律或其他安排,负责搜集和保管国内出版的所有重要出版物的副本,并且起贮藏图书馆的作用,不管其名称如何,都是国家图书馆。它们通常也执行下述某些功能:编制全国总目录;拥有并更新一个大型的有代表性的外国文献馆藏,包括有关该国的书籍;作为国家文献目录情报中心;编制联合目录;出版回溯性全国总书目。名字叫做"国家"图书馆,但其功能与上述定义不符者,则不应列入"国家图书馆"类型之中。

高等院校图书馆的定义是:主要服务于大学和其他第三级教

学单位的学生和教师的图书馆。它们也可能向公众开放。注意应作如下区别:(1)大学的主要或中心图书馆或者同一馆长领导下的分布于不同的地方的一组图书馆;(2)附属于大学的研究所和系,不受大学的主要或中心图书馆领导和管理的图书馆;(3)附设于高等院校但不是其一部分的图书馆。

其他主要的非专门图书馆的定义是:有学术特征的非专门图书馆,它们既不是高等院校图书馆,又不是国家图书馆,但它们对特定的地理区域履行一个国家图书馆的作用。

学校图书馆的定义是:那些属于第三级院校以下的所有类型的学校的图书馆。虽然它们也向公众开放,但主要服务于这些学校的教师和学生。用于同一学校若干班级的单独馆藏应认为是一个单一的图书馆,它们应算为一个行政管理单位和一个服务点。

专门图书馆的定义是:那些由协会、政府部门、议会、研究机构(大学研究所除外)、学术性学会、专业性协会、博物馆、商业公司、工业、企业、商会等其他有组织的集团所支持的图书馆。它们收藏的大部分是有关某一特殊领域或课题,例如自然科学、社会科学、农业、化学、医学、经济学、工程、法律、历史等。注意应作如下区分:(1)对需要服务的所有社会成员提供材料和服务的图书馆;(2)虽然在某些情况下也为那些负责支持图书馆的团体外的专家的情报需求服务,但它的馆藏与服务主要是针对它的基本用户的情报需求作准备而加以设计的。

公共图书馆的定义是:那些免费或只收轻微费用为一个团体或区域的公众服务的图书馆;它们可以为一般群众服务,或为专门类别的用户,例如儿童、军人、医院患者、囚犯、工人和雇员等服务。注意应作如下区分:(1)真正的公共图书馆,即是那些全部或大部接受市政当局(市图书馆或区域图书馆)资助的图书馆;(2)由私人资助的图书馆。

这一国际标准,得到了奥地利、比利时、巴西、智利、捷克斯洛伐克、丹麦、埃及、芬兰、法国、前联邦德国、印度、以色列、意大利、荷兰、新西兰、罗马尼亚、南非、瑞典、瑞士、泰国、土耳其、美国等22个国家的成员团体的赞同,加拿大和英国由于技术原因,表示不同意这个文件。我国当时尚未参加国际标准化组织,对这个标准无法表示态度。

三、我国图书馆类型划分的常用标准

我国对图书馆类型的划分,没有规定统一标准,从长期的实践来看,人们一般按以下一些标准来划分:

一是按主管部门和领导系统分,有:(1)文化系统图书馆:包括文化部及各级文化部门(文化厅(局)、文物局、文管会)领导的国家图书馆,省、市、自治区图书馆,地(市)、州、盟、行政区图书馆,县(市)图书馆和文化馆图书馆,各级少年儿童图书馆及城乡基层图书馆(室)等。(2)教育系统图书馆:包括国家教育委员会和各级教育行政部门领导的大、中、小学校图书馆(室)。(3)科学研究系统图书馆:包括中国科学院、中国社会科学院、中国医学科学院、中国农业科学院、中国地质科学院以及其他专业科学研究机关所属的图书馆(室)。(4)工会系统图书馆:包括中华全国总工会及各级工会所领导的工人文化宫和各厂矿企业所属的工会图书馆(室)。(5)共青团系统图书馆:包括各级共青团组织所领导的青年宫、少年宫、少年之家图书馆(室)。(6)政府系统和社会团体的专业图书馆:包括各级政府部门、社会团体、事业单位图书馆。(7)厂矿企业的技术图书馆。(8)军事系统图书馆:包括各级军事领导机关图书馆、军事科学图书馆、军事院校图书馆、连队基层图书馆(室)等。

二是按藏书范围划分,有:(1)综合性图书馆:包括公共图书馆、综合性大学图书馆、科学院和分院图书馆、工会图书馆等;(2)多科性科学技术图书馆:包括多学科的理工科院校图书馆、厂矿企

254

业的技术图书馆等;(3)专科图书馆:科学研究所图书馆、高等学校的院、系、科(研究所)图书馆(室)等。

三是按读者对象分,有:(1)儿童图书馆(室);(2)青年图书馆;(3)盲人图书馆(室);(4)少数民族图书馆;(5)普通图书馆。

四是按主要任务分,有:(1)科学图书馆;(2)大众图书馆。

四、我国划分的图书馆类型

根据我国划分图书馆类型的标准,可以看出,由于图书馆种类的多样性,使划分图书馆类型的标准也具有多样性。目前存在的各种划分标准,各自都从不同角度揭示了图书馆的类型,具有一定的指导和参考意义。但任何单一的标准都不能完全揭示各类型图书馆的特点,这就决定了对图书馆类型的划分不能只采用单一的标准,必须把各种标准结合起来使用,才具有完全的意义。因此,从现有的实际情况出发,依据人们的通用做法,结合多种标准,是我国划分图书馆类型的基本原则。根据图书馆的领导系统,结合图书馆的性质、读者对象和藏书内容等标准来划分,目前我国图书馆的类型主要有国家图书馆、公共图书馆、学校图书馆、科学图书馆、专业图书馆、技术图书馆、工会图书馆、军事系统图书馆、儿童图书馆等。

第二节 国家图书馆

一、国家图书馆的类型

国家图书馆有多种类型,目前世界上国家图书馆大体可分为:

(1)公共性的中央图书馆

这种类型的图书馆具有公共图书馆的性质,其服务对象是面向社会的,但在服务重点方面与一般公共图书馆又是不同的,是有所侧重的。如朝鲜民主主义人民共和国中央图书馆、英国不列颠图书馆、法国国家图书馆、澳大利亚国家图书馆、前苏联国立列宁图书馆、北京图书馆等都属于这种类型的国家图书馆。

（2）政府性的国会图书馆

这种类型的图书馆除了具有公共图书馆的性质外,为国会服务是它们的主要任务。属于这种类型的国家图书馆有美国国会图书馆、日本国立国会图书馆、瑞典国会图书馆等,它们特别设立了"研究和立法参考处",或"国会研究服务部",专为国会服务。

（3）大学图书馆兼作国家图书馆

在北欧一些国家,这种类型的国家图书馆比较多。如芬兰赫尔辛基大学图书馆、挪威奥斯陆大学图书馆等就都兼负着国家图书馆的任务。近年来,有些观点认为大学图书馆兼国家图书馆的作法削弱了国家图书馆在全国图书馆事业中的作用,因此,有些国家已在考虑另建国家图书馆了。

（4）科学院图书馆兼作国家图书馆

主要代表是罗马尼亚的国家图书馆。在 1955 年以前,罗马尼亚社会主义共和国科学院图书馆就兼为国家图书馆。后来考虑到科学院图书馆的首要任务是为科学研究工作提供图书资料,所以在 1955 年,在布加勒斯特另建了一所大型综合性公共图书馆——国立中央图书馆,作为国家图书馆。但是,科学院图书馆仍是国家图书馆之一。

（5）专业图书馆兼作国家图书馆

这类图书馆一般都拥有某一专业方面的丰富馆藏,成为该专业的国家藏书中心和图书资料检索中心。如美国的国家医学图书馆、国家农业图书馆,就属于这种类型的图书馆。

（6）档案馆兼作国家图书馆

这类图书馆在一些比较小的国家采用,如玻利维亚的国家图书馆和档案馆,柬埔寨的国家档案馆和图书馆,摩洛哥的国家图书馆和档案馆,巴拉圭的国家图书馆和档案馆等。

除了以上几种类型的国家图书馆以外,还有一些国家的国家图书馆不仅仅是一个单独的图书馆,而是由若干个大型图书馆组成的。如美国的国家图书馆除了国会图书馆以外,美国国家农业图书馆、国家医学图书馆也都是国家图书馆。前苏联、罗马尼亚等国家的国家图书馆也有类似的情况。

二、国家图书馆的历史与概况

国家图书馆的历史,在我国,可溯源于西周的故府、盟府,秦代的阿房宫。在西方,可溯源于中世纪古老的皇室图书馆。现在的法国国家图书馆被称为西方国家图书馆的"始祖",它的前身是14世纪的皇家图书馆和拿破仑时代的帝国图书馆。1795年,法国国家会议宣布以前为国王所有的图书馆归国家所有,并给予国家图书馆负责收集和保存全国所有的出版物呈缴本的任务。

从这以后至19世纪,先后有20多个国家建立了国家图书馆。欧洲一些国家如德国、英国、荷兰、瑞典、丹麦、捷克斯洛伐克、波兰、罗马尼亚、南斯拉夫、保加利亚等,它们的国家图书馆都是在这段时期内建立和奠定了基础的。

美国国会图书馆始建于1800年,在1812年的战争中,国会图书馆曾被英国人焚之一炬。以后不久,国会购买了托马斯·杰斐逊的藏书,奠定了今天国会图书馆的基础。

前苏联的国立列宁图书馆建于1862年,最初是在圣彼得堡的鲁勉采夫博物馆里,1886年迁到莫斯科。

20世纪以来,全世界有许多国家先后建立了国家图书馆。我国的北京图书馆始建于1912年。澳大利亚国立图书馆源于联邦议会图书馆,建于1902年,1923年正式成为联邦国立图书馆。加拿大议会图书馆创建于1841年,而其国立图书馆直到本世纪50

年代才建立。日本国立国会图书馆建于 1948 年。除此之外,亚洲、非洲、拉丁美洲许多国家的国家图书馆都是在第二次世界大战以后逐渐建立和发展起来的。经过几个世纪的发展,现代的国家图书馆与传统的国家图书馆在概念与职能等方面都发生了很大变化,这主要是由于科学技术的发展,出版物的增长,读者需求的变化等方面的影响。本世纪 50 年代以来,关于国家图书馆的问题在国际图书馆刊物上引起了更多的注意,国际图书馆界先后召开了一系列有关国家图书馆问题的国际会议,目的在于进一步明确国家图书馆的地位与职能,努力探讨和寻求在国际范围内促进人类图书情报资源共享的途径与办法。大多数国家都把国家图书馆看作既是本国图书馆系统的重要组成部分,同时也是世界图书馆系统的一部分。许多国家,如美、前苏、英、日等,都在国家图书馆的发展方面投入了大量的人力和财力。他们认为国家图书馆是一个国家图书馆事业的核心,国家图书馆在国内与国际图书馆系统和国际图书资源的交流与共享中有着非常重要的地位与作用,国家图书馆的工作做好了,就可以促进全国的图书馆和情报工作的发展,满足社会发展的需要。

由于国家图书馆本身重要性的不断增长和各国对国家图书馆建设的重视,20 世纪以来,世界大多数国家的国家图书馆都得到了较迅速的发展。根据联合国教科文组织 1976 年的统计,全世界共有 116 个国家图书馆。如果从藏书量和工作人员的数量来看,目前,世界上最大的国家图书馆要算美国国会图书馆,1983 年统计,它的藏书已达 8079 万统计单位,有工作人员 5308 人。其次是前苏联国立列宁图书馆,1982 年该馆藏书达 3100 万统计单位,工作人员有 3012 人。另外,像法国国家图书馆、英国国家图书馆、澳大利亚国立图书馆、加拿大国立图书馆、比利时皇家图书馆、日本国立国会图书馆、瑞士国立图书馆等都是世界上著名的国家图书馆。

三、国家图书馆的职能

关于国家图书馆的职能，一直是国际图书馆界关注的问题，在国际上曾引起了多次的讨论。

1970年联合国教科文组织通过的《关于图书馆统计国际标准化的建议》中提出，国家图书馆是"负责收集和保存本国所有重要的出版物，并担负国家总书库职能的图书馆。正常情况下，国家图书馆还履行以下几项职能：出版国家书目；拥有一个丰富的外文馆藏（包括有关本国的外文图书）；作为国家书目情报中心，编制联合目录，出版回溯性国家书目。"

1976年8月，联合国教科文组织在瑞士洛桑召开了国家图书馆馆长会议，对国家图书馆在国家情报系统和国际情报系统中的作用问题，通过了一项政策声明，认为"国家图书馆是图书馆事业的首要推动者，各类型图书馆的领导。国家图书馆应在全国图书馆工作的各项规划中起中心作用。"根据这项声明的精神，国家图书馆在国家情报系统中应起三个主要作用：（1）提供必要的图书馆服务；（2）领导国家情报系统中的图书馆成员；（3）积极参加国家情报系统和制定全面发展规划。

目前，从世界上大多数国家的实际情况来看，国家图书馆的主要职能大体上可归纳为：（1）完整、系统地收集本国主要出版物，使国家图书馆成为国家总书库；（2）重点地采选外国出版物，使国家图书馆拥有一个丰富的外文馆藏；（3）积极开展情报工作，为科学研究服务；（4）编印回溯性书目和联合目录，使国家图书馆成为国家书目中心；（5）组织图书馆现代化技术装备的研究、试验、应用、推广工作，使国家图书馆在图书馆现代化建设中起中心和枢纽作用；（6）开展图书馆学研究，推动图书馆学研究的发展；（7）代表本国图书馆界和读者利益，参加国际图书馆组织及各项外事交流活动。

四、世界主要国家图书馆

1. 北京图书馆

北京图书馆是我国的国家图书馆,也是我国最大的图书馆,是世界五大国家图书馆之一。在国际交往中,它使用"中国国家图书馆"(National Library of China)的名称。它的前身是清朝末年筹建的京师图书馆,该馆从 1910 年开始筹办,1912 年正式对外开放。建馆之初,北京图书馆的藏书仅有 10 万册,但它的藏书基础可以远溯到 700 多年前的南宋皇家图书馆——缉熙殿和明代皇家图书馆——文渊阁的部分藏书。

70 多年来,北京图书馆经历了几个不同的历史时期。在建馆之初,曾经受到当时一些知名人士如鲁迅先生的关怀。1916 年,鲁迅先生曾以教育部名义,发出了凡经内务部立案出版之图书均应分送京师图书馆一份庋藏的规定。1917 年 3 月又以教育部名义致函内务部,重申这个规定。从此国内出版物呈缴京师图书馆一份,有了明文规定。

1928 年 7 月,京师图书馆改名为国立北平图书馆。1949 年 1 月 31 日北平宣告和平解放,2 月 13 日北平市军事管制委员会文化接管委员会派员接管了国立北平图书馆(1949 年 10 月 1 日建国时"北平"改"北京","国立北平图书馆"相应改为"北京图书馆")。从此,北京图书馆开始了新的历史时期。

解放后,经过 30 多年的建设,北京图书馆已发展成为国内规模最大、藏书最丰富的综合性公共图书馆。1984 年,该馆工作人员已达到 1300 多人,阅览室 16 个,700 多个座位,每天平均接待 2000 人次左右。馆舍面积虽然还赶不上藏书和人员增长的需要,但是也比解放初期的 8000 平方米增加了 4 倍多。70 年代初,敬爱的周总理亲自指示为北京图书馆建设新馆,并督促为新馆选址,根据周总理的遗愿,北京图书馆新馆工程于 1983 年 9 月 23 日奠基兴建。新馆坐落在北京紫竹院公园北侧,占地 7.42 公顷,建筑面积 14 万平方米,另有 2 万平方米职工住宅等与其相配套,共 16 万平方米。新馆由 13 个子项组成,有藏书 2000 万册的基本书库,有 37 个阅览室,3000 个阅览座位,还有可容 2500 名工作人员的办公用房,以及展览厅和 1200 个座位的电视报告厅。国家投资 29000 万元。1987 年建成使用。

北京图书馆是我国藏书量最多的图书馆。建国初期,北京图书馆的藏书仅有 140 万册,经过 30 多年的发展,1983 年拥有藏书 1170 万册(件)。1984 年达 1200 万册(件),比 1949 年增加 8.5 倍。在全部藏书中自然科学、技术方面的书刊资料约占 60%,外文书刊资料约占 40%。涉及 140 种文字。它所收藏的期刊品种是比较齐全的,共计 55100 种,其中中文期刊有 21900 种。现在收到的期刊共 18500 种,其中中文期刊为 6000 种,外文期刊 12500 种。另外,还具有各种文种的报纸 3600 种,资料 20 余万种。

北京图书馆的藏书中有许多珍贵藏书和珍贵版本,如有马克思和恩格斯的亲笔函件,有《敦煌写经》的写本,有《永乐大典》的写本,《四库全书》完整的文津阁本等。其馆藏之丰富和珍贵在许多方面是闻名于世界的。

北京图书馆的服务对象主要是中央党、政、军领导机关、科学研究部门和重点生产建设单位。同时,也为广大人民群众服务。

北京图书馆与世界上 120 个国家和地区的 2000 多个单位建立了书刊交换关系,还与一些国家的图书馆建有馆际互借关系,双方互借书刊和提供复制品,以满足各自读者的需要。

2. 美国国会图书馆

美国国会图书馆创建于 1800 年,在 1812 年英国军队入侵华盛顿时,国会图书馆最初的 3000 册图书被英国军队在焚烧国会大厦时毁之一炬。1815 年 1 月,国会图书馆接受了前任总统托马斯·杰斐逊的私人藏书,从此奠定了国会图书馆藏书的基础。

目前，美国国会图书馆已发展成为世界最大的图书馆，1983年拥有馆藏8079万统计单位。其中有近2000万册图书（其中的2/3属于470多种不同文种）；3300万份手稿，包括23位美国总统的手稿；360万份地图、地图册和地球仪等，是世界上拥有制图学方面的资料最多的图书馆；法律资料170万件；乐谱、音乐资料366万多件；科技报告129万件；1000万幅图片、摄影照片和建筑草图等；28万卷电影片和340多万份缩微复制品；盲文读物与视听资料400万件；各种报纸40万册；此外还有大量的期刊、政府出版物及其他连续出版物等。美国国会图书馆是除中国外收藏中文书刊资料最多的地方，共有图书45万册，其中有善本书2000种，手抄明代《永乐大典》41卷，《古今图书集成》5000卷，唐代手抄《妙法莲华经》，以及北宋佛经，明版《农政全书》等等。此外还有期刊8000种，报纸1200种，中国地方志4000种，以及大量的中国近代革命史料。国会图书馆的全部馆藏可排成达350英里长的书架，平均每天要增加7000多个新项目，1983年度经费达2.5亿美元。

国会图书馆的建筑主要由1939年建成的杰斐逊大楼和1980年建成的詹姆斯·麦迪逊大楼组成。馆内设有18个阅览室，172个研究室以及咨询服务中心等。馆舍面积336000平方米。

1983年美国国会图书馆有工作人员5308人，其中专业馆员3200人（具有图书馆学硕士以上学位的2000人）。全馆分馆长办公室、管理部、国会研究服务部、法律图书馆、加工部、参考部、版权局等部门。

国会图书馆的主要任务是为国会服务，专门成立有"国会研究服务部"，该部设立已有62年，聘有各方面的专家、顾问850多人，每年可为国会各委员会、议员及其工作人员提供情报资料、协助制定法律、解答有关的咨询等30多万件。

除了为国会服务以外，国会图书馆还为全国的作家、学者、研究人员和居民服务。除了元旦、圣诞节两个公共假日外,星期一至星期日全天向读者开放。每年有多达 150 万人来这里查检资料。读者可利用国会图书馆内设的各种专门阅览室,通过卡片目录、参考书或计算机终端与馆内设置的几个数据库进行联系,查找时间仅需几分钟。为了更好地满足读者需要,国会图书馆还通过开展馆际互借、照像复制等为读者提供特殊服务。除此之外,国会图书馆还开展有为残疾人服务以及举办电影、音乐会、演讲会、读书会、图书展览等方面的活动。

美国国会图书馆是美国全国书目中心。从 1901 年开始,国会图书馆着手编印并向全国发行编目卡片,逐步统一编目体系,形成了全国的书目中心。20 年代初,它编制了《国会图书馆图书分类法》。1927 年,开始编辑出版全国联合目录,使读者从这一目录中,比较容易地查到从 1454 年以来北美 1100 个图书馆所收藏的出版物的地点。1969 年,国会图书馆正式向全国图书情报系统发行马尔克二式(MARC—II)记录磁带。

美国国会图书馆是美国全国图书馆工作自动化中心。美国国会图书馆的自动化已有近 20 年的历史了。早在本世纪 50 年代末,国会图书馆就开始调查研究图书馆内部管理的自动化问题。到 60 年代中期,在研究本馆的编目、检索和编制索引等自动化的基础上着手考虑为其它图书馆发行机器可读型目录数据。经过十几年的发展,国会图书馆已在全馆上下形成了一套健全的实现自动化的组织体系,拥有一整套的自动化设备。

3. 前苏联国立列宁图书馆

前苏联国立列宁图书馆是前苏联的国家图书馆,也是世界五大国家图书馆之一。该馆建于 1862 年,1921 年以前是莫斯科鲁勉采夫公共博物院的一个组成部分。从 1918 年开始,该馆为前苏共中央、政府、机关、科学和其他机构提供图书、书目和情报服务。1924 年 1 月 24 日鲁勉采夫公共博物院图书馆改名为“全俄列宁公共图书馆",1925年2月6日,根据前苏联中央执行委员会主席团的决议,改组为"苏联国立列宁图书馆"。

目前,列宁图书馆已拥有最齐全的本国出版物和最丰富的外国图书和期刊。1979年,列宁图书馆的藏书总量为2940万册(件),其中1870万册(件)为本国出版物。在该馆的藏书中图书和期刊有2350万册(件),47万8000册年份报纸,72万3000件缩微胶片。1982年7月,藏书已达3100万册(件),工作人员3012人。该馆与世界上106个国家的4000多个单位有书刊交换和馆际互借关系。原有馆舍75000平方米,近年在郊区又兴建了一座能容纳2000万册图书的书库。

列宁图书馆既是国家图书馆,也是前苏联最大的、供居民广泛享用的公共图书馆。它的主要任务是积极地利用本馆的丰富馆藏,促进科学、文化和国民经济的发展。1982年,列宁图书馆设有18个阅览室,2334个座位,其中包括:综合阅览室(供院士、教授、博士使用)、新书和现刊阅览室、三个大型的学科阅览室,以及善本、手稿、学位论文、报纸、乐谱和其他专门阅览室。每天平均接待读者6500人次。该馆开放时间较长,每天开放13个小时。

4.法国国立图书馆

被称为国家图书馆"始祖"的法国国立图书馆始建于1386年,当时的国王查理五世亲自命令把历代皇室收藏的图书、文稿集于罗浮宫内,成立了皇家图书馆,即今天的法国国立图书馆的前身。

16世纪后,印刷业开始发达起来,为丰富皇家图书馆的藏书,弗朗索瓦一世于公元1537年颁布了著名的蒙彼利埃法令,规定凡是在法国境内出版的图书,必须送一本样书交皇家图书馆保存。此项法令在法国文化史上有着重要的意义,它奠定了法国国立图书馆呈缴本制度的基础,至今仍在执行。

经过几个世纪的发展和扩建,现在的法国国立图书馆已经建设成为最宏大的法兰西文化宝库,是一个大规模的人文、社会科学图书馆,也是世界上五大国家图书馆之一。根据法国政府 1977 年 11 月 19 日政令,新规定该图书馆为研究图书馆。1975 年全国公共图书馆行政机构改革,将国立图书馆置于教育部管辖之下。

法国国立图书馆的组织机构包括:行政、业务、资料保存和研究 3 个系统。业务系统下设 12 个部:呈缴本部、采访部、全国书目部、联合目录部、外借部、国际交换部、古旧书部、出版研究部、学术历史研究出版委员会、保存修复部、照像复制部及凡尔赛分馆。资料保存和研究系统分为 12 个部:图书部、珍本室、连续出版物部、政府出版物部、音乐部、视听资料部、手稿部、东方手稿部、证章货币部、戏剧资料部、军工厂图书馆及阿尔泽纳勒分馆。1984 年有工作人员 1200 人,年度经费 3 亿法郎。

至 1980 年,该馆已收藏有 30 万份历史上著名作家的手稿,1000 余万册各种图书,40 万册各类期刊,1200 余万张版画、照片及大量的图册、乐谱、钱币和证章。1984 年藏书达 5000 多万册(件)。

为了充分地挖掘、利用这些宝藏,国立图书馆早在 1897 年就开始编纂藏书目录索引,现已出版了目录索引 230 卷,还陆续出版了若干卷专题目录索引。每年的收藏都编入图书馆当年出版的《法兰西目录》中。这些资料都及时输入图书馆的电子计算机中心,并与各个终端设备相联结,随时可供读者查询、检索。1984 年,该馆与世界上 80 个国家的近 400 个单位建立有图书交换关系。

法国国立图书馆的读者对象大部分是与大学有关的人员。该图书馆的任务是作为一个文献保存和文献利用的图书馆。1984 年,该馆拥有 14 个阅览室,890 个座位,图书馆每天接待 1200 余名读者,并向持有专门借书证的研究人员出借各类书刊。

5. 英国国家图书馆——不列颠图书馆

英国不列颠图书馆,成立于 1973 年,它是由英国不列颠博物院图书馆、国家科学与发明参考图书馆、国家科技外借图书馆、国立中央图书馆、英国国家书目公司等五个单位合并组成的一个大规模的国家图书馆。它是世界五大国家图书馆之一。1981 年该馆藏书达 1400 余万册,工作人员 2150 人,每年经费为 5000 多万英镑。这个图书馆的许多工作,像特藏、外借、书目、国际合作等都著称于世界图书馆界。现在的不列颠图书馆是由理事会、参考部、外借部、目录服务部、研究发展部和一个中心管理处组成。各部分别承担和履行不列颠图书馆的各项职能。

理事会:理事会由一名兼职主席、一名专职总经理、各部的主任和 8 至 12 名其他成员组成,其中一名由女王指派,其他成员均由国务大臣指定,而其中一名是由不列颠博物院理事提名的。理事会的作用包括接受财政部的直接资助,并对议会负责,但有一定程度的自主权。理事会有一个法定的顾问委员会,由学术团体、图书馆及其他类似机构推选的人员组成。

参考部:参考部是不列颠图书馆最早成立的藏书部,下设四个主要分部:图书分部、手稿分部、东方手稿及图书分部、科学参考图书馆。

外借部:不列颠图书馆的外借部是世界唯一的专门为了外借的目的而集中的国家馆藏。它向全世界开放,1984 年,该部拥有图书 250 万册,期刊 18 万种,其中现刊 57000 余种。该部藏书包括的学科范围之广以及规模之大是世界罕见的。

外借部每个工作日借书量大约有 11000 次,1983 年外借部收到国内外借书单总数超过 285 万件。馆藏图书能满足读者索借的数字约达 83%,如果将转给其他图书馆解决的计算在内可满足91%。外借部的目的并不是要成为英国国内唯一的馆际互借系统,当前它只能满足英国国内借书要求的 75%。除了外借服务以外,外借部还对英国读者提供翻译服务。

目录服务部:目录服务部的职能是提供与国家图书馆和图书情报团体有关的集中编目及其他目录服务工作。该部除负责编制《不列颠国家书目》和《不列颠图书馆藏书连续出版物》以外,还于1977年开始进行在版编目。为了对非书媒体的目录进行控制,该部于1979年开始出版《不列颠视听资料目录》。在实现图书资料目录检索自动化方面,该部从1970年开始发行《不列颠国家书目》的机读目录磁带,1976年起开展机读目录各项服务工作。

研究发展部:该部的主要任务是鼓励并支持图书情报领域的研究与发展,包括对新的服务工作的试验。目前该部还给欧洲经济共同体科技情报文献委员会提供英国教育科学部的代表;为联合国教科文组织的总情报计划提供英国代表。它还管理着世界科技情报系统的目录著录国际中心(UNIBID)。该部的工作对英国整个图书情报界有着深远的影响。

6. 日本国立国会图书馆

日本国立国会图书馆始建于1948年2月,是根据“国立国会图书馆法”,将原来的帝国议会两院图书馆和上野帝国图书馆合并而成的。同年6月正式开馆。

日本国立国会图书馆1983年藏书733万5000统计单位,期刊3万3375种,工作人员847名,是世界大型国家图书馆之一。

国立国会图书馆的组织机构由10个部局、33个支馆组成,这33个支馆都是国立国会图书馆的组成部分,业务上归总馆领导,工作上有所侧重,突出了专业性的特点。

国立国会图书馆的服务对象主要有三种:(1)国会;(2)政府机构;(3)日本国民。

为国会服务的内容主要是为国会议员的国事活动服务。国会图书馆收藏有6000多册历届国会议员的著述,并设有“调查及立法考查局”,以及“议员著作文库”、“议员研究室”、“议员阅览室”、“议员资料室”等,专门为国会议员服务。

为政府部门服务主要是指为行政、司法部门的国事活动提供图书资料。该馆把政府各部、厅的图书馆作为支馆,在图书资料的收集、保管、借阅和调查等各方面,与各个支馆都作具体的分工。

在为普通读者服务方面,国会图书馆规定,凡年满 20 岁的国民都可利用国会图书馆的藏书。据统计,平均每天来国会图书馆借阅的读者达 1700 人次,借阅图书达 3900 多册。

除此之外,国会图书馆还负责收集和保存日本国内出版物的呈缴本,大量收集外文出版物,作为国家的图书资料中心,国会图书馆积极开展科技和社科情报工作,编辑出版国家书目以及各种书目、目录和索引达 20 多种。对全国各地的图书馆进行业务指导,代表本国图书馆,同国际机构和各国图书馆进行图书资料交换、馆际互借和学术交流。

国会图书馆的现代化程度也很高,书库建筑采用无窗式,库内光线、通风、湿度和温度都是自动控制,图书的传递和资料的出纳,都用气送管、垂直传送机和电梯等。1970 年起,馆内又开设了电子计算机室,利用计算机编制各种书目和索引等,进一步提高了馆内工作的自动化程度。

第三节 公共图书馆

一、公共图书馆的含义

关于公共图书馆的含义,目前世界上许多国家的理解是不一致的。

国际标准化组织颁布的 ISO2789—1974(E)国际图书馆统计标准的规定,公共图书馆的定义是:公共图书馆是指那些免费或只收轻微费用为一个团体或区域的公众服务的图书馆,它们可以为一般群众服务或为专门类别的用户如儿童、工人等服务，它全部或大部接受政府资助。

在我国，公共图书馆是面向社会公众开放的图书馆，由国家和群众举办，为广大人民群众服务，按行政区划建立的。它受政府各级文化部门领导。国家图书馆，省、市、自治区图书馆，地（市）、州、盟、行政区图书馆，县、市图书馆，乡镇图书馆，街道图书馆（室），儿童图书馆，农村基层图书馆（室），都属于公共性质的图书馆。由于我国经济还不很发达，集体所有制和个体所有制还要存在一个相当长的时期，所以除县以上图书馆属国家举办以外，城市街道和农村乡镇的基层图书馆（室），基本上仍由城市居民或农民集体所办，有些地方（多在城市）由国家文化事业经费上适当给予补助。

世界其他一些国家的公共图书馆概念与我国有所不同。在美国、加拿大等一些国家，公共图书馆主要指"城市图书馆"，包括市及市以下的社区、乡镇图书馆。这些图书馆一般是根据州或城市的有关法令而设置的，它们基本上属于市政府的一个部门，由市政当局批准任命的地方图书馆理事会负责管理。其经费主要来源于地方政府的税收。这些国家的州或省立图书馆带有政府立法图书馆的性质，其主要任务是为州或省政府提供有效的专门情报服务，同时负责协调全州或全省的图书馆情报活动。在为公众服务方面，州或省图书馆通常只是起着"图书馆的图书馆"的作用，负责补充地方和地区图书馆的服务和资源。因此，这些国家的州或省图书馆一般不包含在公共图书馆的概念之内。

在前苏联，公共图书馆除包含国家图书馆，州立图书馆，城市、农村图书馆，儿童图书馆以外，各加盟共和国的综合性国立图书馆也属于公共图书馆的范围。另外，前苏联还有一些全国性的大型公共图书馆，如国立 M. E. 萨尔蒂柯夫—谢德林公共图书馆，国立外文图书馆。

总之,目前世界上关于公共图书馆的范围与内容的划分情况比较复杂,因此我们在学习与研究这方面的内容时,应根据公共图书馆的定义和各个国家的具体情况进行具体的分析,不能简单地一概而论。

二、公共图书馆的历史与概况

公共图书馆是近代人类社会文明和图书馆事业发展的产物,是封建藏书楼同近代图书馆的分水岭。公共图书馆的产生可溯源至14世纪兴起的文艺复兴运动的影响。文艺复兴后,资本主义的萌芽为图书馆事业的发展创造了新的条件,资产阶级思想影响的日益扩大和经济上的产业革命,冲破了封建宗教的文化禁锢,使图书馆从教堂中解放出来,发展到了社会。

由于公元前2世纪中国发明了纸张,6世纪中国发明并实际运用了木刻印刷术,11世纪中国发明活字印刷术,这对图书的发展起了巨大推动作用。15世纪随着活字印刷术在欧洲的应用,使大规模地搜集图书有了可能,图书馆的藏书大大丰富,开始出现了一些拥有几万册藏书的较大型的图书馆。原来一些皇室图书馆和大学图书馆以及一些私人图书馆纷纷向公众开放。出现了如1691年法国巴黎的马扎林图书馆与红衣主教开设的民族学院联合而成的公共图书馆这样一些具有公共意义的图书馆。

然而,真正具有我们今天所理解的意义的公共图书馆是到19世纪中叶以后才开始出现的。这主要是由于:(1)17世纪英国资产阶级革命以后,工业城市的出现与发展,资本主义的生产需要大量有文化的市民与工人;(2)造纸术、印刷术的完善为图书馆图书流通需要的复本创造了条件;(3)许多国家的政府开始承担免费的、普遍义务教育的职责。印刷品已成为具有广泛影响的传播媒体,而公共图书馆是使书籍能为一般群众所利用的最适用的场所。

英国议会特别委员会于1835年和1849年分别提出了有关公

共图书馆的报告。在这两个报告的鼓舞下,威廉·爱华特提出了第一个公共图书馆法案,并于 1850 年获得通过。根据该法案的精神,1852 年在曼彻斯特创立了第一所公共图书馆,以爱德华·爱德华兹为馆长。

在美国,新罕布什尔州的彼得博罗于 1833 年建立了第一个公共图书馆。它是根据 1821 年的法令,允许以税收的一部分作为教育事业费用的规定建成的。而真正具有现代公共图书馆特点的是 1852 年在波士顿兴建的波士顿公共图书馆,该馆于 1854 年 3 月 20 日正式对外开放。由于该馆的第一任馆长查尔斯·科芬·朱厄特和第二任馆长贾斯廷·温泽的努力,波士顿公共图书馆成了当时最有威望的图书馆之一,并且带动了整个图书馆运动。1895 年,纽约公共图书馆建立。它是由原阿斯托图书馆、列诺克斯图书馆和梯尔登信托公司合并而成,馆舍落成于 1911 年。目前是美国图书馆体系中第二大图书馆,世界最大的公共图书馆之一,拥有 4 所研究图书馆和 84 所分馆,藏书已达 8000 余万册(件)。

前苏联在 19 世纪开始建立现代公共图书馆,但公共图书馆的真正发展是在十月革命以后。至本世纪 60 年代,前苏联全国共有各类型图书馆约 40 万所,其中 92000 所是较大的市镇图书馆。列宁格勒国立萨尔蒂柯夫—谢德林公共图书馆是最早的俄国公共图书馆之一,创建于 1814 年,1870 年起开始接受俄罗斯全部印刷品的法定呈缴本,1980 年藏书总量达 2300 万册(件),每年图书借阅量超过 1000 万册。

19 世纪至 20 世纪初,世界大多数国家都建立了公共图书馆和较发达的公共图书馆系统。公共图书馆的服务工作也在不断扩大。1857 年,曼彻斯特图书馆已设分馆,为远地的读者服务。这种作法随后为各地所效仿。1919 年,公共图书馆开始扩大到农村地区。20 世纪初,斯堪的那维亚的一些国家,以及瑞士等国家的公共图书馆已可以有效地开展对读者服务的工作。

我国的公共图书馆是在 20 世纪初才开始出现的。1902 年，由于当时维新派的影响，在浙江绍兴创建了"古越藏书楼"，这是我国学习西方图书馆技术和管理制度的开端，推动了我国近代藏书楼向公共图书馆的过渡。

1903 年，我国第一个公共性质的图书馆武昌文华大学图书馆——武昌文华公书林成立。1904 年，湖南省图书馆、湖北省图书馆成立。紧接着，江苏、山东、陕西等一些省、市也纷纷创立了自己的公共图书馆。1909 年，由于当时的内阁大学士张之洞的奏请，清政府于 1910 年颁布了《拟定京师及各省、市图书馆通行章程》，该章程的颁布进一步促进了我国各省、市公共图书馆的建立和普及，我国目前最大的公共图书馆——北京图书馆，就是根据该章程于 1912 年正式创立的。

公共图书馆经过 100 多年的发展，已成为世界各国图书馆体系中的一支重要力量。据统计，目前世界上拥有公共图书馆最多的是前苏联，共有公共图书馆 128000 个，平均每个公共图书馆担负的人口为 1915 人，藏书总册数为 13 亿 1000 万册，平均每人拥有公共图书馆藏书的册数为 5.3 册。其次是美国，共有公共图书馆 50497 个，平均每馆担负人口 4000 人，总藏书量为 1 亿 9108 万册，平均每人拥有藏书册数为 0.9 册。波兰的公共图书馆总数为 31765 个，平均每馆担负人口为 1000 人，是世界主要国家公共图书馆平均担负人口最少的国家。丹麦全国有公共图书馆 937 个，平均每馆担负人口为 5444 人，总藏书量 1744 万册，平均每人拥有藏书 3.6 册。丹麦公共图书馆的图书利用率最高，每人每年平均借书册数为 16.54 册，其次是英国和瑞典，分别为 10.74 册和 8.67 册。

我国的公共图书馆自建国以来有较快的发展。1949 年新中国成立时，全国只有 55 所公共图书馆。经过 30 多年的建设，已经形成了一个规模较大、藏书较丰富的公共图书馆系统。据统计，截止1984年底,我国县以上公共图书馆达2217所,藏书24855万册,建筑面积达145万平方米,工作人员26794人,阅览座位20多万个。全年接待读者1亿1780多人次,借阅书刊1亿8867万多册次。此外,据1980年统计,台湾省有省、市、县3级公共图书馆21所,藏书1416000册,期刊3558种(份)。

公共图书馆的分布日趋均匀、合理。30多年来,国家注意边远地区各级公共图书馆的建设,使边远地区的公共图书馆有了很大的发展。目前,我国包括台湾省在内的30个省、市、自治区中,除西藏自治区尚未建立自治区图书馆,河北省图书馆正在建设中外,其余各省(市、自治区)均已建立起省级公共图书馆。除了在省会所在地建立规模较大的省级公共图书馆,在大部分地、市、州、盟、县也都建立了一批公共图书馆。目前我国公共图书馆系统中,除北京图书馆外,规模最大的是上海图书馆和南京图书馆。上海图书馆是解放后新建立的图书馆,目前有藏书700余万册,工作人员545人。"七五"期间,国家决定新建上海图书馆,总面积8万平方米,可容纳藏书1300万册,阅览座位3000个。

然而,就我国10亿人口和四个现代化的需要来看,我国目前的公共图书馆与社会的需要还极不适应,尤其与世界先进国家相比,还有很大的差距。

三、公共图书馆的职能与特点

公共图书馆担负着为科学研究服务和为大众服务两大任务。在促进国家政治、经济、科学、文化、教育事业的发展,提高全民族科学文化水平方面发挥着极为重要的作用。与其他各种类型的图书馆相比较,公共图书馆更接近最大范围的普通读者,对大多数读者来说,公共图书馆产生着比其他类型的图书馆更加有效的教育作用。因此,公共图书馆是各类型图书馆中的骨干力量,在整个图书馆系统中占有重要的地位。

公共图书馆的特点是:(1)藏书的综合性,藏书内容涉及各个学科、各种等级和各种类型;(2)服务对象的广泛性,公共图书馆的服务对象包括各种类型、各个阶层、各种年龄、各种文化程度、各个民族的读者;(3)业务活动范围的广泛性,这是由它的为大众服务和为科研服务的双重任务决定的。

公共图书馆的职能可概括为:(1)国家版本和地方文献的收藏中心,各级公共图书馆都担负着收集和保存国家重要出版物副本,尤其是地方文献的任务,成为地方文献的重要收藏中心;(2)书目中心,负责编辑和出版各种藏书目录和索引,为广大读者提供书目服务;(3)图书借阅中心,开展流通借阅和馆际互借业务;(4)情报中心,积极开展情报工作,为科学研究和生产服务;(5)文化教育、娱乐中心,通过各种方式,为读者提供文化教育、自学、娱乐活动所需的图书资料和场所;(6)业务辅导中心,大型公共图书馆对本地区各类型图书馆(室)承担业务辅导职责;(7)协作协调中心,大型公共图书馆应成为本地区各类型图书馆之间,本地区与其他地区图书馆之间在图书资源、图书馆服务方面的协作与协调中心。

四、省级图书馆

我国的省、市、自治区图书馆(通常简称省级图书馆),一般是由省、市、自治区政府文化行政部门主管和投资的、综合性的、向社会开放的图书馆,是各省、市、自治区藏书、目录和馆际业务协作的中心。它们不仅是公共图书馆事业的骨干力量,而且在全国图书馆事业中,占有极其重要的地位。至 1984 年,我国有省、自治区、直辖市图书馆 34 所。

在国外,北美及欧洲一些国家的省立或州立图书馆与我国的省、市、自治区图书馆有所类似,但有的不属公共图书馆,一般都是由省或州政府主管并依靠省或州政府资助的,带有政府立法图书馆的性质,因此在图书馆的任务、服务对象及特点上,与我国的省、市、自治区图书馆又有所差异,应注意加以区别。

1. 省级图书馆的特点

从世界范围来看,由于省级图书馆情况复杂,有的不属于公共图书馆,因此我们讨论的对象只限于公共图书馆性质的省级图书馆的特点与职能。

省级图书馆一般具有如下特点:

(1)藏书是综合性的,一般都拥有较丰富的地区文献特藏。省级图书馆的藏书包括社会科学、自然科学和技术科学等各个学科门类,内容相当广泛。各馆对于本省的政治、经济、文化、历史、资源、人物等地方文献都广泛地征集入藏。省级图书馆的丰富藏书及地方文献特藏对于本地区经济和文化建设都起着重要的作用。

(2)读者对象十分广泛,包括工、农、商、学、兵、干部、知识分子、儿童等各种职业、各种年龄、各种文化程度的读者。有的馆还有少数民族的读者。这些读者对图书资料的需要极其广泛,因此给省级图书馆带来了较复杂的工作任务。

(3)省级图书馆业务活动的领域广泛,而且要求也比较专深。一般来说,省级图书馆都正式或非正式地承担着该地区的中心馆的任务,负责协调各图书馆的活动。在我国和一些国家,省级图书馆还负有对下一级或基层图书馆(室)的业务辅导的责任。因此,省级图书馆内设有业务研究和辅导部门。一个省、市、自治区图书馆事业的状况和业务水平往往与该省、市、自治区图书馆有着直接的关系。

2. 省级图书馆的职能

(1)根据本地区政治、经济、科学和文化教育事业当前和今后发展的需要,结合原有的藏书基础,积极采集各种书刊资料,成为收藏和保存较高质量的、具有地方特点的图书情报资料中心。

（2）通过馆内流通阅览、馆际互借、邮寄借书、书目参考、咨询解答等各种形式和服务手段为读者服务，成为本地区图书馆服务工作的中心。

（3）积极开展书目、索引工作，编辑和出版本地区馆藏图书资料目录、索引，以及与本地区重点科研、生产项目有关的书目资料，成为本地区图书情报资源中心。

（4）充分发挥省级图书馆在普及科学文化知识，提高广大读者的思想、理论和科学文化水平方面的作用，成为本地区校外终身教育和读者自学研究的中心。

（5）组织各系统图书馆间的协作和协调工作，成为本地区图书馆网的中心。

（6）组织和推动图书馆学理论和技术方法的研究。对省级以下图书馆进行业务辅导。努力促进图书馆业务水平的提高和基层图书馆事业的发展。

（7）开展在职馆员的业务培训工作，不断提高馆员的政治、文化、专业知识水平和图书馆业务技能，努力建设一支具有较高专业水平的图书馆员队伍。

五、省级以下的公共图书馆

省级以下的公共图书馆指地、市、区、州、盟的图书馆和县、市、区图书馆等。1984 年，全国有地市级图书馆 270 所，县级图书馆 1912 所，其中县馆 1591 所。这里所指的市图书馆有省会所在的市或省辖市的市图书馆，还有地、州、盟所属的市图书馆。省辖市图书馆在全国有一定的数量，它们一般都有一定的规模，藏书基础也较好，服务工作有一定的水平，并积累了较丰富的经验，是公共图书馆事业中一支重要的力量。

省辖市图书馆的任务是根据国家的需要和工作重点，在同省（自治区）图书馆分工的情况下，把服务工作的重点放在本市的重点生产和科研项目上。市图书馆同时担负着为广大群众服务的任务，因此，在搞好为科研和生产服务的同时，也要搞好馆内阅览、外借，满足一般读者和广大工农群众对图书资料的需要。市图书馆还要加强对区、县图书馆的业务辅导，发展本市的区、县图书馆，积极做好工农读者和青年学生的服务工作。

县、市、区图书馆是公共图书馆类型之一。它联系着最广泛的读者。在我国，县、市、区图书馆联系着我国广大城镇、农村和人口最多的农民。因此，发展县、市、区图书馆对于普及科学文化知识，充分发挥图书馆的文化教育职能有着重要的意义。

县、市、区图书馆的具体任务是：

（1）收藏适合广大城镇居民、乡村农民实际文化水平的比较通俗的社会科学、自然科学、农业技术读物以及文艺作品，也要适当收藏一些适合中等文化水平的科技著作及理论著作。要根据普及与提高相结合，以普及为主的原则来建设县、市、区图书馆的藏书。要根据人力、财力、物力的可能，努力使县、市、区图书馆的藏书具有一定的规模。

（2）根据我国县、市、区图书馆服务对象的特点，县、市、区图书馆在开展馆内流通阅览的同时，要花较多的力量到工矿、农村开办借书站和流通点，把书送到农村，送到基层。

（3）积极开展业务辅导，协助和辅导农村、街道的基层图书室，建立城乡基层图书馆网。

根据县、市、区图书馆所处的地理环境，县、市、区图书馆的服务对象主要是城镇各阶层居民。县、市、区图书馆在为城镇居民服务的同时，还应积极为乡村农民服务。

第四节　高等学校图书馆

　　高等学校图书馆是图书馆事业的又一重要类型。高等学校图书馆是为教学和科研服务的重要机构，与教学和科研关系极为密切。许多国家都把现代化的图书馆视为现代化大学的三大支柱（师资、教学设备、图书资料）之一。

　　由于高等学校有综合性大学、多科性文科或理工科大学、专科性大学之分，高等学校图书馆也可区别为综合性、专科性、文科、理科各种类型。世界其他一些国家，如美国的高等学校图书馆还有大学图书馆与学院图书馆，或研究图书馆与大学本科图书馆之分。大学图书馆或研究图书馆主要为教师和研究生服务，学院图书馆或大学本科图书馆则主要为大学本科生服务。

一、高等学校图书馆的历史与概况

　　早在 12—13 世纪，欧洲就出现了大学图书馆，如牛津、剑桥、巴黎、海德堡、维也纳、哥本哈根、萨勒诺等大学都设立有图书馆。这些古老大学的藏书，今天都作为特种藏书保藏起来。意大利波洛尼亚大学于 1158 年建立。英国牛津大学 1168 年创办。中世纪英国著名私人藏书家理查德·伯里（公元 1287—1345 年）将他丰富的私人藏书委托给牛津大学图书馆保存和利用，为此，人们把他视为"大学图书馆的先驱"。英国剑桥大学于 1209 年建立，布拉格的斯拉夫大学于 1348 年成立，17 至 18 世纪，意大利 12 所设有图书馆的大学都开办了。特别值得注意的，并在以后世纪里产生了影响的是 1737 年建立的德国的戈廷根大学图书馆，它的第一位管理人克里斯琴·哥特洛·海尼发展了采购和编目方法，它成为现代大学图书馆有关业务的模式。1755 年 4 月俄国莫斯科大学成立，1756 年建立图书馆，本世纪 40 年代其藏书就达 400 万册，目前已达 700 万册，其中外文图书 200 万册，包括世界上 52 种文字。该馆共有 53 个阅览室，2764 个座位。当代规模最大的大学图书馆——美国哈佛大学图书馆建于 1638 年，现有各级各类图书馆 100 个，藏书 1000 多万册。

目前，高等学校图书馆已成为世界各国图书馆系统中的重要力量。许多著名的大学图书馆，如美国的哈佛、耶鲁、哥伦比亚、斯坦福、芝加哥等大学，前苏联的莫斯科大学，英国的牛津、剑桥大学，日本的东京大学、京都大学等，都已成为重要的学术研究图书馆。

我国古代的书院就设有图书馆，而我国自办的新式大学教育，实始于 1895 年盛宣怀所奏办的天津西学堂的头等学堂，1897 年所创办的南洋公学师范院，1898 年创办的京师大学堂（北京大学），1902 年创立的山西大学堂。在此期间还创办了一些教会大学，如圣约翰大学 1894 年成立，东吴大学 1901 年成立。北京大学图书馆的前身是 1902 年建立的京师大学堂藏书楼，是我国大学图书馆中历史较早、规模最大的图书馆，现有藏书 330 万册。

我国的高等学校图书馆事业在解放后虽然经历了曲折坎坷的道路，但是在党和政府的重视与支持下，也得到了较迅速的发展。

建国初期，全国高校图书馆只有 132 所，收藏各类书刊 794 万册。1956 年党中央发出了"向科学进军"的号召，为了使图书馆更好地为教学和科学研究服务，当时的高等教育部于 1956 年 12 月 5 日—14 日在北京召开了全国高等学校图书馆工作会议。这次会议总结了建国后图书馆的工作，交流了图书馆工作的经验，明确了高等学校图书馆的性质、任务和方针，制定了工作条例试行草案，对工作中存在的一些问题，提出了解决的办法。这次会议对加强和改进高等学校图书馆的工作起了积极的作用，促进了高等学校图书馆事业的发展。1956 年底，高等学校图书馆发展到 225 所，藏书 3729 万册。

"文化大革命"十年浩劫,使高等学校图书馆事业受到了空前的摧残。粉碎"四人帮"以后,特别是党的十一届三中全会以来,高校图书馆工作重新受到各级领导部门的重视。1978 年,教育部颁发了《关于加强高等学校图书资料工作的意见》,明确提出图书资料是高等学校教学、科研工作的基本条件之一。加强图书馆、资料室的建设,搞好图书资料的收集、整理、保管和借阅,是高等学校一项重要的工作。1979 年,教育部又颁发了《关于高等学校图书和资料情报人员职务名称确定和提升的暂行规定》。

为了进一步加强高校图书馆工作,教育部于 1981 年 9 月 16日至 25 日在北京召开了第二次全国高等学校图书馆工作会议,会议根据 1956 年第一次全国高等学校图书馆工作会议以来的实践经验和当前面临的形势,讨论修订了《中华人民共和国高等学校图书馆工作条例》。成立了全国高等学校图书馆工作委员会,作为教育部主管全国高等学校图书馆工作的机构。

截至 1983 年底的统计,全国高校图书馆已发展到 745 所,总藏书量已达 2 亿 5000 余万册,比解放初期大约增加了 25 倍左右。1985 年,高等学校图书馆达 1000 所,其中已有 400 多所建立了情报室。1985 年直接引进资料 1000 万美元,购书经费达 1 亿多元,建筑面积达 210 万平方米,工作人员 3 万多人。

二、高等学校图书馆的性质与任务

高等学校图书馆是根据学校教学和科研的需要,搜集、整理和提供各种知识情报载体为广大师生服务的,它担负着为教学和科研服务的双重任务,是高等学校教学和科研的中心,是培养全面发展的创造型专门人才和开展科学研究的重要基地。

高校图书馆是为教学和科研服务的学术性机构,主要表现在:一方面,人们利用高校图书馆的藏书进行学习和研究,通过实践与

280

总结,创造出新的理论与知识,因此,高校图书馆的工作既是教学和科研工作的前期劳动,也是教学和科研工作的重要组成部分;另一方面,从高校图书馆工作本身来看,是带有学术性的,如图书分类、编目、参考咨询、文献检索、情报分析与研究等等。另外,高校图书馆还必须开展图书馆学与目录学的科学研究工作,以便不断提高工作水平,更好地为教学和科研服务。

高等学校图书馆为教学与科学研究收集、整理、保管图书资料,最终目的在于提供使用,为了充分满足教学与科研的需要,高等学校图书馆的一切工作都必须围绕学校的教学与科研工作进行,为教学与科研服务是高等学校图书馆的宗旨,从这个意义上来说,高等学校图书馆又是一个服务性的组织。

高等学校图书馆的任务,是由高等学校的性质所决定的,高等学校图书馆是高等学校的一个组成部分,因此,它必须服从于高等学校的基本任务。高等学校的基本任务是根据国家的教育方针,努力培养各种为社会所需要的专门人才。根据高等学校的总任务,高等学校图书馆的主要任务是:

(1)根据学校的性质和任务,采集各种形式的书刊资料,用科学的方法进行分编与保管。

(2)根据教学、科研和课外阅读的需要,积极主动地开展流通阅览和读者辅导工作。

(3)配合学校教学、科研的需要,积极开展文献查阅方法、图书馆利用知识的教育和辅导工作。

(4)积极开展参考咨询和情报服务工作。

(5)统筹、协调全校的图书资料采集、整理、保存、目录和图书资源的合理调配与共享工作。

(6)进行图书馆学、目录学和情报学理论、技术方法及现代化手段的应用研究和推广工作。

根据我国高等学校的基本任务是贯彻执行党的教育方针,为社会主义建设培养各种专门人才的特点,我国高等学校图书馆除担负以上基本任务外,还必须承担配合学校政治思想教育工作,宣传马列主义、毛泽东思想及党和政府的政策法令,培养德、智、体全面发展的人才的任务。

三、高等学校图书馆的工作特点

高等学校图书馆虽然在类型上有所不同,但在工作上具有一些共同的特点。

(1)读者对象的单一性。主要是本校的教师和学生。教师读者一般比较固定,学生则有流动性,表现在从低年级向高年级流动及高年级学生离校、新生入学的不断更替。

(2)读者需要的稳定性。高等学校教学的主要任务是向学生系统地传授专业知识,教学内容具有相对的稳定性;另一方面,高等学校的专业设置和教学计划一般也比较稳定,因此,读者对教学参考书的品种和数量的要求是经常的、比较稳定的。

(3)读者用书的阶段性。教学工作的一个特点,在于它是按教学计划、教学大纲进行的,有统一的进度。教学工作又是有阶段性的,开学、上课、考试、放假,每个学期都要重复循环,一个阶段接着一个阶段有节奏地进行,这就造成了读者用书的相对集中性和阶段性。某个阶段读者集中借阅有关课程的某些参考书刊,必然造成高等学校图书馆工作和藏书供求关系的有阶段性紧张的特点。

另外,学生入校从低年级到高年级,阅读需要及对所需图书资料的范围、目的性都有显著的差别,高校图书馆也必须注意了解读者需求的这种阶段性的变化。

(4)对藏书要求丰富性与高质量性。高等学校图书馆的藏书不仅要有一定的数量,同时还必须保证一定的质量。由于高等学校图书馆读者用书时间集中的特点,对需求量大的参考书要保证一定的复本量。另一方面,高等学校图书馆要保证藏书的质量,藏书的内容要丰富,参考工具书品种要齐全,要根据本校的专业设置、学科发展方向和科研项目,全面系统收藏国内外有较高水平的基本理论著作,同时还要注意对相关、边缘学科书刊的收集,藏书要能反映当代科学发展水平。

(5)书库与阅览室的设置要考虑学校的性质与专业设置的特点。可根据情况划分为文科、理科书库与阅览室,还可按专业组织藏书与划分阅览室。教师、研究生、普通大学生可分别设置阅览室。

(6)与系(所)资料室的关系是互相配合,各负其责。图书馆是学校的图书资料中心,服务对象是全校师生员工,在藏书内容上,主要应收藏各个专业的基本理论著作,各科综合性、交叉、边缘与新兴学科的藏书及各种参考工具书,还应适当地收藏一些供课外阅读的书刊和一般工作人员所需要的普通书刊。系(所)资料室的服务对象是该系师生,在藏书内容上是属于该系的专业书刊,尤其是较专深的专业书刊及与本专业有关的书刊和各种工具书。图书馆与资料室应在为本校教学与科研服务的总目标下,互相配合,各负其责。

四、高等学校图书馆的领导体制和组织结构

高等学校图书馆是学校教学和科研的重要组成部分,应由校(院)长直接领导,实行校长领导下的馆长负责制,由一名主管教学或科研的副校长分管图书馆工作,以切实加强对图书馆的领导。

高校图书馆的组织结构有总馆,分馆,系(所)图书馆(室),大学生图书馆,所属工厂和医院的图书馆等。

除了设立与其他类型图书馆相类似的必要业务部门以外,高等学校图书馆还应设立图书馆委员会,作为学校图书资料情报工作的监督与咨询机构,以便推动和改进图书馆工作。图书馆委员

会的成员由馆长与各系主任共同推荐,提请校长聘请组成。图书馆委员会的任务包括审议图书馆的年度计划,讨论图书馆工作中的重大问题,并向学校领导反映改进图书情报资料工作的建议等。

第五节 科学和专业图书馆

科学和专业图书馆属于专门图书馆。一所图书馆如果具备如下四个条件就称为"专业图书馆":(1)藏书专门化;(2)为专门的读者群服务;(3)拥有受过特定学科或特定方法专门训练的人员;(4)提供专门化——通常适合个别需要的——服务。因此专门和科学图书馆是指:政府部门、议会、协会、科学研究机构(大学研究所除外)、学术性学会、专业性协会、事业单位、社会群众组织、博物馆、商业公司、工业企业等或其他有组织的集团所属的图书馆,它收藏的大部分是某一特殊领域或课题的图书资料,提供适合个别需要的服务是专门图书馆赖以存在的理由。

一、科学和专业图书馆的历史与概况

专业图书馆是随着人们对专业方面资料的需要而产生的。公元1500年以前,欧洲的许多修道院和大教堂图书馆就带有专业图书馆的性质,这些图书馆的藏书大部分只限于宗教典籍,使用者只是教士和僧侣。然而这些图书馆在16—17世纪大都随着教堂的衰落和修道院的关闭而不存在了。

在西欧,从16世纪就开始出现了一些专门图书馆。英国伦敦的皇家科学院图书馆成立于1518年,巴黎高级药学图书馆成立于1570年。17—18世纪,专门图书馆有了发展,19世纪以后,由于现代科学技术的发展,人们对图书资料的需要愈趋专门化,专门图书馆的建立逐渐增多。到20世纪初期,为了快速地获得情报,特

别是对科学技术情报的需要,对图书馆界的思想和传统观念产生了强烈的冲击,特别是第二次世界大战以后,对情报需要达到了高潮,为了更好地满足专业人员的需要,专业图书馆得到了迅速的发展。1939年,德国柏林市的专门图书馆已达200多所。欧洲其他著名的专业图书馆还有英国国家科技外借图书馆,该馆是从科学图书馆发展而来的,目的是为了更有效地出借科技期刊,该馆的工作方法已广泛地为专业图书馆馆员所熟悉。

前苏联1917年以前有专门图书馆475所,至1930年,发展至6000所,到1960年,已超过了5万所,其中最著名的是前苏联科学院图书馆。该馆创建于1714年,其前身是沙皇彼得一世时的第一俄罗斯博物馆。1725年,该图书馆并入新创建的科学院。1921年6月,搬入沙皇时代为它建造的建筑物。1925年,科学院200周年时图书馆的新建筑正式对读者开放。经过两个多世纪的发展,前苏联科学院图书馆和各加盟共和国科学院图书馆已形成一个完整的网络系统,至1983年,全系统共有617个图书馆,每年为50万左右的读者服务。全院藏书总数为1560万册。其中:院中心图书馆有馆藏1040万册,列宁格勒地区各科学院研究所的图书馆有馆藏540万册。

美国的专业图书馆也是在20世纪初逐渐发展起来的。当时的新泽西州纽瓦克公共图书馆馆长约翰·科顿·达纳认识到需要有专门的收藏和专门的技术为他所在的城市里的商人服务,其他的图书馆馆长们也都感到了同样的需要。于此,达纳于1909年创立了专门图书馆协会。随着科学技术的发展和新技术、新设备的应用,专业图书馆得到了迅速的发展。据1983年《美国图书馆指南》统计:美国有专业图书馆9703所,占美国图书馆总数的33.4%,并且每年以5%的速度增长,预计1992年就可以赶上公共图书馆数量。目前,美国的专业图书馆都已能够成功地应用计算机开展情报服务工作。作为美国国家图书馆组成部分的美国国立医学图书馆和国立农业图书馆都是美国重要的专门图书馆。

我国的专门图书馆主要是解放以后发展起来的。1949 年,中国科学院系统的图书馆或资料室只有 17 所,藏书仅 63 万余册。1983 年底,中国科学院图书情报机构已发展到 140 多个,拥有 2000 多万册书刊,工作人员达 2800 多人。

据不完全统计,到 1983 年底,全国各科研系统共有 4000 多所中型以上的科学和专业图书馆,其中历史较久、规模较大的有中国科学院文献情报中心、中国社会科学院文献情报中心、中国农业科学院图书馆、中国地质科学院图书馆、中国医学科学院图书馆、中医研究院图书馆等。中国科学院文献情报中心成立于 1951 年 2 月,原名"中国科学院图书馆",1985 年改为现名。现有藏书 500 多万册。

二、科学和专业图书馆的性质与任务

科学和专业图书馆工作是科学研究的一个组成部分,是科学研究工作的耳目、尖兵和参谋。

科学和专业各系统的中心图书馆所担负的主要任务是:

(1)紧密结合本系统、本单位的科研方向与任务,收集、整理、保管和提供国内外科学文献,为科学研究和生产技术服务。

(2)参加国内外专业学科交流活动,调研国内外科学技术的发展情况和趋势,了解国内外学科发展水平,收集国内外科学情报,进行分析研究,为制订科研政策、规划、计划和科学研究工作服务。

(3)组织本系统科学情报交流,协调本系统图书情报刊物的编译出版,宣传报道国内外的最新科学理论和技术。

(4)对本系统所属图书馆和情报单位进行业务指导,做好本系统的图书情报协调、经验交流和干部培训等工作。

(5)组织本系统图书情报人员开展图书情报理论、方法和现代化手段的研究,参加国内外有关学术活动。

在科学和专业图书馆中,研究所或相当研究所一级的台、站、厂图书馆和图书情报研究室占有较大的比重。它是全所图书、资料、情报工作的统一归口部门,其主要任务是:

(1)紧密结合本所的科研方向和任务,重点收集、整理、保管和提供本门学科和相关学科的文献,为科学研究工作服务。

(2)调研国内外与本所有关学科的科研情况和发展趋势,收集国内外科学情报,进行分析、研究,为本所制订规划、计划,确定研究课题,引进新技术和科学研究工作服务。

(3)组织全所研究人员,开展群众性情报工作和情报交流,编译出版情报刊物,宣传报道本门学科国内外的最新理论和技术。

(4)开展图书情报理论、方法和现代化手段的研究,参加国内外有关学术活动。

三、科学和专业图书馆工作的特点

科学和专业图书馆在规模上有大中小的不同,在藏书范围上也有综合性和专科性的区别,但从整体上看,它们都具有一些共同的特点。

(1)图书情报工作一体化。科学和专业图书馆是以书刊文献为工作对象,负责收藏、整理和传播书刊文献与提取、研究和加工书刊文献所含情报的服务中心,兼有图书馆与科学情报单位的工作特点。随着电子计算机、无线电通信技术以及其他新技术、新设备在图书馆工作中的应用,将进一步促进图书馆与情报工作的结合,使科学与专业图书馆更好地为用户服务。

(2)服务方式多样化。科学和专业图书馆工作的图书情报一体化的特点,决定了其服务方式的多样化。除一般图书馆所开展的服务项目外,科学和专业图书馆还应积极开展各种情报服务,包括定题跟踪报道文献资料、专题回溯检索以及为有关学科或科研项目编制书目索引,举办文献展览、专题学术讲座,放映科技电影等。

(3)藏书学科专业性强。根据科学和专业图书馆读者对象的特点,要求其藏书注意收藏学科基本理论著作,尤其是最新科学著作。大多数科学和专业图书馆的馆藏中,外国文献都占有相当大的比重,其中又以国外期刊为主。为了更好地开展情报服务,科学和专业图书馆重视收藏成为情报源的各种文献资料的收集、加工、分析、报道、检索和提供。

(4)读者对象主要是科研和工程人员。他们文化水平高,懂外文,需要侧重科学情报与外文书刊。

(5)为满足读者的科研需要,科学和专业图书馆广泛采用新技术设备。图书馆工作人员的专业素质要求高,要求具有较高的专业和外语水平以及有关自动化、新型图书资料媒体的管理与利用知识等。

四、科学和专业图书馆的业务机构

一般科学和专业图书馆业务部门的组织方式,大都根据业务工作来划分机构,即按采、编、阅览等顺序设立相应的业务部门。为了适合读者的特殊需要,有些图书馆还设立了一些专门部门,如期刊、舆图、善本、专利文献等。

另外一种组织方式是按照学科性质来建立机构,有的是采编之外,在读者服务部门按照学科设若干机构。

还有一种方式是完全按照收藏图书资料的文种来划分,采、编、阅一贯到底。

根据科学与专业图书馆的特点,其业务机构的设置应当采取业务工作与学科、出版物类型相结合的方式,向专业分工的方面发展,即采、编部门按业务工作划分,而在读者服务部门则按学科、出版物类型划分,分别设立普通图书阅览参考部门和特种文献资料阅览参考部门,突出文献资料部分,由受过专门训练的专业人员负责进行整理、阅览、参考等工作,以便更深入地为科学研究服务。

从发展的观点看,科学、专业图书馆应根据图书情报一体化的要求,在保持传统的文献服务工作的基础上,进一步扩大工作范围,积极开展情报服务工作,其业务机构也必须根据这种发展和需要,不断作出新的相应的安排,或新建情报服务业务部门,或对于图书馆传统的业务部门赋予情报工作的新职能。

近年来,图书情报一体化的发展在我国比较迅速,科学研究机构中已建立的图书馆、科学情报研究机构,有的已经合二为一,改名为"文献情报中心",有的正在酝酿合并。

第六节　其他类型图书馆

除了国家图书馆、公共图书馆、高等学校图书馆和科学与专业图书馆以外,根据划分图书馆类型的不同标准与角度,还可以划分出许多其他类型的图书馆,如军事系统图书馆、学校和儿童图书馆、工会图书馆、街道图书馆、农村图书馆等。

一、学校和儿童图书馆

1. 学校和儿童图书馆的概况

学校和儿童图书馆是图书馆体系中两个不同类型的图书馆,在图书馆统计中,通常都是分别列算的。

学校图书馆系指中、小学图书馆。学校图书馆是为中、小学教学和学生学习服务的中心,其服务对象是中小学的教师和学生。目前从世界范围来看,虽然中小学图书馆在培养、教育青少年方面的重要性已日益被人们所认识,然而由于国家经济状况、教育发展水平等各方面因素的限制和影响,中小学图书馆的发展比预期的要差些。

目前世界上中小学图书馆比较发达的国家有美国和欧洲一些国家。在美国,中小学图书馆的名称已被"中小学知识传播媒体中心"(School Media Center)这一名词所代替,这主要是因为中小学图书馆的作用与服务范围在不断地扩大。在美国的中小学,学校知识传播媒体中心承担图书馆服务的职能,包括收藏和提供传统的印刷出版物,也包括负责收藏和提供不断增加着的、各种形式的媒体资料。知识传播媒体中心试图满足师生在各门课程中所需要的各种印刷品和非印刷品,为师生提供视听服务,还提供制作和利用非印刷型资料所需的设备。1969 年,美国中小学校图书馆员协会和全国教育协会的视听教育部门制定了《中小学知识传播媒体发展规划标准》,由于这一标准的推动,目前在美国和加拿大,几乎每一所中小学图书馆都在全面考虑知识传播媒体中心的意义和作用。全国各州和各省的一些比较先进的学校都有一个较为完善的知识传播媒体中心规划。

欧洲一些国家如丹麦、瑞士、英国等,也很重视中小学图书馆的工作,这些国家把中小学图书馆作为教育事业的一部分,把中小学图书馆工作作为学校的一项中心工作。为了保障中小学图书馆的发展,许多国家强调中小学图书馆与公共图书馆紧密合作,公共图书馆在图书采购、加工及图书馆工作上给中小学图书馆以一定的帮助与支援。

在每个国家的人口总数中,14 岁以下的儿童通常约占 25%—30%。他们在体力和智力上的发展对一个国家的前途具有极其深远的影响。最近一二十年内,随着科学、文化教育事业的蓬勃发展,越来越多的儿童教育工作者认识到促进儿童图书馆事业发展的重要性,对任何国家的一部分儿童或某些国家大多数儿童来说,儿童图书馆几乎成了培养他们阅读兴趣和能力、提供广泛的儿童读物、启发儿童丰富的想象与创造力的唯一场所。

世界许多国家都十分重视儿童图书馆的工作。早在 1803 年，美国康涅狄格州的索尔兹伯里就为 6 至 9 岁的儿童兴建了一所文库，以后，该文库发展成为美国最早的一所儿童图书馆。1861 年，英国开始在曼彻斯特市立图书馆设立儿童室。前苏联在本世纪70 年代中期，仅公共图书馆系统中就有儿童图书馆 7000 多所，法国巴黎市内就设有儿童图书馆 34 所，欧洲和北美许多国家的公共图书馆中都设有儿童部。除此之外，许多国家还经常开设各种专门培训儿童图书馆员和向儿童进行如何利用图书馆教育的训练班。日本、美国、前德意志民主共和国等一些国家还专门制定了有关儿童图书馆工作的各种法律和标准，出版儿童图书馆工作的专业性刊物，在图书馆协会中专门设立儿童图书馆员部，以及在图书馆学专业教育中开设有关儿童文献学、儿童图书馆学等方面的课程。

2. 学校和儿童图书馆的任务和特点

学校和儿童图书馆与其他类型的图书馆原则上有很多相似之处，但由于学校和儿童图书馆都是以少年儿童为服务对象的，因此又具有许多不同于一般图书馆的任务和特点。

学校和儿童图书馆的任务，除了应开展一般图书馆的业务工作外，还应包括：

（1）为学校教师的教学需要提供必要的图书资料。

（2）为中小学生、学前儿童阅读课外书籍和文艺作品等的需要服务。

（3）对中小学生和学前儿童进行利用书籍和图书馆的辅导。

（4）根据少年儿童的特点，积极开展形式多样、生动活泼的服务。

（5）为教师和学生提供必要的教具和制作教学材料的设备。

学校和儿童图书馆工作的特点是：

（1）图书馆服务工作既要为学校正规的教学计划服务，又要尽量满足学生课外阅读的需要。

(2)收藏的图书资源类型要广泛,要适合少年儿童的兴趣和特点,尤其要注意收藏直观性强、形象生动的视听型资料,如唱片、录音磁带、电影胶片、幻灯片等。

(3)服务活动内容要广泛,形式要活泼,可包括如图书陈列,图书展览,讲故事,放映电影和幻灯片,戏剧活动,手工制作活动,馆外参观访问等。

(4)强调阅读指导与辅导工作,引导少年儿童正确读书。

(5)设备场地要充足,图书馆的书架、书桌、椅子等都要有一定的适合少年儿童身体情况的比例。除此之外,学校和儿童图书馆还应根据少年儿童活泼好动的特点,留出足够的空间为儿童使用。

(6)学校和儿童图书馆的图书馆员不仅要从事日常借阅工作,还要具备组织和指导少年儿童阅读图书和开展多种多样的活动的能力。

3.我国的学校和儿童图书馆

我国的学校和儿童图书馆在解放前很落后,20世纪初期的近30年中,据28个省市的统计,只建立有8所独立的儿童图书馆,100所学校图书馆,附设在成人图书馆里的儿童阅览室48所,附设在民众教育馆的儿童阅览室26所,其他类型的2所,总计只有148所少年儿童图书馆和儿童阅览室(王柏年:《中国儿童图书馆发达史》手稿,藏北京图书馆)。

解放后,经过30多年的发展,我国现在共有中学约14万所,除重点中学和一部分条件较好的中学设有图书馆并有专职图书馆管理人员外,还有不少中学(特别是地处农村的中学)没有图书馆。现有的中学图书馆中,尚有相当一部分只供教师参考阅览而未向学生开放。所以,一般估计,目前我国共有中学图书馆约4万余所。全国共有小学91万多所,设有图书馆的更是寥寥无几,甚至有些重点小学和中心小学也没有图书馆。如果按现有小学数目1/10 的估计,全国大约有小学图书馆 10 万多所。这样算起来,可以说,全国目前共有学校图书馆约 15 万所。

我国专门的少年儿童图书馆数量很少。1982 年,各级公共图书馆儿童阅览室发展到 682 个;1984 年省、市和区、县级专门少年儿童图书馆达 40 所。各级共青团组织(或教育行政部门)所属的少年宫、少年之家图书馆,也属于少年儿童图书馆,但由于少年宫、少年之家本身就不够健全,所以宫、家图书馆(室)的基础,一般都比较薄弱。

我国少年儿童图书馆事业基础比较薄弱,还远远不能满足全国城乡少年儿童的需要。1981 年 5 月,"全国少年儿童图书馆工作座谈会"以后,少年儿童图书馆事业的发展有所加快,但要完全满足需要,仍要一段时间。

二、工会图书馆

工会图书馆是工会组织举办的群众文化事业单位,是我国基层图书馆事业的一个重要类型。工会图书馆,是向职工进行思想教育的重要阵地,也是职工学习政治、学习科学文化知识的场所。

工会图书馆的种类较多,有中华全国总工会图书馆,有省、市、自治区总工会图书馆,有市、县、(区)工会图书馆,有专门的产业工会图书馆,还有基层工会图书馆(室)等。

建国初,我国只有 44 所工会图书馆。工会九大以来,在各级党委、政府和企业行政部门的关怀、支持下,工会举办的职工文化事业不断发展。1982 年,工会图书馆(室)达 14 万 5890 所,藏书22323 万多册。经过 2 年的发展,1984 年,工会图书馆(室)达 19万 2357 所,其中县、市、区工会图书馆(室)7900 多个,藏书 4 亿1400 多万册,工作人员 10 万 3296 人。

工会图书馆数量多,联系群众广,根据我国目前社会主义四个

现代化建设的总任务的要求,工会图书馆担负的主要任务是:

(1)宣传马克思、恩格斯、列宁、斯大林和毛泽东著作,帮助职工提高政治理论水平和政治思想觉悟。

(2)利用图书报刊,开展流通阅览和宣传辅导工作,组织职工开展读书活动,提高广大职工的政治思想和科学文化水平。

(3)为职工的技术革新和创造发明提供图书资料。

(4)满足职工家属(包括少年儿童)学习文化和阅读文艺作品的需要。

为了完成上述任务,各级工会图书馆应根据客观条件,不断充实馆藏。既要收藏一般通俗读物,也要注意入藏适合较高文化水平阅读的政治理论、科技著作和文艺作品。

工会图书馆的专职人员少,很多都是兼职的。为了搞好工作,应当依靠领导,发动群众,依靠读者积极分子协助开展工作。要建立方便读者利用藏书的规章制度,也要不断提高科学管理水平。

三、军事系统图书馆

军事系统图书馆是指中国人民解放军系统的各军种、各兵种、各机关、院校和野战部队里的图书馆(室)。它主要包括军事科学图书馆、军事机关图书馆、军事院校图书馆和连队图书室。

军事科学图书馆和军事机关图书馆,系指军事科学研究机关,各军种、兵种、各军区、军、师等军事机关所设立的图书馆。它的主要任务是为军事科学研究服务,服务对象是军事科学研究人员和各级指挥员。它的藏书主要是收藏马克思列宁主义军事理论著作,毛泽东同志军事著作,古今中外军事书刊资料以及与军事科学有关的各门学科的书刊资料。藏书中有较多的内部出版物,在业务工作中应建立严格的保密制度。

军事院校图书馆,系指中国人民解放军各总部、各军种、各兵种和各军区的各级军事院校图书馆。它的主要任务是为教学和科学研究服务，其服务对象是全校学员、教员和干部。藏书以教科书和教学参考书为主，收藏范围根据各校专业性质而定。应根据藏书实际状况，在流通阅览中针对读者不同需要加以区别对待。军事高等院校图书馆与普通高等学校图书馆有许多共同之处，在各系均设有图书资料室。

连队图书馆，指的是团以下单位所设的俱乐部图书室。它面向连队，为战士服务，利用书刊提高广大指战员的政治思想觉悟和科学文化水平，帮助他们掌握先进的军事理论和现代化的作战技术；同时，也丰富他们的文化生活。其服务方式强调群众性，运用多种方法，把书刊送到指战员的手中，配合部队的中心任务和军事训练，开展群众性的图书宣传和阅读活动。藏书主要是通俗易懂、适合战士阅读的各种书刊。

四、城市街道图书馆（室）和农村图书馆（室）

城市街道图书馆（室）和农村图书馆（室）都属于基层图书馆。它们与广大城市居民群众和农民的联系最直接、最紧密，是公共图书馆的重要补充形式。1984 年底，全国县级以下的城市街道和农牧区的乡镇图书馆（室）已达 5 万多个。

国外一些大型的公共图书馆为了向居住在远离图书馆或偏远农村的读者提供图书馆服务，一般都设有"汽车图书馆"的服务项目。"汽车图书馆"定期为远离图书馆的读者和农村的农民送书上门，向他们提供图书阅览和借阅服务。

我国城市街道的图书馆（室）是在街道居委会领导下，居民集体自办的群众性文化单位，是解放后发展起来的基层图书馆的一个类型。城市街道图书馆（室）的主要服务对象是街办工厂、企事业单位的职工、居民、待业青年、在校学生和少年儿童。其主要任务是为居民服务，为生产服务，通过图书报刊宣传马克思列宁主义毛泽东思想，普及科学文化知识，为广大居民提供学习和娱乐场所。街道图书馆(室)的特点在于它的群众性,经费来源于街道工厂、企事业积累的公益金或群众自愿捐献,馆舍、工作人员都由群众自己解决,借阅等规章制度也由群众自订。街道图书馆(室)的藏书以通俗性的科技书刊等普及性读物为主,随着街办的集体所有制企业的发展,有关生产方面的科技书刊应逐渐增加。为了扶植街道图书馆(室)的发展,城市公共图书馆要加强对它们业务上的指导。

我国农村图书馆(室)完全是解放后发展起来的一种基层图书馆。它是直接为农民服务的文化设施,其主要任务是为农民服务,为生产服务。它通过借阅书刊等活动,对农民进行政治思想教育,普及科学文化知识,活跃农村的文化生活,发展农村的生产。

农村图书馆(室)应根据本地农民群众的文化水平和本地农业生产特点来采选图书。一般说来,应以普及性的通俗读物为主。农村图书馆(室)的活动必须坚持业余自愿、节约、不脱离生产、不脱离群众的原则。

发展农村图书馆(室)要遵循"稳步发展,着重巩固"的原则。要根据农村经济的发展水平来规划农村图书馆(室)的发展规模和速度。

解放以来,我国农村图书馆(室)的建立和发展,是全国各级供销合作社、新华书店和各级公共图书馆共同努力的结果。今后仍应搞好各方面的协作,共同为发展我国农村图书馆事业作出努力。

农村图书馆(室)的管理人员大多是业余的读者积极分子,各级公共图书馆应积极做好对他们的业务培训与辅导工作。农村图书馆(室)的管理人员应该树立全心全意为农民服务的思想,为发展农村图书馆事业作出自己的贡献。

党的十一届三中全会以来,城镇与农村都出现不少个体户集资创办图书馆(室),收取小量费用,为城镇居民和农村农民服务。各级文化部门和公共图书馆,应根据党的政策,给予支持。

第十三章　图书馆网络

第一节　图书馆网络的概念及其构成

图书馆网络是现代化图书馆事业的基本组织形式,是现代图书馆社会化的一个标志。图书馆网络也是图书馆系统的一种体现形式,它是一个多层次、相互交织的系统。

一、图书馆网络的概念

"网络"就其一般意义而言是指"纵横交错而成的组织或系统。"(《辞海》缩印本第 199 页,上海辞书出版社 1979 年版)或者说是关联系统。简而言之,可以说网络即系统。

图书馆网络是近代图书馆事业社会化的产物,它经历了一个从简单到复杂、从低级到高级的演变过程。

图书馆网络发端于近代图书馆之间的合作,是各种图书馆之间合作的扩大和发展,是在图书馆合作、图书馆联合基础上发展起来的。

图书馆的合作,主要指两个或多个图书馆之间在工作和服务等方面的配合所开展的单项业务活动,旨在促进馆藏的利用,提高读者服务水平,其形式往往比较松散。

图书馆联合,是指某一地区、某一类型、某一专业一定数量的图书馆群体在自愿原则下开展馆际协作的一种形式。一般要求在相互协商的条件下签定相应的合作协定,并根据协定的要求制定出正规的管理制度,并拥有一定经费预算。与图书馆合作比较,更正规,其组织形式也更稳定。

图书馆合作、图书馆联合是图书馆网络的初级形态。尽管本世纪初,在图书馆专业文献中已出现了图书馆网络这个专门术语,尤其是列宁在本世纪 20 年代就提出建立统一集中的图书馆网络的思想,并在前苏联进行了实践。但从世界各国来说,无论是实体意义上的图书馆网络,还是作为一个概念——"图书馆网络"为广大图书馆学家们所注重,都是在第二次世界大战以后,随着图书馆现代化出现以后的事情。美国图书馆学家谢拉认为,作为概念的"图书馆网络"至少在 1970 年已成为图书馆学领域一个具有普遍意义的名词。从文献调查可以看出:图书馆自动化规划开始于本世纪 60 年代初期,图书馆网络化始于 60 年代末。

由于图书馆网络这样一种组织的复杂性,"网络"的定义也不尽相同。

《美国百科全书》1978 年版对"图书馆网络"一词作了如下解释:"图书馆网络把各类型的图书馆和情报中心连结在一起。""图书馆网络包括四个组成部分:(1)供读者或用户查检文献或联系的场所;(2)资料库,包括传统形式的书籍、杂志,微型化的书籍、杂志,计算机的磁盘和磁带以及其他形式资料的贮存;(3)通信系统,包括同图书馆员的直接咨询,传统的馆际互借,电话传真发送和通过阴极射线管的直接显示;(4)行政管理和财政的契约根据。"

前苏联图书馆学家 O.C. 丘巴梁在其所著的《普通图书馆学》一书中则认为:图书馆网络是"在一批图书馆活动的区域(地带)内,其中一个规模最大的图书馆成为主要的中心的图书馆,而其他的图书馆则起着分馆的作用"的组织。这种统一的图书馆网络体系的实践基础是:"(1)全国图书馆活动的协调与合作;(2)既在全国范围,也在地区范围内,统一图书馆为居民服务的计划"。按照这种定义,前苏联图书馆网络主要由全国性图书馆网(即前苏联文化部图书馆网)、主管部门图书馆网、社会团体图书馆网组成。

欧美图书馆网络是以计算机技术、通信技术为主干组成的图书馆计算机网络为基础,因而在讨论图书馆网络化时,一般都与图书馆现代化联系起来加以考虑。前苏联及东欧国家的图书馆网络是依靠国家或部门的行政领导组织起来的,与欧美国家不同的是,他们强调图书馆网络集中统一的管理体制。

图书馆网络是图书馆合作与联合的发展,它通过一定的方式,将各系统、各地区、各类型的图书馆相互联系起来,共同开展业务活动,形成一个正式的、严密的、有组织的图书馆体系。是指为了充分利用和发挥图书馆的潜在能力,由相应机构统一计划、组织、管理的,具有共同目标和利益的图书馆所组成的图书馆集合。现代化图书馆网络则是建立在计算机自动化系统基础上的图书馆集合。图书馆网络与图书馆合作或图书馆联合不同的是:图书馆合作与联合往往是为了应付图书馆工作与服务的某一实际需要,如馆际互借、编制地区或系统的联合目录等,而构成的非正式的暂时的协作形式,是一种松散的联盟,参加协作与联合,完全出于各图书馆的自愿,并且协作的内容与范围也十分有限。而图书馆网络则是正式的、相对固定的、联系紧密的一种图书馆协作组织,在组织内部统一领导、统一规划、统一行动、相互分工、相互协作,从而将分散在一定区域或某些系统的图书馆组成一个纵横交错、脉络贯通的图书馆体系。

二、图书馆网络的类型

图书馆网络按不同标准,可划分为不同的类型。

1.图书馆网络的类型按照其主管部门划分,可分为:公共系统图书馆网络;教育系统图书馆网络;科研系统图书馆网络;工会系统图书馆网络;军事系统图书馆网络等。

2. 按图书馆承担的主要任务来划分,可分为:大众图书馆网络;科研图书馆网络。

3. 按图书馆的主要服务对象来划分,可分为:公共图书馆网络;儿童图书馆网络;高等学校图书馆网络;中小学图书馆网络;商业图书馆网络;农业图书馆网络;医药卫生图书馆网络;厂矿图书馆网络;城市图书馆网络;农村图书馆网络。

4. 按其区域范围可划分为:乡镇图书馆网络;县、市、区图书馆网络;地、市、州、特区图书馆网络;省、市、自治区图书馆网络;国家图书馆网络;国际性的图书馆网络。

这里对国家图书馆网络有必要加以讨论。建立全国统一的图书情报网络,是最大限度地利用本国的图书情报资源,充分地满足用户和读者需求的有效途径。联合国教科文组织 1950 年就提出了"国家情报体系"(NATIS)的概念,即通过中心机构对一个国家所有图书馆、档案馆及文献机构的协调而建立国家情报体系,这一概念的提出,得到不少国家的响应与赞同。1975 年美国图书馆与情报科学国家委员会在一项专题报告中重申建立全国性图书馆与情报服务网络的计划。认为:作为一种全国性的网络必须由国家来协调和资助,它将是包括由各州的公共以及私人的网络所组成的一个集合体。为了建立一个全国性的图书情报网络,国家必须担负以下职责:

(1)鼓励标准化和颁布统一的标准;

(2)保证各种图书情报资源的全国范围内的利用;

(3)发展网络化意义上的集中服务;

(4)推广计算机的利用;

(5)利用新型的通信技术;

(6)资助开发与研究;

(7)促进与相近国家以及国际性的协作。

由此可见,图书馆网络化是国家图书情报体系的基础与主干,国家图书情报体系是图书馆、档案馆、情报部门的综合体。全国性的图书情报体系建立的直接后果是网络国际化的发展。

5.按照网络的功能又可分为协作网络、图书馆系统网络、联机网络。

协作网络主要是通过行政性集中统一的组织与管理,以达到某一系统或某一区域范围内的图书馆的协作与协调。图书馆协作网络一般有纵向和横向二种网络类型。纵向网络是指按领导隶属关系或专业性质组织的图书馆网络。例如公共图书馆网络,即国家图书馆——省、市、自治区图书馆——地、市、州图书馆——县、市、区图书馆——乡、镇图书馆——居民点图书馆。横向图书馆网络是指按行政区域通过馆际协作或业务辅导的关系将各类图书馆组织起来的地区图书馆网络。图书馆协作网络的主要功能是协作与协调,协作内容比图书馆自动化网络要广,如专业人员培训、业务技术的交流。但一般而言,协作网络比较松散,网络对成员约束力不太强。

图书馆系统网络是一种强化的图书馆网络形式。它通常由一个或几个主要图书馆构成中心,并与区域中心或分馆、借阅点、流动书车组成一个集中化的多级的图书馆体系。这种体系由于内部结构高度集中协调,其系统效用较大,已成为各国大型城市公共图书馆网络组织的一种基本形式。最典型的是纽约公共图书馆系统网络。该系统分为两大系列:一个系列为学术服务部,即中心图书馆、专业期刊中心、林肯中心的表演艺术中心和玄堡里人文服务中心,担负为学者、专家和研究生的服务;一个系列为一般居民服务部,共有80多个分馆和一些流动书车。全系统有工作人员1万多人,1978年经费开支为1亿7000多万美元。英国、前苏联、澳大利亚等国家的大城市都设有类似的图书馆系统网络。英国伦敦图书馆系统网络的建设尤为出色。早在60年代末,全市各区都设有图书馆,公共图书馆服务遍及全市和郊区。全市借书证通用,读者可在全市任何一个图书馆借书,据统计,这种借书证当时已逾50万张。

图书馆联机网络,是指以机读目录等数据库为基础,由利用终端、通信传输设备和计算机组成的图书馆自动化系统所连接起来的图书馆集合。根据其结构可分单机联机检索和多机联机检索或称联网检索网络。事实上,许多国家还存在一种与图书馆联机网络相并行的情报检索网络。两者的区别是情报检索网络主要由专职情报部门或经营组织创办,其职能旨在情报数据的存取,具有盈利性质;而图书馆的联机网络担负着编目、检索、咨询、流通管理、互借等多种功能,它由图书馆网络组织与经营。但由于这两种网络都是以社会的通信网络设备为基础,且在功能和利用方式方面相同,因此二者又通常是相互联系、相互渗透的。

图书馆协作网络、图书馆系统网络与图书馆联机网络在组织方式和网络功能方面是有区别的。但从发展的角度看是相辅相成、互相促进的。图书馆协作网络、图书馆系统网络是图书馆联机网络的基础。图书馆联机网络的建立又将促进图书馆协作网络、图书馆系统网络的纵深发展,强化图书馆网络,扩大网络的功能与效用。

三、图书馆网络的结构

图书馆网络是图书馆的更高组织形式。图书馆是由藏书、读者、人员、建筑设备、技术方法等要素组成。对于图书馆网络而言,其基本成分或曰要素是单个的图书馆以及通信连结手段等。所谓图书馆网络结构就是指图书馆网络的各个部分、要素、成分相互联系、相互作用的方式。它是图书馆网络内各要素之间关系的总和,其相互作用的方式是指各要素在空间内的排列组合形式以及要素之间的职能分配情况。图书馆网络一般有以下基本结构形式:

302

1. 线型结构（见图 13—1）

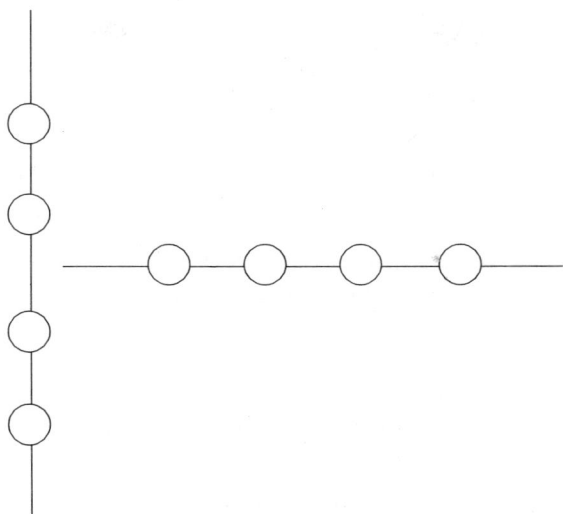

图 13—1 线型结构

线型网络又可分为横向和纵向两种形式,在线型网络中的图书馆,除两端外,同相邻的两个位置发生联系。网络信息从一端到另一端便为全体所知,若中间发生阻塞,直线型结构即遭破坏。这种网络结构多见于按领导系统和专业建立的图书馆网络。

2. 无心型结构（见图 13—2）

这种结构网络基于下列原则:每个位置都同其他任何位置相联系。在结构中各图书馆处于平等的地位,其优越性在于信息传递速度快,每个图书馆可直接联系,当网络中某个图书馆脱离该网络,均不影响整个网络的运行,所以这种网络结构具有很强的适应性,我国地区性的图书馆协作网多采用此种结构。但这种结构协调能力有限,尤其是采用计算机及通信技术来组建现代化网络时,采用这种结构,建立或维护网络的费用十分昂贵。

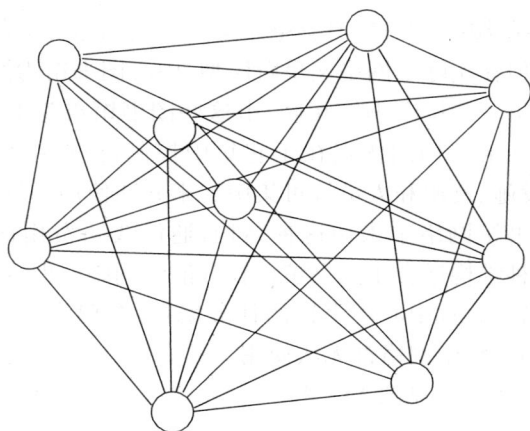

图 13—2 无心型结构

3. 集中式(或称星式)结构(见图 13—3)

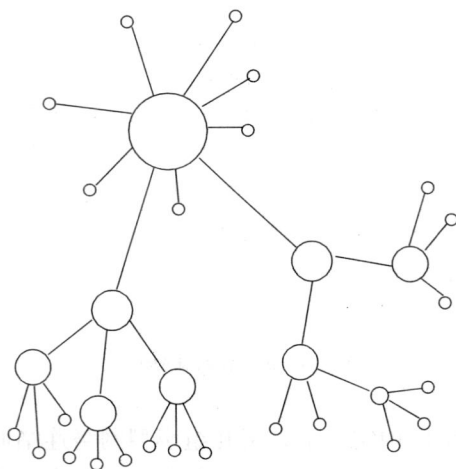

图 13—3 集中式结构

在这种结构中,有一中心图书馆集中担负网络的协调、组织与管理功能。但在实际中网络又呈阶层型,中心图书馆为网络中心,中心与网络第一阶层图书馆相联,由这些图书馆再与下层图书馆相联。这种网络结构的优点在于它集中控制,协调组织能力强。而且,主要设施、资源和人员等可集中起来共同使用,经济上合算。在现代化图书馆网络中采用这种结构,通信线路费用比较便宜。一般来说这种结构适合于图书馆比较分散的网络。但这种网络对标准化要求较高,且中心图书馆的任务繁重,在现代化网络中,主计算机停机时,整个网络都无法使用。

4. 分布式结构(见图13—4)

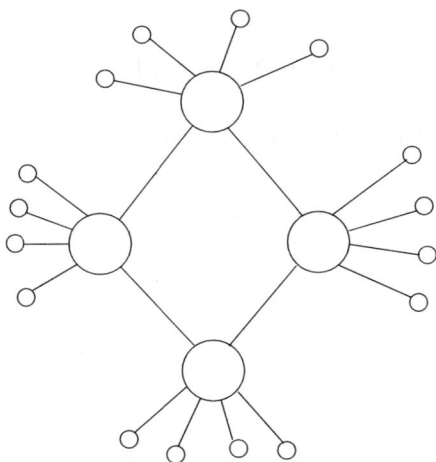

图13—4　分布式结构

分布式网络结构实质上是由几组小型网络连结而成的。每一网络区与其他网络区相互联结。在分布式结构中设有中心图书馆或称网络中心,在各个网络区,则有一个中心图书馆,负责该网络区的组织与协调同其他网络的联系,故有较高的可靠性和兼容性。

此外,还有环型结构等多种结构,而且在图书馆网络的建设中网络结构往往是交错复杂的,甚至很难加以准确的划分。任何一种图书馆网络的结构都是空间和时间的统一体,因而在一定空间时间内是稳定的、确定的,但同时又是变化的、发展着的。图书馆网络的结构受网络的目标、性质、任务所规定,网络的结构又决定、影响整个网络的功能和效果。

四、现代图书馆网络的标志

现代化图书馆网络主要有五个方面的标志:(1)有集中统一的领导机构;(2)有布局合理、大中小相结合的各类型、各级图书馆;(8)有协作机构负责开展图书馆之间的协调与协作活动;(4)有制度保证图书馆协调与协作活动的正常进行;(5)采用现代化的技术手段与设备。

第二节　图书馆网络的功能

一、图书馆收藏的协调与协作

在现代书刊资料成倍增长的情况下,任何图书馆都无法全部收藏,更无法全部加工与利用,只有组成图书馆网络才能解决这一难题。图书馆网可根据各馆的性质与任务及其财力来确定其收藏的补充范围和重点,从而形成地区或系统以致全国的一个比较完整的收藏体系。尤其在外文书刊的采购上,加强图书馆网络的藏书协调,意义更加重大。书刊采购的协调最著名的有美国1948年开始的法明顿计划以及在此计划基础之上扩展的美国全国采购和编目计划。根据计划,美国在西欧、非洲、亚洲、拉丁美洲的一些国家统一设立书刊采购处,并按照计划分配给确定的图书馆。

协调藏书采购也是自动化图书馆网络重要的功能。成员馆可利用终端了解整个网络的收藏和订购情况，避免重复浪费，对于某些确有必要重复采购的书刊，图书馆亦可利用网络打印订购单。

藏书建设的协调与协作的另一个内容是合作贮藏。由网络统筹规划建立提存书库、贮存图书馆，从而减轻成员馆的书库压力，同时，又使一些有潜在使用价值的书刊得到合理的保管与利用。贮存图书馆大约于1900年由美国哈佛大学图书馆馆长威廉·库利奇·莱恩最先提出，但直到40年代才由波士顿图书馆、波士顿公共图书馆、哈佛大学图书馆等图书馆联合在新英格兰地区成立了名为"稀有书籍的地区性书目研究中心"的贮存图书馆。前苏联、西欧等国家的图书馆网络也先后设立了类似的贮存图书馆。

二、编目

编目是图书馆开展各项业务工作的基础，也是图书馆网络资源共享的前提。因此，编目的协作是图书馆网络最基本的功能。

传统的图书馆网络在编目方面的协作主要有编制联合目录和统一编目。联合目录是某一地区、某一系统或某一主题或全国性的藏书的揭示和反映，也是把馆藏变为"网藏"、"国藏"的重要手段。统一编目不仅能在全国范围内节约大量的分编工作人员，而且有利于统一全国图书的著录和分类，实现规格化和标准化。

在现代化图书馆网络中，编目是最基本的功能。因为采购、互借、流通管理都是以编目为基础的。与传统的图书馆网络不同的是，图书馆自动化网络可联机编目，一次输入，多种输出，成员图书馆可直接利用网络的编目系统。一种书编目存贮后，其他馆只要在记录中加上本馆地址代码便可。一种文献只由一个单位编目，其产品是统一的联机联合目录，将统一编目与联合目录融为一体。联机编目具有手工分散编目不可及的优点，图书馆可利用终端远距离即时查询与存取，有效地克服了手工编目的局限。同时，它大大地减少了各馆的编目工作量,节省了经费。此外,联机目录还为采购协调、馆际互借提供了条件。还可直接为读者服务。

三、书刊资源共享

书刊资源共享一直是图书馆网络追求的最重要的目标。馆际互借工作是图书馆网络最经常的活动。通过互借既能更广泛地满足读者的需求,提高书刊资料的利用率,又能减轻图书馆的采购、库存和管理上的压力。英国图书馆外借部是世界上最出色的互借中心。目前该部与世界上 122 个国家的 5000 多个单位定有协作关系。一年收到的互借委托单在 200 万件以上,其中来自国外互借委托单约 50 多万件,满足率平均达 84% 以上。

自动化的图书馆网络的建立使书刊资源共享更为普遍。用户可直接查阅联机目录,进行互借和预约,从而提高了互借的有效性,节省了响应时间。网络还可通过终端、传真,以及复制等方式,扩大互借范围,提高互借率。随着图书馆网络书刊资源共享的发展,将图书馆收藏仅视为本馆所有的书刊观念正在改变。

四、在职人员的培训和业务辅导

图书馆网络对在职人员的培训,主要形式有举办不定期的训练班、讲座、实地调查与参观实习,编发各种专业资料、手册、学习教程,组织专业考核。培训的内容涉及到图书馆网络各个方面的业务。与正规学校教育不同的是,这种培训是从实际问题出发,根据图书馆网络工作发展的需要而组织的,往往时间短,花费少,而收益大。有些大型的图书馆网络往往还开办业余大学或进修学校,比较正规的轮训在职干部。

在图书馆网络向自动化发展的过程中,对图书馆员进行计算机等的应用技术多方面的培训更为经常和重要。

图书馆业务辅导是指由图书馆网络中的中心图书馆对本地

区、本系统的中小型图书馆,在方针任务的贯彻和业务技术方法方面进行指导和帮助,并采取各种形式,组织基层图书馆相互学习,交流经验,研讨业务问题,以促进整个网络的发展、巩固和提高。我国为了促进图书馆网络的发展,建国初期,就在北京图书馆和各省、市、自治区图书馆设立了业务辅导部,专门从事业务辅导工作,对我国图书馆事业的发展,尤其是对于基层图书馆的协作起了积极的作用。但是,这种业务辅导由于没有网络组织的保证,在图书馆网络组织、图书馆协调与合作方面起的作用是有限的。相反,例如美国医学图书馆网络系统,该网络分四级,网络中心——国立医学图书馆可以直接根据基层图书馆的服务增减其经费,规定工作指标,定期检查基层图书馆的工作,派专门人员去基层图书馆巡回辅导,帮助基层图书馆建立规章制度,培训管理人员,协作做好采购、编目、阅览以及互借等业务工作。基层图书馆必须定期向上级图书馆通报工作情况,从而改进和巩固图书馆网络,保证网络协调一致,分工协作。

五、图书馆学研究

图书馆网络作为图书馆的协作组织,为了发展自身,改进管理,引进新的技术,提高工作效率,取得最佳效果,同时对图书馆网络的建设、图书馆工作中出现的新问题作好回答,就必须认真地进行调查研究,总结经验,借鉴和吸收新的科学成果,加强图书馆学的理论研究。而且图书馆网络作为图书馆的集合,拥有庞大的专业队伍和一定的物质条件,由图书馆网络来组织一些综合性的课题,如自动化图书馆网络系统的建设等,比较容易取得实效。

总之,图书馆网络的功能是多方面、多层次的。图书馆计算机自动化网络的出现,扩大了传统图书馆网络的功能,除上述功能以外,在流通管理、财务管理、参考咨询、人员管理等方面还具有传统图书馆网络所不具有的作用。但必须强调指出:现代化的图书馆网络也不能完全取代图书馆协作网络在人员培训、业务辅导、图书馆学研究等方面的作用。图书馆自动化网络必须以图书馆协作为基础,二者将长期共存。

第三节　图书馆网络的发展

一、国外图书馆网络化发展与现状

　　早在 19 世纪,随着图书馆的社会化,社会对图书馆的需求不断增长,图书馆学家们就提出了加强图书馆之间协作的建议。美国的 C. C. 朱厄特在 1850 年就提出了编制联合目录的设想;1876 年 T. H. 罗杰斯和 M. 杜威先后提出了集中编目的见解;1891 年德国的 C. 威廉在法兰克福大学图书馆开始编制图书馆联合目录;1893 年德国柏林皇家图书馆与大学图书馆开展互借业务;1896 年美国芝加哥公共图书馆纽贝里图书馆与克里勒图书馆就藏书专业分工问题达成了协议;1901 年美国国会图书馆开始图书馆馆际服务;1902 年美国国会图书馆发行印刷卡片目录。这些表明:19 世纪末至 20 世纪初图书馆已由单个的图书馆活动向图书馆合作与联合发展。1909 年曾担任美国图书馆协会主席的古尔德博士总结这一时期图书馆事业的发展时指出:"20 世纪的任务,与其说是提出了图书馆内部的工作方法与秩序,不如说是提出了图书馆与图书馆之间的工作方法与秩序。……国内各个图书馆就不再是一个独立的单位,而是互相依靠的伙伴。"本世纪以来,美国图书馆加快了图书馆协作与联合,1934 年由坦尼尔·桑福特主持的一项研究报告透露,美国不少于 113 个图书馆"联合"组织。

　　列宁在十月革命以前,就非常赞赏欧美图书馆网络的发展成就;十月革命胜利以后,就提出了建立前苏联集中统一的图书馆网络的思想,从而极大地推动了前苏联图书馆网络化的发展。

第二次世界大战以后,随着电子计算机技术、通信技术在图书馆的运用,图书馆朝着自动化的联机网络方向发展。其发展过程大体可分为 3 个阶段,即 50 年代—60 年代初的萌芽时期,60 年代的兴起与发展时期,70 年代大发展时期。根据计算机利用的水平又可分为:脱机批处理时期——联机时期——联网时期。

1954 年美国海军兵器中心图书馆用 IBM—701 型计算机,建立了世界上第一个计算机情报检索系统,实现了单元词的组配检索。但直到 60 年代初,图书馆自动化系统主要限于脱机批处理。脱机批处理检索是指根据用户的提问和要求,按批量集中地由专职检索人员进行检索操作。具有代表性的批处理系统是 1964 年建立的美国国家医学图书馆医学文献分析与检索系统(MEDLARS)。脱机批处理检索中用户不能直接与机器对话,不能修改提问,计算机应答不及时,机器使用效率低。随着计算机处理功能的提高,通信条件的改善,60 年代中期进入了联机检索时期。联机检索就是用户可以利用电讯线路与计算机中心连接,通过终端直接与计算机对话,进行问答式检索。其优点是用户可以及时修改提问,检索结果立刻可得,提高了检索效率。联机网络的出现不仅提高了图书馆自动化系统的工作和服务效率,而且促进了图书馆的网络化发展。继而又出现了计算机系统之间相联的联网检索系统,从而使系统之间、网络之间的资源共享成为可能。

70 年代以后,图书情报联机网络进入了一个鼎盛时代。1979 年,全世界有 100 多个检索网络,500 多个机读型数据库。用户不仅可检索国内的图书情报系统,而且可通过卫星、电缆进行国际性检索。

美国是世界上图书情报联机网络最发达的国家。据估计,美国已有 30% 的计算机联成网络,一些大型的图书情报联机网络已扩展到拉美、西欧等国家。

美国国家医学图书馆医学文献联机检索系统（MEDLINE）是世界上著名的四大联机检索中心之一，其网络由遍布全国的 11 个地区的医学图书馆和 800 个联机检索点组成，此外网络还延伸到欧洲、亚洲、非洲、拉美及澳大利亚 11 个地区和国家，共有 3000 个终端。整个系统存贮有 79 个文献数据库，其中包括 350 万篇论文，以及毒物学等专业数据资料、医学图书目录、医学期刊目录等。

美国俄亥俄学院图书馆中心（OCLC）联机系统是美国最大的图书馆联机网络之一，该网络目前已遍布美国各州，成员有 2000 多个不同类型的图书馆，共有 3000 个终端与网络相联。

英国不列颠图书馆自动化情报服务系统，是世界上图书馆界较大的数据库中心和联机服务系统之一，该系统数据库约有 400 万条以上的书目记录可供联机检索，有用户 215 家。英国以致整个欧洲都可利用公用电讯系统进行联机检索。

法国的公共图书馆系统、大学图书馆系统和专业科研系统已基本连结成网，并建有一个情报检索网络，该网络包括巴黎、里昂、鲁尔等五个地区 14 个研究单位和大学的 20 台计算机，可联网检索，还可与英国国家物理学研究所、意大利欧洲空间组织情报检索服务中心等网络系统连接。

欧洲空间组织情报检索系统（ESA - IRS）是欧洲建立的第一个国际联机网络，也是欧洲最大的联机网络。中心设在意大利罗马，即欧洲空间研究协会新址。文献量达到 3000 万篇，用户遍布四大洲 15 个国家，其中欧洲 11 国，它还可向与意大利弗拉斯卡蒂有网络联系的所有其他国家提供服务。

二、中国图书馆网络的发展

我国图书馆网络的建设是新中国成立以后开始的，其发展过程可分为三个时期：（1）1957—1966 年图书馆网络的发展时期；（2）1966—1976 年图书馆网络建设大倒退时期；（3）1976 年后图书馆网络恢复和发展时期,在这一时期图书馆计算机自动化网络得以起步。

1. 1957—1966 年我国图书馆网络的发展时期

1956 年党中央发出了向科学进军的伟大号召,为了充分满足科研工作对图书资料的需要,发挥图书馆在科研工作中的参谋、尖兵作用,1957 年 9 月 6 日国务院第 57 次会议批准了《全国图书协调方案》,并在国务院科学规划委员会下设立一个由文化部、教育部、中国科学院、卫生部、地质部和北京图书馆代表以及若干专家组成的"图书小组",负责全面规划、统筹安排全国为科学研究服务的图书馆工作。根据"方案"规定,在北京、上海由若干有基础的图书馆分别成立全国第一、第二中心图书馆;同时在武汉、沈阳、南京、广州、成都、西安、兰州、天津及哈尔滨等地成立 9 个地区性的中心图书馆。由于全国和地区的中心图书馆是由若干图书馆共同组成的,为了统一步调,加强协作,并由各图书馆的负责人组成全国和各地区的中心图书馆委员会,委员会隶属国家科委或省、市、区科委领导,以推动图书馆间的书刊采购、调拨、互借、统一编目、干部培养等方面的协作。在"方案"的影响下,河南、湖南、浙江、吉林、山西、青海、宁夏、新疆等省、市、自治区先后都成立了中心图书馆和中心图书馆委员会,从而组成了一个以中心图书馆为骨干的全国性的图书馆协作网络。

根据"方案",1957 年 11 月成立了全国联合目录编辑组。截至 1959 年 1 月,全国编制成各种联合目录 37 种,这在当时在世界上还是比较先进的。1958 年,由北京地区一些图书馆联合实行统一编目,并先后发行了中、外文的统编卡片。

1957 年"方案"公布以后,到 1966 年虽然由于政策上的失误,图书馆网络的建设受到过一些干扰,但总的来看,发展是比较快的,无论是图书馆网络的规模还是网络组织工作上都取得了较大的进展。

2. 1966—1976 年图书馆网络建设大倒退时期

"十年内乱"使我国图书馆事业遭受了一场空前的浩劫。许多图书馆被长期关闭或撤销,1965 年,县以上的公共图书馆有 1100 所,到 1970 年只剩 325 所。大量的藏书被焚毁或收禁,图书馆专业队伍被解散。正常的图书馆协调与协作工作,如外文采购、联合目录编制、统一编目工作被中断,全国和各地区的中心图书馆和中心图书馆委员会的活动中断,人员解散。刚刚发展起来的图书馆网络遭到了彻底的破坏。

3. 1976 年后图书馆网络的恢复与发展时期

1976 年以后我国进入一个新的历史时期,特别是党的十一届三中全会,从根本上冲破了长期"左"倾错误的严重束缚,重新确立了一条马克思主义的思想路线、政治路线和组织路线,把党的工作重心转移到社会主义现代化建设上来。我国图书馆事业又走上了一个健康发展的新历程,图书馆网建设又展现出新的生机。1977 年 8 月,停顿 10 年的全国图书联合目录编辑组恢复了工作。北京图书馆也重新开始了统一编目工作,1978 年共向全国 3000 多个图书馆发行 685 万张印刷卡片。根据周总理的遗愿,1978 年开始了《全国善本书总目录》的编辑工作。1980 年对《中国图书馆图书分类法》进行了改编工作,并出版了《汉语主题词表》。上海图书馆协作委员会成立并工作。一些省、市、自治区如辽宁、吉林、哈尔滨、四川、云南、贵州、广东、湖南、河南、甘肃、新疆、宁夏、陕西、安徽、江西、山西、内蒙等的协作组织和中心图书馆委员会相继成立或恢复,并开始了工作。高校系统于 1981 年召开了第二次全国高等学校图书馆工作会议,成立了全国高校图书馆工作委员会,各省、市、自治区高等学校图书馆也建立了相应的组织。科学院系统于 1978 年 12 月召开了全院图书情报工作会议,确立了在全院实行的"图书情报一体化"的方案。1979 年成立了全国文献工作标准化技术委员会,经过三年多的努力,制定出 20 项国家标准

（草案），其中《文献著录总则》、《检索期刊条目著录规则》已于1983年7月经国家标准局批准，成为正式国家标准，1984年4月1日起已实行。

我国图书馆网的发展的另一个重要方面，是图书馆计算机网络的建设。1983年，全国已有60个单位从事计算机检索实验。科学院图书馆、武汉大学图书情报学院、上海交通大学、山西大学等单位已利用计算机进行文献检索、流通管理、联机编目等工作或实验。一些图书馆或情报单位已进口文献磁带或利用国际联机终端开展检索服务。总之，我国图书馆计算机网络已从实验阶段开始过渡到初步创建阶段。

第四节　我国图书馆网络的建设

一、我国图书馆网络建设的原则

列宁指出："我们应当利用现有的书籍，着手建立有组织的图书馆网来帮助人民利用我们现有的每一本书，应当建立一个有计划的统一的组织，而不是建立许多平行的组织。"（列宁：《全俄社会教育第一次代表大会贺词》，《列宁全集》第29卷第301页，人民出版社1956年版）列宁明确地提出了建立图书馆网的目的、出发点和建立一个什么样的图书馆网络的问题。根据列宁的思想和我国实际情况，我国图书馆网络建设必须坚持以下原则：

1. 集中统一领导与发挥两个积极性相结合的原则。我国是一个幅员辽阔的大国，生产水平也很低，国家用于图书馆建设的投资有限。这就规定了我国图书馆网络的建设必须集中统一领导，克服主管部门的"本位主义"的障碍，结束图书馆的分散状态，集中统一地组织和管理整个图书馆事业，有计划地发展和建设图书馆网络。在全国范围内建立一个统一的、布局合理的图书馆网络这不仅是图书馆网络发展的必然结果，而且，只有这样才能克服资本主义国家图书馆网络、尤其是图书情报自动化网络分散重复的弊病，从而充分发挥社会主义制度的优越性。然而，要达到这样一个目标，只靠中央和国家一个积极性不行，必须在中央的集中统一的领导下，调动地方和群众组织的积极性，才能加快我国图书馆网络的建设。

2. 大中小图书馆相结合的原则。一个完善的图书馆网络是大中小图书馆的集合体。大型图书馆是网络核心和骨干，是网络的协调与协作中心，中小型图书馆则是基层网点，尤其在我国这样一个地域辽阔的大国，没有足够的中小型图书馆，是谈不上普及图书馆服务的。因此，在规划和组织图书馆网络的过程中，必须统筹兼顾，组成一个多层次、有集中、有分散、布局合理的图书馆网络。

3. 地区与系统相结合的原则。系统图书馆网络是按照隶属关系或专业性质相同组织起来的图书馆集合，即条条。系统图书馆一般有统一的归口领导单位，藏书、服务对象相近，便于组织和规划，在整个图书馆网络建设中具有重要的作用，但地域上分散，利用不便。地区图书馆网络是按行政区划，地理上相近组织的图书馆集合，即块块。它通常由各类型图书馆组织，情况复杂一些，但地理上相近，接触较多，便于协调与合作。因此，"条条"与"块块"必须结合起来，交叉组合，从而取得较好的效益。

4. 协作网络与图书馆计算机自动化网络相结合的原则。这一原则是基于这样一些事实，首先自动化网络在现有条件下还不能担负起图书馆全部业务活动，不能取代图书馆协作网络的职能，尤其在干部培训、业务辅导、经验交流等方面图书馆开展协作仍是必要的。其次，在我们这样一个国家，要建立起计算机、电讯化的图书馆自动化网络还需要相当长的时期，在现阶段组织图书馆协作网络仍是主要的任务。但从发展的眼光来看，在建立协作网络的

316

同时,必须考虑到今后建立自动化网络的需要,为建立现代化图书馆网络作好前期工作,以便顺利地过渡到图书馆自动化网络。

二、图书馆网络的组织

经过 30 多年的建设,我国图书馆网络已初具规模,但很不完善。根据我国国情和图书馆网络的建设原则,今后应着重于健全和完善我国图书馆网络体系,提高网络自动化的水平,使它成为一个纵横交错、脉络贯通的统一的现代图书馆网络,充分发挥它的功能。

1. 健全和完善图书馆网络体系

一个完善的现代化图书馆网络,一般包括图书馆事业网络和图书馆自动化网络,两者相互依存,不可分割。

(1)图书馆事业网络,又称协作网络,属于传统的网络,着重于藏书采购协调,图书贮存,馆际互借,统一编目,人员培训,业务交流与辅导等方面协调与协作,是图书馆与图书馆之间,图书馆系统各层次之间,各类型之间相互联系的主要手段。它在图书馆网络的发展史上一直是一种基本的形式,在现代网络中仍是一种主要形式,图书馆自动化网络替代了一部分功能,但不能代替全部功能。同时广大的基层图书馆,由于条件限制,一定时期里搞不起自动化网络,发展传统网络仍是主要方向。由于图书馆事业网络的这种作用,所以在我国网络的发展中,不仅不应削弱,而且应向纵深发展,向基层延伸;在横向方面,要扩大网络的范围。总之,提高图书馆网络的密度与广度、深度,建立全国统一的网络,是图书馆网络建设的目标之一。

图书馆事业网络,包括系统网络和地区网络。

系统网络属于纵向网络。所谓纵向延伸,就是按隶属关系或专业,把网络推向系统的最低层。目前我国图书馆系统网络,中层与高层比较完整,低层最薄弱,如公共图书馆的城乡网络,学校图书馆的中小学网络。纵向延伸就是要加强基层图书馆网络的建设，满足广大人民群众对图书馆的需要。系统网络的各个层次都有中心图书馆，它们起承上联下的作用，是系统网络的核心与骨干，加强各个层次中心图书馆的建设，又是发展系统网络的关键。

地区网络属于横向网络。所谓横向扩展，就是按行政区域，通过馆际协作、联合服务、业务辅导等联系手段将网络范围扩大，尽可能使图书馆网络覆盖面广些，参加的成员馆多些，内容丰富些。地区网络由于相互间是并行关系，因此在发展中既不稳定，又不平衡，组织松散。要使地区图书馆网络不断得到扩展，必须从三个方面进行建设：一是加强地区网络中心的建设，投入一定的人力、物力、财力，它是把一个地区各类型图书馆或分散单个的图书馆联结起来的网结；二是协作内容不仅对整个地区图书馆事业发展有利，对具体图书馆都是有利的，这样才能调动各馆的积极性，保证网络的不断扩展；三是制定地区网络的制度。

（2）图书馆自动化网络，是图书馆网络的一种形式，也是网络发展的必然趋势。由于图书馆自动化网络需要一定的经费、技术、设备条件，因此不是所有系统和地区都能在统一的时间内建立自动化网络，有的系统有的层次在相当长一段时间内都没有这种必要。所以，图书馆自动化网络的建立必须从实际出发，分期分批进行，条件成熟就搞。范围也可有大有小，内容也允许有差异。为了避免浪费，必须尽快制订全国统一的规划与标准。

（3）尽快建立全国统一的图书馆网络，这关系着我国图书馆网络的速度与质量。

2. 健全我国图书馆网络的几个关键环节

（1）发展各种类型图书馆。图书馆网络的基础是图书馆，没有大中小相结合、布局合理的图书馆就谈不上图书馆网络。健全图书馆网络的首要任务就是发展各种类型图书馆，合理布局图书馆，这是网络的核心。

（2）建设中心图书馆和网络中心。

（3）提高网络的自动化水平。图书馆网络要能适应发展需要，充分发挥其功能，关键是提高其现代化的程度，用现代的技术设备装备网络。

（4）健全图书馆网络的规章制度。

（5）建立网络的统一机构。

第十四章　图书馆学教育

图书馆学教育是图书馆事业的组成部分,也是图书馆系统的分支系统。要办好图书馆,发展各种类型图书馆,建设现代化图书馆网络,需要有图书馆学的专门人才。因此,图书馆学教育是图书馆事业不可缺少的一部分。

第一节　图书馆学教育的起源与发展

一、世界图书馆学教育的发展历史

世界图书馆事业已有几千年的历史,但图书馆学教育却是近代的事情。从 1650 年提出图书馆职业及其教育问题,已有 300 多年的历史,但正规的图书馆学校的出现,至今不足 100 年。

如果做一简单划分,世界图书馆学校教育的发展可以分为三个阶段:第一个时期,图书馆学教育的提出、酝酿、试验时期,即 1650—1886 年;第二个时期,图书馆学教育的发展时期,即 1887—1946 年;第三个时期,图书馆学教育的完善、兴旺时期,即 1946 年至今。

第一个时期,图书馆学教育的提出、酝酿、试验时期。1650 年,英国皇家图书馆馆长戴利发表了《新图书馆员》一书,提出了图书馆职业及教育问题。他认为,图书馆员——司书的职责,应该是学问的向导,文化的传播者,读者和图书之间的媒介。"司书"今天已成为独立的专门职业,并为人们所承认,这是适宜的。因此,对"司书"进行训练是完全必要的,要使他们具有崇高的信念和掌握高深的学问。1808年,德国图书馆学家施莱廷格在《试用图书馆学教科书大全》中,第一次自觉设想图书馆学体系,试图建立其内容结构,并提出图书馆的训练和教育问题。1820年,德国艾伯特在《图书馆的教育》一书中,强调图书馆员的教育和进修问题。他认为:图书馆收藏的文献涉及一切学科领域,处理这些文献的图书馆员也必须具有渊博的知识,通各国语言,深入掌握有关书志学、文学史、古文书、写本等方面的知识。1874年,德国一所大学图书馆馆长费·罗尔曼提出了一个具体的教育方案,并发表了《关于图书馆整理学和德国大学图书馆的专门研究》一文,他在文中指出:从1850年起,图书馆学教育就以私授形式开始,1861年波恩大学开办过大学图书馆的进修班,1865年在意大利,1869年在法国都出现对图书馆员的训练。他分析了以前的图书馆学教育的情况,认为必须培养图书馆学研究的专门人才,如果没有这种专门的人才作为图书馆员,那么图书馆事业的发展是不可能的。同时,他认为由于知识的扩大,要求图书馆员具有综合知识。因此,必须开办大学图书馆学教育。他提出了为期三年的大学图书馆学教育课程的详细规划。课外研究,包括外国语和工具书。讲授科目,大致有这些内容:一般历史研究、科学百科辞典研究、图书史、印刷史、美术史、图书馆史、图书馆经营(管理、财政、行政)、目录和分类工作等。修完这些课程,经过考试合格,可授图书馆员的资格证明。在这些思想的影响下,德国戈廷根大学的图书馆学讲座于1886年开课了。卡尔·嘉茨科被任命为这个专业的教授并担任主讲人。这个讲座,于1887年由大学管理,但仍旧像是嘉茨科个人的研究机构,1891年,正式纳入戈廷根大学教学组织,并成其一部分,1904年为柏林大学吸收。

第二个时期,图书馆学教育的发展时期。1874年,费·罗尔曼的论文发表以后,1876年就受到美国联邦政府教育局的重视,并把它翻译成政府参考文件,同年10月,在图书馆会议上进行了讨论。这份资料受到美国图书馆学家麦维尔·杜威的注意,1883年8月,杜威在一个图书馆大会上,首次发表关于创办图书馆学校的设想,并以大会的名义寻求对自己设想的支持,同时杜威以美国哥伦比亚大学图书馆首任馆长的身份向大学当局提出有关设置图书馆学校的建议。1887年,杜威创办的美国哥伦比亚大学图书馆学校诞生了。这是全世界第一所正规的图书馆学校。她的诞生标志着图书馆学教育初步成熟和新的发展时期。

从这以后,世界各国相继创办图书馆学教育。1918年前苏联在列宁格勒设立克鲁普斯卡娅图书馆学校;丹麦在首都哥本哈根设立丹麦图书馆学校;英国1919年在英格兰的伦敦大学设立全日制的图书馆学校,得到卡内基基金会资助,并于1946年解散;中国1920年3月在武昌文华大学设立图书科;日本1921年开始图书馆学教育;印度于1911年在巴罗达市开办了第一期图书馆学训练班,并于1929年由著名图书馆学家S. R. 阮冈纳赞创办了印度第一所正规图书馆学校;1940年挪威建立了图书馆学校。

这一时期可以说是传统图书馆学教育时期。大多数学校只培养一般的图书馆工作人员,只有少数图书馆学校设有高级学位培养图书馆高级人才。课程设计也比较单一,如图书分类、图书编目、图书馆藏书、英文打字等,自然科学所占内容较少。尽管如此,还是适应于当时图书馆工作需要的。

第三个时期,图书馆学教育的完善、兴旺时期。第二次世界大战后,科学技术高速发展,为适应这种需要,一些国家的大学相继设立了图书馆学情报学院,并大量招收硕士学位、博士学位研究生。这一时期的主要特点在于人员培养、课程设置、教学方法都发生了很大变化,图书馆学教育向多层次发展。1960 年,英国谢菲尔德大学成立图书馆学研究院,还在阿里斯特威里开办了威尔士图书馆学院;日本于 1967 年在庆应义塾大学文学系图书馆情报学专业招收硕士研究生,1975 年招收博士研究生;1975 年印度在新德里成立了情报学学院。各类研究生的培养大大改进了图书馆学的人才结构。

这一时期科学技术的发展也反映到图书馆学教育内容中来。一些新兴技术科学,如视听技术、计算机科学、数据处理技术、现代管理科学、控制论、信息论、运筹学等都列入图书馆学教育课程。这一时期的图书馆学教育,不论从数量上,还是质量上都较前一时期大为提高。

二、中国图书馆学教育的发展历史

我国图书馆学教育已有 60 多年历史,早在 1920 年 3 月,武昌文华大学就设立了图书科,1929 年发展成为独立的武昌文华图书馆学专科学校。这是一所仿照美国纽约哥伦比亚大学图书馆管理学校的制度建立起来的,是我国最早的图书馆学教育机构,在世界也是比较早的。武昌文华图专引进和传播了近代图书馆学,为现代图书馆学的发展打下了基础,为我国近代、现代图书馆事业培养了一批专门人才。

随着近代图书馆学的传播和近代图书馆的兴起,1925 年以后,全国陆续办了一批图书馆学专业,如金陵大学和社会教育学院,但不久就停办了。北京高等师范、南京东南大学、中华图书馆协会、上海商务印书馆等还陆续开设了暑期讲习班。1929 年,广州还出现了我国第一个图书馆学中等教育机构——广州市立第一职业学校图书管理科,该科于 1937 年广州沦陷前夕停办。

1947 年,北京大学在中文系内附设图书馆学专修科,招收本校文科各系的毕(肆)业生,1949 年秋,北京大学图书馆学专修科独立,实行公开招生。

全国解放后,为了适应图书馆事业发展需要,西南师范学院设立了图书馆学博物馆学专修科(1951—1954)。1953 年,武昌文华图书馆学专科学校调整到武汉大学,成为武汉大学图书馆学专修科。1956 年,北京大学、武汉大学图书馆学专修科改为四年制本科。1984 年 11 月 9 日,武汉大学在原图书馆学系的基础上,建立了我国第一所图书情报学院,并建立了我国第一个图书馆学情报学研究所——武汉大学图书馆学情报学研究所,1980 年开始出版了《图书情报知识》杂志。

在加强北京大学、武汉大学图书馆学专业点建设的同时,其他地区图书馆学教育也得到了相应的发展。1958 年以后,又先后在北京文化学院设立图书馆研究班,在吉林师范大学设立图书馆学专修科,在中国科技大学设立科学情报系。同时,还开办了一部分专业班。这些系、专修科和专业班,除北京大学、武汉大学外,都在1962 年前后停办了。"文化大革命"前,许多地区和一些大馆还办了各种业余学校。"文革"十年间,我国图书馆学教育受到了严重的摧残,北京大学、武汉大学图书馆学系停止招生达 6 年之久,1972 年才恢复招生。造成了全国图书馆人才的严重不足。

自 1978 年党的十一届三中全会以后,我国图书馆学教育才蓬蓬勃勃发展起来,规模之大、速度之快,是我国图书馆事业史上所没有过的。几年之间,华东师范大学、东北师范大学、北京师范大学、上海大学、山西大学、湖南大学、大连工学院、中山大学、南开大学、安徽大学、南京大学、兰州大学、四川大学、华中师范大学、杭州大学、湘潭大学、郑州大学、黑龙江大学、福建师范大学、河北大学、江西大学等等几十所高校相继设立图书馆学系或专业。除此之外,各地还办起了不少图书馆学专修班、走读班、函大、夜大。1985年,湖北省高等教育自学考试图书馆学专业开考。1985 年,中央广播电视大学开设图书馆学专业。

为了适应图书馆事业的发展,培养不同层次的人才,在发展大学图书馆学本科、专科的同时,还注意了高层次人才的培养。早在60年代中期,北京大学招收了两名研究生,1978年,武汉大学招收3年制研究生。1981年,国务院学位委员会批准,北京大学、武汉大学图书馆学系有权授予硕士学位。1985年武汉大学图书情报学院开办了助教班。

为了适应图书馆不同层次人才的需要,中等图书馆学教育也有发展,1983年湖南成立了我国第一个独立的中等图书馆学校——湖南图书情报学校。

第二节　图书馆学教育的现状

一、世界图书馆学教育的现状

联合国教育、科学、文化组织《世界图书馆学校指南》1972年为图书馆学教育列举了60个国家的306所院校。显然,这个材料是不完全的:一是全世界100多个国家,只列举了60个,中国也没有列进去;二是一个国家的列举也是不完整的,例如美国有137所图书馆学研究生院,230个大学专业,194项培养图书馆技术助理员的课程设计,而"指南"只介绍了那些经美国图书馆协会备案认可的学校;三是从区域来说,也不完全,1974年,根据温特罗和黑德记录,在北美洲,包括不同程度的、提供图书馆学教育课程的院校共有600所;四是上述列举的数字中并非全是大学水平的院校,还有为中等教育程度者开设的短期课程,以及某些对图书馆教育略有关系的机构,和某些仅负责监察临时性课程的政府部门,因此"指南"存在着一定的误差。

为了全面了解和研究世界图书馆学教育的现状,我们重点选择了几个国家作一介绍：

日本

日本在战后是比较重视图书馆学教育的。日本图书馆学情报学教育特点是在理工科大学开设图书情报专业。到 1981 年为止，已有 238 所大学开设了图书馆学科或图书馆公共课，约占全国大学总数的 1/4（包括短期大学）。其中国立大学 35 所，公立大学 5 所，私立大学 96 所，短期大学 102 所。它们既培养大学本科生，也培养硕士生博士生。为了适应图书情报工作的需要，1980 年还特地在筑波大学城创办了一所"图书情报大学"。该大学是一所单科性大学。日本设立图书情报专业比较有名的大学有东京大学、京都大学、庆应义塾大学、东洋大学。

美国

美国的图书情报学教育一直是走在世界前列的。据 1974 年统计，美国有高等院校 3000 多所，设有图书馆学情报学院（系）或图书馆学情报学课程的有 561 所。其中 149 所设有图书馆学情报学课程，作为文学院或教育学院的副修课，主要培养图书馆技术助理员或中小学教师，兼作中小学图书馆工作；230 个大学图书馆学专业；专门的图书馆学情报学研究生院有 137 所，其中经美国图书馆协会教育委员会 1982 年 10 月认可的有 69 所（包括加拿大 7 所）。据 1983 年统计，图书馆学情报学研究生院 108 所，经美国图书馆协会认可的 69 所，以培养硕士研究生为主，授予硕士学位。其中设置博士学位的有 25 所学校，设置"后硕士证书"的有 39 所学院。1983 年，108 所学院在校学生约 2 万人，其中博士研究生约 500 人，占在校研究生人数的 3% 以下。每年有 6000—8000 硕士研究生毕业。在校生最多的达 700 人，如匹兹堡大学；最少的 40 人左右，如北德克萨斯州立大学；一般学校均是 200—400 人左右的规模，如西蒙斯大学图书馆学情报学研究生院。近几年来，由于情报科学、计算机科学与图书馆学有机的结合起来，使美国图书馆学校的性质发生了很大变化,经 1982 年 10 月美国图书馆协会教育委员会认可的 69 所学校,其中 37 所已改名为图书馆学与情报学研究生院或图书馆情报管理学院,有的改名为情报学院,有的改名为计算机与情报科学系。目前美国 102 所图书馆学情报学院中影响较大、评价较好的有 13 所院校,它们是费城德雷萨尔大学、匹兹堡大学、西蒙斯大学等。近年来,美国有少数图书馆学与情报学院由于学生来源不足,经费困难,因而暂停招生。

英国

英国大学图书馆学教育于 1919 年在英格兰的伦敦大学开始。该校维持到 1946 年解散。第二次世界大战后,英国图书馆协会帮助建立了一些新的图书馆学校,并拟定了全日制教学大纲,但一直到 1964 年,全日制图书馆学教育才走上轨道。这期间一些大学、学院、工业学院相继建立了一些图书馆学校。据 1980 年统计,共有 17 所大学提供图书馆学教育,其中 14 所在英格兰,2 所在苏格兰,一所在威尔士。

加拿大

据 1974 年统计,有 8 所培养研究生的图书馆学院,7 个大学专业,24 项培养图书馆技术助理员的课程设计。1983 年,有 50 所学校设有图书馆技术课程,估计有 15000 人在学习。

前苏联

前苏联有着 60 多年的图书馆学教育历史。目前,设立图书情报学专业的高等院校有 28 所,中等学校 139 所,培养硕士学位的大学有 5 所。每年毕业生达 2 万余人。前苏联图书馆学教育的特点:1. 中等教育与高等教育相结合。中、初级图书馆员培养由技术学校承担,高级图书馆员和书目文献专家由文化学院、大学图书馆学系、师范学院培养。据统计,70 年代末,前苏联有图书馆员 360000 人,其中 50% 是受过图书馆学专业教育的,20% 以上受过大学程度的训练,但目前仍有 40% 的乡村图书馆员未受过专业训练;2.近年前苏联一些图书馆学校开始按图书的学科范围而不是按图书馆的类型组织专门化教育,如社会政治图书、自然科学图书、农业图书、技术图书、文学艺术图书和儿童图书,这样来组织教学过程有可能使大学生们更好地掌握与某一方面图书馆工作有关的一般科学知识。

二、中国图书馆学教育的现状

由于国家的重视,我国图书馆学教育自 1978 年后发展很快。据 1985 年初步统计,正规设立图书馆学系(专业)的大学、学院已有 40 多所,中等专业学校 1 所。其中规模较大的有武汉大学图书情报学院和北京大学图书馆学系。此外,还有很多非正规的图书馆学教育形式,如进修教育、短期训练、函授教育等。

从师资方面来说,现在已建立起一支水平较高的教师队伍。教师年龄结构比较合理,不少是中、青年知识分子,他们有的来自图书馆学系的毕业生,有的来自其他学科(如物理、数学、中文、计算机科学)的专门人员。这使整个教师队伍的知识结构趋向合理。而且,在数量上也有了较大的增长。但是,我国图书馆学、情报学教育与某些发达国家相比仍很落后,不能满足图书情报事业蓬勃发展的需要。毕业生数量太少,教学结构不尽合理,教学方法落后,质量有待提高,发展也很不平衡。但相信随着国家经济的发展,社会的重视,加之图书馆学教育的本身努力,我国图书馆学情报学教育会有更大的发展。

第三节 图书馆学教育的结构与内容

一、图书馆专业人员的不同层次

由于图书馆系统的结构是多层次的,不同层次结构的业务工作对人员知识结构的要求是不相同的。因此,图书馆专业人员的不同层次,各个层次的专业人员对知识结构的要求,是图书馆学教育结构与内容的依据。

关于图书馆人员的结构,各国大致相同,即分为管理人员(馆长、副馆长、各部门的领导人员等);业务人员(如参考咨询人员、分类编目人员、流通部门工作人员、图书采购人员、典藏人员等);技术人员(如打字员、缩微复制人员、视听工作人员、计算机工作人员等);勤杂人员。

图书馆人员的层次一般表现在人员职称的不同。职称是代表所担任专业工作职务并表示专业水平的一种称号,同时职称的不同也决定了人员所处层次的不同。图书馆专业人员的层次,各国的划分不尽相同,一般分为3级,最多为5级,最少为2级。如:

美国

1970年6月3日,美国图书馆协会(ALA)理事会发表《图书馆教育和人力》声明中确定图书馆工作人员的职称分为5级:事务员或办事员;图书馆技术助理员;助理馆员或专家助理;馆员、专家;高级馆员、高级专家。

美国图书馆工作人员分为专业人员和辅助人员两类。其中1—3级为辅助人员,包括事务员或办事员、图书馆技术助理员或技术助理员、助理馆员或专家助理。4—5级为专业人员,包括馆员和专家、高级馆员和高级专家。美国1966年制定的标准是:图书馆员与服务人口之比为 1:2000,专业人员和接近专业人员为 33%;《大学图书馆标准》规定专业人员与辅助人员基本比例为 1:2。

美国各级职称的条件与责任范围如下:

(1)事务员或办事员。学历:职业学校毕业或学过商业课程。对图书馆的业务和日常用语要求在工作中逐渐掌握或通过在职训练掌握也可以。业务:从事秘书或事务性工作,如文书、打字、速记等。

(2)图书馆技术助理员或技术助理员。学历:短期大学或村镇学院(2 年制)的专科毕业,或高中毕业后又在工业学校学习过的,学不学技术课程都可以。业务:管理、操作视听器材,作初步的数据处理。能画招贴画及布置展览等工作,或协助高级馆员搞些文献调查等。

(3)助理馆员或专家助理。学历:4 年制大学毕业,得到某种学科学士学位的,学过图书馆学与否都可以,或持有学士学位在修硕士课程的。要求对图书馆服务的原理及读者的要求能够理解和能为读者服务。通过硕士课程的学习,可以得到馆员称号。他们是专业人员的预备军。业务:在上级职员的监督下,按照既定的程序进行工作,因在大学学了一定的专业,可在本专业内发挥作用。

(4)馆员、专家。学历:图书馆学或其他学科的硕士学位获得者。通常是图书馆学或与图书馆学有关的学科的硕士学位获得者,或普通大学(4 年)读完后又读了一年图书馆专业。业务:有时也和助理馆员作一样的工作,但要求馆员通达图书馆和情报工作的原理与技术,遇到问题时,能根据图书馆的规则和方针进行解释、采纳和处理,一般是担当实际工作的骨干。

(5)高级馆员、高级专家。学历:已修完硕士学位课程或获得博士学位,对图书馆和情报工作有实际经验者。业务:担任馆长或主任之职,有的在善本、书目、参考和情报加工等部门担任重要业务工作,其行政职务往往也较高。但是,学术职称很高不一定行政职务就高,要看担负责任的大小。任职前,也不要求一定做过图书馆工作,只要对业务有帮助,以前干过哪个专业都可以。这一级与图书馆学院的教授、研究员以及研究机关的研究人员相当。

日本

按照日本 1967 年 8 月 1 日修订的《图书馆法》的规定:日本图书馆业务人员分为司书和司书补两种。司书相当于馆员,司书补也就是助理馆员。司书从事图书馆专业工作,司书补协助司书进行工作,司书又分为 1、2、3、4、5 级。

作为司书:(1)必须是大学或大学专科毕业生,学完司书讲习班课程的;(2)大学毕业生,在大学里已修完有关图书馆学课程的;(3)担任司书补 3 年以上,具有一定的工作经验,并修完司书讲习班课程的。

作为司书补:具有高等学校(相当于我国高中)毕业水平,并修完规定的司书补讲习课。

日本国会图书馆的职称还设有:专门调查员(最高的)、司书监、主任司书、主查、副主查。

前德意志联邦共和国

在前德意志联邦共和国,公共图书馆工作的馆员有多种等级,一般分为初级、中级和高级,按照规定都要受过不同程度的专业教育,经过相应考试。

前德意志联邦共和国《图书馆法》明文规定:高级馆员要大学本科毕业,再接受两年图书馆学教育,在具备了从事科学图书馆高级馆员的工作能力,即能从事科学图书馆的书刊选订、分类编目和参考咨询工作或可在公共图书馆担任领导工作时,才能作为候补馆员。

中级馆员要具有文科 13 年中学毕业程度,或是在实科中学毕业,又受过一定职业教育,再接受 3 年的图书馆专业教育。3 年中,首先受一学期的入门教育,接着在教育图书馆或教育情报所实习 1 年,再进行 3 个学期的理论教育,最后经过国家考试结业。

初级馆员要具有 10 年中学的毕业证明,再接受两年的图书馆专业教育,以实践为主,一般要在州立图书馆实践 18 个月。理论教育最多安排 4 个月。经考试合格才具备初级馆员的雇用条件。初级馆员不作为国家编制。

中国

1981 年国务院颁发了《图书、档案、资料专业干部业务职称暂行规定》,把图书馆专业干部的业务职称定为:研究馆员、副研究馆员、馆员、助理馆员、管理员。研究馆员相当于教授,副研究馆员相当于副教授,馆员相当于讲师,助理馆员相当于助教,管理员相当于工程技术职称系列的技术员。

《暂行规定》对不同层次的人员要求是:

1. 中等专业学校毕业生,担任图书馆干部,见习一年期满,或具有同等学历的,初步掌握图书馆业务的基础知识、工作方法和技能,较好地完成所担任的任务,确定为管理员。

2. 见习一年期满的高等院校本科毕业生或具有同等学历的,以及管理员,具备下列条件,确定或晋升为助理馆员:(1)具有本专业一定的基础理论和专业知识;(2)具有一定工作能力,能够掌握图书馆有关工作方法和技能,对馆藏有初步了解,能够使用馆藏目录、联合目录和有关工具书查找书刊资料等;(3)初步掌握一门外语或古汉语。

3. 助理馆员或具有同等业务水平的,具备下列条件,确定或晋升为馆员:(1)比较系统地掌握图书馆学基础理论和专业知识;(2)具有独立工作能力,熟练掌握有关知识,对馆藏比较了解,能够辅导读者进行文献检索或编制有一定水平的索引、专题资料,工作中有一定成绩;(3)掌握一门外语或古汉语。

4. 馆员或具有同等业务水平的,具备下列条件,确定或晋升为副研究馆员：（1）具有较广博的科学文化知识，对图书馆学有比较深的研究，有一定水平的工作报告或论著；（2）具有比较丰富的工作经验，熟悉馆藏，能够指导读者检索、研究或编制有较高学术水平的索引、专题资料，能够解决业务工作中的疑难问题，工作成绩显著；（3）熟练掌握一门外语。

5. 副研究馆员或具有同等业务水平的，具备下列条件，确定或晋升为研究馆员：（1）具有广博的科学文化知识，对图书馆学有系统的研究和较深的造诣，有较高水平的论著；（2）具有丰富的工作经验，能够指导专业人员学习和研究，主编有较高学术水平价值的书目、索引工具或文献汇编，能够解决业务工作中的重大问题，工作成绩卓著；（3）熟练掌握一门以上的外语。

二、图书馆学教育的层次

图书馆对图书馆学人才的需求是多层次的，因此，图书馆学教育也应分等级、分层次地培养图书馆学人才。

1. 研究生培养

研究生培养包括硕士生和博士生的培养。学制，硕士为 3 年，博士为 2 年。硕士生招收对象为图书馆学本科和其他学科毕业生或具有大学同等学历的自学青年。博士生招收对象为具有硕士学位的毕业生。

图书馆学研究生要求具有系统而广博的图书馆学情报学理论知识，还要对图书馆现代化知识有所了解，并在图书馆学情报学的某一方面有所创见。毕业后能胜任图书馆"馆员"职称的工作，或讲师一级的教学工作，或能专门从事图书馆学情报学的某一方面的研究工作。

归纳起来，研究生主要培养以下三类人才，即：图书馆高级业务人员、管理人员、大学师资。

第一类人才不仅要具有图书馆学专业知识，而且要熟悉另外一门学科知识,并掌握一至两门外语。这种业务人才的培养,其主要招生对象是非图书馆学专业的大学本科毕业生,尤其注意招收理、工、农、医专业毕业生。三年主攻图书馆学,着重图书馆学理论的研究和解决图书馆实际问题能力的培养,不分专业方向。这样培养出的人才不仅适宜于综合性图书馆需要,也能适应专科性图书馆需要。

第二类人才的培养主要从具有两年以上图书馆实际工作经验的大学本科毕业生中招收。学员毕业后,能胜任大中型图书馆的领导工作。

第三类人才从大学本科优秀毕业生中招收。学习期间,侧重于理论研究能力的培养。毕业后能担任本学科领域内大学本科或专科某一方面的教学任务,能独立讲授一门课程。

2. 大学本科教育

大学本科教育是图书馆学教育的主要形式,其招生对象为高中毕业生,学制四年,可获取学士学位。

大学本科教育目的是培养图书馆中级人才。要求在 4 年中系统地学习图书馆学情报学理论知识,掌握一门外语和其他有关学科的知识。这里的"有关学科"不仅指社会科学,还包括自然科学。根据图书馆工作的特点,要求培养出来的人才要一专多能,具有广博的知识面,适应不同工作需要。除了学习图书馆基础理论、目录学、事业史、藏书与读者、工具书、分类编目、图书馆现代化、图书馆管理等课外,还应对数学、生物学、化学、物理学、概率论、统计学等有所了解。

本科毕业后的学生要求能胜任"助理馆员"的工作,并要满足两方面的需要:一是为图书馆中等专业学校或大学图书馆学专修科培养师资,为图书馆学研究部门培养初级研究人员;二是为各类大、中型图书馆培养业务人员。

3. 大学专科教育

大学专科教育是介于大学本科与中专教育的一个层次。从我国图书馆系统的结构来看,应大力发展这种教育,主要为各类型图书馆培养专业人员。学制2年至3年,着重加强图书馆学基本知识与技能的训练。

4. 图书馆学中专教育

这类教育指一些"图书馆学校"所进行的图书馆学教育,招生对象为初中、高中毕业生,学制2年。

中等图书馆学专业教育侧重于各类型图书馆的初级人员的培养。学习期间,学生主要学习图书馆学的基本知识与技能,并初步掌握一门外语或古汉语基础知识。毕业后能胜任图书馆"管理员"的工作,可以从事广大基层图书馆的实际工作和大、中型图书馆的辅助工作。

图书馆学中等教育是我国图书馆学教育的较薄弱环节,全国只有寥寥几所图书馆学校,招生人数也很有限。

发展图书馆学中等专业教育,不仅投资少,而且见效快,是培养图书馆学人才的有效方法。在我国经济还很不发达的情况下,忽视图书馆中等教育,完全靠办大学教育是不切实际的,也是不合算的。事实上,图书馆有些业务工作,中等专业学校毕业生是完全可以胜任的。高等教育与中等教育要有一定的比例。因此,发展中等图书馆学教育是当务之急。

以上所讲的都是正规的图书馆学教育,此外还有很多形式的非正规图书馆学教育,如函授、短期培训、进修、夜大、电大等形式的教育。

函授教育

函授教育是对各类型图书馆在职干部和青年进行高等图书馆学专业教育的一种方式。教育形式采用自学为主,并辅以适当的巡回辅导和集中学习。

短期培训

短期培训也是对图书馆在职干部进行图书馆学专业教育的一种方式。培训对象主要是中小型图书馆干部及工厂、农村、街道等基层图书馆的兼职和业余图书馆管理员,也可以是到图书馆工作的非图书馆专业人员,也有少量短训班是为老馆员的继续提高举办的。学习期限有几个月,也有几个星期。办短训班时间短,经费开支小,师资力量也好解决,能在较短时间内学习一些必要的专业知识或研究一些实际问题,所学知识较实用。

进修教育

进修教育的培养对象是图书馆的在职干部,其主要目的是为提高他们的业务能力,使他们经过一段工作实践后得到深造。学制一般为 1 年或 2 年。按其内容分,进修教育有两种:一种是以进修一个专题内容为主,另一种是以进修专业基础知识为主。

夜大、电大和自学考试

图书馆学夜大已有一定历史,但电大和自学考试是最近几年才发展起来的图书馆学教育方式。"夜大"顾名思义就是利用其业余时间上课。招生对象可以是图书馆在职干部,也可以是高中毕业生。电大是通过电视、广播、录音磁带来教学的。招生对象多为具有高中学历的在职工作人员和社会青年。学制有多种,有 5 年、4 年、3 年、2 年。学习内容和正规大学教育相似,学员毕业合格后承认其学历,发给文凭,但国家不包分配。高等教育自学考试,就是按图书馆学本科或专科的标准要求,个人自学,参加国家组织的统一考试,按教学计划,各门课程全部考核合格者,发给毕业证书。

三、图书馆学教育的基本内容

图书馆学教育内容面比较广,涉及很多学科,而且随着科学技术的发展及图书情报工作需要,教学内容也不断发生变化。但无论如何,教学内容最终要保证学员在专业的基本理论、基本知识、

基本技能上得到训练。教学内容主要反映在课程设置上。课程设置大致可分为以下几类:

(1)基础与工具课:包括政治理论课、高等数学、外语、古代汉语等。

基础课是学习任何专业、从事任何工作都必不可少的,基础课也是学习其他课程的工具和手段。外语、数学的重要性是显然的。而作为社会主义图书馆学教育,学员也必须了解马克思主义哲学、政治经济学。

(2)专业基础课:包括图书馆学基础理论、目录学概论、图书史、图书馆事业史、情报学概论、科技文献学、社会科学文献学、图书馆藏书、图书馆读者、读者心理学、图书分类学、图书馆目录、文献检索概论、图书馆管理,等等。

专业基础课是从事图书馆工作所需要掌握的。当然并不是每门专业基础课都能在工作中得以应用。不同工作所用专业知识侧重面不同。有些课是为学习其他课程打基础,做准备,而另一些课可能纯粹是为了扩大知识面,了解相关专业知识。

(3)专业课:就是专门化的课程,如各类型图书馆学、专科目录学、各科文献检索概论、中外文工具书使用。

(4)图书馆现代技术课:包括系统理论及其应用、图书馆自动化、计算机语言、文献复制技术、图书保护技术、视听资料的管理与利用。

现代技术课是近几年才开设的,还没有普及开来。随着图书馆事业发展,很多图书馆将逐渐采用先进的科学技术。做未来的图书馆工作者,也应当了解和掌握这些新技术。

图书馆的教学内容,可分必修与选修,必修数量应逐渐减少,选修比例应增加。目前我国有的学校必修与选修的比例是 7:3,必修过多,选修过少,应 4:6 为最理想。

第四节 我国图书馆学教育的改革

一、改革图书馆学教育体系，采取多种层次和多种形式办学

图书馆事业所需要的专门人才是多方面的，包括图书馆学专业师资，图书馆学研究人才，图书馆和图书馆事业的管理干部，图书馆和情报部门的实际工作者。我国图书馆学教育存在的问题是，不仅学校数量少，而且形式单一。长时间以来，以大学本科或专科教育为主。为了适应社会需要，必须对我国现有的图书馆学教育体系进行改革，采取多种层次和多种形式办学。所谓多种层次，就是既搞大学本科、专修科，也搞研究生教育、中等专业教育。所谓多种形式，就是既搞正规教育，也搞在职教育，如进修、短训、函授、夜大学等。在国家还不能大量给图书馆学教育投资的情况下，办好各种中级形式的图书馆学教育是非常必要的。

首先，应当在师资力量和财力、物力上优先保证办好一些有基础的图书馆学系或专业，使它们成为我国图书情报教育的"母机"。根据目前条件，仍以四年制本科教育为主，逐年扩大研究生招生数量，这样可以为全国其他新建专业提供师资，也可以为图书馆情报机构输送骨干力量。

其次，大力发展四年制本科教育。本科教育是我国图书馆学教育今后 10 年至 20 年内的主要类型。它既可为大型图书馆、专业图书馆、情报机构培养合格的专门人才，也可为举办二年制大专和函授教育提供师资力量。

第三，根据条件，逐步在各省、市、自治区举办二年制大专、函授教育、业余教育、自学考试等，为本省图书情报机构培训干部。这样可使全国图书情报教育有一个比较合理的布局，并形成一个

完整的网络。

第四，在目前情况下，应更多地鼓励各省、市、自治区创造条件，兴办图书馆中等技术学校或中专班。这样不久的将来就可以向图书馆或情报机构输送一批初步掌握业务知识和技能的干部，也可以增加中学毕业生就学、就业的机会，使图书馆干部队伍结构更加合理。

第五，鼓励有条件的图书馆学系（科），如武汉大学、北京大学等图书馆学系根据其师资力量举办干部专修科、进修班、短训班、夜大学，开展函授教育、自学考试等。

二、分类型、有针对性地培养图书馆人才

图书馆有综合性的、专科性的。比如综合性大学和省、市级图书馆就属综合性的，而工学院、医学院、农学院、专业研究所图书馆就属于专科性的。不同类型图书馆需要的人才是有不同要求的。目前我国图书馆学系（专业）多设在综合性大学或师范大学，而专科性的大学较少办图书馆学教育。这样，综合性大学图书馆学系（专业）培养出来的人才到专业图书馆就显得不适用了。因此有关学校之间，应适当分工，按类型，有针对性地培养图书馆人员。综合性大学的图书馆学系可以侧重培养大学图书馆、公共图书馆等综合性的图书馆人才。工、农、医学院可以侧重培养专业方面的图书馆人才。根据不同类型进行分工，开设一批专业课和选修课，或开展专题研究，使培养出来的人才除具备图书馆学知识外，还懂得一些与图书馆服务性质有关的专业知识。

日、美等国的图书馆学教育一般都是分类型、有针对性的培养。在日本，除了设有综合性的"图书情报大学"外，很多工科院校也设图书馆学系、专业。美国做法与日本不同，美国普遍使用研究生制，图书馆学院的学生都是从不同专业的大学本科毕业生中招来的，大多数有丰富的实践经验，然后集中学习图书馆学，其效

果比较好。我国有些理工科院校已经办起了图书情报专业，但数量还不多，有待于进一步发展。

三、改革教学内容

图书馆学教学内容的改革是当今形势发展的迫切需要。我国图书馆学教育沿袭了几十年的传统教学内容，不能适应现代图书馆发展的需要。表现在教学内容偏重于社会科学，有关自然科学基础知识的教学内容很不够；图书馆学专业知识的教学内容，基本上还是停留在传统和历史知识方面，对图书馆学基础理论、图书馆现代技术和情报学的研究重视不够，导致教学内容陈旧过时。

从现代世界图书馆发展趋势来看，信息科学、系统论、控制论、数学、经济学、情报科学、计算机科学、视听技术等已经广泛地应用于图书馆工作。鉴于此种情况，应适当压缩传统图书馆学课程，增加新理论、新技术的教学。教学内容的改革要立足于我国图书馆事业的发展，着眼于未来。但是，由于我们大多数图书馆仍是传统技术的图书馆，所以不能完全摒弃传统课程。传统技术与现代技术都应兼顾，建立一个合理的传统技术与现代技术相结合的教学体系，做到有针对性、现实性，既要着眼于现实，又要放眼于未来。

四、改革教学方法与手段

图书馆学教学，不仅要对学生进行知识的传授，而且要注重培养学生的思考能力和工作能力。现在教学方法上，存在以下几个问题：

（1）课堂讲授占用学时过多。学生花去大量时间用于听课，做笔记，而没有足够的可供自己支配的时间去主动地学习。

（2）教学方式单一。学生除了从课堂听讲获取知识以外，平时培养独立工作能力的训练不多，从事图书馆工作实践的机会较少。

（3）不少课程的讲授重点不突出，针对性不强，存在着严重的"满堂灌"现象，而且课程之间，重复较大。

要改变这种情况，必须对图书馆学教学方法进行改革：

（1）压缩课堂讲授时间。为了便于学生自学，应编出各门主要课程的内容充实的讲义、教学参考资料和论文资料索引，并把这些印发给学生。

（2）提高课堂讲授的质量。课堂讲授不能只堆砌材料和罗列现象，而必须引导学生认识有关事物的内在规律，既结合书本，又结合图书馆工作的实际情况。课堂讲授在传授知识的同时，应当启发学生思考，帮助他们掌握观察问题的正确观点和方法。还可采用讨论方式教学。

（3）适当增加其他教学环节。将课堂讨论、课外作业、写作论文、社会调查、图书馆工作实践等列入教学环节。

（4）改革考试制度。要改变期末一次考试决定学生学习成绩的做法。学生的学习成绩应当由平时成绩、阶段性测验、期末考试成绩三部分构成。考试不仅要考察学生对知识掌握的情况，还要考察他们实际运用这些知识的能力。

（5）完善教学组织，采用教学的现代化技术手段（广播、电影、电视、电子计算机），实行程序化教学。

教学方法的改革必须稳妥，保证教学效果。

五、重视和发展继续教育

有计划、有步骤地进行图书馆在职人员的继续教育，是发展我国图书馆事业战略对策的一个核心问题。

我国图书馆具有 18 万以上在职馆员，学习过图书馆专业的仅占 3% 左右，而 97% 是没有经过图书馆学专业系统训练的。因此必须对这支队伍进行培养和提高，否则，图书馆事业是没有生命力的。从另一方面来说，科学技术日新月异的发展使知识与年龄同步老化,完全依靠大学的"一次教育"的时代一去不复返了。只有采取继续教育方式,我们的图书馆专业技术人员和图书馆领导干部才能不断得到知识更新,保持旺盛的工作能力,不至于被时代发展所淘汰。

继续教育是传统教育的延伸和发展,是为不断提高高级和中级图书馆专业人员及领导干部的知识水平和工作能力服务的。当前,世界上许多国家都很注意图书馆人员的继续教育。在美国,每个学校设有教授参加的"图书馆学继续教育委员会"。美国图书馆协会教育委员会认可的 69 所学校,有 39 所学校设有"后硕士证书"或"六年专家计划"教学大纲,专为已获得硕士学位的在职人员继续进修提高。建国以来,我们对在职图书馆人员的教育采取了一些措施,如函授教育、进修班、短训班、研究班等,收到了一定效果。但严格说来,这方面的工作缺乏计划,缺乏组织,而且内容过浅,层次偏低。

继续教育工作的正常发展必须有良好的组织保证,除去各部门自己办学外,大学要承担不断提高继续教育水平的任务。大学图书馆学系是知识密集、人才荟萃的地方,承担继续教育工作是非常合适的。

不少国家还利用图书馆学会、协会、研究会的知识密集优势创办继续教育。一般说,此种方式办继续教育比图书馆单位办的继续教育效果要好,水平要高。

从世界范围来看,建立各种类型的培训中心已成为图书馆人员继续教育的一种发展趋势。培训中心的经费、基建、职称等方面问题,有关部门给予有力支持。培训中心在办学方式上,更多地依靠社会力量,实行聘任制,师资是变通和流动的;在工作方式上,是以研究为后盾,以讲课作为新知识输入的方式,从而保持继续教育的高水平优势。

继续教育与大学本科教育在内容方面有所不同。大学本科教育内容是基本稳定的,有变化也只是部分的调整。而继续教育的内容基本上是新的,这就要求继续教育具有高度的灵活性和适应性。因此,继续教育在开课前要先作调查,根据学员要求确定科目和讲课内容。

各类人员继续教育的侧重点不同,大体上可分为四种类型:一种是补充性质的,这是为了使图书馆工作人员在新的工作岗位上不断完善知识所进行的补课;第二种是提高性质的,这是为了使图书馆工作人员取得学位而进行的继续教育,开设新的课程;第三种是更新性质的,它是继续教育的目的,是为适应图书馆工作的新变化,进行知识更新;第四种是重复性质的,是为了加深学员对已有知识的理解,并根据新的要求对旧课进行重复讲授,从而提高工作人员的创造能力和工作水平。

我国图书馆人员的继续教育以前虽然开展过,但有组织、有计划的继续教育只是刚刚开始。1984 年,武汉大学图书情报学院成立了科技情报培训中心,专门从事情报人员的继续教育工作。1985 年开设了图书馆学助教班,培养大学本科毕业并在大学图书馆学专业的助教。

六、加强高层次与低层次人员培养

图书馆的类型众多,大型图书馆既是科研机构,又是服务机构,小型图书馆则纯粹是服务性机构,对工作人员知识水平要求不一。既然如此,图书馆学教育应分层次培养不同类型图书馆的专业人员,应根据图书馆专业人员的知识结构、图书馆事业发展需要、图书馆学教育不同阶段的要求,分初级、中级、高级人才的培养。三个层次的人员应成合理比例。

我国当前图书馆人才比较薄弱的环节是高级人才与初级人才的培养。全国每年只招收少量硕士学位研究生,也只有很少几所图书馆中等专业学校。因此应扩大研究生数量,加强和发展研究生班教育,向国外派出攻读硕士、博士学位的研究生。同时,还应大力发展中等图书馆学专业教育,各地区有条件的都可以办。

七、改革师资队伍的结构

当前我国图书馆学教育师资队伍结构存在的主要问题是知识结构的不合理。表现在知识面不广,缺乏自然科学知识,外文水平也欠缺。而且由于长期以来,图书馆学专业师资大多是本专业直接留校任教的毕业生,造成了"近亲繁殖",成分单一,实践能力较差的状态,愈来愈显得适应不了这门实践性很强的综合性学科的要求。要培养出高质量的学生,必须有高水平的教师。因此,改变图书馆学、情报学专业师资队伍的结构和成分是十分重要的。可有以下几个措施:

(1)吸收其他有关学科的毕业生从事图书馆学教学工作。

(2)招收研究生时,除招收本专业的毕业生外,也招收一定数量的非图书情报专业毕业生;并回收一些早年毕业的有丰富实践经验的、又有一定理论水平的图书馆实际工作者来补充师资队伍。

(3)更多、更广泛地聘请图书情报界的专家担任兼职教师,逐步扩大他们的比例(美国一些大城市中的图书馆学院专职、兼职教师人数的比例,有达到1∶1的),以专职教师为骨干,以兼职教师为辅助;必修课由专职教师担任,兼职教师可以因其所长开设选修课或专题课。这样有利于教学上的理论联系实际。

(4)加强现有中青年教师的培养,使他们在一定时间内达到硕士学位研究生的水平。教学单位应该给他们提供脱产进修的机会,使他们多接触一些新的相关学科,更新知识结构。师资队伍的改革还有个年龄结构问题。教师队伍要形成梯队。教师要实行退休制度,到了一定年龄的教师可以退下教学岗位,从事研究工作,让年富力强的教师担任教学工作。

第十五章　图书馆管理

第一节　图书馆管理的意义与定义

一、图书馆管理的意义

马克思说:"一切规模较大的直接社会劳动或共同劳动,都或多或少地需要指挥,以协调个人的活动,并执行生产总体的运动——不同于这一总体的独立器官的运动——所产生的各种一般职能。一个单独的提琴手是自己指挥自己,一个乐队就需要一个乐队指挥。"(马克思:《资本论》,《马克思恩格斯全集》第23卷第367页,人民出版社1972年版)这就是说,只要有多数人在一起共同劳动,有社会生产,就需要有人来组织和指挥,也就是从事管理。没有管理便无法进行社会生产活动,因此,管理是社会生产力的重要方面。早在十月革命胜利伊始,列宁就认真地向全党指出:"社会主义政党在世界历史上第一次基本上完成了夺取政权和镇压剥削者的事业,紧接着就要解决管理这个任务。我们必须不愧为完成社会主义革命的这个最困难的(也是最崇高的)任务的人。"(列宁:《苏维埃政权的当前任务》,《列宁选集》第3卷第406页,人民出版社1972年版)

20世纪不仅是科学、技术突飞猛进的时代,也是管理科学奔腾向前发展的时代。现在,科学、技术、管理,被人们并称为现代经济发展"三鼎足"的重要因素。国家的振兴,民族的繁荣,人们生活的改善和幸福,莫不与之息息相关。图书馆是由藏书、读者、人员、技术方法、建筑设备等要素组成,管理就是把这些分散的要素联系起来构成一个有机的整体。没有管理就不能开展图书馆的活动,更谈不上图书馆工作质量与效率,达不到图书馆预期的目标,完不成图书馆的任务。因此,管理是办好图书馆的重要因素。同样是管理,有的不注意运用科学的管理方法与先进的管理手段,管理的效果很差;有的注意研究和运用科学的管理方法,采用先进的管理手段,管理的效果好。我们称前者为"放任管理",后者为"重视管理"。重视管理是促进图书馆发展的动力。

从我国图书馆事业的现状来看,加强图书馆管理具有特殊的意义:

1. 充分利用图书馆现有的人力、物力、财力资源为社会主义现代化建设服务。我国地区广大,人口众多,经济还不很发达,国家暂时还不可能大量投资于图书馆事业,只能随着国民经济的发展有所增长,然而我国图书馆事业的基础又比较差,人民群众对图书馆的需要又非常迫切。为了解决这一矛盾,必须加强图书馆管理,充分利用图书馆现有的人力、财力、物资资源、藏书、设备为社会主义现代化建设服务,极大限度地满足人民群众对图书馆的需要。加强管理是一种不需投资、只需开发人的智力即可见效的措施。

2. 我国图书馆管理不善的情况大量存在,大有潜力可挖。长时间以来,由于"左"的错误的影响,管理不被重视,特别在"文化大革命"的十年浩劫中,管理被斥为"旧框框"、"管、卡、压"、"不民主",使图书馆管理混乱。党的十一届三中全会后,管理普遍受到重视,但管理不善的情况仍大量存在,管理的潜力很大。有人估计,如果图书馆现有人力、物力、财力的条件不变,只要采用科学的管理方法和先进的手段,图书馆的工作效率和服务质量就可以大大提高,因此,加强管理就是向管理要潜力,要效率,要财富。

3.适应图书文献的急剧增长的需要。随着科学技术的发展，信息知识量增长很快，每年出版的图书文献数量庞大，给图书馆带来经费不足，人手不够，空间紧张，读者查找资料困难等问题。加强图书馆管理，是解决这些问题的重要途径之一。

4.现代管理是图书馆现代化的标志之一。图书馆现代化包含了图书馆管理的现代化。有了现代化的技术设备，必须有现代化的管理方法，才能使现代化的技术设备发挥它的作用，体现出它的优越性。

二、图书馆管理的定义

在阐述图书馆管理的定义之前，必须了解什么是管理，以及管理、组织、行政这几个术语的联系与区别。

什么是管理？

1980年商务印书馆出版的《现代汉语词典》指出：管理是"负责某项工作使顺利进行"。

法国著名管理学家亨利·法约认为：企业的全部活动可分为技术职能、商业职能、财务职能、安全职能、会计职能、管理职能，"前五种职能都不负责制定企业的总经营计划，不负责建立社会组织，协调和调和各方面的力量和行为。这些活动不属于技术职能的权限，也不属于商业、财务、安全以及会计职能的权限。它们组成了另一种职能，人们习惯叫它'管理'……因而，我选定下述定义：管理，就是实行计划、组织、指挥、协调和控制；计划，就是探索未来、制定行动计划；组织，就是建立企业的物质和社会的双重结构；指挥，就是使其人员发挥作用；协调，就是连接、联合、调和所有活动及力量；控制，就是注意是否一切都按已制定的规章和下达的命令进行。因此可以理解，'管理'既不是一种独有的特权，也不是企业经理或企业领导人的个人责任。它同别的基本职能一样，是一种分配于领导人与整个组织成员之间的职能。"（《工业管

理与一般管理》第4—5页,中国社会科学出版社1982年版)

前苏联T. X. 波波夫认为,"管理是各种职能的总和。"(《管理理论问题》第120页,中国社会科学出版社1983年版)

刘中荣、张碧晖编著的《管理史话》认为:"所谓管理,就是把人力和资源,通过计划、组织和控制来完成一定的组织目标的过程;或者说,管理是通过计划、组织、指挥、协调、控制等基本管理功能,有效地利用人力、物力、财力诸种要素,促进它们相互密切配合,发挥它们最高的效率,以达到预期的目标。"(刘中荣、张碧晖:《管理史话》第3页,华中工学院出版社1984年版)

上述定义虽然文字的表述不完全一样,但有两点是相同的,即管理是一种职能,是一种过程。

对管理的概念有了了解,那么管理与行政、组织的联系和区别是什么? 目前有的把管理与行政、组织混淆起来,把管理同行政、组织划等号;有的把行政、组织归属于管理;也有的把管理包括在组织之中。我们认为,行政、组织、管理三者的联系是:行政是政策的形成,行政决定组织,组织好比人体的骨骼,是结构,而管理则好比生理活动,是一种过程。组织是行政的结构或机构,而管理则是机构的运行。行政机构是行使某些管理权力的正式机构,而"管理"则是人们结合起来促使"组织"达到这些目的的过程。因此管理就是一个实现既定目标的过程。然而管理不是自己做事情,而是要别人把事情做好。管理人员通过别人的努力完成各种目的。三者之间既有联系,也有区别。行政的作用在于制定组织和管理的奋斗目标和实现目标的大政方针;管理的作用在于领导、指导和引导一个机构去实现预定的目标;组织是集中必须的人员、物质、工具、设备、场地以及种种附属装置,使之为实现某一既定目标而形成系统有效的相互关系。

图书馆管理是一般管理的一部分,是管理科学的分支学科。前面我们讨论了管理的定义,现在我们就可给图书馆管理下个定义：图书馆管理就是通过计划、组织、指挥、协调和控制等行动，最合理地使用图书馆系统的人力、财力、物质资源，使之发挥最大的作用，以达到图书馆预期的目标，完成图书馆任务的过程。

图书馆管理一般可分为三个层次，第一层次是决策层，是图书馆管理中最高的或高一级的管理，也算行政管理，主要从事计划的决策；第二层次是管理，属中坚管理层，主要从事具体计划与控制；第三层次是监督与执行，属基层管理，主要从事计划的执行和监督。

值得指出的是，当前图书馆界，很多同志对使用"科学管理"这一名词很感兴趣，认为比较新，有时代的气息，便于和旧的管理区别开来。我们认为"科学管理"倒有些概念不清。一是因为管理本身在每个发展阶段都有着相对的科学性，都有着适应当时科学发展和生产水平的"科学方法"；二是因为"科学管理"这一名词容易与本世纪初美国著名管理学家泰罗在工业企业中创立的"科学管理"制度混同，泰罗的"科学管理"属于传统管理，已成为管理科学一个学派的名词；三是当代的社会管理、企业管理、行政管理、商业管理的前面都没有冠上"科学"二字，难道能说是不讲科学吗？如果为了表示"图书馆管理"的时代气息，我们认为用"现代图书馆管理"更为恰当。

第二节　图书馆管理的发展

一、图书馆管理与一般管理的关系

图书馆管理是从一般管理中分化出来的，它是一般管理的一部分、一个分支系统，它同社会管理、行政管理、企业管理、商业管理、科研管理的建立与发展是分不开的，它们既相联系又相区别。

相联系主要表现在:一是管理的目的与原则是相同的,即在于设法提高被管理系统的放大倍率;二是图书馆管理是不断吸收、改造其他组织管理的理论与方法,结合图书馆的特点,形成图书馆管理体系的。区别主要表现在图书馆有自身的特殊矛盾,藏与用有自身的运动规律。因此图书馆管理解决矛盾的方法与运动形态势必与其他组织管理有些不同。

图书馆管理是怎样吸收、改造其他组织管理的理论与方法,并结合图书馆的特点形成图书馆管理体系的呢? 为了回答这一问题,首先要从社会管理、企业管理等发展过程谈起。

管理是从人们生产劳动中出现协作和分工开始的,是有组织的社会所关切的事,早在原始社会就出现了管理。社会管理随着管理权力性质的演变,经历了 4 个阶段:公权(原始共产主义社会),私权(奴隶社会和封建社会),金权(资本主义社会),法权(社会主义社会)。随着社会协作的不断扩大,分工日益细致化、复杂化,生产技术和科学研究逐步发展,为了适应这种发展,企业管理从社会管理中分化出来,成为独立的管理体系。

企业管理从领导体制的发展来看,可分为家长制行政领导、经理阶层的兴起、职业专家领导、专家集体领导 4 个阶段。从理论发展来看可分为早期管理理论、科学管理理论、行为科学管理理论、现代管理理论 4 个层次。

早期管理理论产生于 18 世纪下半期,最早的代表人物是亚当·斯密。他的劳动价值论,特别是在《国富论》中阐述的关于分工的理论,对于资本主义的经济管理具有重要意义。

科学管理理论是 19 世纪末、本世纪初随着自由资本主义向垄断资本主义过渡而产生的。最初代表人物是美国的弗雷德里克·温斯洛·泰罗。他通过"动作与时间"的研究和试验,定出了"标准劳动方法",即工时定额。泰罗被资本主义世界称为"科学管理之父",1911 年发表了《科学管理的原理》一书,这是世界上第一部以工业生产组织管理作为研究对象的书籍。效率是泰罗著作的中心主题,他把人看成是经济人。与泰罗同时代的是法国的亨利·法约。法约关于管理组织与职能的思想是对泰罗管理知识的一个重要补充。他把管理过程分成 5 个部分:(1)计划工作;(2)组织工作;(3)指挥;(4)协调;(5)控制。第一次世界大战给"效率"研究以很大的推动作用。1930 年开始将行政管理与科学管理区别开来。德国社会学家马克斯·韦伯提出了行政机构的理论,韦伯虽然承认领导的作用,但他认为行政机构是"对人类进行强制的最合理的、众所周知的手段"。认为这个组织的各级职位都遵循分级的原则,下级机构服从上级机构的控制。在组织中有条不紊地进行劳动分工,每一个职位都有明确的职责范围,根据技术能力要求挑选各职位的人员。泰罗、法约、韦伯的管理理论与方法,都属于传统的科学管理。

行为科学管理理论是本世纪 30 年代从美国发展起来的,它弥补了传统管理理论上的某些不足。行为科学管理理论早期称为人群关系学派或人际关系学派。1927 年美国哈佛大学教授埃尔顿·梅奥和芝加哥西方电气公司霍桑厂的一个工业心理学家小组开始进行研究和实验。1933 年,梅奥根据霍桑厂实验,出版了《工业文明的人性问题》一书,建立了"人群关系"学说,为后来的"行为科学"奠定了基础,1949 年首次提出"行为科学",1953 年正式改为"行为科学"。50 年代后期又出现一个新的哲学概念"工业人本主义",它的主要内容是提倡民主管理,恢复个人尊严,强调个人目标与组织目标的一致性,以及在工作中怎样调动人的积极性。总之,行为科学重视人的因素,把人看成是"社会人",研究人们的各种需要、欲望、情绪、思想、动机、目的,研究人们的行为,人与人的关系,个人与集体的关系,强调发挥人的主观能动性与积极性,以提高工作效率。

现代管理理论包括社会系统学派、决策理论学派、系统管理学派、经验主义学派、权变理论学派、管理科学学派等。对现代管理理论的各个学派这里不打算作一一介绍,只简要地介绍一下决策理论学派。

50年代到70年代,数学、统计学、经济学、心理学、社会学都在管理上作出很大贡献,决策理论学派吸收了上述所有理论中关于决策方面的共同因素。决策理论学派主要从事合理的决策程序研究,和对实际作决策的管理人员的方法研究。这个学派认为:现代企业管理主要不是作业,而是决策。他们提出:"管理就是决策",决策是管理的关键。决策错了,管理效率越高越不利。所以必须有一套正确的决策新技术,选择最佳的可行方案。决策管理学派的一个分支是数学学派,它论述的是计量问题。

社会管理、企业管理的建立与发展为图书馆管理的建立与发展提供了理论与技术。图书馆管理从社会管理中吸收了纵向分层和横向分工。"法",作为管理社会的手段和工具,也被许多国家的图书馆采用。世界上第一个图书馆法是英国在1850年颁布的。日本也在1899年颁布了图书馆法。美国在1948年6月通过"图书馆权利法案"。"反馈"是社会管理用来及时了解管理效果、调节管理机能的,目前,已运用于图书馆管理的控制。企业管理、商业管理、行政管理的一些理论与技术也不断被吸收了。如分工;标准劳动方法即工时定额;管理的功能——计划、组织、指挥、协调、控制以及决策;民主管理;计量管理等等。由于社会管理、企业管理、行政管理的许多理论与技术被图书馆管理吸收了,因此,图书馆管理与其他组织的管理相比较,一般说来,没有本质区别。

既然图书馆管理是在吸收其他管理的理论与方法的基础上发展起来,那么图书馆的管理人员与管理研究者的责任和作用是什么呢?我们说,他们过去的功绩就在于把社会管理、企业管理、商业管理、行政管理的理论与技术,结合图书馆的实际和特点,运用于图书馆管理,建立了图书馆的管理体系。今后的任务仍是像美国乔克尔所说的：图书馆行政管理人员应当将政府行政、商业、工业和教育管理各个方面加以比较研究而找出模型来，运用新技术，发展图书馆管理体系。

由此看来，图书馆管理与社会、企业、商业、行政管理有着密切的联系，同时，由于图书馆自身具有特殊矛盾性和运动规律，因此不完全与其他组织管理相同，仍有其自身的发展特点，否则就不存在图书馆管理体系了。

二、图书馆管理的发展

图书馆管理经历了由简单到复杂，由传统管理到现代化管理的过程。从它的领导体制发展来看，随着管理权力的演变，经历了家长制行政领导、学者与图书馆学专家领导、专家集体领导或民主领导三阶段。从管理内容发展看经历了以藏为主，以用为辅的保守管理时期；以用为主，藏用兼顾，手工操作和面向社会的开放管理时期；以服务为主要目标，图书馆资源共享，应用现代化的手段，强调迅速、准确传递和交流科学情报的主动服务管理时期。从管理范围的发展来看，经历了由馆内管理为主，发展到一个行业、一个地区、整个国家和国际范围的图书馆管理。也就是从比较简单的层次系统发展为更多层次的系统。从对待管理的态度来看，可分为有管理而没有认识到管理作用的放任管理时期，和逐渐认识管理作用，从而注意管理，主动抓管理的重视管理时期。从对待其他组织的经验来看，可分为由纯粹吸收，到吸收、改造、创新、建立独立的图书馆管理体系时期。由此看来，图书馆的管理早就存在，只是不同历史阶段有不同的管理特点。

在我国，古代图书馆就有管理的记载，其中比较系统突出的是从宋代开始。曾在北宋国家图书馆（即三馆秘阁）工作多年的程俱（公元 1078—1144 年），后任南宋秘书省首任秘书少监，在 1131 年 7 月写成《麟台故事》一书。他在书中不仅在宏观上阐述了他的办馆思想,而且在微观上论述了图书馆馆址选择、馆舍设计建筑、图书馆人员的管理和待遇。明代文渊阁大学士邱濬(公元1420—1495年),在1487年前后,撰写成《论图籍之储》、《访求遗书疏》。他在这些著作中提出了图书馆的设置和增设图书馆官员。清代乾隆年间,弘历(公元1711—1799年)建造"七阁",贮"钦定"《四库全书》以"嘉惠士林"的办馆思想。古代图书馆管理的思想,大多出自古代图书馆概论性的著作,没有专著,因此论述一般。近代图书馆,在西方图书馆办馆思想的影响下,出现了有关图书馆管理的专著,如1926年出版的洪有丰著的《图书馆组织与管理》一书就是一例。不过当时谈的内容比较简单,概念不大明确,他们把图书馆许多业务工作都称为管理。今天关于管理的概念就不同了,着重于计划、组织、指挥、协调、控制。1932年,杜定友先生把"书"、"人"、"法"称为组成图书馆的三要素。这里的"法",就是指图书馆的设备、管理方法、管理人才。

在西方,17世纪法国著名图书馆学家、被誉为欧洲"图书馆学思想开山鼻祖"的加布里埃尔·诺德(公元1600—1653年)于1627年发表了《关于创办图书馆的意见书》,对图书馆建设和管理,全面地提出了自己的观点。1821年德国艾伯特(公元1791—1834年)提出了"图书馆管理学"一词。法国的海斯在1839年刊行《图书馆管理学》一书,并提出最有效的管理图书馆的问题。英国不列颠图书馆馆长安·帕尼兹(公元1797—1879年)在实践中对图书馆管理作出很大贡献。曾与安·帕尼兹工作过一段时间的爱·爱德华兹(公元1812—1886年)对19世纪中叶的图书馆管理学进行了概括与发展。美国麦维尔·杜威(公元1851—1931年)的图书馆管理学,是在他创立的《十进分类法》的基础上逐步形成的,他的图书馆管理学的理论"关键"是"实际的效用和经济"。

在前苏联,十月革命后列宁非常重视欧美图书馆的管理经验,1917年11月在《论彼得格勒公共图书馆的任务》一文中强调指出："必须根据西方自由国家,特别是瑞士和北美合众国早已实行的原则,立即无条件地进行如下的根本改革……"(文化部图书馆事业管理局编:《列宁论图书馆事业》第 26 页,书目文献出版社 1984 年版)。1918 年 6 月 7 日人民委员会《关于建立图书馆事业》的决议中指出:"第一,对俄国图书馆事业实行集中管理;第二,采用瑞士和美国的制度。"1919 年 2 月列宁在《致教育人民委员部》一文中对前苏联图书馆管理提出了许多具体办法。1920 年 11 月 3 日列宁签署了《人民委员会关于集中管理图书馆事业的命令》。

第二次世界大战后,由于图书文献数量的增长,图书馆组织机构的庞大复杂化,图书馆管理逐步受到重视,不仅改进了传统的管理方法,而且引进了许多新的技术、新的理论,使图书馆管理的内容、方法、手段发生了变革。

第三节 图书馆管理的对象、范围、目的、方法和手段

一、图书馆管理的对象

任何管理对象都是一个系统。图书馆管理的对象是图书馆系统。图书馆系统由要素构成,主要包括人、藏书、建筑设备、经费、业务技术、时间、信息、环境。人是指被管理的图书馆业务人员、技术工人、勤杂工,以及下层管理人员。管理主要是对人,高效能的管理,就要遵循人才开发,广开才路,量才使用,人尽其才,最大限度地调动和发挥人的积极因素的原则。藏书是图书馆的物质基础,是为读者服务的基本条件,是人类的"智力资源"和"知识宝库"。藏书的管理既要有利于保管,保证人类的文化遗产和国家

的智力资源不受损失,同时要便利读者使用,最大限度地扩大藏书的流通率,充分发挥书刊资料为国家、为社会创造更多的精神文明和物质财富的作用。建筑设备包括房屋、设备、材料、图书馆用品等,要做到物尽其用。图书馆属于智力投资,不直接生产物质产品,图书馆经费要适应社会政治、经济、科学文化发展的需要,要有一定的投资比例,保持相对的平衡。经费管理要勤俭节约,少花钱多办事,要注意经济效果。时间,反映为速度、效率,一个高效能的管理系统,必须考虑如何充分利用时间,以便在尽可能短的时间内,干更多的事,使人力、物力、财力在一定时间内充分得到利用。图书馆是为读者服务的,要千方百计为读者节约时间。信息,即对各种情报的搜集、整理和运用,信息的有效管理,才能使信息成为得心应手的工具。

二、图书馆管理的范围

明确了图书馆管理的对象,进一步明确它的管理范围是必要的。任何管理都是对某一具体系统的管理,因此管理理论必然和系统理论相一致。所谓系统是为一个共同目标而工作的相互联系、相互制约的许多组成部分的总体。每个单位,每个人都不可能是孤立的,它总是处在各个层次的系统之中,它既在自己的系统之内,又与其他各系统发生各种形式的"输入"和"输出",同时还在一个更大系统的统一范畴之内,管理便是大系统联系小系统或子系统的纽带。因此图书馆管理范围,就是图书馆系统。系统是有层次的,它包括部门系统、单个图书馆系统、行业图书馆系统、地区图书馆系统、国家图书馆系统、国际图书馆系统。它既包括图书馆的各项工作,也包括行业、地区、国家、国际图书馆事业的建设和图书馆网。图书馆是一个有机的完整的大系统,它的总目标是为读者服务,提供图书资料或情报。由于它是由许多工作系统、部门系统、地区和行业系统等小系统或子系统组成的总体,因此它要从整个系统的范围出发,运用运筹学和电子计算机技术对组成系统的各个部分进行分析、评价和综合,从而设计出一个最优的系统,并且对这个系统进行控制,保证用最少的人力、物力和财力,在最短的时间内达到系统的目标,完成系统的任务。

三、图书馆管理的目的

管理的目的是在被管理的系统之外。图书馆管理的目的是使被管理系统的功效最大限度地满足高层次大系统或社会大系统的需求。

系统理论认为大系统的功效大于各小系统功效的总和。管理的本质是对生产力起放大作用,是放大所管理系统的功效。因此,图书馆管理的目的,就是设法提高图书馆系统的功能放大倍率,合理地组织使用现有的人力、财力、藏书、设备,使图书馆工作达到低耗、高效、优质的效果,实现图书馆的预定目标,完成图书馆的任务。

四、图书馆管理的方法、手段和工具

图书馆管理的方法,主要有行政管理方法,经济管理方法,法律管理方法,政治思想工作方法,激励方法,定量管理方法等。

图书馆的机构体制,是使图书馆管理对象——人、藏书、建筑设备、经费等构成图书馆系统的手段,没有机构体制将这些要素组成特定的形式,是无法实现管理的。为此,图书馆机构体制的组成是否合理,很大程度上影响管理的效果和作用。

图书馆的政策和法、图书馆的规章制度是图书馆管理的重要手段。图书馆管理效率的提高还在于通过信息(各种指令、文件、通知、规定等)促使对能量和物质(主要是人力、财力、藏书设备、能源)进行合理流通。所谓合理流通是指流通的方向、速度、效率、准确性的最佳配合。管理的关键是流通。因此,流通不能堵塞

和中断,不能反向和倒流,不能低速和慢流,不能出错和故障。任何信息、能量、物质的流通被阻塞,或流通方向错误、速度缓慢、效率低下、准确性差等,都会使管理效率下降。怎样流通才是合理,就以图书馆的政策、图书馆法、图书馆规章制度的形式规定下来。同时政策、法、规章制度还有鼓励子系统充分发挥其积极性、主观能动性的作用,为大系统功效增长创造一定的条件。

图书馆管理人员是实现图书馆管理的最活跃的因素,因为图书馆的机构、体制是由人构成,管理的职责亦由人来完成的,而且体制的改革亦由人作出决定。政策、法、规章制度同样由人制定和执行。因此,人是管理中最活跃的因素。要搞好管理,首先要发挥人的积极性、主动性、创造性,和努力提高图书馆管理人员的管理水平。

信息是图书馆管理的工具。管理人员通过信息了解情况,掌握情报资料;依靠信息,经过分析判断,然后作出某些决策;运用信息与上级联系和向下传达管理的意图。在管理中正确运用"信息"这个工具,是提高管理水平的重要环节。

第四节　现代图书馆管理的原则

现代图书馆管理,应遵循些什么原则呢? 目前看法不够统一,主要是没有分清哪些原则是属于整体的,具有普遍意义的;哪些是属于局部的,属于某一层次的。从整体来看,图书馆管理大致有如下原则:

一、集中统一管理的原则

集中统一管理是一条重要原则,也是列宁关于图书馆事业建设的重要思想。集中统一管理是为了克服分散、多头领导,各自为政的状况，当然这种管理不是要束缚各系统、各地区图书馆的手脚，而是使其积极性、主动性得到更好的发挥。集中统一管理主要包括三个方面的内容：一是对图书馆事业建设的方针、政策、发展规划，要集中统一管理；二是对图书馆技术工作实行规格化、标准化的集中统一管理；三是对图书馆立法、规章制度、人员编制、人员技术职称等行政工作集中管理。

二、系统管理的原则

系统管理必须抓五个环节：一是目的性。图书馆整个系统的目的是一致的，但各个行业或不同图书馆或图书馆不同部门的目的是有区别的，因此各系统图书馆只有把握住自己的目的，才能多快好省地做出成果，混淆目的，必然是混乱的管理。二是整体性。管理必须有全局观点，必须有一个系统的统筹规划，必须有一个考虑了尽可能多的因素的模式。三是层次性。系统的各层次之间应该职责分明，领导做好领导的事，各层做好各层的事，才能达到有效的管理。四是联系性。五是均衡性。

三、民主管理的原则

办好图书馆，人的因素是非常重要的。图书馆管理没有馆员和读者参加，是搞不好的。民主管理就是要通过多种形式广泛听取馆员和读者的意见，吸收他们参加管理，接受他们对图书馆管理的监督，发挥他们主人翁的作用。广大馆员参加图书馆管理有利于管理人员克服官僚主义，有助于加强图书馆和广大读者的联系。

四、反馈管理的原则

反馈就是控制系统把信息输送出去，又把其作用结果返送回来，并对信息的再输出发生影响，起到控制作用，以达到预定的目的。反馈是为了及时地了解管理的效果，从而调节管理机能，使之达到更好的管理效果。管理是否有效,关键在于是否有灵敏、准确、有力的反馈。灵敏、准确和有力的程度是一个管理制度、一个管理功能单位是否有充沛生命力的标志。要"灵敏"就必须有敏锐的感受器,以便及时发现管理与客观实际之间的矛盾和变化的信息。"准确"就必须有高效能的分析系统,以过滤和加工感受来的各种信息。这两步在信息论中称为信息变换过程。"有力"就必须把分析了的信息,化为指挥中心强有力的行动,以修正原来的管理动作,使之更符合实际情况,获得更大的效益。

五、经济管理的原则

图书馆属于"智力投资",经济管理原则首先是随着国家经济和科学文化事业的发展,有计划地对图书馆事业进行投资。图书馆事业投资在国家预算中应占一定比例,并保持一定的递增比例。投资过少,比例失调的状况应及时予以改变。其次要勤俭节约,避免浪费,力求用最少的经费补充读者最需要的、最有科学价值的书刊资料,用最经济的劳动加工整理各种资料,用最省的时间为读者提供各种资料,避免人力、物力、财力、时间的浪费和无效的劳动。再次,注意经济效果,要最合理地使用人力和经费,最充分地发挥图书馆各种设备的能力,建立最优化的情报资料的收藏系统和服务系统以及与之相适应的各种科学的规章制度和条例,从而保证图书馆的各种活动的最大效能。

六、规律性管理的原则

马列主义认为:规律是事物、现象或过程之间的一定的必然的关系,是现象中的普遍的东西。我们把规律性作为图书馆管理的基本原则之一,就是要求图书馆管理必须按着图书馆事业和图书馆工作客观发展规律去管理,不违背客观规律,不搞主观唯心主义,想当然,瞎指挥。

第五节　现代图书馆管理的特征

随着图书文献资料的激剧增长，载体形式的多样化，图书馆协作范围的不断扩大，图书馆机构的复杂化，功能的多样化，以及信息论、系统论、控制论、预测论、电子计算机技术、光学记录技术、声像技术、现代通信技术、运筹学、人体工程、人才学、管理科学、行为科学、决策理论等引进图书馆管理，使现代图书馆管理表现出一些显著的特征：

（1）图书馆管理领导的集中化。这主要体现在两个方面：一是在管理体制中克服分散多头、实行集中领导和管理；二是对图书馆的方针、政策、人员编制、经费标准、馆舍建筑的基本要求，业务工作的标准、规范，图书馆的立法、管理条例、规章制度的制订实行集中领导和管理。

（2）图书馆管理组织的系统化、网络化。系统化主要是针对纵向层次而言的，它既要求各个组成部分相互联系构成层次，有统一目标，又要求在组织方面形成各种序列。例如高等学校图书馆在服务内容方面应建立为本科低年级学生基础课教学和师生一般阅读服务的系列，为教师、研究生、本科高年级专业教学与科学研究服务的系列，在服务手段方面应建立以计算机为中心的图书馆管理与利用系列，缩微复制系列等。所谓网络化，就是在系统化基础上，通过业务辅导、协作、现代化通信等"联系"手段将各个系统形成一个上下贯通、纵横交错的体系。网络中既包括纵向联系，又包括横向联系，并以横向的协调型联系为主。网络本身仍可分为多个层次，如中央网络、地方网络、基层网络等。

（3）图书馆管理手段的自动化和机械化。管理手段的自动化，其主要目标就是在管理活动的各个环节——计划、信息分析与处理、信息的传递、经费、藏书统计、读者统计、图书馆工作人员的行动分析与评价、图书馆评价、决策——中采用以计算机为主体的现代技术设备,综合平衡各种因素。在当前,图书馆管理自动化,应以采用微型电子计算机为主。因为微型机的功能、特点比较适合于一般图书馆管理系统信息处理的需要,它可以与大型机联网,成为大型机的终端用户,具有较强的兼容性,价格比较合适,便于大多数单位采用,操作简易,维修方便,对环境条件要求不苛刻。由于自动化的实现需要有一个过程和相应的技术、资源力量的积累,同时图书馆管理的每一个环节不一定要求都实现自动化,因此,在今后一段时间内,仍应注意图书馆管理的机械化、半机械化。

（4）图书馆业务管理的标准化、规范化、计量化。即在业务管理方面采用国家统一标准、规格和计量,以保证业务工作的质量和效率,适应图书馆协作、网络与自动化的需要,并便于业务监督、评价,便于业务的统一管理。标准化、规范化的主要对象有分类法、主题词表、著者号码表、著录条例等。

（5）图书馆管理方法的立法化、制度化、条例化。即在进行思想教育和职业道德教育的同时,通过图书馆立法、工作条例、各项规章制度、岗位责任制等方法进行领导和管理。图书馆法应通过国家立法机构来制定,图书馆工作条例也应由有关相应的领导机构来颁布。

（6）图书馆专业队伍和管理队伍结构的合理化。这里主要指图书馆专业人员和管理人员比例合理,专业人员和管理人员文化知识水平组成合理,专业人员和管理人员各科专业知识组成合理,专业人员和管理人员的年龄结构组成合理。

（7）图书馆协作的扩大化和国际化。为了实现图书文献资源的共享,加强知识信息的交流与传播,加强馆与馆、地区与地区之间办馆经验的交流,图书馆的协作在日益扩大,形式在多样化,国际间的合作在加强。图书馆协作的扩大化,主要指协作内容、协作范围与规模不断扩大。国际化就是突破国家的界限,在世界范围内协作,组成国际网络。

(8)图书馆管理过程的计划化、合理化、高效化。图书馆系统要保证运行可靠、高效率、经济合算、成本低,即低耗、高效、优质,就必须有科学的周密的计划,使一切活动能处于计划的监督、指导之下。

(9)图书馆设备与用品生产的社会化和企业化。由于图书馆工作日趋标准化、规格化,需要建立专业性的图书馆设备与用品的设计—生产—销售体系,这样既经济、适用,又统一了规格和标准。

(10)图书馆管理思想的现代化。这是整个管理现代化中的核心内容。管理思想现代化的过程,就是对传统的管理思想进行扬弃的过程。随着科学技术的发展,社会在不断向前推进,管理的观念、管理的理论在不断演变,图书馆管理也如此。例如:传统的图书馆管理观念,把图书馆看成是封闭或半封闭的系统,现代管理观念把图书馆看成是一个完全开放式的系统,不仅对一个单位开放,而且对社会开放,充分开发人类的智力资源,做到资源共享。传统的图书馆管理思想,认为图书馆仅仅是社会的科学文化教育机构,其活动并不具有商品或劳务的性质,因此只能免费地提供服务。而在现代社会中,科学技术越来越具有生产力的性质,知识的商品性也越来越为人们所接受,科技市场、知识市场在涌现,图书文献是信息知识、科学技术的载体、存贮和传递的工具之一,因此,图书馆的活动和产品既包含有价值也包含有使用价值,它与商业、企业一样,在现代社会中面临多方面的竞争。因此,国外图书馆界目前正在采用与推行商业活动中行之有效的"销售"战略,注意发展系统的公共关系。在这种思想指导下,方便读者,充分利用图书馆资源,已成为管理的指导原则,已成为检验和评价图书馆服务质量的标准。

管理思想现代化是图书馆管理现代化的前提和基础,只有从传统的管理思想转变为现代化的管理思想,图书馆管理才会达到现代化的水平,使图书馆工作适应现代社会发展的需要,充分发挥它的职能与作用。管理思想现代化主要体现在:把图书馆工作看成是一个相互联系、相互制约的整体,管理从整体出发;把图书馆系统视为一个完全开放式的系统,充分发挥现有书刊资料的作用,提高图书的流通率;把管理的重点放在人的管理和调动人的积极因素方面;不断改进管理指挥者的决策能力;运用科学的方法分析和解决管理上的问题;注意管理的经济效果;运用现代技术手段解决管理中出现的各种问题;改善服务工作,加强职工道德观念,更好地为社会主义现代化建设服务。

第六节　图书馆管理的功能

图书馆管理的功能,亦称图书馆管理的职能,或称图书馆管理的过程、图书馆管理的程序。主要包括计划、组织、用人、指挥、协调、控制、创新。现分述如下:

(1)计划。制订计划是为了使图书馆人员集中注意力于明确规定的目标,进行经济有效的操作和控制,避免某种倾向和变化。制订计划应当成为图书馆日常工作的主流。如果不经常从事计划的制订,决策就变成了特定的选择,活动就变成了任意的行为,就会经常造成混乱。计划从时间分有长期计划和短期计划。长期计划用作指南,短期计划是图书馆阶段工作的安排。长期计划和短期计划首先都要确立一定的目标和目的,然后行动才有所依据。目的可分为总的任务、全组织的目标(指长期目标,图书馆的远大意图)、特定的目的(各部门的目的和全组织的短期目的)、活动四级。任务高于目标,目标高于目的。选定目标应根据图书馆的力量和上级机构的目的。目标确定后,要进行"目标管理"。制订计划首先要调查收集数据;二是要根据和参考一定的标准;三是对未来进行预测;四是拟定几种可以达到目标的方案;五是决策,从建立目标到选定最优方案的整个过程叫决策;六是编制具体执行计划;七是在执行过程中不断加以检验和修正。

(2)组织。组织是指建立一个适当的管理系统,配置这个机构的工作部门,定出各部门的名称、职位、职责、人员编制、技能的配备与协调。把图书馆现有人力、物力、财力合理组织起来,使图书馆各个部门相互衔接,使业务管理、行政管理、设备管理、党团政治思想管理的工作相互配合。组织是达到目标和完成计划的保证,因此在管理系统中必须层次清楚,分工明确,建立各个岗位的职责,确定各级人员的相互关系,做到职责分明,权责结合。做到既有精确的分工,又有密切的协作,从而使图书馆全体人员都为达到图书馆总目标而工作。

(3)用人。办好图书馆首先要注意建立图书馆的管理队伍和图书馆的专业队伍,这两支队伍都要建立合理的知识结构和智力结构。同时对人员进行选择、任用、考核、提拔,保证人尽其才,把适当人员安排在适当岗位,从事适当工作。要注意人才培养,由于智力开发是当前提高劳动效率的主要源泉,所以现代图书馆无不十分注意人才的发现和培养,这种培养不仅根据目前的需要,也要针对将来长远的需要。要认真执行知识分子政策,注意调动图书馆人员的积极性,搞好经常性的职称评定。

(4)指挥。指挥是指管理人员必须根据图书馆的总任务和目标,连续不断地作出各种决策,并通过各种信息,如命令、指示、决议等使其下层明确干什么,怎样干。管理应根据决策的要求对下级单位和个人进行指导和监督。管理人员必须善于同下级人员建立良好的关系,取得他们的信任,倾听他们的意见,把他们的积极性充分调动起来。在此基础上运用自己的权力,及时地提出工作方针,指导他们工作,监督他们工作的情况。

（5）协调。图书馆各个单位和职工，由于岗位不同，在看法上和行动上往往会产生一些分歧，管理人员必须善于依靠畅通的信息流及时地发现这种分歧，对各个方面的工作进行协调，既要保证各单位和职工的主动性与创造性充分发挥，又要把他们的行动统一纳入图书馆总目标的轨道。从某种意义上说，管理就是指挥，指挥就是协调。

（6）控制。控制指随时了解工作进程及对下属进行考核，并及时地加以调整。为了达到既定的目的，管理人员必须对图书馆的各方面工作规定一定的标准，并对照标准衡量工作。如果执行结果偏离了原定标准，那就要立即分析原因，采取行动，纠正偏差。为了有效地进行控制，必须建立信息反馈的制度，及时了解管理效果，从而调节管理机能，使之达到更好的管理效果。

（7）创新。管理不是一种官僚式的行政工作，而是创造性劳动。创造性主要表现在如何提高他们所管理的系统之放大倍率。

以上 7 项功能中最重要的是决策和用人。决策相当于战争中的战略，如果决策错了，具体工作做得再好，图书馆仍然办不好。如果人员配备不当，任务还是不能完成，人是决定因素，这在现代图书馆管理中也毫不例外。

第十六章　图书馆现代化及其未来

　　本章主要是运用前面已学的知识,从现实出发,对图书馆的前景进行预测。

第一节　图书馆现代化的意义及其标志

一、图书馆现代化的概念

　　什么是图书馆现代化? 目前有两种理解:一种认为图书馆现代化是指技术方法、服务手段运用比较先进的、符合现代科学技术水平的技术设备;另一种认为图书馆现代化是指整个图书馆事业的组织和建设,包括藏书结构、人员结构、管理、技术方法、服务手段、物质设备均能适应现代社会对它提出的要求。前者着重于技术方法、服务手段、物质设备,也就是图书馆技术设备的现代化;后者是整个图书馆的全面现代化。

　　以上两种看法,我们同意后者,因为后者比较全面、完整。虽然图书馆的技术方法、服务手段、物质设备的现代化,是图书馆现代化的中心环节,起主导作用,由于它的变革引起图书馆管理、藏书结构、人员结构的变化,但只有图书馆技术设备的现代化,没有管理方法的现代化、藏书结构的现代化、人员结构的现代化,也不能称之为"图书馆现代化"。

图书馆现代化是指用现代化的科学方法和手段实现图书馆组织的系统化、网络化,藏书结构、技术方法、服务手段的现代化,干部结构的合理化,人员的专业化,管理的科学化。从而加强图书馆建设,全面提高图书馆质量,使图书馆能适应现代化社会发展的需要。

二、图书馆现代化的意义

1. 图书馆现代化是我国现代化建设的需要,也是现代信息社会的需要

在社会主义现代化建设中,发展现代科学技术是很重要的环节,而科学技术的发展又离不开图书资料。图书资料在科学技术发展、劳动生产率的提高中有着不可忽视的作用。在国外,图书情报被看作同原材料、能源有着同等地位的智力资源。

目前,全世界每年出版的图书 80 万种,期刊 40 万种,其他文献资料 400 万件,登记专利 30 万件,总的出版信息量约 4000 亿字符。其中相当一部分具有很高的使用价值。如果我们闭目塞听,不去了解国际上科学发展的水平、动向,就会以可贵的人力、物力重复他人的劳动,走人家走过的弯路。我们应充分掌握、详细搜集国内外的图书情报资料,摸清国内外的科技发展动态,总结他们的经验教训,取长补短,走出一条省时、省力的道路来。日本之所以能在战后的一片废墟上,经过短短的几十年,建设成为一个高度物质文明的国家,是与他们重视发达国家先进技术知识的引进分不开的。

要使图书馆为科学技术的发展服务,提高与加强文献情报资料的传递速度是重要条件之一。即必须采用现代化技术手段,才能迅速而准确地为现代化建设提供最新的科学技术文献资料。因此,图书馆要为现代化建设服务,必须实现自身的现代化。

2.图书馆现代化是科学技术迅速发展和文献资料急剧增长的需要

第二次世界大战后,科学技术以日新月异的速度发展,与此相适应,科技文献数量也急剧增长,而社会各方面对情报的需求也越来越迫切,不仅需要数量大,而且质量要求高。因此,图书馆那一套传统的工作方法已适应不了这种新形势,难于满足读者的需求。这主要是:(1)图书馆藏书收藏量不断增长,处理量多。如美国国会图书馆1976年的收藏量为7000万收藏单位,平均每秒钟要增加1.5个收藏单位。(2)要求对入藏的图书资料迅速加工处理、报导和提供。(3)要求对图书资料加工得仔细,检索工具质量高,这样才能使读者全、准、快地找到所需资料。(4)服务工作量大。随着我国现代化建设的发展,越来越多的干部、知识分子、自学青年涌入图书馆,从事研究和学习,图书馆的工作量不断增加。(5)图书馆空间紧张,经费、人力有限。为了实现图书资源共享,以满足读者的广泛要求,因此图书馆要改革,要实现自身现代化。这是形势所迫,任何因循守旧的做法都会被时代所淘汰。

既然图书馆实现现代化是必要的,那么是不是可能的呢?回答是肯定的。一方面,现代科学技术和工业的发展,为图书馆现代化创造了物质技术基础,如电子计算机技术、通信技术、缩微复制技术、声像技术等为图书馆现代化提供了技术基础。另一方面,现代管理科学的产生、发展,尤其是信息论、控制论、系统论的出现,为现代化图书馆提供了新的管理方法。

综上所述,图书馆实现现代化不仅是必要的,同时也是可能的。

三、图书馆现代化的标志

图书馆现代化的标志,实质上也是图书馆现代化的主要内容。它随着科学技术的发展和人类的需求而不断改变和充实自己的内

容。就当前国内外的发展情况来看,图书馆现代化的标志,可归纳为以下几个方面:

1. 图书馆组织的系统化、网络化

图书馆组织的系统化,就是从纵的方面按领导所属关系或专业性质、服务对象组成一个有序化的系统;图书馆网络化就是组成一个纵横交错的体系,包括图书馆协作网、电子计算机自动化网络。图书馆组织的系统化、网络化是加强图书馆管理,充分利用现有人力、物力、财力,实现图书资源共享的重要条件。

2. 图书馆藏书的现代化

图书馆藏书的现代化包括图书馆藏书内容的现代化和类型的多样化。藏书内容的现代化是指图书馆收藏的图书要保持学科的系统性、完整性,要反映当代最新的科学技术成就,要能从收藏的图书中基本上了解当代科学发展的水平、动向;藏书类型的多样化,就是指记录信息、知识、科学的物质载体要多样化,除了纸质型的印刷品外,还要收藏感光材料型的光学缩微品、磁性材料型的磁录品。

当代,由于图书文献大量增长,造成图书馆藏书迅速增长,准确选购图书困难,经费不足,贮存图书文献的空间紧张,人手紧张,图书加工周期长。为了适应这种状况,改变这种被动局面,图书馆藏书现代化就成了一个关键性的问题。它的目标就是缩小知识载体的体积,提高载体的信息、知识存贮量,减少载体的存贮空间,从而使缩微资料和超缩微资料、光盘、视听资料、机读型资料大量问世。伴随而来的是"无纸社会"、"没有图书的图书馆"、"手提式图书馆"等理论的出现。

对"无纸社会"和"没有图书的图书馆"、"手提式图书馆"这种观点我们虽然不完全同意,但毕竟说明了图书馆藏书的一种发展趋势。现代化的图书馆,藏书的载体既有印刷品,又有其他多种类型。以纸为载体的印刷品在相当长时间内不会消失,但缩微资料、视听资料、机读型资料比重将不断提高。

（1）缩微资料。自从 1839 年英国的丹赛发明缩微复制法，首次制成缩微胶片以来，经过一个多世纪的发展，缩微技术已达到令人吃惊的地步。现在可以将文献原件缩小几万倍。

缩微品具有体积小、重量轻、存贮量大、经久耐用等优点。但缩微品阅读不方便，必须借助于阅读机及其他辅助条件。而且缩微品的保管也不方便，对环境条件要求较高，如温度、湿度的控制，防火、防水、防霉、防化合物污染等。缩微资料种类有缩微胶片、缩微胶卷、缩微卡片等。

（2）视听资料。视听资料是另一新的藏书类型。用印刷出版的形式传递科学技术知识，速度很慢，而且有局限性。而视听资料传递速度快，制作快，出版过程短，可以长期保存。更重要的是视听资料可给人们以直感，有助于对某些事物的形态、性质、现象、过程的理解。

（3）机器可读型资料。指电子计算机可以阅读的资料，其主要形式有磁带、磁盘、磁鼓等。机器可读型资料是随着计算机技术发展而产生的。它主要是通过编码和程序设计，把文献变成数字语言与机器语言，输入到计算机中去，并存贮在磁带或磁盘上，阅读时，再由计算机转换输出。

机读型资料是由手工输入计算机的，速度较慢，一般不可能将整篇整篇的文献输进去，而只是把文献目录输进去，制成机器可读目录（简称 MARC）。美国国会图书馆的 LCMARC 磁带是世界上很有影响的机器可读目录。人们一般说起 MARC 以为都是指美国国会图书馆的 MARC，其实不然。自从美国国会图书馆首次研制出 MARC 以来，日、法、英等国相继有了自己的 MARC。我国也将会有自己的中文 MARC。

3. 图书馆技术方法、服务手段、物质设备的现代化

这是图书馆现代化的中心环节，主要包括四个方面的内容：

（1）电子计算机在图书馆的应用，使图书馆工作自动化。世界上第一台计算机1946年诞生于美国。开始只用于军事上的弹道计算，以后才逐渐渗入各行各业。据统计，计算机目前已有3000多种用途。电子计算机在图书馆领域也找到了广泛的用武之地。计算机第一次用于图书馆是1954年。发展到今天，图书馆的图书编目、情报检索、流通管理、期刊管理、行政管理、图书采购、图书馆统计等，都可以借助于计算机来进行，甚至图书分类、藏书剔旧也可部分通过计算机来完成。

利用计算机，从事图书馆工作，有以下几个优点：

第一，利用计算机可以使书刊资料加工、报导和提供过程所需的时间大大缩短，使信息的"输入——处理——输出"三个环节紧密地衔接起来。

第二，用计算机检索文献，可节省读者大量查阅文献资料的时间。

第三，设立计算机联机终端，以及提供快速复印服务等，为读者获取情报创造了很方便的条件。

第四，计算机提供图书资料的形式多样化，如屏幕显示，打印书本式目录、卡片，提供磁带等。

第五，计算机联网检索的开展，扩大了读者可利用的情报来源。

当然，利用计算机，大大减轻了图书馆工作人员的劳动，也是优点之一。

（2）光学技术在图书馆的应用，使图书资料存贮缩微化。缩微技术就是把普通书刊或不同规格的文件、图纸等，用照像设备或其他摄影方法按照一定的比例缩小，摄录在胶卷或胶片上的一种方法——即缩微化。使用缩微技术所得到的胶卷（片）、缩微印刷品，通称为缩微资料（复制品）。这种缩微胶卷（片）不仅用于存贮文献，还可以用于文献的放大、阅读、复制。

（3）声像技术在图书馆的应用，使图书资料实现视听化。传统的记录知识、传播情报的主要方式是书本式的印刷品。最近几十年来，随着声像技术的发展，出现了另一种形式的文献资料，它完全脱离了白纸黑字的印刷形式，而是利用录音带、录像带、电影、电视、幻灯片、唱片等直接记录声音和图像，来表达和传播知识。用这些方法形成的文献资料称之为视听资料。

（4）现代通信技术在图书馆的应用，使图书馆组织网络化。现代通信技术主要用在图书馆网络之间的通信连接。它包括电话、电缆、传真、微波通信、光导纤维通信、人造通信卫星和公用数据传输网络技术等。其中人造通信卫星是发送和接收信息的最新和最有希望的通信工具，不仅频道宽，信道多，而且费用低。

4. 图书馆管理现代化

图书馆管理现代化就是用现代化方法、手段去管理图书馆。这些现代化方法、手段包括：电子计算机技术、现代通信技术以及人体工程、系统工程、预测论、控制论、运筹学、信息科学、数学、人才学等。

5. 图书馆干部的专业化和知识结构合理化

由于设备的现代化和组织机构的网络化，加以文献资料本身的形式和内容的不断发展，图书资料管理方法不断的改革，因此，对图书馆工作人员的要求无论在业务知识、科学技术知识以及管理操作能力等方面都大大提高了。原来传统的业务知识及工作能力逐渐不敷应用，必须培养一大批结构合理、掌握图书馆新技术的人才。这样的人才，不仅要具有图书馆专业知识，还要熟悉新技术的操作和管理。同时，还要培养图书馆现代化技术的高级研究人员，重点研究试验如何将计算机应用于图书馆工作，研究图书馆技术的未来发展动向，还能对一个自动化系统做出系统评价。

第二节　图书馆现代化的发展

图书馆现代化,不能单纯理解为计算机技术在图书馆的应用,当然电子计算机技术的应用是中心,但藏书载体、组织网络化、管理现代化、干部专业化也是图书馆现代化的重要内容,没有它们之间的相互补充,也不能形成图书馆现代化的体系。

一、图书馆现代化发展的阶段

图书馆现代化的发展经历了孕育、发展、成熟三个阶段,它是一个由简单到复杂,由局部到整体,由半机械化到自动化的过程。

图书馆现代化的孕育阶段是一个漫长的过程,在上个世纪的近代图书馆就已开始,1839年产生了缩微技术,1870年普法战争期间法国将80万件文件资料制成了缩微胶卷,后来美国把缩微技术应用于图书资料。本世纪40年代以前,有些图书馆的部分工作实现了半机械化或机械化。但这个过程是漫长的、局部的、逐渐进行的。

图书馆现代化真正有突破性的发展,是本世纪40年代以后,也就是1946年在美国出现第一台电子计算机以后。1954年电子计算机技术应用于图书馆,使图书馆现代化的发展跨入一个新的阶段。

随着现代通信技术应用于图书馆,并同计算机技术相结合,使图书馆进入网络化的时代,也就是图书馆现代化进入了一个更成熟的阶段。当然,时代是发展的,新的科学技术是不断涌现的,因此,图书馆现代化的程度与水平是不断提高的。

二、电子计算机在图书馆应用的历史

计算机最初用于图书馆是进行文献检索的,从检索的历史就可看出计算机在图书馆应用的发展史。

从 50 年代图书馆开始计算机应用研究到现在,已经历了脱机批式处理——联机处理——网络化处理三个阶段。

1. 1954—1964 年:脱机批式检索阶段

这一时期是以美国海军兵器中心首次进行情报检索开始的。所谓"批式检索",就是将用户的提问和要求,按批量集中地由专职情报检索人员进行集中检索,然后将检索结果分发给用户。成批检索的缺点是用户不能直接和计算机对话,修改提问困难,机器利用率低,用户等待时间较长。

2. 1965—1972 年:联机检索阶段

这一阶段是随着计算机处理功能的提高和磁鼓、磁盘机的产生而出现的。所谓"联机检索"就是用户可以利用由电讯线路与计算机连接的终端设备,直接与计算机对话,进行"问答式"检索。检索结果可立刻由终端输出。它的优点是检索提问修改容易,查准率高。最早进行联机检索的是美国麻省理工学院的技术情报加工系统。

3. 1973 年到现在:联网检索阶段

由于通信技术的发展,在 70 年代中期实现了计算机与电讯技术相结合,开始了"情报—计算机—电讯"三位一体的新阶段。这个阶段的特点是把许多的计算机检索系统用电讯线路联结起来,形成庞大的计算机检索网络,各大型图书情报单位的计算机变成网络中的一个结点,每个结点又可联结多个终端设备,形成一个纵横交叉、互相利用的情报检索网络。用户可以在任何地方利用终端检索网络中任何一个系统的数据库。

计算机网络的优点是各系统能进行资源共享(这里的资源包

括硬件、软件、情报信息等），情报传递速度快，提高了计算机的使用效率。

三、电子计算机在图书馆应用的条件

图书馆要使用计算机，一般应具备下述条件：硬件、软件、人员和可供利用的图书资料。

（1）硬件。硬件是电子计算机本身及其外围设备，由输入输出装置、运算装置、存贮装置、操作台等组成。在联机系统中，还有通讯控制设备、调制设备、终端输入输出设备等。

（2）软件。软件（software）是相对于硬件（hardware）而言的。软件是计算机完成任务所编的程序、文件以及所处理的信息的总称。如程序、数据、操作系统等都可称为软件。

（3）人员。一般来说，一个以计算机为主体的图书馆自动化系统需要以下几种人员：（1）图书文献研究人员；（2）自动化系统分析和设计人员；（3）程序设计人员；（4）机器操作和维护人员。

（4）可供利用的图书资料，即计算机处理的对象。

（5）环境，即建筑设施与空调等。

四、电子计算机在图书馆各项工作中的应用

计算机因其巨大的存贮能力和快速处理能力，在图书馆中得到了广泛的应用。

1. 计算机在图书编目中的应用

编目是图书馆一项工作量很大的劳动。图书馆使用计算机也多半从编目开始。如刘国钧教授所说：用电子计算机进行编制图书目录特别是图书馆藏书目录……是图书馆工作的核心部分，是馆内其他各项工作自动化的先决条件。图书馆计算机编目工作是图书采购、借阅、检索等一系列自动化工作的基础。

机器编目的最大特点是一次输入，多样输出。将图书特征信

息输进机器后,可以根据需要很方便地输出各种目录。而对传统编目来说,增加一种目录体系,等于增加一倍的工作量。手工排卡是很慢的,而机器可将上千个记录在几分钟内排好。打印机每分钟可打印很多张卡片,这也是手工速度所不及的。

利用计算机编制图书目录的创始者是美国国会图书馆(LC)。它于1963年开始准备,1966年产生了MARC I式,1969年通过了MARCII式,并向全国发行。

2. 计算机在情报检索中的应用

情报检索计算机化与编目工作计算机化有点相似,都是先将图书文献的目录数据按特定格式制成MARC,需要时利用计算机进行高速检索。不同之处在于:机器编目以一种图书资料作为一个单位进行标引和记录,注重于图书馆管理自动化的需要;情报检索用的文献库以一篇文章、一件专利等作为一个单位进行标引和记录,注重情报检索效率的提高。

利用计算机进行情报检索,主要是在下列几个方面:

(1)用电子计算机编制检索刊物。文摘、索引编制工作的计算机化,是计算机应用于情报检索的一个重要方面。用计算机编制的文摘,格式规则,索引齐全(如作者索引、书名索引、关键词索引、化合物分子式索引……),形式多样(可以是印刷形式,也可以是磁带、缩微胶卷形式)。国外大多数文摘索引的编制工作已借助于计算机来进行,如美国的化学文摘CA、生物学文摘BA等。

(2)文献检索。计算机文献检索有两种方式:一是定题情报检索(SDI),即将用户的情报需求集中起来,建立用户提问档,图书馆定期从新到的文献中检索出与各用户需求相匹配的情报,及时提供给用户。SDI服务的特点是检索的文献新颖、针对性强。二是回溯检索(RS),这是按照特定的要求,从一定时期的文献检索磁带或所积累的全部文献磁带中检索用户需求的文献。

(3)数据检索。数据检索是应用计算机后出现的新的检索类型。所获得的是直接情报,即所需的数值数据以及化合物分子式、产品名称等。

（4）正在进行的科研项目检索。这是国外 70 年代产生的新型情报检索服务形式,主要用来检索国内外科研单位正在进行的科研项目的有关情况,如项目名称、研究单位、投资、进展情况等。

3. 计算机在图书流通管理中的应用

流通管理系统有联机处理和成批处理两种方式。成批处理方式要等到每日闭馆后才将当日数据存入数据收集器,一次输入计算机处理,其查询和监控功能不如联机方式。

一般的计算机流通管理系统都具有借书、还书、续借、预约、查询、催书、统计等功能。

4. 计算机在图书采访工作中的应用

在图书的采访业务中,除图书的选择必须由人来作出决策外,其余的工作都可以实现计算机化。

计算机采访管理系统中的数据库由订单文档、书店文档、经费文档、发票文档四个部分组成,与传统的采访系统相似。一般来说,采访管理系统计算机化是以图书编目计算机化为前提的。

计算机从事采访管理可以打印订单、催书单,编制书名、分类、著者、主题词等订购目录,登记新书,编制新书通报,管理帐目,统计分析等。

5. 计算机在期刊管理中的应用

计算机不仅用于处理图书,也用于期刊的订购、记到、登录、编目、装订、流通等业务工作。在期刊的订购方面,可利用计算机掌握续订和打印续订通知单。有的馆还由计算机每日打印出应订目录,同时进行订购方面的帐目管理和财会核算。计算机对期刊进行较详细的著录后,可编制馆藏目录、联合目录等。

第三节 以电子计算机为中心的图书馆现代化的现状及发展趋势

图书馆的现代化是以电子计算机为中心、为主导的。因此,图书馆现代化的程度都是以电子计算机的技术水平以及在图书馆应用的广度与深度来衡量的。

一、我国图书馆现代化的现状与发展趋势

我国的图书馆现代化是从 1974 年 8 月周恩来总理批准"748 工程"开始的。这是一整套的汉字信息处理工程,其中包括用于汉字情报检索的计算机应用软件、主题词表及机器翻译等。然而,真正把实现图书馆现代化作为一个努力的目标受到重视,则是 1978 年全国科学大会以后。从这以后,我国图书馆的现代化不仅得到了党和政府的重视,而且得到了图书馆界的广泛响应。几年来,我国图书馆的现代化主要是从四个方面进行的。

1. 电子计算机的应用

目前,我国有相当一部分大、中型图书馆安装了电子计算机,其中多数是微型机(我国图书馆情报单位的统一机型是 IBMPC/XT),当然也有部分中、小型机。这些图书馆有中央一级和省一级图书馆单位,也有一些大专院校图书馆、科研单位图书馆。有的已投入使用,有的尚处在试验阶段。就其投入使用的系统来看,多数用于图书编目、情报检索、流通管理、期刊管理、文摘索引编制等。

(1)计算机在情报检索中的应用。我国最早从事计算机情报检索的单位是中国科学院计算技术研究所和第一机械工业部技术情报所。继这两个单位之后,到目前为止,有 30 多个图书情报单位研制成功计算机情报检索系统。如中国科学院图书馆机检系

统、南京大学图书馆《生物学文摘》机检系统、邮电部情报所 YDJS 机检系统、北京文献服务处 UNIDAS1100 文献检索系统……此外与国外联机的有中国科学技术情报所 ESA 终端国际检索系统、香港终端国际联机检索系统。

（2）计算机在图书编目中的应用。如果说计算机情报检索系统已投入使用的话，则计算机图书编目尚处在试验和准备阶段。一般来说，情报检索是以编目工作为基础的，但我国目前投入使用的情报检索系统大多数是购买国外的磁带，真正自建数据库的较少，有的只是建个模拟数据库进行试验。也有一些单位，如广州几个图书馆搞联合新书通报，可以说是编目方面的应用，但范围还不广。

我国是从 70 年代开始研究计算机编目的，至今已有 10 多年历史，取得了不少经验。软件技术基本过关，编制西文目录是不成问题的，关键问题是数据准备。建数据库是很花气力的。现在各单位都是分散进行，力量又不足，使得大家处于进不能进、退不能退的地步。应该把有关单位组织起来，联合建库，集中编目，实行分工协作。

（3）计算机在编制文摘索引中的应用。利用计算机编制文摘索引是最近几年才进行研究的，已取得一定的进展。

中国科学技术情报研究所和国家医药管理局医药技术情报所联合研制成功"中文药学文献数据库和文摘刊物自动编排及检索系统"，并于 1984 年 6 月 6 日在北京通过鉴定。

该系统是以中药文献为主的汉字信息处理系统。包括文献收集、标引、文摘编写等数据前处理和数据输入、文献建库、自动编排文摘索引刊物、中文检索等计算机处理两个部分。到鉴定会为止，已将 1981 年以来国内发行的 114 种药学期刊上发表的 6000 余篇文献资料加工成二次文献并输入 TK－70 计算机，生成符合国际 GB－290182（文献目录信息交换用磁带格式）的文献磁带，建立了初具规模的药学文献数据库。

(4)计算机在流通管理中的应用。计算机在流通管理中的应用也正处于试验、准备阶段。有不少单位在进行研究,其可行性已得到证明。有的计算机流通管理系统理论上具有推广价值,但由于各种原因,还不能投入使用。下面简要介绍一下武汉大学图书情报学院的 WD－TLX 微型机图书流通系统。

该系统于 1982 年开始着手进行研制,于 1983 年在微型机 MC－68000 上调试成功,同年 10 月份通过鉴定。

WD－TLX 是联机批处理系统,可以进行汉字打印输出。它由四个子系统组成:出纳流通子系统、查询统计子系统、更新删除子系统、闭馆子系统。整个系统具有预借、续借、办理借书手续、还书等功能。同时还具有统计功能,统计当天借书数、还书数、拒绝率、借书人数、还书人数、续借人数。

2.缩微复印技术的应用

近年来,国产复制设备的种类和型号日渐增多,质量也大有提高。有很多图书情报单位添置了复印设备,开展了复印服务。

国产复制设备主要有下列种类:(1)低倍数缩微复制照相机;(2)硒静电复印机;(3)氧化锌静电复印机;(4)静电制版胶印版;(5)其他,如充电眷影机。一般以使用前两种较多。

1979 年,我国研制成功世界上比较先进的全息大容量资料存贮器,实际上是一个文献"缩微—拷贝—阅读—复印"的完整系统,这个系统可以把一页页资料用激光照相法记录在特制的平板上。一页 16 开的资料,在平板上只占芝麻粒大的一点地方。我国激光全息超缩微存贮系统成套设备,1984 年已在天津问世,它可以把《人民日报》的一个整版经过缩微,记录在一个芝麻粒大的光斑圆点里,上百万册图书经过缩微,可以装入一个提包。

3.现代化图书情报人员的培养

现代化图书情报人员包括情报研究人员,系统分析与系统统计人员,程序设计人员,机器操作人员,机器维修人员等。这类人员的培养主要靠学校教育和在职培训。1979年,为适应形势需要,中国科学院图书馆与北京大学图书馆学系联合举办了"计算机情报检索培训班"。一些高等学校的图书馆学系科为培养这方面人才也作了相应的改革,如北京大学图书馆学系、武汉大学图书馆学系、东北师范大学图书馆学系、华东师范大学图书馆学系等。武汉大学图书馆学系于1978年新设置了科技情报专业,开设有图书情报理论、计算机软件、图书馆自动化网络等方面的课程,力求使培养的学生适应现代化图书馆情报工作的要求。

4. 图书馆现代化网络的发展

我国的图书馆现代化网络的发展只是刚刚起步,规模不大,也不普及。

现在已经建成了以北京文献服务处为情报检索中心的计算机联机情报检索网络。1983年初,从北京连到上海的我国目前距离最远的情报检索用远程终端开始试验性的服务。这也可以说是图书馆现代化网络的开始。

总的来说,几年来我国图书馆在现代化方面做了不少努力,取得了一定的进展。尽管还存在着这样或那样的问题,但我们毕竟是迈出了一步。

通过对我国图书馆现代化的现状的分析,图书馆现代化的发展趋势主要是:

(1)微型机广泛普及应用。目前我国经济仍不很发达,一般图书馆都不可能装备大、中型的常规计算机,微型机必然是图书馆现代化发展的趋向。

(2)视听资料、缩微资料、机读资料将成为图书馆藏书的重要组成部分。美国一些图书馆学专家认为未来的社会将是没有纸的社会,未来的图书馆将是没有图书的图书馆,没有图书馆馆员的图书馆,这种看法未必正确。但它说明了传统的印刷品资料相对于非印刷品资料,比例会逐渐降低。图书馆将大量收藏视听资料、缩微资料、机读资料。我国很多图书馆情报单位就收藏有大量的缩微胶卷(片)、磁带。

(3)书目数据加工集中化。书目数据要靠手工输入计算机,费时,费工,单个图书馆很难胜任。但这项工作又是其他各项工作的基础,没有充足的书目记录,其他自动化工作就难于开展。最好的办法是集中加工数据,即数据加工产业化,这样可以减少人力、物力的浪费。如最近清华大学成立了清华数据加工公司,不仅承担国内的数据加工,还为国外加工数据。

(4)中文 MARC 的出现。我国图书馆现代化,必须有自己的机读目录。台湾在这方面已经走了一步。1980 年台湾省图书馆协会和台湾省图书馆合作,参照 UNIMARC,研制出了中文 MARC,虽不十分理想,但毕竟是一个大胆的尝试。

(5)图书馆组织网络化。我国图书馆现代化网络还不很普及,一则是组织管理问题,二则是通信技术问题。但将来一定会发展的,这是任何一个国家图书馆现代化必须要走的一步。

二、国外图书馆现代化的现状及发展趋势

国外以电子计算机为中心的图书馆现代化起步较早,速度较快。

日本是 1973 年开始把电子计算机引进图书馆的,到 1980 年已有 42 个公共图书馆使用计算机,其中 39 个实现了出借业务自动化、编目和检索自动化。前苏联也是 70 年代才开展图书馆自动化工作的,但进展一般。美国是以电子计算机为中心的图书馆现代化历史最早的和规模最大的国家。

(1)情报检索。美国的计算机检索从 1954 年就开始了,经过批处理阶段、联机(单级多终端)阶段,已经进入全国网络化阶段。目前美国有 5 个大的商业化情报检索系统,即洛克希德公司的 DI-

ALOG 系统,系统开发公司的 ORBIT 系统,书目检索服务公司的 BRS 系统,医学图书馆的 MEDLINE 系统和纽约时报社的 NYTIB 系统。它们几乎囊括了所有商业化的情报检索服务,拥有绝大多数市售的和系统自建的数据库。

(2)计算机编目。美国的计算机编目已从基层系统阶段(即各单位分散搞),进入到网络化的集中编目阶段。全美国形成了三大集中编目中心和网络,各单位设终端,共享 MARC 磁带的编目数据,同时也互相享用对方的编目记录。

(3)图书流通管理。在美国,图书流通工作的计算机应用正处在由多种模式转化为统一模式的后期。其中有计算机和手工结合的方式,批处理方式,联机方式。书卡与借书证的识别方式有穿孔卡、磁卡、条形码和人工键入等。

(4)计算机网络。美国的计算机图书编目、连续出版物管理和图书采购等有三个大的网络,即 OCLC (Ohio College Library Center,俄亥俄学院图书馆中心),RLIN (Research Libraries In-formation Network,研究图书馆情报网络),WLN (Washington Library Network,华盛顿图书馆网络)。这三个大系统在 1967 年到 1975 年相继建立。最大的 OCLC 网络,至 1981 年已有 710 万书目记录,2392 个成员图书馆。这三大网络不同程度地进行联机集中编目,协作采购,馆际互借,连续出版物登记编目,流通管理,联机查目,提供管理信息,参考服务与编制多种联合目录等项工作。

美国以计算机为中心的图书馆情报现代化发展趋势是:

(1)图书情报自动化系统正在由单一功能向多功能的综合性系统发展。图书馆自动化各子系统以及情报检索系统正从各自自成体系,向综合性系统发展。系统从单一功能向多功能发展。

(2)网络服务向纵深发展。计算机网络系统和服务中心将把重点放在用电子的形式实现文献的存贮以及正文和数据的提供方面。

（3）数据库在向多种类型发展。在美国,除文献型数据库外,还有许多其他类型的数据库,而且种类与数量越来越多,增长很快,应用也日趋广泛。

（4）汉字处理系统的应用。美国的一些东亚图书馆和中国研究中心均拥有大量汉文藏书,1980年全美有800万册。已出现了不少汉字编码方案,汉字处理系统的应用是理所当然的了。

（5）人工智能——专家系统的应用。计算机仅能处理过去已有的资料,专家系统则能从处理过去已有资料中推论出新的资料。专家系统是由知识库和推论机制两部分组成。知识库相当于情报存贮和检索系统中事实数据库,推论机制部分则需由学科专家与知识工程师合作,把学科专家的专业知识组织成一套规则,并存贮计算机中。当用户向专家系统询问时,简单的提问可从知识库中进行检索得到回答,当用户的提问未曾以明确的事实存贮在知识库中时,则可从知识库中已明确的事实中借助推论机制的一套规则,推论出合乎提问要求的新的事实资料。专家系统在图书馆的应用:第一,替专门人员进行检索;第二,用于编目工作;第三,用于分类工作。

（6）新的技术方法与设备正把图书馆推向一个更新的阶段。这些新的技术包括高密度存贮的光盘技术,电子文献存贮与检索,全文存贮与检索,知识库,先进终端系统。

第四节　我国图书馆现代化的条件与步骤

一、我国图书馆现代化的条件

图书馆现代化,就其主要方面来说,是一场技术革命,要使图书馆的工作过程机械化、自动化,不是凭主观愿望能做到的,必须具备下列条件：

（1）思想认识。即对实现图书馆现代化必要性的认识。不仅领导，而且整个图书馆的工作人员都必须具有这种认识。只有对实现图书馆现代化的必要性有了足够的认识，才能激发大家的积极性，自觉地为实现图书馆现代化而努力。

（2）经济能力。即国家能拨出多少经费来给图书馆购买各种现代化设备。就目前来说，国家能拨出的经费是很有限的，有限的经费只能用于少数重点图书馆的建设，而绝大多数图书馆暂时还不可能得到。

在建立现代化图书馆过程中，需要两方面的费用：一是购置设备（如计算机终端、打字机、复印机、阅读机等）费用，二是研制费用。研制费用也是不可忽视的一个方面，研制一个功能较强的自动化软件系统需要相当长的时间，花费大量人力、物力。

（3）工业生产水平。即国内工厂能够生产大量的优质设备以及用品来供应图书馆。就目前来说，条件虽不能和国外比，但较前几年已大为改观，不仅数量增多，质量也大有提高。近几年来我国有许多工厂开始大批量生产微型机，如国产的 DJS050 系列和 DJS060 系列的质量都不错。国产的与微型机配套的各种系统部件质量也较好，例如：新型的斜式打印机、针式汉字打印机、CRT 显示器和汉字终端等。我国微型机技术水平已相当于美国五年前的水平。

尽管如此，我国有些图书情报单位仍停留在老观点上，以为国产机不能用，花大笔外汇买国外产的设备。事实上，国外卖出的计算机都是几年前的产品，并不比国产机先进多少，而且这样做，也无助于我国计算机工业的发展。

（4）人才培养。即要有一大批能掌握图书情报现代技术的人才。没有这样一批人才，有了现代化设备也是不能很好发挥作用的。这里所讲的人才，不仅要懂计算机技术，还要熟悉图书馆一些业务工作。在这方面,最近几年作了不少努力,一些大学已开设了相应的专业。但是要看到,由于我们起步晚,原有基础差,培养的人才还十分有限。

(5)组织管理。包括领导和指导机构,图书馆网络组织以及图书馆技术标准化的设施等。目前虽已注意到了这些问题,开始解决这些问题了,但这需要一个过程。

(6)业务基础。如适用于电子计算机系统的情报检索语言的编制,自编文摘、索引以及联合目录的积累,藏书和目录的整顿,这是建立机读目录数据库和文献检索数据库的业务基础工作。

根据上述条件,分析我国图书馆的现状,应该说我国图书馆现代化已具备一定条件,并打下了初步基础。这表现为:(1)实现图书馆现代化这一目标已为我国图书馆界所接受,并已成为广大图书馆工作人员的愿望与奋斗目标;(2)有关图书馆现代化的物质设备,我国已具有一定的生产能力,如微型计算机、汉字信息处理系统、缩微复印技术、声像技术等;(3)我国已培养了一批技术人才,有了一定的技术能力,设立了一定数量的专门教育机构;(4)通过多年的准备,在管理方面已创立了一定的条件,如各类标准,汉语主题词表,统一分类法等;(5)部分系统和地区、有关重点单位在图书馆现代化方面已先走一步,在技术设备、人员方面已形成一定力量,积累了一定经验,他们将成为我国图书馆现代化的骨干、中心、枢纽。当然,这些条件还是很不充分的,有些条件有待于国家经济的发展,有些需要图书馆本身努力去创造。关键在于要从我国具体情况出发,走中国式的图书馆现代化道路。

二、我国图书馆现代化的步骤

1.总结现有经验

总结经验包括两个方面的意思:一是总结我国十多年来图书馆现代化研究、试验、应用的经验与教训;二是总结国外图书馆现代化的经验与教训。

2.在现有基础上加强领导,统一规划,开展协作

图书馆的现代化,特别是计算机的应用,主要目的是提高图书馆工作效率和服务质量,达到资源共享。其成果应成为大家所能利用的社会财富,这样才能取得较好的经济和社会效益。因此,必须打破旧观念和传统的管理方式。我国目前互不通气、各搞一套的情况还是存在,这样,可能使本来有限的人力和物力重复浪费。因此,有必要建立一个全国性的组织来加强领导,制定方针、政策和规划。还应建立系统性、区域性的协作组织,以加强交流和协作,共同开展现代化工作。

3.加速工作标准的制定

标准化工作是图书馆现代化的重要基础工作,可以说没有图书馆工作、图书馆技术的标准化,就没有图书馆的自动化和网络化。没有标准或有了标准不严格执行,就会发生混乱。美国的OCLC就曾发生过此种情况。

这里所讲的工作标准包括图书馆专业术语标准,图书资料的著录法、分类法的标准,此外还有机读目录、数据库标准,图书馆设备和用品标准,缩微复制品标准,视听资料标准。

4.扩大新技术人员的培养规模

图书馆应用计算机,必须做到领导、图书馆工作人员、计算机专业人员相结合。应特别加强图书馆工作人员与计算机专业人员对彼此业务的相互了解与交流。人员培训的办法可以是组织图书馆在职人员学习现代技术知识,或争取懂得计算机的专业人员来图书馆工作。从长远考虑,应该更多地在大学设制相应专业,培养图书馆现代化技术人才。

5.加强可行性研究和系统分析

所谓可行性研究就是对使用电子计算机的必要性进行认真的研究。即对本馆的性质、任务、现状做具体分析,对使用计算机解

决什么问题进行充分论证。在证实会得到实际效益时才做出决策。不可一哄而起,轻率决定。

在决定采用计算机后,要在可行性研究的基础上做系统分析。首先要制定出系统目标,然后进行自动化系统的工序分析、工作量分析、费用分析、时间分析。最后,通过这些分析,写出系统说明书。进行这项工作时,既要考虑当前的需要,又要考虑将来的发展趋向;既要满足内部的要求,又要顾及外部的兼容性。

6. 认真做好业务准备工作

一个计算机系统不能没有数据。计算机本身不能产生数据,需要由人来提供。现在有些搞计算机应用的单位,不重视这项工作,生成的系统只能靠少量模拟数据做些表演,并无多大用处,另一些单位则是靠买国外磁带维持。国外数据我们需要,但也得有自己的数据。一个自动化系统,关键不在软件、硬件,而在于数据。所有这些工作做完了,才可进行系统设计,进入系统运行阶段。

7. 连接各自动化系统,形成现代化图书馆网络

当建立了一部分自动化系统后,就可根据它们不同类型、特点,用通信线路连接起来,形成区域性或系统性的现代化图书馆网络。网络是图书馆现代化发展的高级阶段。现代化图书馆网络,不单纯是电子计算机网络化,还包括机构网络化及工作内容和服务方式网络化。

三、在我国图书馆自动化过程中应大力推广和应用微型计算机

前面已讲得很清楚,要使图书馆工作现代化,就必须广泛地应用计算机,它是图书馆现代化的中心。但是常规的电子计算机价格昂贵,技术复杂,不能适用于我国一般的图书情报部门,因而使得现代化工作难于开展。微型机具有体积小、重量轻、性能好、价格低廉等优点。这就为它在图书情报部门中的应用开辟了广阔的前景。

1. 微型机内存容量较小,适用于图书情报部门

微型机的内存容量是比较小的,一般在 4KB—256KB 之间。对一个藏书超过 100 万册、种类超过 30 万、读者达 3 万人以上的图书馆来说,计算机必须有 512KB 以上的内存容量,磁盘容量至少要达到 500MB,并配有若干台磁带机。但这样的大型图书馆在我国是不多的。我国绝大多数都是一些藏书量不大、读者不太多的中、小型图书馆。所以,容量虽小,但功能较全的微型机,在这类中等图书馆是大有用武之地的。它可以做文字处理、出版刊物、编制目录和索引、图书馆业务管理(主要指流通与采购管理)、情报检索、造表、计算工作、电子函件(电子邮)以及其他一些自动控制工作。

2. 微型机系统价格低廉,易于购置和普及

我国图书馆自动化工作难于开展的原因之一是经费困难,一般单位无力购置常规计算机这样昂贵的设备。而微型机价格低廉,鉴于微电子技术突飞猛进的发展,专家们估计每四年计算机集成电路部件的价格大约降低 90%,所以微型机系统的价格会越来越低。

3. 微型机系统结构简单,运行可靠,操作方便,管理容易,功耗低,机时费便宜

我国大多数图书馆技术条件差,自动化专业人员缺乏,馆舍紧张,设备简陋,要应用计算机搞自动化的确是困难重重。常规计算机需要十分严格的工作环境和维护管理条件才能保证其正常运行。一般需要有恒温、恒湿、防尘、防震的专用机房,要设置地下通风道,同时还要配备相当数量的管理维护人员。当然,软件设计人员、程序操作员更是不可少。而微型机要求条件就比较低,一般的图书馆,不用怎么改造,即可安装一台微型机。

4. 微型机与手工操作相结合,可以充分利用现有的人力资源,使机器发挥最大效益

我国劳动力资源丰富,鉴于这种情况,我们考虑问题应主要从提高图书情报工作的服务质量,扩大服务范围、增加服务项目的角度出发,既要采取现代化手段,又要充分利用现有的人力资源。如果我们推广应用微型机,把它与手工操作结合起来,根据其系统小的特点,搞一些小型的、局部的、自动化程度不是太高的应用系统,就可以扬其价格低廉、易于管理之长,避其容量小、功能差之短,既能充分利用现有人力,又可发挥计算机的最大效益。

第五节　信息社会的图书馆

由于新技术革命的影响,现代图书馆将在许多方面发生变化。

一、现代图书馆的发展趋向

1.图书馆高度信息化

图书馆是一个重要的信息系统,通过电子计算机、通信技术、自动控制技术等,将形成一个强大的、灵敏的、高效率的以传递知识和情报信息为主的图书情报网络,把世界上各种图书资料和情报信息收集、加工、处理以后,迅速、准确地供广大读者使用。

2.图书馆的网络化、整体化程度将进一步提高

以传递知识和情报信息为主的图书情报网络将更加相互交叉和整体化,通过现代通信技术、人造卫星将把世界范围内的各种网络连接起来,逐步形成整体。这样尽管有政治、法律的限制,但人类知识和现代科技情报信息共享的范围与深度却有可能得到极大的提高。一般地说,任何图书馆向自动化方向发展,都要经过两个阶段:一是电子计算机应用;二是自动化方面的合作。其最佳理想当然是建立社会性的电子计算机情报网络。

3.图书馆的规模将趋向于小型化

由于图书馆藏书类型的变化，以纸为载体的印刷品所占的比例将逐步减少；非印刷品载体增多，存贮的密度越来越大。目前图书馆收藏的浩如烟海的书籍，将要被不断地输入电子计算机，走向电子化。因此，图书馆的书库的建筑面积将缩小。由于读者能在家中利用计算机终端查找图书馆的书目和利用文献资料，因此图书馆的读者阅览室将大量减少，甚至消失。由于图书馆工作人员可以分散在家里办公，工作用房也将减少。这样，规模庞大的图书馆将减少或不再出现，小型化将成为信息社会图书馆的发展趋势和基本类型。

4. 读者利用图书馆和图书馆工作人员的工作形式将分散化

由于电子计算机技术和光纤通信、激光等技术在图书馆的应用，读者可以在家里利用图书馆。现在西方国家的许多大学生，把自己的终端与大学图书馆的电子计算机联系在一起，就可以在居住的地方利用图书馆的图书资料。图书馆的工作人员有的不必去办公室办公，可在家里回答读者的咨询或从事图书馆的业务工作。美国加利福尼亚州立大学图书馆，由于大量的工作是电子计算机化的，因此编目部主任住在家里，可以通过电子计算机检查他的下属的工作，其他一般的工作人员可以在家里进行编目或回答读者咨询。

5. 图书馆藏书类型的多样化

印刷术发明以后，大部分出版物是靠纸张作为它的载体。现在这种情况已发生变化：一是向电子化发展，即许多科学文献资料可以输入电子计算机情报中心。有的计算机情报系统的情报存贮容量相当于16000人的记忆，而16000人已经够得上一所规模较大的大学了。同时计算机又可反映语言，还可把所需资料印出或变成其他形式。二是向类型多样、体积小、贮存量大、有声有像的知识载体发展。不过要看到，虽然信息载体的发展趋势是纸张载体的比例将会逐步减小，但是在相当长的时间里，纸质印刷品不会消失,不会使未来的图书馆绝对无纸化。因为纸这种载体利用最方便,不受电源和设备的限制。为此,原有的书籍还有必要给予妥善保存,以便利用。其发展趋势是以纸张为载体的书籍比例会减少,但在相当长的时间内不会出现无纸载体的图书社会。

6.图书馆利用的高效化

由于图书馆电子化、网络化,读者在家中通过自己的终端可以利用图书馆,情报网络基本上可以不分昼夜地提供服务,因而用户将基本上不再受开馆时间的限制而可以随时利用图书馆,整个图书资料将得到充分而高效率的利用,限制借阅册次和时间、拒绝率等问题都逐渐消失。

7.图书馆工作人员的专业教育将终身化

由于科学技术的不断发展,知识的不断老化,图书馆工作人员必须不断更新知识。学习将是无止境的,掌握新的知识将成为每个人终身追求的目标。

二、图书馆内部结构的变化

图书馆与新的技术革命,有着非常一致的共同基础——知识和信息,新的技术革命带来的信息时代,是图书馆大有作为的时代。新技术革命带来了图书馆内部结构的巨大变革。变革的原因有两个方面:一方面,各种新的技术方法广泛应用于图书馆,减少了图书馆工作中的手工操作,改革了图书馆的工作程序和技术方法,使图书馆实现了工作现代化和组织的网络化,引起了图书馆内部结构的变化;另一方面,在新的技术革命中,信息成为决定生产力、竞争力的重要因素,社会对知识、信息的需要越来越大,作为社会信息系统的重要组成部分的图书馆,必须对其内部结构进行变革,才能适应社会的需要。新技术革命带来的图书馆内部结构的变化主要有以下几个方面:

1.图书馆体制结构将发生变化

从图书馆事业的整体看，由于社会的信息化，知识、信息是整个社会的共同智力资源，单个图书馆收集到的情报信息，都是社会信息的一个部分。为了充分实现情报信息资源的共享，所有的图书馆将形成一个整体化的图书馆网络，实行集中统一领导。这个图书馆网络与国外的各图书馆网络形成一个更大的、全球范围的图书馆网络。图书馆整体以图书馆网络的形式，作为社会信息系统必不可少的部分，存在于信息社会。

从单个的图书馆看，图书馆是一个信息的输入输出系统，图书馆工作过程是一个完整的系统过程，它由若干职能部门组成。新的技术方法应用于图书馆，给图书馆各职能部门带来了一系列变化：

（1）采购部门的职能将加强。图书馆系统是知识信息的输入口。信息社会，图书文献的出版数量将日益扩大，图书馆面对巨大的信息知识量，首要的是根据自己的任务进行选择，选择的好坏，又关系到图书馆的未来。图书馆除了收藏以纸为载体的知识情报外，还将对各种随机的、突发性的、紊乱的信息进行收集。主要还将收集科学技术、工农业生产等各方面的动态信息。收集的途径将更加广泛，收集的信息载体将是多种多样的。

（2）编目部门的职能将退化。现代图书馆的标志之一是图书馆的网络化。整个图书馆网络实行联合编目或由职业编目部门集中统一编目，将编目成果形成机读目录（如磁带形式的），网络中的各图书馆则共享编目成果。各（成员）图书馆特有的小部分信息载体，则由各（成员）图书馆分别编目，编目成果供整个网络共享。这样，每个图书馆仅承担极少量的编目工作。

（3）图书馆对知识、信息的选择、控制职能将加强。美国社会预测学家约翰·奈斯比特说过，失去控制和无组织的信息，在社会里不再构成资源，相反成为信息工作者的敌人，成为信息污染。利用信息技术将泛滥的信息系统化，才能使信息成为有用的资源。

因此,在"信息爆炸"的时代,信息的选择与控制是非常重要的。

(4)图书馆的教育职能将扩大,并成为图书馆的一项很重要的职能。新技术革命的基础是教育。教育事业的发展趋势是在职教育、社会全员教育和终身教育。遍布全社会的教育网将取代与社会脱节的学校教育,个人因材施教将取代传统的集体教育,自学教育方式将代替填鸭式的被动教育方式。个人自学教育、社会全员教育、终身教育等都要求由图书馆来完成,图书馆的社会教育职能大大加强。

2.图书馆的藏书结构将发生变化

新技术革命,带来了科学技术的飞跃,社会信息量随之迅速增长。如果这些信息都以印刷品为载体,必将导致图书馆空间的紧张和读者利用的异常困难。在信息时代,信息的时效性很强,以出版周期较长的图书资料作为信息载体,必然导致信息传递速度很慢。因此,印刷形式的图书资料不能完全适应信息社会发展需要,有一定局限性。新的技术革命产生了新的信息技术,联机网络、智能终端、远程通信、交互电视、全文存取及电子出版技术的发展,为图书馆收藏的信息载体的变革打下了基础。书目索引等二次文献和参考工具书将存贮在计算机可读的载体上,成为数据库。某些学科的核心期刊将由联机全文存取、盒式磁带、录像带和其他电子型书刊代替。某些专著,将由作者通过终端发表,由编辑通过电子会议会审后存贮在高密度存贮介质(如光盘)上。光学技术、缩微复制技术的提高,使图书馆有可能将馆藏印刷品变成高度缩微复制品。纸张形式的信息载体将以其使用方便、符合社会习惯、社会心理等优点,与其他形式的载体并存于信息社会。

总之,由于知识信息载体类型的增加,图书馆作为一个知识、信息中心,不仅要收藏印刷品型的信息载体,还要收藏缩微复制品、声像资料、光盘、磁带、磁盘及其他计算机可读资料。印刷品在图书馆馆藏中所占的比例将不断下降。

3. 图书馆目录结构将发生变化

传统的目录主要以卡片形式出现。在新的技术革命中,这种目录将逐渐被其他形式的目录所代替。

随着信息量的增加,卡片目录体系越来越庞大,读者通过卡片目录查找所需情报信息要花费大量时间,图书馆要花费一笔很大的管理费用。计算机在编目工作中应用,使目录以机读目录形式出现,这种目录能为网络中各图书馆共享。读者通过这种目录能更快、范围更大地查找所需情报信息。机读目录在一次输入后生成多种目录。

传统的卡片目录是线性排列的,各种目录之间的关系仅靠少量的参照片来揭示,目录之间联系很不紧密。机读目录是立体化的目录,由于各种目录都是在第一次输入的书目数据上形成的,因此目录之间形成一个相互联系的立体网,目录中的各种参照关系得到充分揭示。

传统的目录仅对图书资料的外表特征和少量的内容特征进行标引,标引深度较低,因此,也只能为读者提供较少的检索途径。而在机读目录中,对每一条情报信息进行标引,充分揭示了知识信息载体中所含的情报信息,标引深度较高,能为读者提供十几种乃至几十种检索途径,并能使情报信息得到最充分的利用。

缩微目录也是将来目录的一种形式。这种目录的作用与卡片目录相同,只是把卡片目录的体积缩小了。这种目录的缺点是需要特殊设备才能阅读。

信息社会里,卡片目录将被逐步淘汰,进入图书馆的走廊或大厅,再也看不到一排排长长的目录柜了。查目室将变成布置得优雅、舒适的房间。有的房间里充满缩微阅读机,读者通过它来查找目录;有些房间则布满了计算机终端,读者在终端上能通过多种途径查到自己所需情报信息的线索或直接得到所需的情报信息。

4. 读者服务工作结构将发生变化

新的信息技术不仅提高了图书馆读者服务工作的效率，而且还为图书馆提供了新的服务技术、方法和手段。大型整体化图书馆网络的建立，通信技术的发展，家用智能终端的普及，使图书馆与图书馆，图书馆与读者之间的地理障碍变得无关紧要。图书馆的读者服务工作能深入到社会的各个角落，服务范围进一步扩大，图书馆为读者提供更广泛、更方便的服务。读者服务工作的内容，将不再是仅仅为读者提供图书资料，还将提供各种现代化的阅读设备、视听设备和终端设备，以便读者能更快、更多地获得所需信息。提供信息服务、情报咨询服务、阅读辅导服务将成为未来图书馆的读者服务工作的主要内容，图书馆将为读者提供多样化的服务。图书馆的服务方式，不再是等读者上门提出要求后才提供服务的被动服务方式，而是针对社会各机构和各社会成员的信息需要主动地提供服务。总之，图书馆将为读者提供更广泛、更方便、更多样化的服务。

5. 图书馆学的学科体系将发生变化

在新技术革命中，图书馆发生了变化，以图书馆为研究对象的图书馆学，必须随之改变，才能对信息社会的图书馆工作和图书馆事业建设起指导作用。在信息社会，就整个图书馆学体系来说，必然会产生许多分支学科，如图书馆信息学、图书馆教育学和图书馆技术方面的一些新学科等等。图书馆学应研究、探讨信息的搜集、选择、加工、整理、存贮、检索、传递、控制的原理、技术和方法，以便为图书馆开发信息，广泛开展信息服务提供理论依据。图书馆学基础理论，作为整个图书馆学的基础，也将发展某些概念，增加一些新的研究内容。如图书馆的定义将得到发展，才能符合信息时代图书馆的实际情况。信息社会，图书馆成为一种信息产业，必然含有企业、经济实体的性质，那么，未来图书馆的性质是什么呢？这些都是值得研究探讨的。图书馆成为信息产业，图书馆事业建设的原则，图书馆管理的理论、方法都将发生变化。图书馆的职能,图书馆在整个社会的地位、作用也将发生变化。图书馆学的内容将更加丰富,图书馆学的体系将更加充实、完整。

三、国外关于未来图书馆的预测

自从 1962 年在美国西雅图举办了"21 世纪图书馆"展览以来,国外图书馆界掀起了一个讨论未来图书馆的热潮。有关未来图书馆的论著也纷纷问世。如:美国的 J. C. R. 利克利德的《未来的图书馆》;F. W. 兰卡斯特的《走向没有纸的情报系统》;英国的 J. 汤普森的《图书馆的终结》等。此外,还有许多有关未来图书馆的论文,如兰卡斯特的"电子通讯时代的未来图书馆"、"图书馆面临的挑战——2001 年的图书馆与图书馆馆员展望";前苏联的"无纸社会的产生和对图书馆的影响";日本的"可视资料电话——未来的图书馆","学校图书馆的未来"等等。作者们从不同角度探讨了图书馆的发展趋势,预测未来图书馆的基本模式。这些作者的主要观点有这样几种:"三无图书馆";"无纸的社会";"手提式图书馆"。

1."三无图书馆"的观点

这种观点在 60 年代盛行于美国图书馆界。"三无图书馆"指没有图书、没有馆员、没有图书馆(这一机构)的图书馆。

(1)没有图书的图书馆。美国有些图书馆学家认为,传统的图书资料数量迅速膨胀,体积庞大,收集、加工整理它们要花很多的人力、物力、财力和时间,读者要在数量庞大的书籍中找到自己需要的书籍非常困难。而现代技术带来的电子载体、磁性载体具有体积小,价格低,管理方便等优点。因此,他们认为书籍终将为这些形式的载体所代替。

(2)没有图书馆员的图书馆。美国图书馆界有人认为,未来图书馆员将是具有高度教育的完全不同于今天的图书馆员的专家。计算机等现代化技术在图书馆中的应用,改变了图书馆员的作用,使他们从今天所担负的繁重工作中解放出来,从事更有创造性的活动。图书馆员在图书馆中的职位将被精通计算机等电子技术、现代通信技术、缩微技术的工程师和技术员或信息专家、教育家所代替。因此,就图书馆员的职业本身而言是不存在的了。

(3)没有图书馆的图书馆。西方有些图书馆学家认为,未来图书馆的基本任务是获取情报来源,为了利用而组织情报,提供情报服务。图书馆存在的目的就是保证科研的进行。他们认为,图书馆的概念也由档案式的书库变为技术情报的电动中心。他们的结论是,未来的图书馆已不再是图书馆了,而是情报中心,是整个情报体系的一个组成部分。图书馆作为具有现在这些职能的机构消失了。

2. 无纸的社会

这观点主要是美国伊利诺斯大学图书馆学研究生院 F. W. 兰卡斯特教授提出的。他认为:一方面,(1)图书文献增长速度太快,造成图书馆的空间紧张和用户利用的困难。(2)印刷品印刷出版的周期太长,传递科研成果和情报信息的速度太慢。(3)印刷品的出版和销售的费用增长太快,造成图书馆购书率的严重下降,影响了服务能力;另一方面,联机网络、智能终端、远程通信、交互电视、全文存取、电子出版技术的发展,功能的提高,费用的显著下降,为图书情报传递存贮的电子化创造了条件。因此,他预言,二次文献将消亡,新的参考工具书将以电子型和联机存取方式存在。期刊将被全文存取、录音、录像、磁带、磁盘和其他电子型书刊取代。电子媒介的发展将取代印刷型的图书。因此,传统的以纸型材料为载体、媒介的图书情报系统将因不适应现代社会需要而消亡,代之以电子型和其他先进的载体为媒介的情报系统。未来的社会是一个无纸的社会。

3. 手提式图书馆

印刷型图书资料的存贮要占用大量的空间。近年来文献资料的急剧增长,使很多图书馆的大型书库也有填满之患。而庞大的书库,又增加了管理上的困难,降低了图书馆的服务效率。自从1839年产生了第一张缩微胶片以来,缩微技术已有了巨大的发展。用这种技术武装图书馆,即用缩微复制品代替原本保存,不仅可以方便管理,而且至少可节省书库面积95%。一张目录卡片大小(3×5吋)的胶片可容纳800页书的内容。如果应用超缩微技术,则缩微程度更高。一张105×148mm的超缩微胶片,可摄制3200页的原文。现在还有一种新的缩微技术,可将5500万册图书用激光打点法记录在4盘特殊胶卷上。这一技术,使缩微程度更为提高。

由于上面提到的缩微复制技术,西方有些图书馆学家认为:将来,人们能将一座普通图书馆的藏书,经过超缩微复制,使其放到一只手提箱里。这就是西方图书馆学家关于"手提式图书馆"的预测。

第六节　走向图书、情报、档案一体化的图书馆

在未来的社会里,不仅图书馆内部结构发生变化,而且将在更大的范围、更高的层次出现变革,这就是图书、情报、档案的一体化。

一、图书、情报、档案一体化的成因

1.图书、情报、档案一体化是自身发展的必由之路

世界上许多事物经历了或正经历着这样一个无限重复的循环:合一分一合,或整体一分流一整体。这是许多事物发展的客观规律。这一规律说明几点:一是世界上许多事物是不断发展变化的,但它始终是一个整体;二是在一个整体中,尽管发生了各种变

化,但始终存在联系;三是这种变化和发展绝不是原来意义上的重复,而是蕴含着质的变化,新的联系,是向更高层次的发展和统一。

同许多事物一样,从图书、情报、档案自身的发展历史来看,已经历了"一体"、"分离",目前正在开始新的"一体化"进程。

图书、情报、档案本是同根生,出于同一体。在古代,图书与档案融为一体,图书馆与档案馆同为一体。

随着社会生产力和科学技术的发展,纸张的出现,印刷术的发明,为信息知识的存贮与传播提供了有利条件,图书与档案一体化的结构发生了变化,"图书"逐步从档案中分化出来。"档案"专指各机关、企业、事业单位和某些个人在社会活动中形成并作为历史记录保存起来以备查考的文献材料(包括技术图纸、影片、照片、录音带等)。

图书与档案分流后,主要指以文字、图像、公式、声频、视频、代码等手段,将信息、知识记录或描述在一定的物质载体上,并能起到存贮和传播信息、知识的作用。图书既以档案为源,在档案的基础上发展,但又比档案向前跨进了一大步,它超越了原始记录的界限、范围、内容。

情报是人类社会的一种信息现象,图书、情报、档案一体化中的所谓"情报",是科学知识情报。也就是指含有最新科学知识的信息。科学知识"情报"与图书本是一家,由于科学发展的需要,文献量的飞速增长,传统图书馆工作方法适应不了需要,因此又出现了一种专门从事最新科学知识信息传递的职业——情报工作。1830年出现的文摘杂志和以卡片形式发行的工程文献索引,就是科学知识情报工作的发端。科学知识情报的特点:(1)它是从图书馆分流出来的;(2)图书文献档案始终是科学知识情报的主要来源,图书馆、档案馆是科学知识情报的源泉与基础,科学知识情报离开了图书、档案,就好像鱼儿离开了水;(3)时效性特强,失去"新"就变为普通的科学知识,也就不成其为情报;(4)科学知识情报,是指传递着的、运动着的最新科学知识,如果把最新科学知识堆放在书库或档案库里不利用,也不是情报,只能说是有利用价值的知识。科学知识情报是知识运动的一个过程,而不是知识运动的全部过程;(5)科学知识情报是指有利用价值的科学知识。

图书、情报、档案同于一源,由于社会发展的需要,进行了分流,经过各自独立的发展阶段,已形成了各自的特点,三者之间存在某些差异。总的来说,这是一种进步。但随着社会的发展,信息化社会的到来,这种各自为政的纵向伸展,虽然已形成一个"完美无缺"、"自我满意"的系统,但是由于缺乏横向联系,局限性极大,既束缚了自身的发展,也不能适应未来的需要。这种独自纵向发展,问题是很明显的:(1)造成图书、情报、档案资源浪费,不利于资源共享和共同开发;(2)各自为政、纵向发展的封闭和半封闭系统,既不能适应用户需要,更不能适应开放社会信息纵横交流的需要;(3)图书、情报、档案都属于信息知识,目的相同、作用相同、方法也基本相同,纵向独立发展,必然造成人力、物力、财力极大浪费;(4)图书、情报、档案同出一体,本是有机整体,分流以后,各自只顾独立纵向发展,就失去了横向相互联系,在管理上不利于统筹安排,全面规划,建立统一的现代化网络。由于上述原因,图书、情报、档案又悄悄地重新开始了"一体化"进程。

2. 图书、情报、档案一体化是内在联系的必然结果

图书、情报、档案同出于一源,本是一个有机整体。尽管它们各自在发展中形成了一些差异,但共同点仍是基本的,主要的。这就是图书、情报、档案一体化必然的和决定性的因素。

(1)内容相同。知识信息是图书、情报、档案的共同内容。它们都是通过一定物质载体存贮和传递知识信息的,都属于知识信息系统,它们的本质是知识信息。档案侧重于原始的知识信息,情报侧重于最新的知识信息,图书既包含有原始的,也有最新的和一般的知识信息,但三者都是知识信息,是知识信息系统的不同层

次。知识信息是三者的本质,相互联系的纽带,共同的基本和出发点。

(2)载体材料相同。图书、情报、档案均属于人类体外的知识信息库。知识信息必然依赖于物质载体才能存在。人类社会的知识信息除存贮于人脑的记忆中外,还存贮于人类创造的体外信息库中。这是一个无限的存贮记忆装置,它主要通过一定的记录方式将知识信息存贮于纸、胶片、磁带等物质载体上,而这些材料正是图书、情报、档案共同的物质载体。

(3)目的和作用相同。图书、情报、档案作为人类体外知识信息库,其目的和作用是基本相同的:一是存贮人类文化知识,保证一代代继承和传递下去;二是传播科学文化知识,在同代人之间横向交流;三是为当代社会的生产、政治、科学研究传递和提供科学信息,促进社会的发展。由于其目的和作用基本相同,因此在同一时代就有进行联系、合作、协调的必要,以保证这些目标的真正实现。

(4)职能相同。由于图书、情报、档案的本质相同,目的作用也基本一致,因此,图书馆、情报机构、档案馆的职能是相同的。作为人类体外知识信息库,它同任何独立事物一样,若要独立发展,就必须进行输入—存贮—输出的循环,没有这样一个循环过程而进行物质、能量、信息的交流,就不能保持动态体内的平衡,就不能使图书馆、情报机构、档案馆得到正常发展。因此知识信息的输入、存贮、输出是图书馆、情报机构、档案馆的共同职能,它们不同的只是输入、存贮、输出时的品种、数量、质量相异,输出时的服务对象不同而已。

(5)基本方法相同。由于其基本职能相同,所以技术方法和工作流程也差不多,我们分析一下输入、存贮、输出三个基本环节就清楚了。输入:图书馆、情报机构、档案馆都要通过各种渠道对知识信息载体进行收集、验收、登记。存贮:图书馆、情报机构、档案馆都要对收集到的各种知识信息载体进行登记、分类、编目、典藏,对已入藏的信息知识载体进行清点、统计、保管、控制、选择、转化。输出:图书馆、情报机构、档案馆都要对图书文献进行流通、阅览、参考咨询、检索和情报服务才能生存和发展。只是各自的侧重点不同而已。

(6)现代化手段相同。这主要是四个方面:一是采用现代电子计算机技术,使图书、情报、档案工作自动化;二是采用光学技术,使图书、情报、档案存贮、传递缩微化;三是采用声像技术,使图书、情报、档案视听化;四是采用现代通信技术,使图书、情报、档案传递网络化。

3. 图书、情报、档案一体化是社会读者的需求

现代化的生产和科学研究,对图书、情报、档案资料的需求是整体的。既要求有原始的档案资料,又要求有比较系统的理论依据、数据、参考资料,还要求提供最新的科学信息;既要求全面系统,又要求精、准、快,手续方便。目前,我国图书、情报、档案的分散、各自为政、封闭守旧的观念和作法,已经不适应需要了,它的弊端在于:(1)图书、情报、档案分散,没有形成统一的"科学信息知识中心",不利于图书、情报、档案资源的开发和充分利用;(2)浪费读者时间,影响生产与科研的发展,一个项目的资料需要多处寻觅,有时还找不到,查找资料占去了整个科研项目时间的大部分;(3)影响、限制、束缚了图书、情报、档案自身的发展。一事物只有自身的延伸,没有横向联系、扩展,其发展都是有限的,很难获得新的养分。

4. 图书、情报、档案一体化是由于整体的功能大于各孤立部分的总和

图书、情报、档案各自作为一个独立的系统,有着自己独立功能,但这三个系统的功能简单相加的总和,不等于图书、情报、档案"一体化"的功能,而且肯定小于"一体化"整体的功能。这是什么

原因呢？原因在于图书、情报、档案融为一体之后，各部分之间存在着横向联系和协作，可使图书、情报、档案资源共享；建立现代化的图书、情报、档案统一网络之后，信息数据库可相互检索利用等。而图书、情报、档案各孤立部分之间是没有联系的。事物间的联系，就其本质来说就是物质、能量、信息的交流。因此，事物只有在联系中才能发展，在发展中加强联系。一体化整体中各小系统在物质、能量、信息的合理流通中，向着有利的方向发展，便促使系统属性与功能的增加。因此，欲得图书、情报、档案一体化整体的最佳放大作用，关键在于研究物质、能量、信息流通的方向、速度、质量、数量。

二、图书、情报、档案一体化的未来模式

由于图书、情报、档案的历史原因，本质的内在联系，社会的需要，整体化的优越性，因此，图书、情报、档案正在向一体化的方向逐渐演变，这种演变虽然不是突变性的，但其进程是可观的。

就目前世界图书、情报、档案的现状来看，一体化的发展趋势是明显的，虽然其中有一部分情况是历史的原因，即图书与档案分流时，有一部分档案未完全独立，仍保留在图书馆，但更多的是经过分流之后，进行新的结合，有新的发展，并有新的内容。例如美国总统图书馆，从 1938 年在纽约海德公园建立罗斯福总统图书馆开始，已有杜鲁门、艾森豪威尔、胡佛、肯尼迪、约翰逊、福特、卡特等 8 个总统图书馆建成，尼克松总统图书馆正在兴建中。1955年，美国国会通过了总统图书馆法案，使这种做法合法化。总统图书馆共有 19630 万页档案文件，189000 册图书，还有大量的声像档案与图书，15000 多件文件。从上面材料可以看出，美国总统图书馆是"多位一体"的图书馆。它不仅仅是图书馆，更重要的是档案馆，也是博物馆、纪念馆，同时还是政治、经济、军事、外交、历史的情报研究机构。

世界图书、情报、档案的现状,可以概括为三种类型:

第一种类型:图书、情报、档案一体化,也就是三位一体的实体。许多国家都存在着这种发展趋势,但目前还只是局部的。澳大利亚在 1961 年以前没有独立的档案机构,无论是各州的档案或联邦政府的档案,都存在图书馆里。他们认为,档案馆附设在图书馆内比单独活动要节省些。1961 年,国立图书馆法开始生效,档案部从国立图书馆中分离出去,但仍有许多人认为:档案馆与图书馆合作比分离益处大。因此,目前澳大利亚仍有许多图书馆既是档案馆,又是情报研究机构,在那里,图书、情报、档案一体化的实体大量存在。

从一个国家的不同层次来看,各个层次的图书、情报、档案都有不同程度的一体化,其中高层次的比较突出,特别是国家图书馆。有的国家图书馆与档案馆是合二为一的,如玻利维亚的国家图书馆和档案馆、柬埔寨的国家档案图书馆、摩洛哥的国家图书馆和档案馆、巴拉圭的国家图书馆和档案馆。有些国家虽然同时设有国家图书馆、国家档案馆、国家情报中心,但是国家图书馆仍是图书、情报、档案三位一体的实体,如美国国会图书馆。

从中间层次来看,有些国家的州或省也实行图书、情报、档案三位一体化。在州或省立图书馆内设立档案部,并为州或省政府提供情报服务。图书、情报、档案三项任务由州或省立图书馆承担。

第二种类型:图书、情报、档案三者相互交叉,但各有所侧重。这种形式比较普遍。其交叉方式:(1)图书与情报结合一体。这在美国、英国是普遍的,我国也已开始实践。(2)图书与档案结合在一起,其中有的以档案为主,即档案馆内收藏图书,有的以图书为主,即图书馆内收藏档案。如 1971 年,日本参、众两院通过的《日本国家档案馆法》规定,国家档案馆的任务是:保管国家行政及有关方面的档案并提供阅览和进行调查研究,同时也负责管理总理府的文献图书。馆长之下设档案科和内阁文库,内阁文库虽然作为馆的一个科,但具有图书馆的性质。图书、情报、档案的这种交叉,有的是在发展中自然形成的,更多的是为了适应社会的发展,有意识的作出这种变革的。这就是 20 世纪 70 年代以来的新动向。

第三种类型:图书、情报、档案分立,自成体系,各自缺乏横向联系,在收藏、服务方面虽有交叉,也是由于图书、情报、档案的内在本质联系。

通过对世界图书、情报、档案现状的分析,我们可悟出一个道理,图书、情报、档案一体化是一种必然的趋势,是阻止不住的。那么图书、情报、档案一体化的未来模式是什么呢?

未来的图书、情报、档案一体化,不管在一个国家,或一个地区,不可能也没有必要要求所有已经独立的图书、情报、档案机构都归并到三位一体的实体,更不是回到古代大统一的图书档案馆去。所谓三位"一体化"是指全国或地区整体而言的,而且重点在高级和中级两个层次,更重要的是改变封闭、孤立的体系,加强横向联系,开展协调、协作,组成全国统一的网络。这样说不是保持不变,而是要从实际出发,讲究效果,要有灵活性,不要绝对化。

明确了这一点,我们从总体来探讨一下未来"一体化"的模式有哪些。

1. 从上至下建立一个完整的图书、情报、档案"三位一体"的体系。这种体系,既是图书馆,又是档案馆,也是情报研究机构,它既收藏图书、档案,又提供情报信息。

2. 从宏观上实现图书、情报、档案的一体化,微观上仍保持图书、情报、档案的分立体制。通过图书、情报、档案的横向联系和协作,组成统一的网络,实现宏观上的一体化。这种一体化,必须有统一的强有力的行政领导,必须制定统一的整体目标,工作流程必须实行规范化和标准化。

3.多种形式并存,由专门机构进行全面协调。所谓多种形式,就是既有图书、情报、档案三位一体的实体,也有图书与档案,或图书与情报的相互结合,侧重于某一方面的,还有单独从事图书或档案活动的机构。多种形式并存,由专门机构进行整体的协调,不仅是一种过渡形式,而且也是一种未来模式。

上述三种形式有一个共同点,就是强调图书、情报、档案"一体化"是指整体而言,整体就是全国或地区,整体的关键和核心又在于加强三者的横向联系和协作,建立统一的网络,实现统一目标。我们对实行"三位一体"的态度是:既要积极地去发展图书、情报、档案三位一体的实体,又不要过多地去追求建立多少个实体。即使全国从上至下都形成了三位一体的实体,而相互间不进行联系和协作,不建立统一网络,仍各自为政,也不能充分发挥整体功能的作用。